■2025年度中学受験用

●収録内容一覧

トキワ松学園中学校

5年間スーパー過去問

入試問題と解説・解答の収録内容

2024年度 1回一般	算数・社会・理科・国語	実物解答用紙DL
2024年度 適性検査型	適性検査ⅠＡ・適性検査ⅠＢ・適性検査Ⅱ （解答のみ）	実物解答用紙DL
2023年度 1回一般	算数・社会・理科・国語	実物解答用紙DL
2023年度 適性検査型	適性検査ⅠＡ・適性検査ⅠＢ・適性検査Ⅱ （解答のみ）	実物解答用紙DL
2022年度 1回一般	算数・社会・理科・国語	実物解答用紙DL
2022年度 適性検査型	適性検査ⅠＡ・適性検査ⅠＢ・適性検査Ⅱ （解答のみ）	実物解答用紙DL
2021年度 1回一般	算数・社会・理科・国語	
2021年度 適性検査型	適性検査ⅠＡ・適性検査ⅠＢ・適性検査Ⅱ （解答のみ）	
2020年度 1回一般	算数・社会・理科・国語	
2020年度 適性検査型	適性検査ⅠＡ・適性検査ⅠＢ・適性検査Ⅱ （解答のみ）	

～本書ご利用上の注意～　以下の点について，あらかじめご了承ください。

★別冊解答用紙は巻末にございます。実物解答用紙は，弊社サイトの各校商品情報ページより，一部または全部をダウンロードできます。

★編集の都合上，学校実施のすべての試験を掲載していない場合がございます。

★当問題集のバックナンバーは，弊社には在庫がございません（ネット書店などに一部在庫あり）。

合格を勝ち取るための『スーパー過去問』の使い方

本書に掲載されている過去問をご覧になって，「難しそう」と感じたかもしれません。でも，多くの受験生が同じように感じているはずです。なぜなら，中学入試で出題される問題は，小学校で習う内容よりも高度なものが多く，たくさんの知識や解き方のコツを身につけることも必要だからです。ですから，初めて本書に取り組むさいには，点数を気にしすぎないようにしましょう。本番でしっかり点数を取れることが大事なのです。

過去問で重要なのは「まちがえること」です。自分の弱点を知るために，過去問に取り組むのです。当然，まちがえた問題をそのままにしておいては意味がありません。

本書には，長年にわたって中学入試にたずさわっているスタッフによるていねいな解説がついています。まちがえた問題はしっかりと解説を読み，できるようになるまで何度も解き直しをしてください。理解できていないと感じた分野については，参考書や資料集などを活用し，改めて整理しておきましょう。

このページも参考にしてみましょう！

◆どの年度から解こうかな　「入試問題と解説・解答の収録内容一覧」

本書のはじめには収録内容が掲載されていますので，収録年度や収録されている入試回などを確認できます。

※著作権上の都合によって掲載できない問題が収録されている場合は，最新年度の問題の前に，ピンク色の紙を差しこんでご案内しています。

◆学校の情報を知ろう‼「学校紹介ページ」

このページのあとに，各学校の基本情報などを掲載しています。問題を解くのに疲れたら息ぬきに読んで，志望校合格への気持ちを新たにし，再び過去問に挑戦してみるのもよいでしょう。なお，最新の情報につきましては，学校のホームページなどでご確認ください。

◆入試に向けてどんな対策をしよう？「出題傾向＆対策」

「学校紹介ページ」に続いて，「出題傾向＆対策」ページがあります。過去にどのような分野の問題が出題され，どのように対策すればよいかをアドバイスしていますので，参考にしてください。

◇別冊「入試問題解答用紙編」

本書の巻末には，ぬき取って使える別冊の解答用紙が収録してあります。解答用紙が非公表の場合などを除き，（注）が記載されたページの指定倍率にしたがって拡大コピーをとれば，実際の入試問題とほぼ同じ解答欄の大きさで，何度でも過去問に取り組むことができます。このように，入試本番に近い条件で練習できるのも，本書の強みです。また，データが公表されている学校は別冊の１ページ目に過去の「入試結果表」を掲載しています。合格に必要な得点の目安として活用してください。

本書がみなさんの志望校合格の助けとなることを，心より願っています。

株式会社　声の教育社　編集部

トキワ松学園中学校

所在地	〒152-0003 東京都目黒区碑文谷4-17-16
電　話	03-3713-8161（代）
ホームページ	https://tokiwamatsu.ac.jp/
交通案内	東急東横線「都立大学駅」より徒歩8分，「学芸大学駅」より徒歩12分 東急バス「碑文谷警察署」「日丘橋」「平町」から徒歩1～3分

くわしい情報は
ホームページへ

トピックス

★高校には美術デザインコースがあり，美術大合格者も多数います。
★4教科受験者は，2科と4科の得点率が高い方で判定します（参考：昨年度）。

創立年 大正5年　女子校　高校募集あり

応募状況

年度	募集数	応募数	受験数	合格数	倍率
2024	①40名	2科 59名	48名	40名	1.2倍
		4科 25名	19名	17名	1.1倍
	適20名	113名	111名	104名	1.1倍
	②40名	2科 91名	74名	65名	1.1倍
		4科 65名	55名	52名	1.1倍
	英15名	国英14名	13名	12名	1.1倍
		算英 5名	5名	4名	1.3倍
	③15名	2科 143名	53名	44名	1.2倍
	④10名	2科 159名	36名	32名	1.1倍

※合格数には，①で1名，「適」で40名，②で22名，「英」で4名，③で8名，④で2名の特待生合格を含みます。

2024年春の主な大学合格実績

＜国立大学＞
東京農工大
＜私立大学＞
上智大，明治大，中央大，法政大，学習院大，成蹊大，成城大，明治学院大，東洋大，東京都市大，東京農業大，日本女子大，学習院女子大，多摩美術大，武蔵野美術大，東京造形大，女子美術大，東京工芸大，横浜美術大

学校説明会等日程（※予定）

【説明会・授業体験等】　要予約
・7月21日　14：00～　授業体験
・8月24日　13：00～　オープンキャンパス
・10月27日　14：00～　英語体験
・11月16日　14：30～　複数来校者勉強教室
　※小6生を対象に招待制で実施します。
・12月7日　14：30～　適性検査型入試説明会
・12月22日　14：00～　入試体験
・1月11日　14：30～　算数勉強教室
　※入試直前の算数ワンポイントアドバイス講座を行います。
【公開行事】　要予約
・9月22日　10：00～16：00
　9月23日　10：00～15：45
　トキワ祭（文化祭・入試相談コーナーあり）

入試情報（参考：昨年度）

〔第1回〕2024年2月1日午前　2科4科選択
〔適性検査型〕2024年2月1日午前
　適性検査Ⅰ（A・Bより選択），適性検査Ⅱ
〔第2回〕2024年2月1日午後　2科4科選択
〔英語コミュニケーション〕2024年2月1日午後
　国算から1科選択＋英語
　＊英検3級以上取得者は，英語の試験を免除します。
〔第3回〕2024年2月2日午後　2科
〔第4回〕2024年2月3日午後　2科
※合格発表は試験当日に学校HPで行われます。

編集部注―本書の内容は2024年6月現在のものであり，変更されている場合があります。正式な情報は，学校のホームページ等で必ずご確認ください。

算数　出題傾向＆対策

◆基本データ（2024年度１回一般）

試験時間／満点	45分／100点
問　題　構　成	・大問数…６題 計算・応用小問１題（８問） ／応用問題５題 ・小問数…20問
解　答　形　式	応用問題では式と計算を書く必要がある。単位などはあらかじめ印刷されている。
実際の問題用紙	Ｂ５サイズ，小冊子形式
実際の解答用紙	Ｂ４サイズ

◆出題傾向と内容

▶過去３年の出題率トップ３
１位：四則計算・逆算25％　２位：角度・面積・長さ，割合と比８％
▶今年の出題率トップ３
１位：四則計算・逆算25％　２位：角度・面積・長さ19％　３位：消去算13％

計算問題は，計算のくふうをしなければならないもの，□を求めるものもあります。

応用小問では，単位の計算，約数と倍数，割合と比，場合の数，角度・面積などが取り上げられています。特に角度や面積は必ず出されています。

応用問題では，濃度，速さ・旅人算，立体図形，規則性がよく出題されており，注意が必要です。

毎年大まかな傾向は変わらないので，しっかりと対策をすれば，合格点を取ることができるでしょう。

◆対策～合格点を取るには？～

計算力は算数の基本的な力です。標準的な計算問題集を一冊用意して，毎日５問でも10問でも欠かさずに練習すること。なかにはくふうをすれば計算が簡単になるものもありますので，基本的なくふうのしかたを学び，慣れておくことが大切です。

ほかに，単位の計算，約数と倍数，割合と比，角度・面積・体積，濃度，速さ・旅人算，数列・周期算など規則性の問題は頻出なので必ずマスターしておくこと。また特殊算からの出題もあるので，ひと通りの基本を習得しておいてください。

分野	年度	2024	2023	2022	2021	2020
計算	四則計算・逆算	●	●	●	●	●
	計算のくふう		○	○	○	○
	単位の計算	○	○	○		
和と差	和差算・分配算		○			
	消去算	◎				○
	つるかめ算					
	平均とのべ	○		○	○	
	過不足算・差集め算					
	集まり					
	年齢算					
割合と比	割合と比		◎	○	○	◎
	正比例と反比例					○
	還元算・相当算					
	比の性質					
	倍数算					
	売買損益					
	濃度		○	○	○	○
	仕事算				○	
	ニュートン算					
速さ	速さ			○	◎	◎
	旅人算	○	○	○		○
	通過算					
	流水算					
	時計算					
	速さと比					
図形	角度・面積・長さ	●	○	○	◎	◎
	辺の比と面積の比・相似	○				○
	体積・表面積		○	○		○
	水の深さと体積				○	
	展開図	○	○	○		
	構成・分割		○	○		
	図形・点の移動				○	
表とグラフ		○		○	○	○
数の性質	約数と倍数		○			
	N進数					
	約束記号・文字式					
	整数・小数・分数の性質					
規則性	植木算					
	周期算			○		
	数列					
	方陣算					
	図形と規則	○				
場合の数					○	○
調べ・推理・条件の整理						
その他						

※　○印はその分野の問題が１題，◎印は２題，●印は３題以上出題されたことをしめします。

社会 出題傾向＆対策

◆基本データ（2024年度１回一般）

試験時間／満点	理科と合わせて60分／50点
問題構成	・大問数…３題 ・小問数…36問
解答形式	記号選択と用語の記入が大半をしめるが，記述も複数見られる。
実際の問題用紙	Ａ４サイズ，小冊子形式
実際の解答用紙	Ａ４サイズ

◆出題傾向と内容

●地理…大きなテーマにそった文章や会話文・地図などから，さまざまな分野についての出題があります。国土のようすや各地域の自然・気候，農業，工業，交通・通信，文化，地形図の読み取りなどが出されています。また，表やグラフを読み取る問題や世界地理も出題されることがあるので，注意が必要です。

●歴史…地理と同様に，特定のテーマについての文章や年表・図があり，それをもとに関連することがらを解答する形式です。時代やテーマははば広く，歴史的なことがらについてまんべんなく出題されています。地図や表，絵，写真などの資料が多く用いられるのも特ちょうの一つといえます。

●政治…日本国憲法や三権のしくみ，地方自治，環境問題などについて出題されています。ほかに，時事的な問題や国際関係について問うものも見られます。また，グラフの読み取りや記述問題も出題されており，知識だけでなく思考力も問われているといえるでしょう。

分野 ＼ 年度		2024	2023	2022	2021	2020
日本の地理	地図の見方		○			○
	国土・自然・気候	○	○	○	○	○
	資源	○	○	○		
	農林水産業	○	○	○	○	
	工業		○	○		
	交通・通信・貿易	○		○		
	人口・生活・文化	○	○	○	○	
	各地方の特色			○	★	
	地理総合	★	★	★		★
世界の地理		○		○		
日本の歴史（時代）	原始～古代	○	○	○	○	○
	中世～近世	○	○	○	○	○
	近代～現代	○	○	○	○	○
日本の歴史（テーマ）	政治・法律史					
	産業・経済史					
	文化・宗教史					
	外交・戦争史					
	歴史総合	★	★	★	★	★
世界の歴史						
政治	憲法					○
	国会・内閣・裁判所	○		★		○
	地方自治				★	○
	経済					
	生活と福祉					
	国際関係・国際政治	★	★			
	政治総合					★
環境問題		○				
時事問題		○	○	○		○
世界遺産		○			○	
複数分野総合						

※　原始～古代…平安時代以前，中世～近世…鎌倉時代～江戸時代，近代～現代…明治時代以降

※　★印は大問の中心となる分野をしめします。

◆対策～合格点を取るには？～

問題のレベルは標準的ですから，まず，基礎を固めることを心がけてください。教科書のほか，説明がていねいでやさしい標準的な参考書を選び，基本事項をしっかりと身につけましょう。

地理分野では，地図とグラフが欠かせません。つねにこれらを参照しながら，白地図作業帳を利用して地形と気候をまとめ，そこから産業のようす（もちろん統計表も使います）へと広げていってください。

歴史分野では，教科書や参考書を読むだけでなく，自分で年表を作って覚えると学習効果が上がります。できあがった年表は，各時代，各分野のまとめに活用できます。本校の歴史の問題にはさまざまな分野が取り上げられていますから，この作業はおおいに威力を発揮するはずです。

政治分野からの出題も必ずあるので，日本国憲法の基本的な内容と三権についてはひと通りおさえておいた方がよいでしょう。また，時事問題についてもよく出題されています。新聞やテレビ番組などでニュースを確認し，国の政治や経済の動き，世界各国の情勢などについて，ノートにまとめておきましょう。

理科　出題傾向＆対策

◆基本データ（2024年度１回一般）

試験時間／満点	社会と合わせて60分／50点
問題構成	・大問数…３題 ・小問数…22問
解答形式	記号選択や用語の記入，計算のほかに，短文記述の問題も出されている。
実際の問題用紙	Ａ４サイズ，小冊子形式
実際の解答用紙	Ａ４サイズ

◆出題傾向と内容

実験や観察をもとに出題されています。基本的な問題がほとんどですが，問題数が多いため，時間配分にも注意が必要です。

●**生命**…植物のつくりとはたらきに関する実験，植物の分類，ヒトの骨格のしくみ，せきつい動物の分類と特ちょう，生物どうしの関わりあい，動物のからだ，肺や心臓のつくり，消化などが出題されています。

●**物質**…水の状態変化，水溶液と金属の反応，中和，気体の性質，水溶液の性質と見分け方に関する実験，ものの燃え方などが取り上げられています。

●**エネルギー**…てこ，ばね，滑車と輪軸，発電についての総合問題，斜面を転がるおもりの実験，電熱線と電流，電磁石などから出題されています。

●**地球**…過去には，月の見え方，雲のようすや台風を中心とした日本の天気の問題，気象衛星，地層のでき方に関する実験，流れる水のはたらきなどが取り上げられています。

分野＼年度		2024	2023	2022	2021	2020
生命	植物	★		★		★
	動物				★	
	人体		★			
	生物と環境					
	季節と生物					
	生命総合					
物質	物質のすがた					★
	気体の性質					
	水溶液の性質	★			★	
	ものの溶け方				○	
	金属の性質					
	ものの燃え方			★		
	物質総合					
エネルギー	てこ・滑車・輪軸	★				
	ばねののび方					★
	ふりこ・物体の運動				★	
	浮力と密度・圧力					
	光の進み方		★			
	ものの温まり方					
	音の伝わり方					
	電気回路			★		
	磁石・電磁石					
	エネルギー総合					
地球	地球・月・太陽系					
	星と星座					
	風・雲と天候					
	気温・地温・湿度					
	流水のはたらき・地層と岩石		★			
	火山・地震					
	地球総合					
実験器具						○
観察						
環境問題						
時事問題						
複数分野総合						

※　★印は大問の中心となる分野をしめします。

◆対策～合格点を取るには？～

内容は基礎的なものがほとんどです。したがって，基礎的な知識をはやいうちに身につけ，問題集で演習をくり返しながら実力アップをめざしましょう。

「生命」は基本知識の多い分野ですが，山登りする気持ちで一歩一歩楽しみながら確実に力をつけてください。ヒトのからだのつくりや植物や動物の成長・生態を中心に，ノートにまとめて知識を深めましょう。

「物質」では，物質の性質や状態変化，気体や水溶液の性質に重点をおいて学習してください。そのさい，ものの溶け方や濃度など，表やグラフをもとに計算させる問題にも取り組みましょう。

「エネルギー」では，てんびんとものの重さ，てこ，ばねの性質，浮力と密度などについて，さまざまなパターンの計算問題にチャレンジしてください。ものの温度変化による体積の変わり方，ものの温まり方や電気回路，磁石についても基本的なことがらを学習しておきましょう。

「地球」では，太陽・月・地球の動き，季節と星座の動き，気温・地面の温度・太陽の高さの変化，天気と気温・湿度の変化，流水のはたらき，火山や地層のでき方，化石，地震などが重要です。

国語 出題傾向＆対策

◆基本データ（2024年度１回一般）

試験時間／満点	45分／100点
問　題　構　成	・大問数…２題 文章読解題１題／知識問題１題 ・小問数…22問
解　答　形　式	記号選択のほかに，本文のことばを使って書く記述問題などが見られる。
実際の問題用紙	Ｂ５サイズ，小冊子形式
実際の解答用紙	Ｂ４サイズ

◆出題傾向と内容

▶過去の出典情報（著者名）
説明文：浜田久美子
小　説：中山聖子　那須正幹　岡田　淳

●読解問題…設問は，大意と要旨，適語・適文の補充，文脈理解，指示語の内容，接続語，語句の意味などで構成されており，典型的な長文読解問題といえます。全体的に見ると，特に読解問題に大きなウェートがおかれており，説明文では筆者の考えや要旨，小説，随筆では登場人物の心情や行動の理由の読み取りなどが中心となっています。

●知識問題…漢字の読み書き以外に，慣用句・ことわざ，ことばのきまりなどが出されています。文法の知識を問うものも見られるので，注意が必要です。

◆対策～合格点を取るには？～

文章を一定時間内に読み，設問の答えを出す読解力は簡単にはつきません。まずは読書に慣れることから始めましょう。注意すべきは，①指示語の示す内容，②段落や場面の構成，③登場人物の性格と心情の変化です。読めない漢字，意味のわからないことばがあったら，辞書で調べるのも忘れずに。本書のような問題集で入試のパターンに慣れておくのも大切です。

漢字については，教科書で確認するのはもちろん，基本語中心の問題集を使って，音訓の読み方や熟語の練習をしましょう。意味や用例をノートなどにまとめておくのも重要です。

文法やことばの知識も，問題集を選んで取り組んでください。

分野＼年度			2024	2023	2022	2021	2020
読解	文章の種類	説明文・論説文	★				
		小説・物語・伝記		★	★	★	★
		随筆・紀行・日記					
		会話・戯曲					
		詩					
		短歌・俳句					
	内容の分類	主題・要旨	○	○	○	○	
		内容理解	○	○	○	○	○
		文脈・段落構成	○				○
		指示語・接続語	○				○
		その他	○	○	○	○	○
知識	漢字	漢字の読み	○	○	○	○	○
		漢字の書き取り	○	○	○	○	○
		部首・画数・筆順					
	語句	語句の意味	○	○	○	○	○
		かなづかい					
		熟語					
		慣用句・ことわざ		○			○
	文法	文の組み立て					
		品詞・用法	○				
		敬語					
	形式・技法						○
	文学作品の知識						
	その他						
	知識総合						
表現	作文						
	短文記述						
	その他						
放送問題							

※　★印は大問の中心となる分野をしめします。

2025年度 中学受験用

トキワ松学園中学校

5年間スーパー過去問

をご購入の皆様へ

お詫び

本書、トキワ松学園中学校の入試問題につきまして、誠に申し訳ございませんが、以下の問題は著作権上の都合により掲載することができません。設問と解答は掲載してございますので、ご必要とされる方は原典をご参照くださいますよう、お願い申し上げます。

記

2022年度〈適性検査型試験〉

適性検査ＩＢの A の文章

以上

株式会社　声の教育社　編集部

2024年度 トキワ松学園中学校

【算　数】〈第１回一般試験〉（45分）〈満点：100点〉

（注意）解答用紙に（式と計算）と書いてある問題は，途中《とちゅう》の式と計算をかいてください。
円周率を用いるときは，3.14として計算してください。

1 次の □ にあてはまる数または記号を入れなさい。

(1) $52 - 12 \div 4 =$ □

(2) $24 \div 3 \times (31 - 8) \times (17 - 6) =$ □

(3) $\frac{3}{5} - \frac{2}{3} \div 1\frac{1}{3} =$ □

(4) $43 - ($ □ $- 17) \times 13 = 17$

(5) ２時間 12 分は，□ 秒です。

(6) 右の図は正八角形です。
㋐の角の大きさは ① °で，
㋑の角の大きさは ② °です。

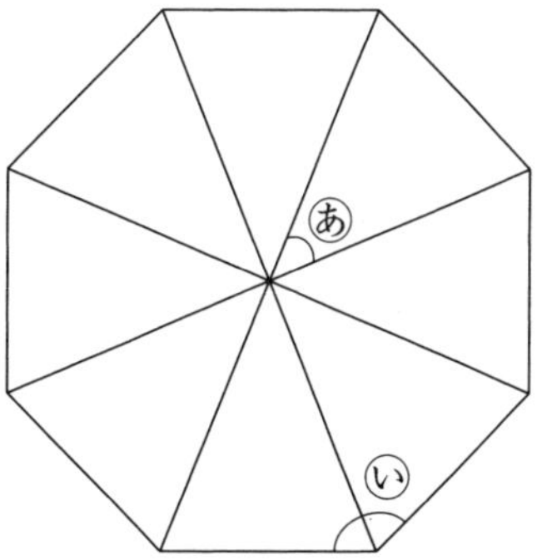

(7)　右の図は，１辺の長さが８cm の正方形と半径が４cm の円やおうぎ形を組み合わせた図形です。図の斜線《しゃせん》部分の面積は［　　］cm^2 です。

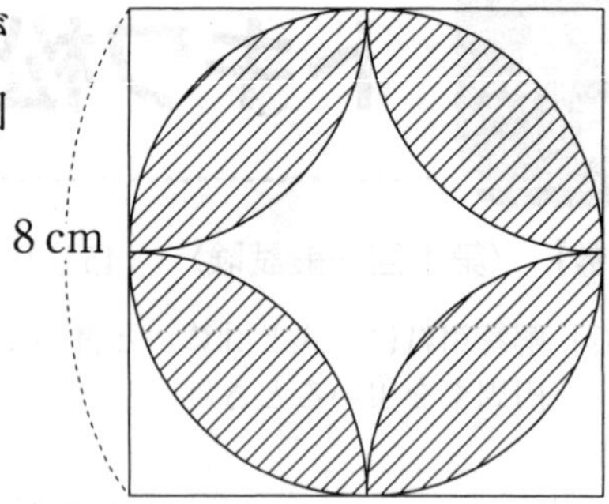

(8)　右の図は，立方体の展開図です。

この展開図を組み立てたとき，辺ＡＮに重なるのは辺［　①　］です。

また，頂点Ｄと重なる点は［　②　］と［　③　］です。

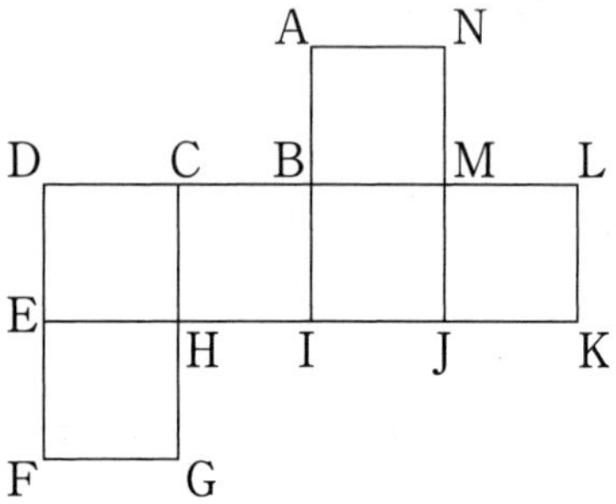

2　右の図の三角形ＡＢＣは直角三角形です。この直角三角形の拡大図をかきます。

(1)　三角形ＡＢＣの拡大図で，まわりの長さが 36 cm の三角形をかくには，３つの辺の長さは，それぞれ何 cm にすればよいですか。短い順に答えなさい。

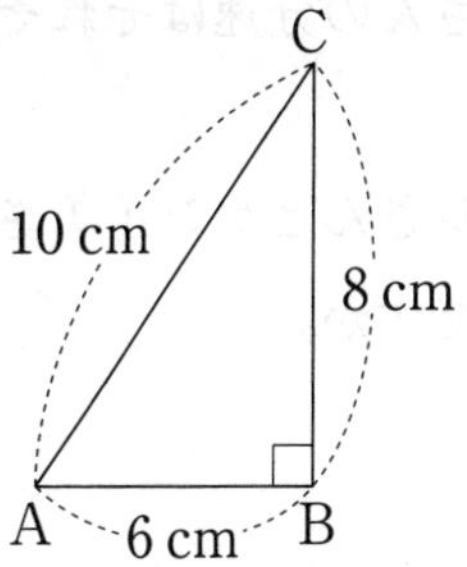

(2)　三角形ＡＢＣを２倍に拡大して，三角形ＡＤＥをかきました。三角形ＡＤＥの面積は何 cm^2 ですか。

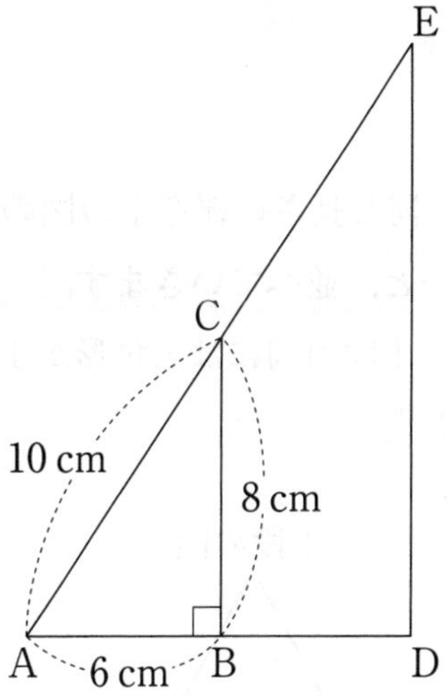

3　次の問いに答えなさい。

(1)　みかん 10 個を箱につめてもらうと，箱代をふくめて 640 円でした。また，同じ箱でみかんを８個にすると，560 円になります。みかん１個の値段と箱代はそれぞれ何円ですか。

(2)　ある美術館の大人の入館料は，子どもの入館料の２倍より 200 円安いです。大人１人分と子ども２人分の入館料をあわせると，1800 円です。大人１人分と子ども１人分の入館料は，それぞれ何円ですか。

4 Ａ町からＢ町へ向かってスミレさんが，また，Ｂ町からＡ町へ向かって，ケンイチさんが出発しました。Ａ町からＢ町までの道のりは 1.5 km で，スミレさんとケンイチさんの分速はそれぞれ 90 m，60 m です。

(1) スミレさんとケンイチさんが同時に出発すると，２人が出会うのは出発してから何分後ですか。

(2) スミレさんが出発した５分後にケンイチさんが出発すると，２人が出会うのはケンイチさんが出発してから何分後ですか。

5 同じ長さの棒を下の図のように，あるきまりにしたがって，１段の図，２段の図…と，並べていきます。

１段の図には三角形が１個でき，２段の図には同じ大きさの三角形が４個できました。

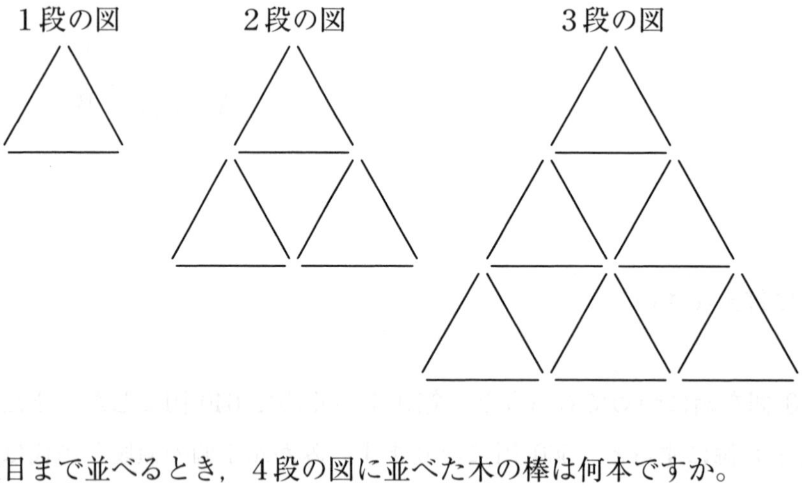

(1) ４段目まで並べるとき，４段の図に並べた木の棒は何本ですか。

(2) ５段の図をつくると，１段の図の三角形と同じ大きさの三角形が何個できますか。

(3) １段の図の三角形と同じ大きさの三角形が 100 個できるのは，何段の図ですか。

6 次の資料は，あるクラスの生徒 15 人の体重です。

41	47	38	39	52	56	40	45
45	44	43	53	48	42	48	(kg)

(1) 生徒 15 人の体重の平均はいくつですか。

(2) 次の度数分布表を完成させ，柱状グラフをかきなさい。

階級（kg）	度数（人）
37 以上40 未満	
40 ～ 43	
43 ～ 46	
46 ～ 49	
49 ～ 52	
52 ～ 55	
55 ～ 58	
計	15

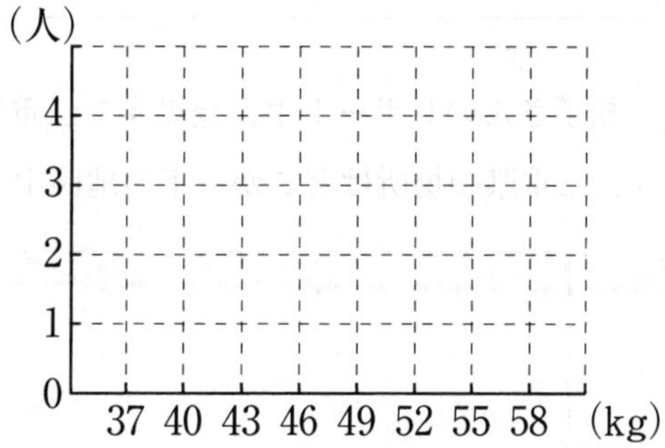

(3) 43 kg 以上 46 kg 未満の範囲《はんい》に入る生徒は，クラス全体の人数の約何％ ですか。四捨五入して小数第１位まで求めなさい。

【社　会】〈第１回一般試験〉（理科と合わせて60分）〈満点：50点〉

1　松子さんとすみれさんは、社会科の授業で興味を持ったことを調査するというレポートを書いています。レポートを読み、以下の問いに答えなさい。

松子さんのレポート「Ｇ７」

2023年５月に主要国首脳会議（Ｇ７）が広島県で開催《かいさい》された。地域情勢のことや食料問題などが重要課題としてあげられた。日本の総理大臣から各国の首脳へ漆《うるし》を使った万年筆やワイングラスなどが送られた。また、会議中の食事には広島の名産品が多く使用された。日本が開催国になったのは過去６回あり、東京（３回）、九州・沖縄、北海道洞爺湖《とうやこ》、三重県伊勢志摩《いせしま》で行われたことがある。

問１　松子さんのレポート中に登場する三重県について以下の問いに答えなさい。

１．三重県の場所はどこか、下の地図中ア～エより選び、記号で答えなさい。

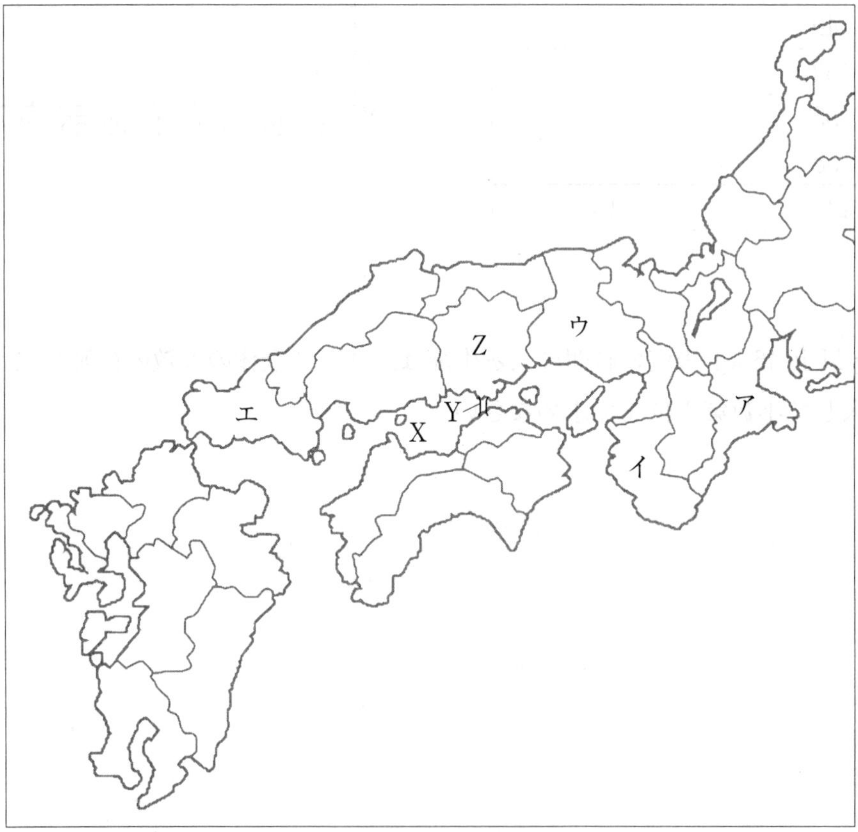

２．日本では1950年代から1960年代にかけて公害が深刻となりました。四大公害病のうち三重県でおこった公害病は何というか答えなさい。

問２　地図中のＸは瀬戸内海《せとないかい》です。瀬戸内《せとうち》の気候について、正しく説明している文章をア～エより選び、記号で答えなさい。

ア．年間を通して気温が低く、降水量は少ない。

イ．年間を通して気温が高く、降水量は多い。

ウ．夏は暑く晴れる日が多いが、冬の降水量が多い。

エ．年間を通して降水量が少なく、温暖である。

問３　地図中のＹについて以下の問いに答えなさい。

１．Ｙは本州と四国を結ぶ橋です。この橋は何というかア～エより選び、記号で答えなさい。

ア．明石海峡《あかしかいきょう》大橋　イ．瀬戸《せと》大橋　ウ．瀬戸内しまなみ海道　エ．角島《つのしま》大橋

２．Ｙで香川県と結ばれているＺの都道府県名を漢字で答えなさい。

問４　地図中の四国地方などでは、山間部で人口が急激に減少しています。このことを何というか答えなさい。

問５　あなたは松子さんの「Ｇ７レポート」にアドバイスをしようとしています。下のグラフは、それぞれの商品の生産量が多い都道府県を表しています。レポートに付け足すグラフとして、最もふさわしいものをア～エより選び、記号で答えなさい。

ア　たまねぎの生産量

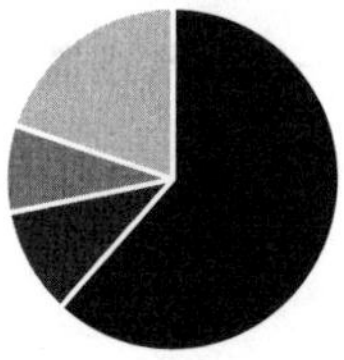

イ　茶の生産量

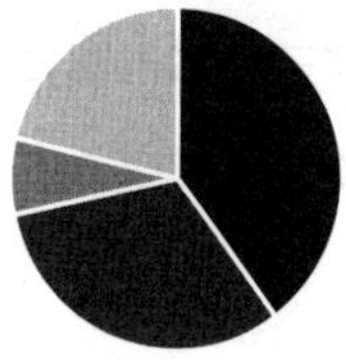

ウ　カキ（養殖《ようしょく》）の生産量

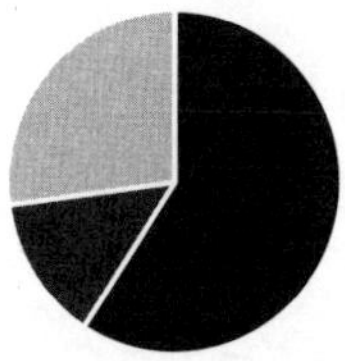

エ　にわとりの生産量

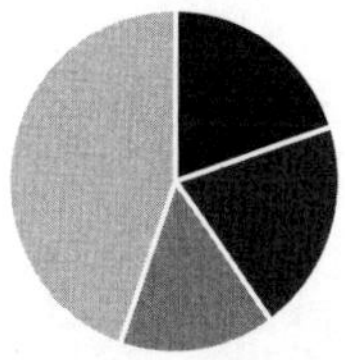

（日本のすがた 2023 より）

すみれさんのレポート「オリンピック」

東京は２回オリンピックが開催された都市である。東京2020オリンピックではスケートボードなど新しい競技も追加され、盛り上がりを見せた。しかし、東京ならではの課題もあった。マラソンや競歩が札幌《さっぽろ》市で行われたのである。ほかにも近隣《きんりん》の埼玉県や神奈川県、千葉県などでも行われた。都市型のオリンピックとして注目されたようだ。また、次のオリンピックが2024年にフランスで開催される予定である。パリオリンピックのテーマの一つに、地球環境《かんきょう》問題を考えるとある。フランスの環境問題への取り組みについて詳《くわ》しく調べてみたい。

問６　すみれさんはレポートでマラソンや競歩が札幌市で行われたと書いています。その理由を、ヒートアイランド現象という語句を用いて答えなさい。

問７　競技が開催された埼玉県や千葉県などでは近郊《きんこう》農業が行われています。近郊農業の説明として誤っているものをア～エより選び、記号で答えなさい。

ア．新鮮《しんせん》なものを届けることができる。

イ．輸送のコストを抑《おさ》えることができる。

ウ．出荷《しゅっか》時期をずらすため、高い価格で売れる。

エ．大消費地に近いため、たくさん売れる。

問８　東京は大阪と並び三大都市圏《としけん》にあげられているが、もう一つの都市圏の中心となるのはどこですか。都市名で答えなさい。

問９　次のグラフは、ドイツ、フランス、中国、ブラジルの発電エネルギー源の割合を示しています。フランスの発電量の内訳として正しいグラフをア～エより選び、記号で答えなさい。

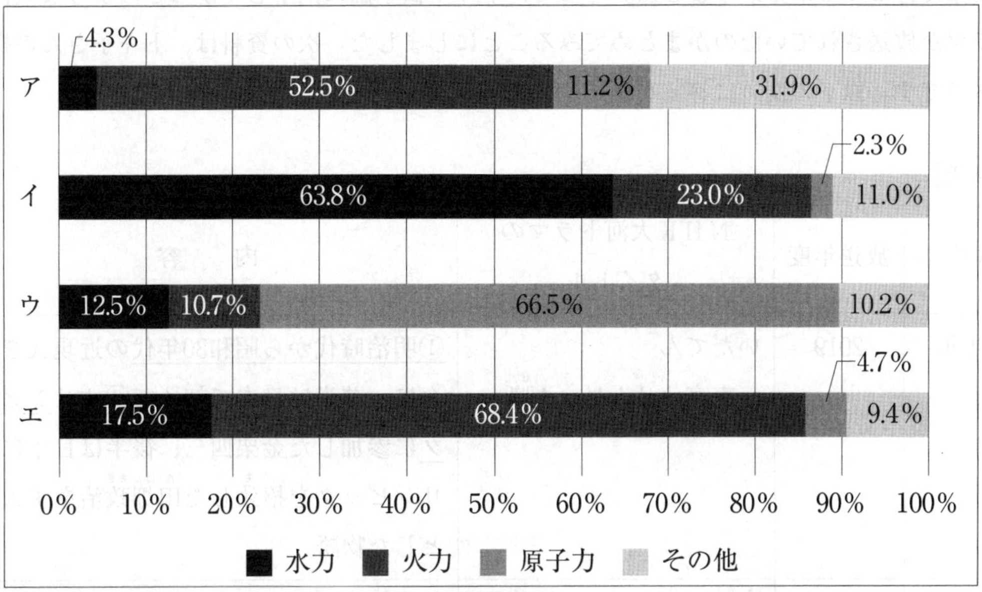

（日本のすがた2023より）

問10　次のグラフは1960年・2010年・2020年の日本のエネルギー源の割合を示しています。以下の問いに答えなさい。

１．移り変わりを古い順に並べるとき、どの順番になるか記号で答えなさい。

２．なぜその順番に並べ替《か》えたのか理由を答えなさい。

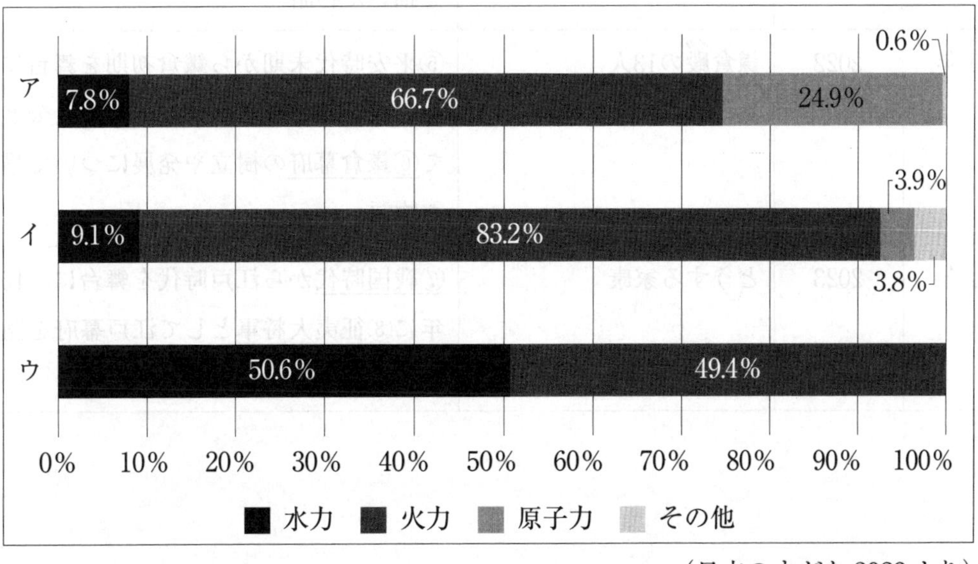

（日本のすがた2023より）

2　トキ子さんは、トキワ松学園の高校２年生です。探究の授業でＮＨＫ大河ドラマについて調べていると、昨年（2023年）は、ＮＨＫ大河ドラマが放送を開始してから60周年を迎えた年であることが分かりました。そこで、トキワ松学園に入学してからどのような大河ドラマが放送されていたのかまとめてみることにしました。次の資料は、トキ子さんの探究メモです。以下の問いに答えなさい。

【探究メモ】

トキ子の学年	放送年度	ＮＨＫ大河ドラマのタイトル	内　容
中学１年	2019	いだてん ～東京オリムピック噺《ばなし》～	①明治時代から昭和30年代の近現代を舞台に、前半は日本で初めて②オリンピックに参加した金栗四三《かなくりしそう》、後半は日本にオリンピックを招致《しょうち》した田畑政治《たばたまさじ》を主人公とした物語
中学２年	2020	麒麟《きりん》がくる	③室町時代末期を舞台に、明智光秀の謎《なぞ》めいた生涯《しょうがい》を中心として戦国の英傑《えいけつ》について描いた物語
中学３年	2021	青天を衝《つ》け	④江戸時代末期から昭和初期を舞台に、「日本資本主義の父」と称《しょう》される渋沢栄一を主人公として近代日本の礎《いしずえ》を築く姿を描いた物語
高校１年	2022	鎌倉殿《どの》の13人	⑤平安時代末期から鎌倉初期を舞台に、第２代執権となる北条義時《よしとき》を主人公として⑥鎌倉幕府の樹立や発展について描いた物語
高校２年	2023	どうする家康	⑦戦国時代から江戸時代を舞台に、1603年に⑧征夷大将軍として江戸幕府を開いた徳川家康の人生を描いた物語

問１　下線部①について、１～３に答えなさい。

１．明治維新に関連する語句と説明の組合せのうち、誤っているものをア～エより選び、記号で答えなさい。

ア．学　　制…６歳以上の男女が身分に関係なく、小学校に入学することを定めた。

イ．富国強兵…江戸時代の身分制度を廃止《はいし》して、民衆を支配する新しい制度を定めた。

ウ．地租改正…政府の財源を安定させるため、税を現金で納めさせた。

エ．廃藩置県…天皇を中心とする政治が全国に広まるように、府県を置き、政府の役人を送って治めさせた。

２．1923年９月１日、関東大震災が発生しました。この震災が起きた年に最も近いできごととして正しいものをア～エより選び、記号で答えなさい。

ア．日清戦争　　　　　イ．八幡製鉄所の開業

ウ．第二次世界大戦　　エ．国際連盟発足

３．昭和時代のできごとでないものをア～エより選び、記号で答えなさい。

ア．ヨーロッパで第一次世界大戦が起こり、日本もこの戦争に加わった。

イ．日本軍は中国軍を攻撃《こうげき》し、満州を占領《せんりょう》した。

ウ．日本軍はイギリス領だったマレー半島やハワイのアメリカ軍の基地を攻撃し、戦争を始めた。

エ．アメリカ軍が８月６日に広島に原子爆弾《ばくだん》を投下した。

問２　下線部②について、初めて東京でオリンピックが開催されたのは、次の表のどこに当てはまりますか。ア～エより選び、記号で答えなさい。

［ア］

日ソ共同宣言（1956）

［イ］

日韓基本条約（1965）

［ウ］

日中平和友好条約（1978）

［エ］

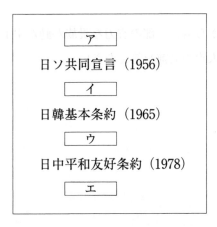

問３　下線部③について、１～３に答えなさい。

１．室町幕府が置かれた現在の都道府県名を漢字で答えなさい。

２．室町幕府第３代将軍は中国との貿易で大きな利益を得ました。当時の中国は何という国かア～エより選び、記号で答えなさい。

ア．唐《とう》　イ．宋《そう》　ウ．元《げん》　エ．明《みん》

３．室町時代の文化について述べた文として誤っているものをア～エより選び、記号で答えなさい。

ア．雪舟が水墨画を芸術として大成させた。

イ．観阿弥と世阿弥の親子によって能が大成された。

ウ．近松門左衛門が歌舞伎や人形浄瑠璃の作者として活躍した。

エ．足利義政が銀閣を建てた。

問４　下線部④について、１・２に答えなさい。

１．江戸時代、北海道は蝦夷地《えぞち》と呼ばれていました。この地に居住《きょじゅう》していたアイヌの首長であるシャクシャインは、ある藩《はん》との不当な交易に不満をもち、反乱を起こしました。この藩とはどこのことですか。ア～エより選び、記号で答えなさい。

ア．弘前《ひろさき》藩　イ．土佐《とさ》藩　ウ．松前《まつまえ》藩　エ．会津《あいづ》藩

２．江戸幕府最後の征夷大将軍は大政奉還を行った徳川慶喜です。大政奉還で慶喜は誰《だれ》に政権を返したのか答えなさい。

問５　下線部⑤について、１・２に答えなさい。

１．このころの朝廷の政治は、天皇を中心としながらも、一部の有力な貴族が動かすようになっていました。平安時代に次の歌をよんだ人物の名前を答えなさい。

この世をば
我《わ》が世とぞ思う
望月《もちづき》の
欠けたることも
なしと思えば

２．紫式部や清少納言の文学は、漢字とこの時代に誕生した文字を使ったことで知られています。この文字を何というか答えなさい。

問６　下線部⑥について、以下の１～４に答えなさい。

１．1192年、鎌倉幕府初代征夷大将軍となったのは源頼朝です。鎌倉という地は、次の写真からも分かるように三方を山に囲まれています。また、鎌倉には複数の切通しがつくられています。切通しは馬が一頭通れる程度の幅《はば》しかありません。この理由を答えなさい。

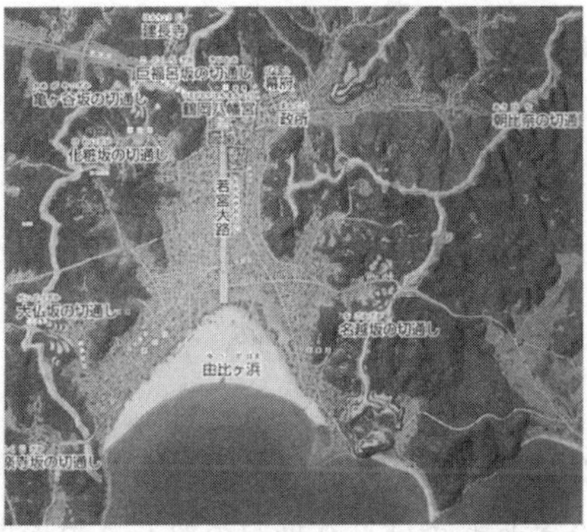

２．源頼朝の父は平治の乱で、ある人物に敗れました。この人物が建てた神社が広島にあります。この神社をア～エより選び、記号で答えなさい。

ア

イ

ウ

エ

３．武士が自分の領地を命がけで守ることから、生まれた四字熟語《じゅくご》をア〜エより選び、記号で答えなさい。

ア．一所懸命《いっしょけんめい》　イ．四面楚歌《しめんそか》　ウ．朝令暮改《ちょうれいぼかい》　エ．同床異夢《どうしょういむ》

４．鎌倉時代の中ごろに起きた元寇《げんこう》の後、幕府に対して武士の不満が高まりました。その理由を答えなさい。

問７　下線部⑦について、この時代に活躍《かつやく》した織田信長が勝利した戦いと、戦いで破った人物の正しい組合せをア〜エより選び、記号で答えなさい。

①桶狭間の戦い—今川義元

②長篠の戦い—武田勝頼

ア．①—正　②－正　　イ．①—正　②—誤

ウ．①—誤　②－正　　エ．①—誤　②—誤

問８　下線部⑧について、１・２に答えなさい。

１．初めて征夷大将軍に任命されたのは、８世紀の終わりの大伴弟麻呂《おおとものおとまろ》という人で、征夷とは蝦夷を征討《せいとう》するという意味です。このころの蝦夷とは、今の何地方に当たりますか。ア〜エより選び、記号で答えなさい。

ア．九州地方　イ．東北地方　ウ．近畿地方　エ．四国地方

２．江戸幕府第３代将軍家光の時代に「鎖国」と呼ばれる体制がつくられました。このことについて述べた次の文の、[A]と[B]に当てはまる語句の正しい組合せを下のア〜エより選び、記号で答えなさい。

> 海外貿易の相手を、キリスト教を広めるおそれのない[A]と中国（清）だけに限り、[B]で貿易することを許した。

ア．[A]—オランダ　[B]—長崎　　イ．[A]—オランダ　[B]—対馬

ウ．[A]—スペイン　[B]—長崎　　エ．[A]—スペイン　[B]—対馬

3　次の文を読み、以下の問いに答えなさい。

平和への関与 首脳議論へ

G７広島［　１　］きょうから

主要７カ国首脳会議が19日、広島市で開会する。［　２　］首相が議長を務め、①ロシアによる［　３　］侵攻《しんこう》が続く中、「②法の支配」に基づく国際秩序《ちつじょ》の重要性を確認する。19日には初めてＧ７首脳がそろって平和記念資料館を視察する。「核兵器のない世界」に向けた道筋についても議論する。

首相は18日、広島への出発前に「広島は原子爆弾《ばくだん》によって壊滅《かいめつ》的な被害《ひがい》を受け、力強く復興し、平和を希求する街」と述べた上で「広島に③Ｇ７、各地域の主要国が集《つど》い、平和へのコミットメント（関与《かんよ》）を示す。こうした取り組みを歴史に刻まれるものにしたい」と語った。

19日午前には、首相が④原爆ドームのある広島市の平和記念公園でＧ７首脳を出迎《でむか》える。その後、首脳が平和記念資料館を視察。［　１　］では米英仏の核《かく》保有国を交え、実効性のある成果を出せるかが焦点《しょうてん》だ。午後の［　３　］情勢に関する討議では、［　３　］支援と対ロ制裁の強化を確認する。米政府高官によると、Ｇ７各国が新たな対ロ制裁や輸出規制を発表する見通しだ。日本政府によると、ゼレンスキー大統領は21日午前、［　３　］をテーマにした討議にオンラインで参加する。

最終日の21日に首脳コミュニケ（声明）を採択《さいたく》する。個別声明として、［　３　］支援▽核軍縮・不拡散▽経済安全保障▽クリーンエネルギーの４分野での合意をめざすほか、招待国と共同で食料問題でも文書をまとめる方向だ。

（2023年５月19日　朝日新聞の記事から一部抜粋《ばっすい》）

問１　文中の［　１　］に当てはまるカタカナを答えなさい。

問２　文中の［　２　］に当てはまる人物の氏名を答えなさい。

問３　下線部①について、ロシアの大統領をア～エより選び、記号で答えなさい。

ア．スナク　　イ．バイデン　　ウ．プーチン　　エ．マクロン

問４　文中の［　３　］に当てはまる国名をア～エより選び、記号で答えなさい。

ア．ウクライナ　　イ．ノルウェー　　ウ．フィンランド　　エ．ベラルーシ

問５　下線部②について、法の支配とはすべての国家活動が憲法と法律を基準に営まれることです。法律をつくるところとして正しいものをア～エより選び、記号で答えなさい。

ア．国会　　イ．裁判所　　ウ．政府　　エ．内閣

問６　下線部③について、Ｇ７に当たる日本・アメリカ・イギリス以外の国名の組合せとして正しいものをア～エより選び、記号で答えなさい。

ア．中国・ドイツ・フランス・カナダ

イ．フランス・カナダ・オーストラリア・中国

ウ．ロシア・ドイツ・フランス・イタリア

エ．フランス・ドイツ・イタリア・カナダ

問７　下線部④について、終戦後に原爆ドームを取り壊《こわ》さず、現在のように残すことにした理由を答えなさい。

問８　記事の内容について、誤っているものをア～エより選び、記号で答えなさい。

ア．新たなロシアに対する制裁を、Ｇ７各国が発表する見通しである。

イ．個別声明として、経済安全保障など他分野での合意もめざしている。

ウ．長崎は原爆で壊滅的な被害を受け、力強く復興し平和を希求する。

エ．平和記念資料館の視察は、Ｇ７首脳が初めてそろって行われる。

【理　科】〈第１回一般試験〉（社会と合わせて60分）〈満点：50点〉

１　すみれさんと先生の会話文を読み、あとの問いに答えなさい。

すみれ：先生、テレビドラマで話題になった牧野富太郎《まきのとみたろう》について教えてください。
先生　：もちろんです。牧野富太郎は、植物の研究に打ち込《こ》んだ植物学者です。植物のなかま分けもしました。1940年には牧野日本植物図鑑《まきのにほんしょくぶつずかん》を発行し、現在でも植物図鑑として広く親しまれています。
すみれ：具体的にどのようなことをした人ですか？
先生　:ヤマトグサという植物を発見し、日本人として初めて植物に名前をつけて世界に発表しました。ルーペやA. 顕微鏡《けんびきょう》を使って、植物をよく観察していたそうです。
すみれ：私たちに身近な植物にも名前をつけていますか？
先生　：B. 近くの公園や通学路に咲《さ》いている植物にも名前をつけました。その他にも、約1500種類以上の植物に名前をつけたことで知られています。
すみれ：植物のなかま分けはどのようにするのだろう…。
先生　：C. 種子をつくるかつくらないかや、花や葉のつくりは植物のなかま分けをするときに重要なヒントになりますよ。

(1)　下線部Aについて、次の文は顕微鏡の使い方について述べています。文中の①～⑤の（　　）に当てはまる語句を選び、答えなさい。

1．顕微鏡を直射日光の当たらない①（　垂直　／　水平　）な台に置く。

2．②（　接眼　／　対物　）レンズをつけ、次に③（　接眼　／　対物　）レンズをつける。

3．④（　スライドガラス　／　プレパラート　／　カバーガラス　）をステージに置く。

4．横から見ながら調節ねじを回し、④に対物レンズを⑤（　遠ざけ　／　近づけ　）てから接眼レンズをのぞき、ピントを合わせる。

(2)　下線部Bについて、**図１**は牧野富太郎が名前をつけた植物として知られています。この植物の名前を次のア～オから１つ選び、記号で答えなさい。

ア．イネ　　　イ．オオバコ　　　ウ．ハルジオン
エ．カラスノエンドウ　　　オ．アブラナ

図１

(3) 下線部Ｃについて、次の**図２**は植物の特徴《とくちょう》をもとになかま分けを表したものです。図中の①～③に当てはまる語句をあとの選択肢《せんたくし》ア～オからそれぞれ１つずつ選び、記号で答えなさい。

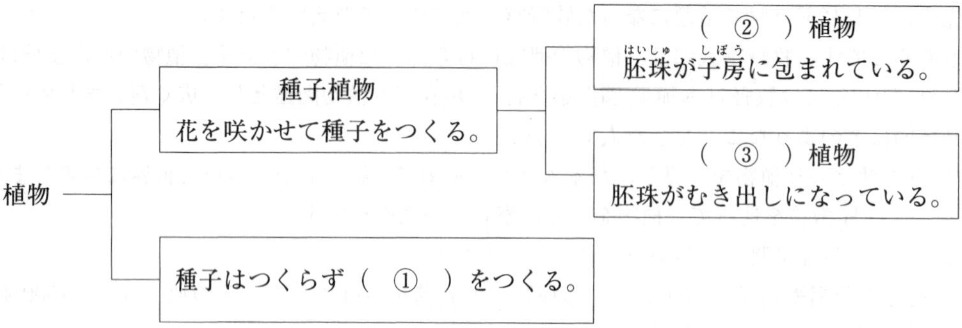

図２

〈選択肢〉　ア．裸子《らし》　イ．シダ　ウ．被子《ひし》　エ．コケ　オ．胞子《ほうし》

(4) 植物の花には、たくさんの花が集まって１つの花のようになっているものがあります。その例としてあげられる植物を１つ答えなさい。

(5) **図３**はヘチマの花のつくりを表しています。これについて答えなさい。

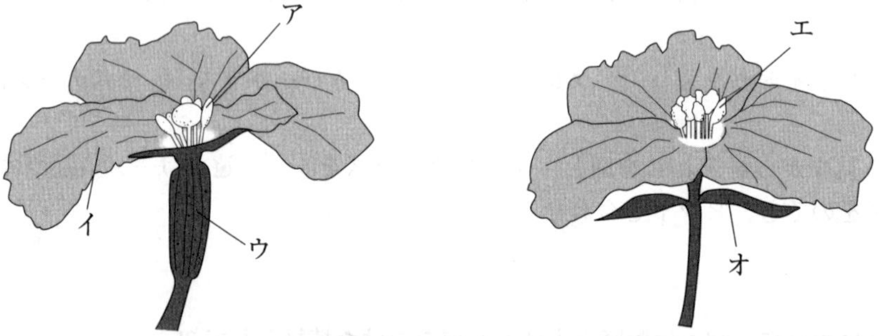

図３

①　アに花粉がつくことを何と言いますか。漢字２文字で答えなさい。

②　将来、実になる部分はア～オのうちどれですか。１つ選び、記号で答えなさい。

③　ヘチマは昆虫《こんちゅう》によって花粉を運んでもらいます。このような花を虫媒花《ちゅうばいか》と言います。虫媒花である植物をア～オから２つ選び、記号で答えなさい。

ア．マツ　イ．コスモス　ウ．ススキ　エ．スギ　オ．スミレ

(6)　**図４**は、牧野富太郎が高知県で発見し、名前をつけたジョウロウホトトギスという植物です。ジョウロウホトトギスの葉のすじは平行に並んでおり、このような葉のすじを平行脈と言います。同じような葉の特徴を持つ植物を次のア～オから１つ選び、記号で答えなさい。

図４

ア．トウモロコシ　　イ．ツツジ　　ウ．ホウセンカ
エ．バラ　　オ．トマト

(7)　ジョウロウホトトギスは、現在では高知県の絶滅《ぜつめつ》の恐《おそ》れのある植物として指定されています。植物の絶滅を防ぐために、あなたにできることは何ですか。あなたの考えを書きなさい。

2　水溶液《すいようえき》の性質について、次の問いに答えなさい。

【１】　６つのビーカーに、水と次のア～オの５種類の水溶液が入っています。水溶液はどれも色がなく、透明《とうめい》です。これらについて、あとの問いに答えなさい。

５種類の水溶液〔ア．食塩水　　イ．塩酸　　ウ．アンモニア水　　エ．石灰水《せっかいすい》　　オ．炭酸水〕

(1)　５種類の水溶液ア～オのうち、においがあるものを２つ選び、記号で答えなさい。

(2)　５種類の水溶液ア～オのうち、加熱して水を蒸発させたとき、固体が出てくるものを２つ選び、記号で答えなさい。

(3)　５種類の水溶液ア～オのうち、二酸化炭素をふき込《こ》むと白くにごるものを１つ選び、記号で答えなさい。

(4)　ＢＴＢ溶液は水溶液の性質（酸性、中性、アルカリ性）によって色が変化します。水溶液の性質とＢＴＢ溶液の色の組み合わせが正しいのものを次のア～エから１つ選び、記号で答えなさい。

ア．酸性－緑色　　中性－青色　　アルカリ性－黄色
イ．酸性－青色　　中性－黄色　　アルカリ性－緑色
ウ．酸性－黄色　　中性－緑色　　アルカリ性－青色
エ．酸性－黄色　　中性－青色　　アルカリ性－緑色

(5)　５種類の水溶液ア～オのうち、酸性とアルカリ性のものを、それぞれすべて選び、記号で答えなさい。

(6)　６つのビーカーの中から、２回の実験で水を見つけたいと思います。次の①～③の実験方法のうち２つを、どのような順番で行えばよいですか。あとのア～カから正しいものを２つ選び、記号で答えなさい。

①　蒸発皿に水溶液を少量取り、加熱して水を蒸発させる。
②　水溶液のにおいを調べる。
③　試験管に水溶液を少量取り、ＢＴＢ溶液を加えて色の変化を調べる。

ア．①→②　　イ．①→③　　ウ．②→①　　エ．②→③
オ．③→①　　カ．③→②

【2】身のまわりの水溶液について、次の問いに答えなさい。

(1)　紅茶にレモンを入れると紅茶の色がうすくなります。この色の変化はレモン果汁《かじゅう》の性質に関係していると考え、レモン果汁を赤色リトマス紙と青色リトマス紙それぞれにつけて色の変化を調べました。

表１は調べた結果をまとめたものです。この結果をもとに、レモン果汁の性質として適切なものを、あとのア～ウから１つ選び、記号で答えなさい。

表１

赤色リトマス紙	変化しなかった。
青色リトマス紙	赤色になった。

ア．酸性　　　イ．中性　　　ウ．アルカリ性

(2)　ほかの水溶液でも紅茶の色が変化するのかを確認《かくにん》するために、４種類の水溶液「せっけん水、酢《す》、スポーツドリンク、重そう水」を用いて、紅茶に加えたときの色の変化を調べました。また、赤色リトマス紙と青色リトマス紙を用いて水溶液の性質も調べました。**表２**は調べた結果をまとめたものです。空欄《くうらん》①～⑤に当てはまる結果を、あとのア～オからそれぞれ１つずつ選び、記号で答えなさい。ただし、同じ記号をくり返し選んでもよい。

表２

	せっけん水	酢	スポーツドリンク	重そう水
紅茶の色の変化	濃《こ》くなった。	うすくなった。	④	⑤
赤色リトマス紙	青色になった。	②	変化しなかった。	青色になった。
青色リトマス紙	①	③	赤色になった。	変化しなかった。

ア．うすくなった。　　イ．濃くなった。　　ウ．青色になった。　　エ．赤色になった。
オ．変化しなかった。

3　かたい棒とその棒を支える柱（支柱）を使うと、小さな力で大きなはたらきをつくることができ、重いものを持ち上げたり動かしたりすることができます。このように小さな力で大きなはたらきをつくり出すものを『てこ』といいます。てこには、第一種から第三種までの種類があります。

【１】てこについて、あとの問いに答えなさい。

第一種てこ

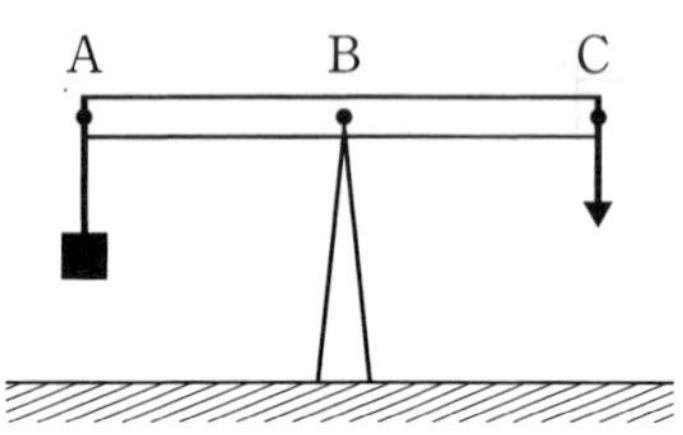

図1

第二種てこ

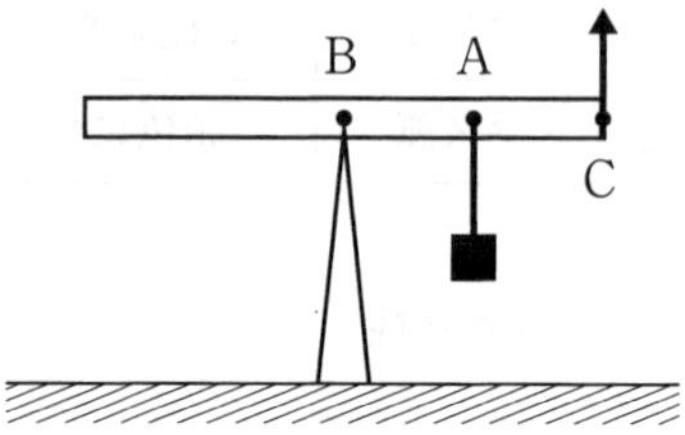

図2

第三種てこ

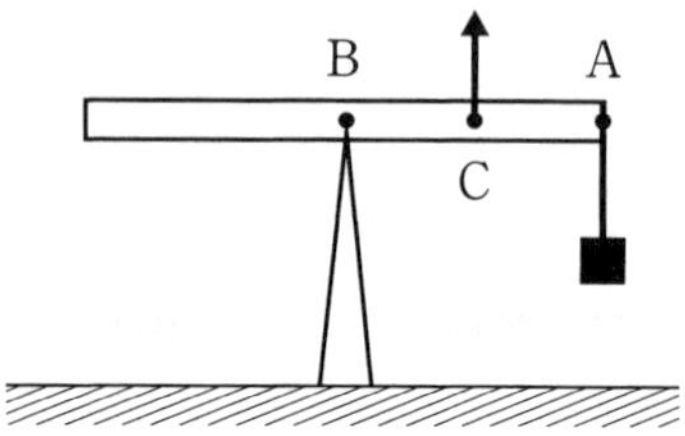

図3

(1)　**図１**のように、点Aに荷物をつり下げ、点Cに下向きの力を加えると、荷物を上向きに持ち上げることができます。点Bは支点といいます。点Aを何といいますか。漢字で答えなさい。

(2)　てこを利用した道具について、次の問いに答えなさい。

①　第一種てこを利用している道具はどれですか。ア～オの中から正しいものを２つ選び、記号で答えなさい。

②　第三種てこを利用している道具はどれですか。ア～オの中から正しいものを１つ選び、記号で答えなさい。

ア．トング

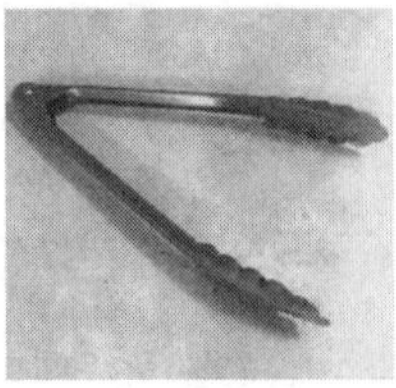

イ．くぎぬき

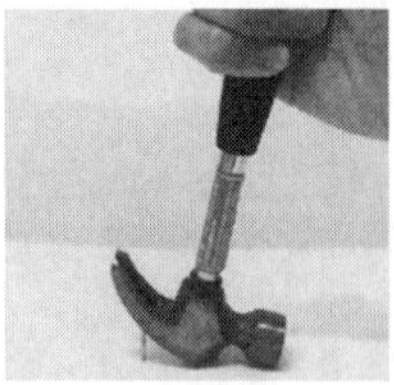

ウ．せんぬき

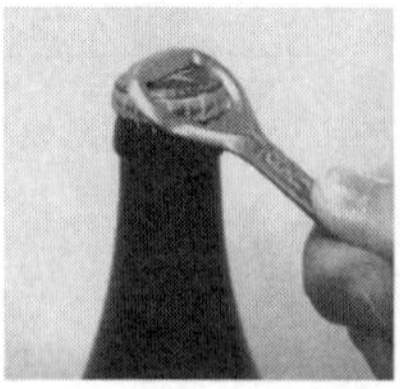

エ．空き缶《かん》つぶし

オ．はさみ

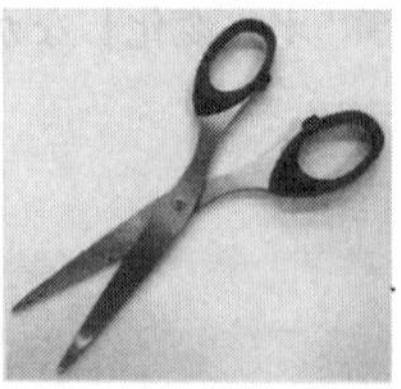

(3)　ペンチには硬《かた》い針金などを切るための刃《は》が、**図４**のＹの位置についています。次の文は、刃がＸではなくＹについている理由を述べています。文中の①、②の（　　　）に当てはまる語句をそれぞれ選び、答えなさい。

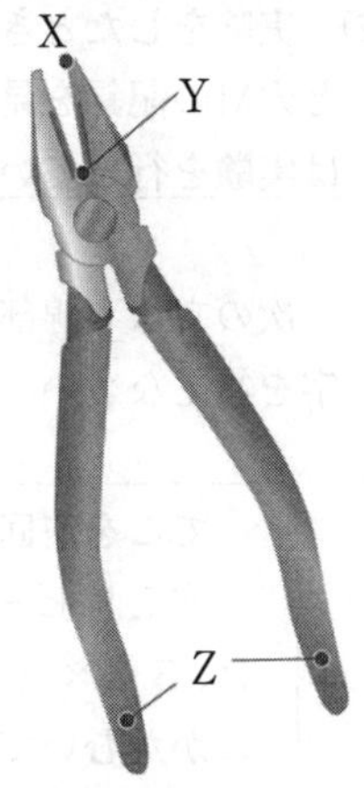

図４

> ペンチのＺをにぎり一定の力を加えて、針金を切ることを考えます。ＸよりもＹは支点から①（　近い　／　遠い　）ので、針金に加わる力が②（　小さい　／　大きい　）です。
> そのため、針金を切りやすいのはＹであるため、Ｙに刃がついています。

【２】てこをつり合わせる実験について、あとの問いに答えなさい。

図５のように、てこの左側の穴Ｃの位置にビー玉を６個入れた箱をつり下げました。てこがつり合うようにするためには、右側の穴Ｈの位置に 24 個のビー玉をつり下げる必要がありました。その後、右側にビー玉をつり下げる位置を、Ｉ、Ｊ、Ｋ…と変えて、つり合うためのビー玉の数を記録しました。穴Ａから穴Ｍの間隔《かんかく》は全て等しく５cmです。またビー玉はすべて同じ重さで、つり下げるためのひもや箱の重さは考えないものとします。

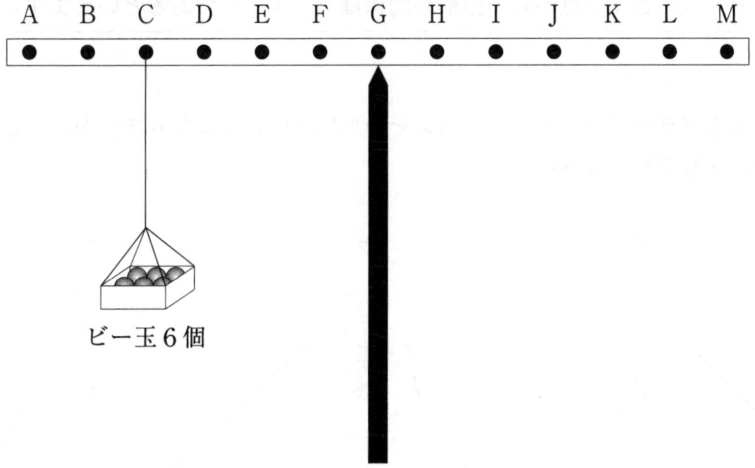

図５

(1)　下の**表**は、実験の結果を記録したものです。①、②に当てはまる数字を答えなさい。

表

てこの右側にビー玉をつり下げる穴の位置	H	I	J	K	L	M
つり下げるビー玉の数	24 個	①	②	６個	×	４個

(2)　実験をしたとき、誤って穴Ｌの位置にビー玉をつり下げる実験を行いませんでした。そこで穴Ｋと穴Ｍの記録を見て、６個と４個の間の「５個」と記録をして実験レポートを提出すると、実際には実験を行っていないのではないかと先生に注意されました。

次の文は下線部のように先生が気づいた理由を述べています。文中の（　①　）に当てはまる数字を答えなさい。また、②の（　　　）に当てはまる語句を選び、答えなさい。

> てこを左回転させようとするはたらきは、６個× 20 cmと計算できます。
> 穴Ｌにビー玉を５個つり下げた場合、てこを右回転させようとするはたらきは、５個×（　①　）cmとなります。そのため、てこは②（　左側　／　右側　）にかたむいてしまい、つり合いません。そのため先生は、実際に実験を行ってつり合わせた記録ではないと気づくことができました。

(3)　次の文は、てこの原理の規則性について考えるため、表のＨとＫの記録を比較《ひかく》したものです。

文中の（　①　）～（　③　）に当てはまる整数または分数を答えなさい。また、（　④　）に当てはまる語句を答えなさい。

> てこの支点Ｇから穴Ｈまでの距離《きょり》は５cmです。てこの支点Ｇから穴Ｋまでの距離は（　①　）cmであるため、支点からの距離は（　②　）倍になります。つり下げるビー玉の数は 24 個から６個になるため（　③　）倍になります。このことから、ビー玉の数と支点からの距離の関係は（　④　）であるといえます。

(4)　この実験結果をグラフで表したとき、およその形はどのようになりますか。正しいものをア～エから１つ選び、記号で答えなさい。

ア.

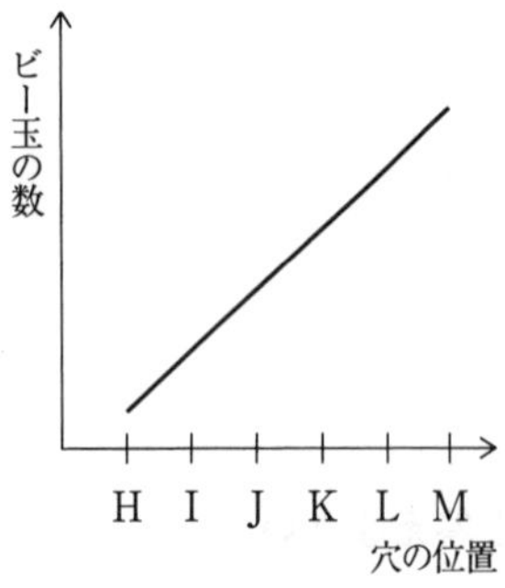

イ.

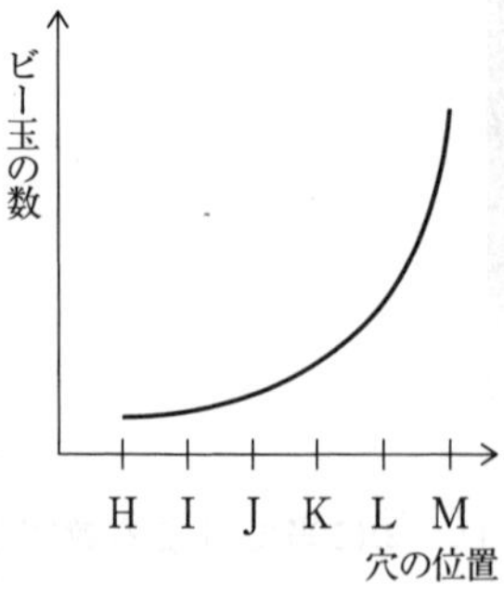

ウ.

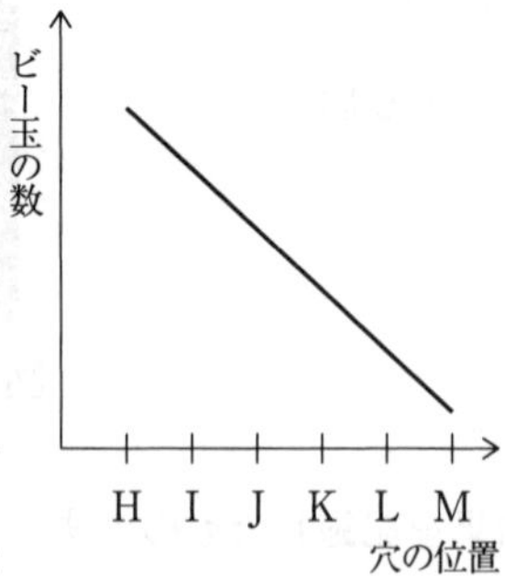

エ.

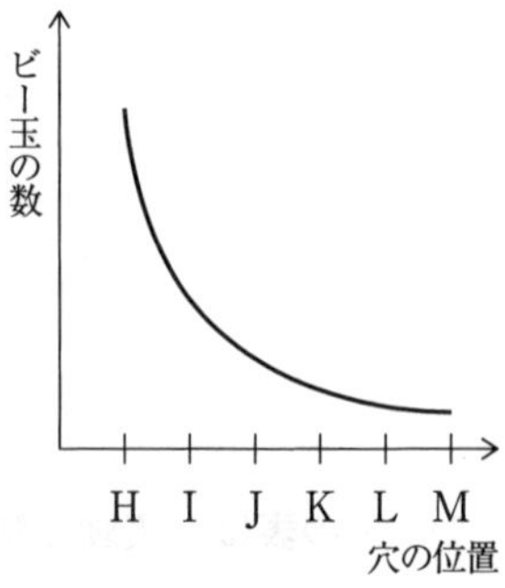

問九　――線⑥「二つのプラスの働き」とはどのようなことですか。それぞれ答えなさい。（65）

問十　本文の内容として正しいものを次のア～エから一つ選び、記号で答えなさい。

ア　わたしたちが飲む水の出発点はダムや川であり、浄《じょう》水場の役割が重要である。

イ　陸に降った雨はすべて地表を流れて川に入っていき、最後は海に流れ込む。

ウ　最近は集中的に大量の雨が降り、すばやく海へ出てしまう川でも対応できないことが増えた。

エ　森に降った雨は木の根を伝って川や海に流れていくことで、災害を防いでいる。

問六　――線③「日本の独特の地形が、この雨・雪とダム・川に大きな影響をもたらしています」とありますが、「日本独特の地形」が川にもたらす影響はどのようなことだと述べていますか。正しいものを次のア～オから二つ選び、記号で答えなさい。(40)

ア　日本独特の地形とは山のことであり、険しい山を流れる川は急流である。

イ　日本独特の地形によって川の数が増え、日本を流れる水の量は非常に多い。

ウ　日本独特の地形によって滝《たき》の数が増え、多くのヨーロッパ人を喜ばせている。

エ　日本独特の地形とは山のことであり、険しい山を流れ下る水で災害が多い。

オ　日本独特の地形によって雨がたくさん降っても、海にすばやく出てしまう。

問七　――線④「ヨーロッパの土木の専門家たちは、日本の川を見て『これは川ではない、滝《たき》だ！』とおどろいた」とありますが、なぜ「ヨーロッパの土木の専門家たち」は日本の川を見て「滝だ」と思ったのですか。本文中の言葉を使ってヨーロッパと日本を比べながら理由を説明しなさい。(48・49)

問八　――線⑤「川の氾濫《はんらん》や土砂災害」とありますが、現代の都市で「川の氾濫や土砂災害」が起きるのはなぜですか。理由を説明しなさい。(54)

問二　次の文章は本文中のどこに入りますか。本文中の（あ）～（お）から一つ選び、記号で答えなさい。
（7、10、14、20、27）

とくにこの数年は、世界でも日本でも、これまでにない豪《ごう》雨や豪雪が増えました。気候変動の影響《えいきょう》で、災害の頻《ひん》度と規模は以前よりも大きくなってきています。ゲリラ豪雨や線状降水帯（ほぼ同じ場所につぎつぎとできて線状になり、集中して長い時間雨を降らせる雲の一群）などのニュースをヒヤヒヤしながら見るのも、めずらしいことではなくなりました。水は生きるために欠かせないと同時に、命をうばうような災害にもつながるため、わたしたちの存在の根本に深く関わっています。

問三　図1を見ながら、空らん【一】に入る言葉を本文中から漢字一字でぬき出して答えなさい。（18・19）

問四　――線①「水の一番の特徴《ちょう》は、どんどん姿を変えて動いていくことです」とありますが、水が「姿を変え」るときの条件を十字以内で答えなさい。（21）

問五　――線②「わたしたちの水道の水がダムや川から取られるならば、雨や雪がダムや川にたくさん降ると、使える水は増えるはずです。ですが、話はそう簡単ではありません」とありますが、なぜ使える水が増えるとそう簡単には言えないのですか。理由を説明しなさい。（34・35）

びわき出してきます。

このように森は、使うための水をより多く貯める働きをしてくれます。それは同時に、地上にあふれ出す水が減ることになるので、災害も引き起こしにくくなるという、⑥二つのプラスの働きをしてくれるのです。

ちなみに、アスファルトにおおわれた都市に降った雨は、地中にしみこむことはできません。道路の側溝《そっこう》から雨水管に集まり、川や海へ流れていきます。いま、都市や住宅街で洪水が起きるのは、以前よりも短い時間でたくさんの量の雨が降ることによって、側溝や雨水管の容量をこえてしまうことが一つの原因と言われています。アスファルトなどでおおわれて土がほとんどなくなった都市では、森のように雨を地下に貯める力がとても小さいからです。

(浜田久美子「水はどこからやってくる？〜水を育てる菌《きん》と土と森〜」問題作成のため一部改変しました)

注1　淡《たん》水(図1)……塩分をふくまない水。

注2　湖沼《しょう》(図1)……湖と沼《ぬま》。

問一　空らん 1 〜 4 に入る言葉として最もふさわしいものを次のア〜エからそれぞれ選び、記号で答えなさい。(3、8、15、21)

ア　さて　　イ　一方　　ウ　では　　エ　たとえば

用できる水の量も限られてしまいます。

江戸時代に鎖《さ》国を解いて以降、ヨーロッパから多くの研究者、技術者を日本に呼びました。④ヨーロッパの土木の専門家たちは、日本の川を見て「これは川ではない、滝《たき》だ！」とおどろいたという話が伝えられています。それくらい、日本とヨーロッパのような大陸とでは川の姿がちがうのです。

気候の変化で集中的に激しくたくさんの雨が降るようになった最近では、すばやく海へ出てしまう日本の川であっても、対応できないことが増えています。あふれ出した泥《どろ》水が濁《だく》流となり家をおし流す光景は、毎年のように日本のどこかで見られるようになってしまいました。

貯めて使えれば日々欠かせない大切な水ですが、反対に⑤川の氾濫《はんらん》や土砂災害を起こすときにはおそろしく破壊《はかい》的になる水——。雨や雪の降り方を人間がコントロールすることはできませんが、命をつなぐ面と破壊をもたらす面という、相反する二つの水の顔に、大きな影響を持つ存在が、じつはあります。

森です。

日本の国土の7割近くをしめる山はほぼ森におおわれているため、日本では「森」と「山」はほとんど同じ意味で使われています。日本の森林面積は約67パーセントなので、7割近くと言われる山とだいたい同じになります。標高が高くなると木々が生えない「森林限界」と呼ばれる場所になるために、岩肌《はだ》などがむき出しになりますが、それ以外は森におおわれているのが日本の山の特徴です。

森に降った雨や雪は、林床《りんしょう》（森の地面）にしみこむことでゆっくりと、いろいろな場所から長い時間をかけてふたた

り、流したり、さまざまな場面で使わせてもらっています。わたしたちが使った水も、かならずまたわたしたちのもとをはなれてふたたび水の旅に出ていきます。つまり、地球をめぐる水は、そのときどき姿を変えながらいたるところに存在して、永遠にリサイクルされている、というわけです。

②わたしたちの水道の水がダムや川から取られるならば、雨や雪がダムや川にたくさん降ると、使える水は増えるはずです。ですが、話はそう簡単ではありません。

ダムも川も、それぞれに「水が入る、あるいは流れる容量」に限界があり、いくらでも受け入れられるわけではないからです。その容量をこえる雨が降るとあふれます。ダムは、大雨のときは貯めこんだ水を放流してあふれないように調整します。それでも間に合わないときは、河川敷《かせんじき》が水を受け止め一時的に川幅《はば》を広げることで、災害にならないようにします。

そして、③日本の独特の地形が、この雨・雪とダム・川に大きな影響をもたらしています。独特の地形というのは、海に囲まれた細長い国土の７割近くが山であるということです。

日本の山は険しいうえに、そこに大小合わせて３万本以上の川があります。細長い国土の島国ですから、海にいたるまでの距離《きょり》がヨーロッパや中国などの大陸とくらべるととても短いのです。平野部ではゆったりとした流れに見えますが、険しい山を流れる川は急流です。雨がたくさん降っても、この短く速い流れで、海にすばやく出てしまいます。一方、大陸にある国々の川には、日本とくらべものにならない長い距離を、いくつもの国をうるおしながらゆったりと流れるものがたくさんあります。川の長さが短いと、その分流れる水の量も少なくなります。となると、人間が川から利

［3］、ダムや川の水はどこから来るのでしょうか？　水の出発点はどこにあるのでしょうか？

地球上にある水は、海、湖、池、川、目に見えない大気中の水蒸気や雲、そして地下水などにわけられます。この中でも【二】のしめる割合は圧倒《あっとう》的に大きく、地球にある水の約97％が【二】です。雪や氷が約２％。湖、川、地下水、水蒸気は全部合わせても１％に満たないのです。（え）

［4］、①水の一番の特徴《ちょう》は、どんどん姿を変えて動いていくことです。姿を変えながらぐるぐるめぐる水は、どこが始まりかは決められませんが、海から出発して追いかけてみましょう。

気温が高くなると、水は水蒸気という気体になります。海水が温まると水蒸気がつぎつぎにのぼっていき、上空で雨雲が生まれます。水蒸気が冷えると再び液体の雨に、もっと冷えると雪に変わります。こうして、主に海から空へ移動した水は雨や雪として地表へと落ちていきます。（お）

陸に降った雨は、土にしみてさらに地下にしみこんでいくものと、土にしみこまずに地表を流れて川などに入るものとにわかれます。海や湖や川に降れば、そのままそこにあった水と合流します。川の水は、最後はまた海にもどります。

こうやって姿を変えながら地球上をめぐる水を、途《と》中のひとときわたしたちは飲んだり、いろいろなものを洗った

図１

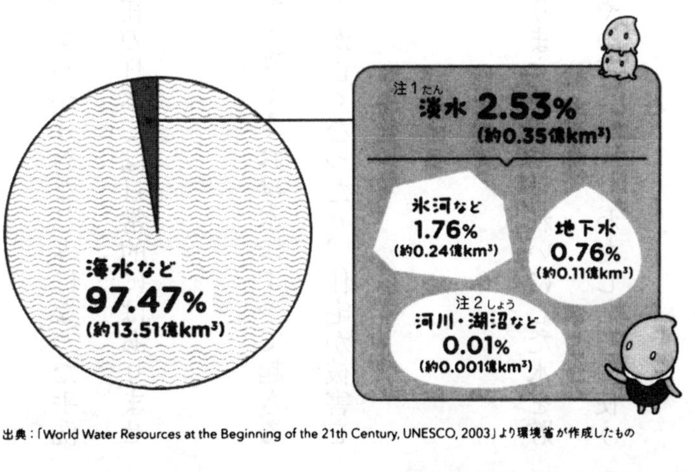

出典：「World Water Resources at the Beginning of the 21th Century, UNESCO, 2003」より環境省が作成したもの

三 次の文章を読んで、後の問いに答えなさい。（問いの下の数字は、本文での行数を示します）

のどがかわいたときに飲む水は、おいしくてたまりませんね。夏の暑いときに水で遊ぶ楽しさや気持ちよさも、これまた格別です。水がわたしたち生き物にとって一日でも欠かせないものであることは、だれもが知っています。

［ 1 ］、人間はごはんを食べられなくとも水と睡眠《すいみん》さえ取れれば2～3週間は生きられますが、もし水が飲めないとなると、4～5日で死んでしまいます（2～3日とする説もあります）。

そして、２０２０年から世界中にふきあれている新型コロナウイルス感染症《しょう》の嵐《あらし》で、すっかりおなじみになった手洗い・うがいにも、きれいで安全な水が必要です。きれいで安全な水に困ることは、現在の日本では日常的にはありません。（あ）

［ 2 ］、命に欠かせないこの水が、反対に命をうばうことがあります。洪《こう》水や土砂《しゃ》くずれは水によって起きる災害です。急激かつ大量に降った雨によって引きおこされるこれらの災害で、多くの人が亡くなったり、住宅が被《ひ》害をうけたりしています。（い）

わたしたちは家や学校で、水を水道から使っています。

ダムや川から水を取る取水場があり、安全に飲めるようにきれいにする浄《じょう》水場があります。次にきれいにした水を貯めて各地に配る配水池があり、そこから配水管や給水管を通ってわたしたちのもとへやってきます。わたしたちの使う水はダムや川がおおもとのように見えます。（う）

㋒　言葉をさえぎる

ア　言葉を最後まで強くはっきり言う
イ　言葉の意味が分かるようにする
ウ　言葉の途《と》中でじゃまをしてとめる
エ　言葉を最後まで続けることができない

㋓　美徳

ア　得な行動
イ　損《そん》な行動
ウ　良くない行い
エ　立派な行い

㋔　おごる

ア　ほめる
イ　思い上がる
ウ　ばかにする
エ　うらやましく思う

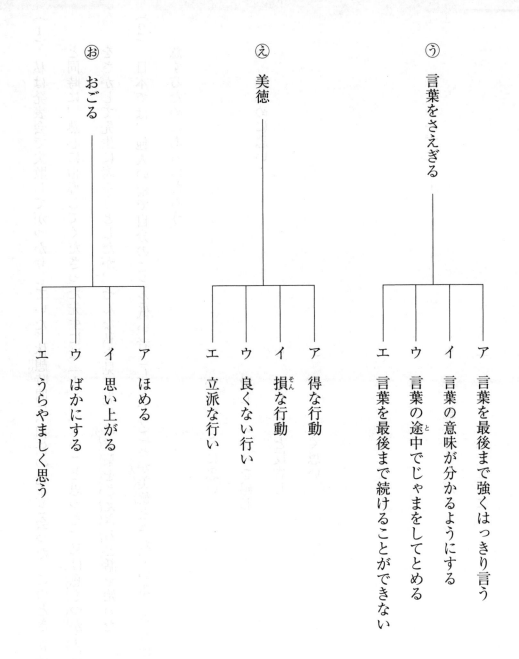

問二　〜〜〜線(あ)〜(お)の言葉の意味として最もふさわしいものを、それぞれ次のア〜エから一つ選び、記号で答えなさい。

（１）私は発表会で失敗してがっかりしていた。休憩《けい》時間に、担任の先生と会った。このとき、私は自分を(あ)みじめに思い、と同時に、熱心に指導してくださった先生には「申し訳ない」と思った。私は(い)息もつかずに、ありとあらゆる言葉をさがして先生に謝ろうとしたが、そんな私を見て先生は(う)言葉をさえぎると話を始めた。

（２）日本では、他人の前で自分のことを低い者としていうことが(え)美徳とされている。それは、人間の(お)おごる心を注意するためにあるのだろう。

(あ)　みじめに思い
- ア　かわいそうに思い
- イ　激しいいかりを感じ
- ウ　しっかりと反省し
- エ　なさけなく思い

(い)　息もつかずに
- ア　ひとやすみしてから
- イ　休まず続けて
- ウ　長く続けることができずに
- エ　しばらく息をせずに

二 次の問いに答えなさい。

問一　次の＝＝線１「らしい」、２「の」の働きと同じものを、それぞれ次のア～エから一つ選び、記号で答えなさい。

１　有名人が来るらしい。

ア　学生らしい服装をする。
イ　ここに新しい家が建つらしい。
ウ　この犬はとてもかわいらしい。
エ　めずらしい本を手に入れた。

２　花の美しい季節となった。

ア　家のドアを閉める。
イ　甘いのが好きだ。
ウ　机のうえに本を置く。
エ　月の明るい夜に出かける。

2024年度 トキワ松学園中学校

【国語】〈第一回一般試験〉（四五分）〈満点：一〇〇点〉

一　次の①〜⑤の――線のカタカナを漢字に直し、⑥〜⑩の――線の漢字は読み方をひらがなで答えなさい。

① 混乱をシュウシュウする。
② 乗り越し運賃をセイサンする。
③ 多くのことにキョウミを持つ。
④ サバきを受ける。
⑤ 体力をヤシナう。
⑥ 有意義な時間にできた。
⑦ このような風潮はよくない。
⑧ 米が豊作になった。
⑨ ここから正念場をむかえる。
⑩ 著しい成長がみられる。

2024年度 トキワ松学園中学校 ▶解説と解答

算　数　＜第１回一般試験＞（45分）＜満点：100点＞

解　答

[1] (1) 49　(2) 2024　(3) $\frac{1}{10}$　(4) 19　(5) 7920　(6) ① 45　② 135　(7) 36.48　(8) ① CD　②，③ L，N　[2] (1) 9 cm，12cm，15cm　(2) 96cm^2　[3] (1) **みかん１個**…40円，**箱代**…240円　(2) **大人１人**…800円，**子ども１人**…500円　[4] (1) 10分後　(2) 7分後　[5] (1) 30本　(2) 25個　(3) 10段の図　[6] (1) 45.4kg　(2) 解説の図１，図２を参照のこと。　(3) 26.7%

解　説

[1] 四則計算，逆算，単位の計算，角度，面積，展開図

(1) 52－12÷４＝52－３＝49

(2) 24÷３×(31－８)×(17－６)＝８×23×11＝2024

(3) $\frac{3}{5}-\frac{2}{3}\div1\frac{1}{3}=\frac{3}{5}-\frac{2}{3}\div\frac{4}{3}=\frac{3}{5}-\frac{2}{3}\times\frac{3}{4}=\frac{3}{5}-\frac{1}{2}=\frac{6}{10}-\frac{5}{10}=\frac{1}{10}$

(4) 43－(□－17)×13＝17より，(□－17)×13＝43－17＝26，□－17＝26÷13＝２　よって，□＝２＋17＝19

(5) １時間＝60分より，２時間＝60分×２＝120分だから，２時間12分＝120分＋12分＝132分となる。さらに，１分＝60秒より，２時間12分＝60秒×132＝7920秒となる。

(6) 下の図１で，㋐は，360度を８等分して，360÷８＝45(度)となる。また，正多角形の外角の和は360度なので，㋒の角度は，360÷８＝45(度)になる。よって，㋑の角度は，180－45＝135(度)となる。

(7) 下の図２の★は，★＝８÷２＝４(cm)で，太線で囲まれた部分の面積は，四分円の面積から直角二等辺三角形の面積を引いて，４×４×3.14÷４－４×４÷２＝12.56－８＝4.56(cm^2)となる。斜線《しゃせん》部分は太線で囲まれた部分を８個集めたものなので，4.56×８＝36.48(cm^2)となる。

(8) 下の図３の点線で結ばれた点どうしが重なるから，頂点Ａと重なるのが頂点Ｃ，頂点Ｎと重なるのが頂点Ｄだとわかり，辺ANと重なるのは辺CD(…①)になる。また，頂点Ｎは頂点Ｌとも重なることから，頂点Ｄは，頂点Ｌと頂点Ｎ(…②，③)と重なるとわかる。

図１

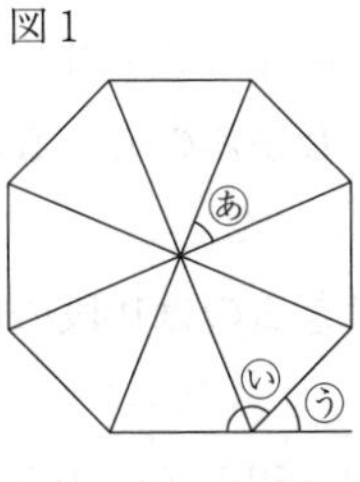

図２

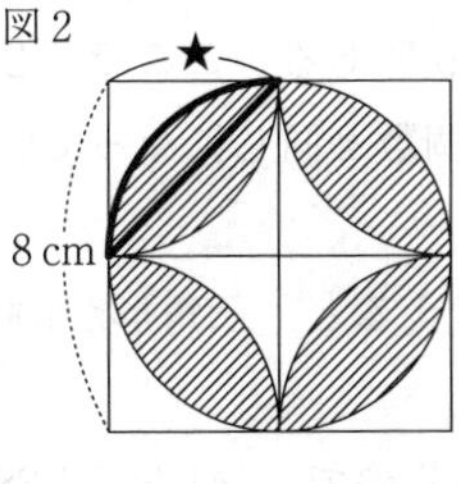

図３

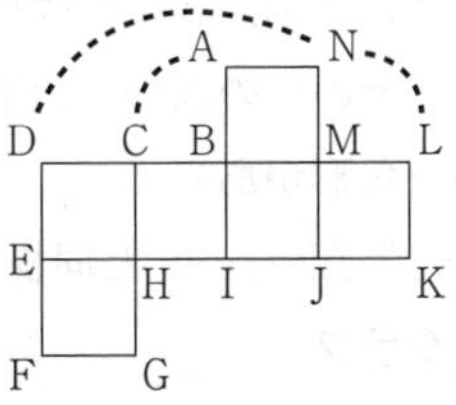

2 平面図形—長さ，面積，相似

(1)　問題文中の図の三角形ABCのまわりの長さは，６＋８＋10＝24(cm)なので，これを拡大して36cmにするには，36÷24＝1.5(倍)にすればよい。よって，それぞれの辺は短い順に，６×1.5＝９(cm)，８×1.5＝12(cm)，10×1.5＝15(cm)となる。

(2)　２倍に拡大すると辺の長さは２倍になるから，面積は，２×２＝４(倍)になる。三角形ABCの面積が，６×８÷２＝24(cm^2)なので，三角形ADEの面積は，24×４＝96(cm^2)になる。

3 消去算

(1)　みかん10個の代金に箱代を加えると640円，みかん８個の代金に箱代を加えると560円で，箱代は同じだから，みかん，10－８＝２(個)の代金が，640－560＝80(円)となる。よって，みかん１個の値段は，80÷２＝40(円)とわかる。すると，みかん10個の代金は，40×10＝400(円)だから，箱代は，640－400＝240(円)となる。

(2)　大人と子どもの入館料をそれぞれ，[大]，[子]とする。右の図で，[大]＋[子]×２＝1800の[大]を，[子]×２－200に置きかえると，[子]×２－200＋[子]×２＝1800という式になる。つまり，[子]×４－200＝1800だから，[子]×４＝1800＋200＝2000となり，子どもの入館料は，2000÷４＝500(円)となる。また，大人は子どもの入館料の２倍より200円安いことから，大人の入館料は，500×２－200＝800(円)になる。

[大]＝[子]×２－200
[大]＋[子]×２＝1800
↓
[大]＋[子]×２＝[子]×２－200＋[子]×２＝1800

4 旅人算

(1)　1.5km＝1500mで，スミレさんとケンイチさんは１分で，90＋60＝150(m)ずつ近づくので，２人は出発してから，1500÷150＝10(分後)に出会う。

(2)　ケンイチさんが出発したとき，スミレさんは，90×５＝450(m)だけ進んでいるので，２人は，1500－450＝1050(m)はなれている。この後，２人は１分間に150mずつ近づくから，1050÷150＝７(分後)に出会うとわかる。

5 図形と規則

(1)　右の図で影《かげ》をつけた三角形を「上向きの三角形」とよぶとすると，「上向きの三角形」１個は３本の棒で作ることができる。１段の図は「上向きの三角形」が１個，２段の図は「上向きの三角形」が，１＋２＝３(個)，３段の図は「上向きの三角形」が，１＋２＋３＝６(個)でできているので，４段の図は「上向きの三角形」が，１＋２＋３＋４＝10(個)でできることがわかる。よって，棒の本数は，３×10＝30(本)となる。

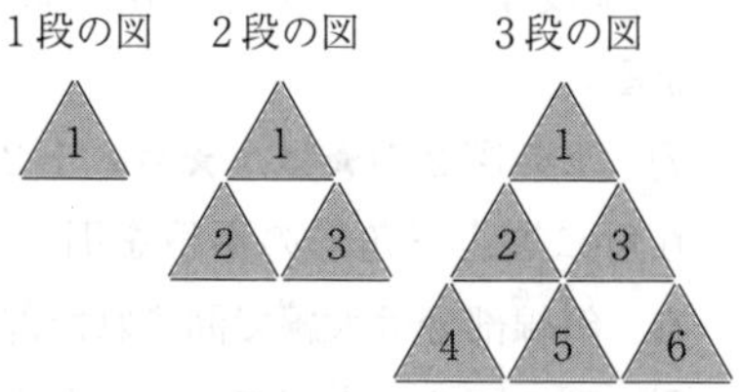

(2)　図で影をつけなかった「下向きの三角形」も含《ふく》めると，１段の図の三角形と同じ大きさの三角形は，２段の図に４個，３段の図には９個ある。ここで，２×２＝４，３×３＝９から，(段の数)×(段の数)が，その段の図の三角形の個数と同じになっているとわかるので，５段の図には，５×５＝25(個)の三角形がある。

(3)　100＝10×10だから，(2)と同様に考えると，三角形が100個できるのは10段の図だとわかる。

6 平均，表とグラフ

(1)　15人の体重を全て加えて人数でわるので，(41＋47＋38＋39＋52＋56＋40＋45＋45＋44＋43＋

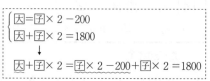

53＋48＋42＋48)÷15＝681÷15＝45.4(kg)となる。

(2)　15人の体重を軽い順に並べると，38，39，40，41，42，43，44，45，45，47，48，48，52，53，56となり，これを度数分布表に整理し柱状グラフをかくと，それぞれ右の図１，図２のようになる。

(3)　43kg以上46kg未満の範囲《はんい》に入る生徒は４人で，クラス全員は15人なので，4÷15×100＝26.66…より，26.7％となる。

図１

階級(kg)	度数(人)
37以上40未満	2
40 ～ 43	3
43 ～ 46	4
46 ～ 49	3
49 ～ 52	0
52 ～ 55	2
55 ～ 58	1
計	15

図２

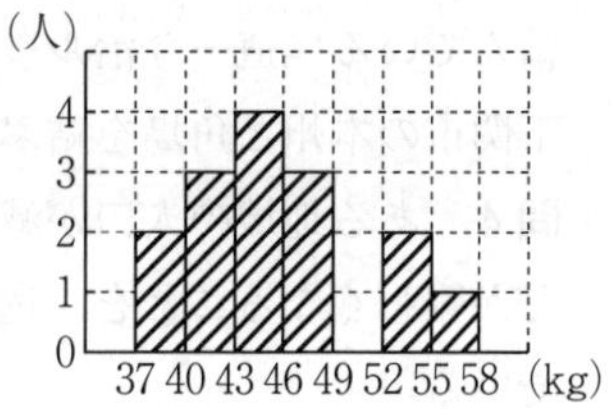

社　会　＜第１回一般試験＞（理科と合わせて60分）＜満点：50点＞

解　答

1　問１　1　ア　　2　四日市ぜんそく　　問２　エ　　問３　1　イ　　2　岡山県　　問４　過疎　　問５　ウ　　問６　(例)　ヒートアイランド現象により高温となり，競技に適さないため。　　問７　ウ　　問８　名古屋(市)　　問９　ウ　　問10　1　ウ→ア→イ　　2　(例)　原子力発電が1960年には発展しておらず，2020年は2011年の東日本大震災の事故により原子力発電が減少したため。

2　問１　1　イ　　2　エ　　3　ア　　問２　イ　　問３　1　京都府　　2　エ　　3　ウ　　問４　1　ウ　　2　(明治)天皇　　問５　1　藤原道長　　2　かな文字　　問６　1　(例)　敵から簡単にせめこまれないようにするため。　　2　イ　　3　ア　　4　(例)　相手が外国の軍のため，武士たちは新しい領地をほとんどもらえなかったから。　　問７　ア　　問８　1　イ　　2　ア

3　問１　サミット　　問２　岸田文雄　　問３　ウ　　問４　ア　　問５　ア　　問６　エ　　問７　(例)　原爆被害を受けた建物を残し，戦争のおそろしさを伝えるため。　　問８　ウ

解　説

1　日本各地の気候や産業，特色，エネルギーなどについての問題

問１　**1**　アの三重県は紀伊《きい》半島の東側を占《し》める縦に長い県で，志摩《しま》半島が東に突《つ》き出す形が特《とく》徴《ちょう》といえる。なお，イは和歌山県，ウは兵庫県，エは山口県を示している。　**2**　三重県の四日市市では，石油化学コンビナートから排出《はいしゅつ》される煙《けむり》に含《ふく》まれていた亜硫酸《ありゅうさん》ガス(二酸化硫黄《いおう》)が原因で，四日市ぜんそくと呼ばれる公害病が発生した。なお，四日市ぜんそくと水俣《みなまた》病，新潟(第二)水俣病，イタイイタイ病を合わせて四大公害病という。

問２　瀬戸内地方は，夏の南東の季節風を四国山地に，冬の北西の季節風を中国山地にさえぎられるため，季節風の影響《えいきょう》が比較《ひかく》的少ない。そのため，年間を通して降水量が少なく，日照時間も長いことなどから，温暖な気候となっている(エ…○)。

問３　**1，2**　本州と四国は，３つの本州四国連絡橋で結ばれている。このうち，香川県とＺの岡山県を結ぶ児島《こじま》－坂出《さかいで》ルートにはイの瀬戸大橋がかかっている。1988年に開通した瀬戸大橋は二層構造になっており，鉄道と自動車専用道路が通っている。なお，本州四国連絡橋のうち，神戸－鳴《なる》

門《と》ルートは，神戸市と淡路《あわじ》島(兵庫県)とを結ぶアの明石海峡《あかしかいきょう》大橋と，淡路島と鳴門市とを結ぶ大鳴門橋によって兵庫県と徳島県を結んでいる。また，瀬戸内海の島々をつなぎ，広島県と愛媛県を結んでいる尾道《おのみち》―今治《いまばり》ルートは，ウの瀬戸内しまなみ海道とも呼ばれる。エの角島大橋は，山口県下関市の本州と角島を結ぶ橋である。

問４　ある地域の人口が減少することを過疎《かそ》といい，その地域で暮らす人の生活や共同体の維持《いじ》などが難しくなることを，過疎化という。日本では，特に地方の山間部にある市町村で過疎化が進んでいる。

問５　松子さんの「Ｇ７レポート」は，2023年に広島県で開催《かいさい》された主要国首脳会議について書かれたものなので，広島県が養殖《ようしょく》収獲《しゅうかく》量全国第１位となっているウのカキのグラフがふさわしい。なお，アのたまねぎの収穫量は北海道，イの茶(荒茶)の収穫量は静岡県が全国で最も多い(2021年)。エのにわとりは，肉用若鶏《わかどり》の飼養羽数であれば鹿児島県が，採卵鶏《さいらんけい》(たまごを産ませるためのにわとり)の飼養羽数であれば茨城県が全国第１位となっているが，上位３県の割合がそれぞれ20％ほどとなっていることから，鹿児島県が20.2％，宮崎県が19.8％，岩手県が15.2％を占めている肉用若鶏のグラフとなる(2022年)。

問６　ビルや車などから放出される熱や，建物の高層化と高密化，アスファルトやコンクリートの増加にともなう緑地の減少などから，都市の気温が周辺の地域に比べて高くなる現象を，ヒートアイランド現象という。大都市である東京は，ヒートアイランド現象の影響が大きく高温になるため，2021年夏に開かれた東京オリンピックでは暑さへの対策として，マラソンと競歩が比較的すずしい札幌市(北海道)で行われた。

問７　近郊農業は，大消費地である都市の近郊で，野菜や花などの農産物を生産する農業である。大消費地に近いため輸送コストが安くすみ，つくったものを新鮮なまま届けられ，たくさん売ることができるという利点がある(ア，イ，エ…○)。なお，近郊農業では，露地《ろじ》栽培《さいばい》を中心として季節に合わせた野菜や花がつくられることが多い。出荷時期をずらす生産方法には促成《そくせい》栽培や抑制《よくせい》栽培がある(ウ…×)。

問８　東京圏《けん》，大阪圏，名古屋圏を合わせて三大都市圏といい，人口や産業が集中している。このうち名古屋圏は，愛知県の県庁所在地である名古屋市を中心とする都市圏である。

問９　石油や石炭などの化石資源にあまりめぐまれていないフランスは，発電量の約７割を原子力発電が占めている(ウ…○)。なお，他国に比べて新エネルギーが多い(「その他」が多い)アはドイツ，水力発電中心のイはブラジル，火力発電中心のエは中国を示している。

問10　**１，２**　日本ではかつて，ウのグラフのように水力発電が発電の中心であった。その後，石油火力を中心に火力発電の占める割合が増加したが，1970年代に２度の石油危機(オイルショック)が起こったことで，石油価格の値上がりや輸入先のかたよりなどへの不安が高まると，政府は原子力発電を増やす政策を進めるようになった。結果，原子力発電による発電量はアのグラフのように，全体の２～３割ほどを占めるまでに増えた。しかし，2011年の東日本大震災《しんさい》で福島第一原子力発電所が重大な事故を起こすと，全国の原子力発電所が次々と稼働《かどう》を停止した。その後，一部の原子力発電所が再稼働を始めたものの，原子力発電による発電量はイのグラフにあるように2011年以前に比べて激減した。一方で，環境《かんきょう》への配慮《はいりょ》から新エネルギーを含むその他の割合が増加していることも2020年の特徴といえる。

2 各時代の歴史的なことがらについての問題

問1 **1** 富国強兵は，国の経済力を高めて軍隊を強くしようという政策である。明治政府は富国強兵のために学制や徴兵制の創設，殖産興業などを行った(イ…×)。なお，明治時代初めには士農工商という江戸時代の身分制度が廃止されて四民平等とされ，人々は華族・士族・平民に分類された。 **2** 国際連盟は，第一次世界大戦後のベルサイユ条約にもとづき1920年に発足した(エ…○)。なお，アの日清戦争は1894～95年，イの八幡製鉄所の開業は1901年，ウの第二次世界大戦は1939～45年の出来事である。 **3** 第一次世界大戦(1914～18年)は，昭和時代(1926～89年)ではなく大正時代(1912～26年)に起こった戦争である(ア…×)。なお，日本軍は1931年に軍事行動を開始すると，翌32年には満州のほぼ全域を占領《せんりょう》した(イ…○)。日本軍がマレー半島や真珠《しんじゅ》湾を攻撃したことで，アジア・太平洋戦争(1941～45年)が始まった(ウ…○)。アジア・太平洋戦争末期の1945年8月6日，広島に原子爆弾が投下された(エ…○)。

問2 1964年，アジアで初めてとなるオリンピックが東京で開催された。当時の日本は高度経済成長期にあり，東京オリンピックは日本の戦後復興を世界に印象づけた(イ…○)。

問3 **1** 室町幕府の初代将軍足利尊氏は，現在の京都府に幕府を開いた。室町は現在の京都市にあった地名で，第3代将軍足利義満がここに「花の御所」と呼ばれた豪華な邸宅《ていたく》をかまえて政治を行ったことから，室町幕府と呼ばれるようになった。 **2** 第3代将軍を務めた足利義満は，エの明《みん》(中国)の皇帝が倭寇《わこう》(日本の武装商人団・海賊《かいぞく》)の取り締《し》まりを求めてくると，これに応じるかわりに明と国交を開き，貿易を始めることにした。日明貿易は，勘合という合い札を用いたことから勘合貿易とも呼ばれる。 **3** 近松門左衛門は，江戸時代前半に栄えた元禄《げんろく》文化を代表する人物の1人で，歌舞伎《かぶき》や人形浄瑠璃《じょうるり》の脚本《きゃくほん》家として活躍《かつやく》した(ウ…×)。

問4 **1** 江戸時代には，蝦夷《えぞ》地(北海道)の南部を拠点《きょてん》としたウの松前藩が，アイヌとの交易を独占的に行うことを幕府に認められていた。アイヌの首長シャクシャインは，松前藩との交易が不当であることに不満をつのらせ，1669年に仲間を率いて戦いを起こしたが，しずめられた。なお，アの弘前《ひろさき》藩は青森県，イの土佐藩は高知県，エの会津藩は福島県に置かれた藩である。 **2** 前土佐藩主山内豊信《とよしげ》(容堂)は，江戸幕府第15代将軍の徳川慶喜《よしのぶ》に対して，政権を朝廷に返す大政奉還《ほうかん》を行うことを提案した。これを受け入れた慶喜は1867年に大政奉還を行い，幕府(将軍)から朝廷(天皇)に政権を返した。なお，このときの天皇が明治天皇となった。

問5 **1** 平安時代の11世紀，藤原道長は4人の娘を天皇の后《きさき》として皇室との関係を強め，子の頼通とともに藤原氏による摂関《せっかん》政治の全盛期を築いた。「この世をば」で始まる和歌は，三女の威《い》子《し》が後一条天皇の后となったことを祝うさい，自身の満ち足りた気持ちを欠けたところのない望月《もちづき》(満月)にたとえてよんだものとされている。 **2** 平安時代には，主に貴族の女性の間でかな文字(漢字をくずしてつくったひらがなと，漢字の一部からつくったカタカナ)の使用が広がった。紫式部の『源氏物語』や清少納言の『枕草子』などのすぐれた文学作品がかな文字を使って書かれている。

問6 **1** 写真や説明文にあるとおり，鎌倉は三方を山，一方を海に囲まれている。また，陸路で鎌倉に出入りするには，切通しと呼ばれるせまい山道を通らなければならなかった。こうした地形は，敵から攻撃《こうげき》を受けにくく，攻撃を受けても守りやすいという利点がある。 **2** 1159年の平治の乱では，平清盛らの軍が，源頼朝の父である義朝《よしとも》らの軍に勝利した。平清盛は，広島県にあるイの厳島《いつくしま》神社をあつく信仰《しんこう》し，現在のような豪華な社殿を整備するなどした。なお，アは東大寺の正倉院，ウは法隆寺の五重塔《とう》と金堂で，いずれも奈良県にある。エは京都府にある平等院鳳凰《ほうおう》堂である。　**3**　懸命《けんめい》は，命を懸《か》けるという意味である。授《さず》かった１つの所領(領地)を武士が命懸けで守ろうとしたことから，真剣に物事に取り組むことを意味するアの一所懸命という四字熟語が生まれた。なお，イの四面楚《そ》歌《か》はまわりが敵ばかりで助けがいないこと，ウの朝令暮改は命令や方針などがすぐに変えられてしまうこと，エの同床《どうしょう》異夢は同じ仲間であっても考え方や目的が異なることを意味する四字熟語である。　**4**　鎌倉時代には，1274年(文永の役)と1281年(弘安の役)の２度にわたって元《げん》(中国)が大軍で北九州に来襲《らいしゅう》した(元寇)。御家人たちは元軍を撃退することに成功したが，防衛戦争であった元寇では新たな土地が得られず，幕府は御家人に十分な恩賞を与《あた》えることができなかった。これが御家人の生活を苦しめる原因の１つとなり，幕府への不満が高まった。

問７　1560年の桶狭間《おけはざま》の戦いで，織田信長は駿河《するが》(静岡県中部)を拠点とした戦国大名の今川義元を破り，全国統一事業に名乗りをあげた(①…正)。また，織田信長と徳川家康の連合軍は，1575年の長篠の戦いで鉄砲を効果的に使い，武田勝頼の騎馬《きば》隊に勝利した(②…正)。

問８　**1**　古代の東北地方には，蝦夷《えみし》と呼ばれる朝廷の支配に従わない人々がいた。そこで，朝廷は東北地方にたびたび軍を送り，これを支配下に置こうとした。　**2**　江戸幕府は，キリスト教の教えが幕府の支配のさまたげになると考え，当時積極的に布教活動を行っていたスペインとポルトガルの船の来航を禁止し，キリスト教の布教をしないオランダと清(中国)にかぎり，長崎を唯一《ゆいいつ》の貿易港として，幕府と貿易することを認めた(ア…○)。なお，対馬《つしま》は江戸時代に朝鮮との交易の窓口となった地である。

3　現代の国際社会や政治のしくみなどについての問題

問１　１年に１回，主要７か国(Ｇ７)の首脳らが集まって行われる会議は，サミットと呼ばれる。2023年のサミットは，広島市で行われた。

問２　岸田文雄は自由民主党(自民党)に所属する政治家で，2021年に内閣総理大臣に就任した。2023年の広島サミットでは，開催国の首相として議長を務めた。

問３　ロシアの政治家であるウのプーチンは，2000年に初めて大統領に就任すると，2024年２月現在にいたるまで首相や大統領を務め，長い間ロシアで強い影響力を保ち続けている。なお，アのスナクはイギリスの首相，イのバイデンはアメリカの大統領，エのマクロンはフランスの大統領である(2024年２月現在)。

問４　2022年，ロシアがアのウクライナへ侵攻《しんこう》した。欧米諸国や日本はロシアを非難するとともにウクライナを支援《しえん》しているが，戦争は長引いている。

問５　日本では，法律をつくる権限である立法権がアの国会に与えられている。なお，イの裁判所には裁判をする権限である司法権が，エの内閣には法律に従って政治を行う権限である行政権が与えられており，このように国家の権力を３つに分けることを三権分立という。ウの政府は一般的に，内閣と中央省庁などの行政機関を指す。

問６　Ｇ７は，アメリカ・イギリス・フランス・ドイツ・イタリア・カナダ・日本の７か国で構成されている(エ…○)。

問７　原子爆弾によって広島市は壊滅《かいめつ》的な被害を受けたが，爆心地付近にあった広島県産業奨励《しょうれい》館は奇跡的に倒壊《とうかい》せずにすみ，焼け跡《あと》として残った。これが原爆ドームと呼ばれるようになり，戦争や原子爆弾のおそろしさを後世に伝える負の遺産として，保存されることになった。1996年，原爆ドームはユネスコ(国連教育科学文化機関)の世界文化遺産に登録された。

問8　記事は，長崎ではなく広島について書かれている(ウ…×)。なお，アの内容は第3段落，イの内容は第4段落，エの内容は第1段落からそれぞれ読み取ることができる。

理　科　＜第1回一般試験＞(社会と合わせて60分)＜満点：50点＞

解　答

1 (1) ①　水平　②　接眼　③　対物　④　プレパラート　⑤　近づけ　(2)　ウ　(3) ①　オ　②　ウ　③　ア　(4)　(例)　タンポポ　(5) ①　受粉　②　ウ　③　イ，オ　(6)　ア　(7)　(例)　採取して持ち帰らない。　2 【1】 (1)　イ，ウ　(2)　ア，エ　(3)　エ　(4)　ウ　(5)　**酸性**…イ，オ　**アルカリ性**…ウ，エ　(6)　イ，オ　【2】 (1)　ア　(2) ①　オ　②　オ　③　エ　④　ア　⑤　イ　3 【1】 (1)　作用点　(2) ①　イ，オ　②　ア　(3) ①　近い　②　大きい　【2】 (1) ①　12個　②　8個　(2) ①　25cm　②　右側　(3) ①　20cm　②　4倍　③　$\frac{1}{4}$倍　④　反比例　(4)　エ

解　説

1　顕微鏡《けんびきょう》の使い方，花のつくり，植物の分類についての問題

(1)　顕微鏡は直射日光の当たらない水平な台の上に置き，接眼レンズと対物レンズの間(鏡筒《きょうとう》)にゴミが入らないように先に接眼レンズをつけ，次に対物レンズをつける。プレパラートをステージの上に置き，横から見ながら調節ネジを回して対物レンズとプレパラートをできるだけ近づけたあと，遠ざけながらピントを合わせる。

(2)　図1はハルジオンである。ハルジオンはキク科の植物で，白色やピンク色の小さな花が集まって1つの花のように見える。

(3)　植物は種子をつくる種子植物と，イヌワラビ(シダ植物)やゼニゴケ(コケ植物)などの胞子《ほうし》をつくる植物に分けられる。また，種子植物は，サクラやタンポポなどの胚珠《はいしゅ》が子房《しぼう》に包まれている被《ひ》子《し》植物と，マツやスギなどの胚珠がむき出しになっている裸子《らし》植物に分けることができる。

(4)　タンポポで花びらのように見えるものは小さな花で，これら1つ1つが花びら，がく，めしべ，おしべをもっており，たくさんの花が集まって1つの花のようになっている。ヒマワリ，アジサイ，ハルジオンなどもこのような特徴《とくちょう》の花をもつ。

(5)　①　アのめしべの先にエのおしべでつくられた花粉がつくことを受粉という。　②　受粉すると，ウのめしべのもとのふくらんだ部分(子房)が成長して実になる。　③　コスモスやスミレなどの虫媒花《ちゅうばいか》では，昆虫《こんちゅう》に見つけられやすいように花びらがあざやかな色をしているものが多い。なお，マツやススキ，スギは，花粉が風で運ばれる風媒花である。

(6)　被子植物のうち，子葉が1枚の植物(単子葉類)は平行脈を，子葉が2枚の植物(双子《そうし》葉類)は網《もう》

状脈《じょうみゃく》(網《あみ》の目のような葉脈)をもつ。子葉が１枚の植物は，トウモロコシやツユクサ，イネ，ユリなどがある。

⑺　植物の絶滅《ぜつめつ》を防ぐためには，現在生息している環境《かんきょう》を守る必要がある。そのため，むやみに採取して持ち帰ることがないようにする。

2　水溶液《すいようえき》の性質についての問題

【１】　⑴　塩酸に溶《と》けている塩化水素や，アンモニア水に溶けているアンモニアは特有のにおいをもつので，それらの気体が溶けている水溶液はにおいがある。

⑵　食塩水に溶けている食塩と石灰水に溶けている水酸化カルシウムは固体なので，水溶液を加熱して水を蒸発させると，溶けていた固体が出てくる。

⑶　石灰水に二酸化炭素をふきこむと白くにごる。なお，炭酸水は二酸化炭素が水に溶けた水溶液なので，石灰水に炭酸水を加えた場合も白くにごる。

⑷　BTB溶液は，酸性のときは黄色，中性のときは緑色，アルカリ性のときは青色を示す。

⑸　塩酸と炭酸水は酸性，アンモニア水と石灰水はアルカリ性，食塩水は中性の水溶液である。

⑹　①の実験を行うと，水，塩酸，アンモニア水，炭酸水は加熱後に何も残らない。これらの液体の中で中性なのは水だけなので，③の実験を行うと水を見つけることができる。また，先に③の実験を行うと，中性の水と食塩水が緑色を示す。これらの液体で①の実験を行うと，水は加熱後に何も残らないが食塩水は固体が残るので，水を見つけることができる。

【２】　⑴　酸性の水溶液を青色リトマス紙につけるとリトマス紙が赤色に変化する。なお，酸性の水溶液を赤色リトマス紙につけてもリトマス紙の色は変化しない。

⑵　①　赤色リトマス紙が青色に変化したので，せっけん水はアルカリ性であり，アルカリ性の水溶液を青色リトマス紙につけてもリトマス紙の色は変化しない。　②，③　紅茶の色がうすくなったので，⑴より，酢《す》はレモン果汁《かじゅう》と同じ酸性と考えられる。酸性の水溶液を赤色リトマス紙につけてもリトマス紙の色は変化せず，青色リトマス紙につけるとリトマス紙は赤色に変化する。

④　青色リトマス紙が赤色に変化したのでスポーツドリンクは酸性であり，⑴より，酸性の水溶液を入れると紅茶の色はうすくなる。　⑤　赤色リトマス紙が青色に変化したので，重そう水はアルカリ性の水溶液とわかる。同じアルカリ性のせっけん水を入れると紅茶の色が濃《こ》くなったことから，重そう水を入れても紅茶の色は濃くなると考えられる。

3　てこについての問題

【１】　⑴　ものに力がはたらく点Ａを作用点，てこに力を加える点Ｃを力点という。

⑵　くぎぬきとはさみは，作用点―支点―力点の順に並んでいるので「第一種てこ」になる。また，トングは，支点―力点―作用点の順に並んでいるので「第三種てこ」である。なお，せんぬきと空き缶《かん》つぶしは，支点―作用点―力点の順に並んでいるので「第二種てこ」となる。

⑶　支点から作用点(針金を切るところ)までの距離《きょり》が短いほど，針金に大きな力を加えることができる。また，支点から力点(力を加えるところ)までの距離が長いほど，小さな力ですむ。

【２】　⑴　てこを左回転させようとするはたらきと，てこを右回転させようとするはたらきが等しいときに，てこはつり合う。支点の穴Ｇから，５×４＝20(cm)の距離にある穴Ｃにつり下げたビー玉６個による，てこを左回転させようとするはたらきは，６×20＝120なので，支点Ｇから，５×２＝10(cm)の距離にある穴Ｉにつり下げるときは，ビー玉を，120÷10＝12(個)，支点Ｇから，

５×３＝15(cm)の距離にある穴Ｊにつり下げるときはビー玉を，120÷15＝８(個)つり下げればよい。

(2)　支点Ｇから，５×５＝25(cm)の距離にある穴Ｌにビー玉を５個つり下げた場合，てこを右回転させようとするはたらきは，５×25＝125となる。これは，てこを左回転させようとするはたらきの120よりも大きいので，てこは右側にかたむいてしまう。

(3)　支点Ｇから穴Ｋまでの距離は，５×４＝20(cm)であり，支点Ｇから穴Ｈまでの距離の，20÷５＝４(倍)となっている。このとき，つり下げるビー玉の数は24個から６個になるため，６÷24＝$\frac{1}{4}$(倍)になっている。一方の量が２倍，３倍…となったとき，もう一方の量が$\frac{1}{2}$倍，$\frac{1}{3}$倍…となる関係を反比例という。

(4)　(3)より，穴の位置(支点からの距離)とビー玉の数は反比例の関係にあることから，エのようなグラフになることがわかる。表から，Ｉのときの値がＨのときの値の半分になることに着目し，エと判断してもよい。

国語　＜第１回一般試験＞（45分）＜満点：100点＞

解答

一　①～⑤　下記を参照のこと。　⑥　ゆういぎ　⑦　ふうちょう　⑧　ほうさく　⑨　しょうねんば　⑩　いちじる(しい)　二　**問１**　１　イ　２　エ　**問２**　(あ)　エ　(い)　イ　(う)　ウ　(え)　エ　(お)　イ　三　**問１**　１　エ　２　イ　３　ウ　４　ア　**問２**　(い)　**問３**　海　**問４**　(例)　気温が変わること。　**問５**　(例)　ダムも川も水が入る，あるいは流れる容量に限界があるから。　**問６**　ア，オ　**問７**　(例)　ヨーロッパの川は長い距離をゆったり流れるが，日本の川は短く急流であるから。　**問８**　(例)　アスファルトにおおわれた都市では，雨が地中にしみこむことができずに，側溝や雨水管の容量をこえるから。　**問９**　(例)　使うための水をより多く貯める働き。／地上にあふれ出す水を減らし，災害を防ぐ働き。　**問10**　ウ

●漢字の書き取り

一　①　収拾　②　精算　③　興味　④　裁(き)　⑤　養(う)

解説

一　漢字の読みと書き取り

①　乱れた状態をおさめて整えること。　②　金額などをこまかく計算すること。　③　ものごとに対して特に関心をもつこと。　④　音読みは「サイ」で，「裁判」などの熟語がある。訓読みにはほかに「た(つ)」がある。　⑤　音読みは「ヨウ」で，「栄養」などの熟語がある。　⑥　意味や価値があると考えられること。　⑦　時代とともに変わっていく世の中のありさま。　⑧　作物がよく実って収穫《しゅうかく》が多いこと。　⑨　もっとも重要な場面。大切な場面。　⑩　音読みは「チョ」で，「著者」などの熟語がある。訓読みにはほかに「あらわ(す)」がある。

二　品詞の識別，ことばの意味

問１　１　「来るらしい」「建つらしい」の「らしい」は推定の意味の助動詞。なお，「学生らしい」

「かわいらしい」「めずらしい」はいずれも形容詞の一部。　**2**　「花の美しい」「月の明るい」の「の」は“が”に置きかえられる主格の助詞。なお,「家のドア」「机のうえ」の「の」は連体修《れんたいしゅう》飾語《しょくご》の働き,「甘《あま》いの」の「の」は体言の代わりとなるもので,“もの”と置きかえられる。

問２　(あ)「みじめ」は“見ていられないほどあわれだ，なさけない”という意味。　(い)「息をつく」は，一休みすること。　(う)「さえぎる」は，“動きをじゃまする”という意味。　(え)「美徳」は，人として望ましい行いやあり方のこと。　(お)「おごる」は，得意になり，わがままにふるまうこと。

三　**出典：浜田久美子《はまだくみこ》『水はどこからやってくる？―水を育てる菌《きん》と土と森』**。わたしたちが生きるために必要な水は，姿を変えながら地球上をめぐっており，なかでも森が大きな影響《えいきょう》を持つと説明されている。

問１　**1**　水が生き物にとって欠かせないものであることの例として，人間は水を飲めないとすぐに死んでしまうことが述べられているので，具体的な例をあげるときに用いる「たとえば」があてはまる。　**2**　水は生き物にとって欠かせないものだが，「反対に命をうばうこと」もあると述べられているので，前のことがらを受けて，それに対応する内容を述べるときに用いる「一方」が合う。　**3**　わたしたちが水道から水を使っていて，その「水はダムや川がおおもとのように見え」るが，それでは，その水はどこから来るのかというつながりになる。よって，前のことがらを受けて，それをふまえながら次のことを導く働きの「では」が選べる。　**4**　「水の出発点」について述べられた後，水の特徴《とくちょう》に関する話題に変わっているので，それまで述べてきたことが終わり，新しい話題に移ることを示す「さて」がふさわしい。

問２　もどす文では，近年，日本をふくめた世界中で「豪雨《ごうう》や豪雪が増え」ており，「災害の頻度《ひんど》と規模」が「以前よりも大きくなって」いることが書かれている。(い)に入れると，大量に降る雨によって引き起こされる「洪水《こうずい》や土砂《どしゃ》くずれ」などの災害で，多くの被害《ひがい》が出ており，とくに近年は「豪雨や豪雪が増え」たというつながりになり，文意が通る。

問３　地球上の水について，空らん【一】のしめる割合が約97％と圧倒的《あっとうてき》に大きいと書かれている。図１に示されている割合から，「海」が入ることがわかる。

問４　次の段落で，「気温が高くなると」水蒸気になり，「水蒸気が冷えると」雨や雪に変わっていくと書かれている。このことから，気温が変わることで水が「姿を変え」ることがわかる。

問５　次の段落に，姿を変えながら地球をめぐる水が，雨や雪として降ったとしても使える水が増えない理由は，「ダムも川も，それぞれに『水が入る，あるいは流れる容量』に限界があり，いくらでも受け入れられるわけではないから」だと述べられている。

問６　直後にある通り，「日本の独特の地形」は，「海に囲まれた細長い国土の７割近くが山であるということ」である。そして，日本の「険しい山を流れる川は急流」であり，「雨がたくさん降っても，この短く速い流れで，海にすばやく出てしま」うと説明されているので，アとオが選べる。

問７　直後で，「日本とヨーロッパのような大陸とでは川の姿がちがう」と述べられており，それがおどろいた理由だといえる。前の段落にある通り，日本の川の特徴は「短く速い流れ」であるのに対して，ヨーロッパや中国のような大陸の川には「長い距離《きょり》を」「ゆったりと流れるものがたくさんあ」ると説明されている。

問８　後の部分に，日本では，「森」が，「使うための水をより多く貯める働き」をすると同時に，

「地上にあふれ出す水」を減らすことで「災害も引き起こしにくくなる」働きをするので，「川の氾《はん》濫《らん》や土砂災害」は起きにくいと述べられている。しかし，森がなく，「アスファルトにおおわれた都市」では，雨が「地中にしみこむこと」ができず「側溝《そっこう》や雨水管の容量をこえて」流れていってしまう。それが「都市や住宅街で洪水が起きる」理由だと説明されている。

問９　問８でみたとおり，日本では，「森」が，「使うための水をより多く貯める働き」をすると同時に，「地上にあふれ出す水」を減らすことで「災害も引き起こしにくくなる」働きもするのである。

問10　ぼう線④の後に，「気候の変化で集中的に激しくたくさんの雨が～対応できないことが増えてい」ると述べられている。よって，ウは正しい。なお，アの「浄水場《じょうすいじょう》の役割が重要」，イの「雨はすべて地表を流れて」，エの「木の根を伝って」の部分がそれぞれ本文に書かれていない内容なので，誤り。

2024年度 トキワ松学園中学校

＊【適性検査Ⅰ】は国語ですので、最後に収録してあります。

【適性検査Ⅱ】〈適性検査型試験〉(45分)〈満点：100点〉

1 **放課後の教室で、すみれさんとまつこさんが先生と話をしています。**

すみれ：毎年、春になると桜の開花予想というのが発表されますが、どうやって予想しているのですか。

先　生：桜の開花は気象条件と深くかかわっています。桜の花の芽は、前の年の夏には、すでにつくられ始めています。秋になって気温が下がると花の芽はいったん成長をやめて休眠《きゅうみん》します。その休眠が破られるのは冬の寒さです。休眠から目覚めて、春に向かって気温が上っていくと、再び花の芽は成長し、ある程度暖かくなったところで花が開くのです。桜の開花には、冬の寒さと、そのあとの暖かさが必要なのです。
気象会社が桜の開花予想日を出すときは、いろいろなデータをもとにした複雑な数式を使っていて、会社ごとにちがう計算式を使っているそうですよ。

まつこ：それでは、私たちが桜の開花予想をするのは難しいのですね。

先　生：君たちでもわかりやすい、ざっくりとした法則もありますよ。２月１日からの日々の最高気温を足して600度をこえると開花するという「600度の法則」というものや、２月１日からの日々の平均気温を足して400度をこえると開花するという「400度の法則」などがあります。

すみれ：去年の２月と３月の気温を調べて、開花予想をしてみましょうよ。

まつこ：気象庁のホームページから、東京都の2023年の２月から３月の毎日の最高気温を調べてみました。

【表１】

日付	2月1日	2月2日	2月3日	2月4日	2月5日	2月6日	2月7日	2月8日	2月9日	2月10日
最高気温(℃)	13.1	9.2	6.2	11.2	12	13.6	15.4	11.7	10.6	2.5
最高気温の合計	13.1	22.3	28.5	39.7	51.7	65.3	80.7	92.4	103	105.5

2月11日	2月12日	2月13日	2月14日	2月15日	2月16日	2月17日	2月18日	2月19日	2月20日
14.1	16.9	9.1	10.7	7.8	9.6	10.8	15	18.5	14.7
119.6	136.5	145.6	156.3	164.1	173.7	184.5	199.5	218	232.7

2月21日	2月22日	2月23日	2月24日	2月25日	2月26日	2月27日	2月28日
9.2	10.4	14.4	12.1	12.7	10.7	15	19.4
241.9	252.3	266.7	278.8	291.5	302.2	317.2	336.6

3月1日	3月2日	3月3日	3月4日	3月5日	3月6日	3月7日	3月8日	3月9日	3月10日
19.4	20	13.4	17.4	13.1	15	18.8	21.3	22.2	22.9
356	370	389.4	406.8	419.9	434.9	453.7	475	497.2	520.1

3月11日	3月12日	3月13日	3月14日	3月15日	3月16日	3月17日	3月18日	3月19日	3月20日
20.8	18.8	16.7	14.6	17.9	20.9	15.1	9.2	15.5	19.2
（ア）	（イ）	（ウ）							

（問題１）【表１】は、東京都の2023年の２月から３月の最高気温と、２月１日からの最高気温の合計をあらわしたものです。

⑴　**表１の（ア）～（ウ）にあてはまる数を答えなさい。**

⑵　**2023年の桜の開花は何月何日と予想できますか。**

先　生：１週間ごとの平均気温をあらわした表もありますよ。

【表２】

日付	2月1日～2月7日	2月8日～2月14日	2月15日～2月21日	2月22日～2月28日
1週間の平均気温(℃)	7.1	7.1	6.9	8.1
	3月1日～3月7日	3月8日～3月14日	3月15日～3月21日	3月22日～3月28日
	10.9	14.3	12.2	14

（問題２）【表２】をもとに、桜の開花予想をすると開花は何月何日と予想できますか。

途《と》中《ちゅう》の式や計算、考え方などもかいてください。

すみれ：600度の法則でも400度の法則でも似たような結果が出たね。

先　生：2023年の東京の実際の桜の開花宣言は３月 14 日で、平年より 10 日も早かったそうですよ。

まつこ：私たちの予想は実際とは少しちがったけれど、平年より大分早いということは当たったね。今日から家で気温を調べて、家の近くの桜の開花予想をしてみようかな。

すみれ：桜の花びらは５枚ですね。

まつこ：梅や桃《もも》の花びらも５枚ですね。植物の花びらの数には決まりがあるのですか。

先　生：理由はよくわからないけれど、植物の花びらの数は、フィボナッチ数という数になっている場合が多いそうですよ。

すみれ：フィボナッチ数とは何ですか。

先　生：「となり合う２数を加えて次の数をつくる」という規則で次のように数を並べます。

1, 1, 2, 3, 5, 8, 13, ………

このように並んだ数の列を、フィボナッチ数列と呼んでいます。
コスモスの花びらは８枚、マーガレットの花びらは 21 枚です。
また、ひまわりの花びらは、多くは 89 枚か 144 枚になっているそうですよ。

（問題３）下のフィボナッチ数列(A)について、次の問いに答えなさい。

(A)　1, 1, 2, 3, 5, 8, 13, □, …………

(1)　(A) の□にあてはまる数を答えなさい。

(2)　89 と 144 という数は、(A) の数列のそれぞれ何番目の数ですか。

先　生：３月の桜が咲《さ》くころになったら、桜公園にハイキングに行きましょう。

まつこ：桜公園には、オリエンテーリングのコースもありますよね。

先　生：そうですね。それでは、オリエンテーリング・ゲームをしてみましょう。

すみれ：オリエンテーリングは、チェックポイントをできるだけ多く通って、ゴールまでのタイムを競《きそ》うスポーツですよね。

先　生：これからやる紙の上のゲームは、ルールが少しちがいますよ。次のルールに従って、チェックポイント（・）を通りながら スタート から ゴール まで進んでください。

〈ルール〉　① スタート から ゴール まで，……に沿ってたて、横に進みます。
②同じチェックポイント（・）を２回通ってはいけません。
③・から次の・まで進むのに１秒かかります。
④・で止まらずにまっすぐ進むときには時間はかかりませんが、曲がるときには１度止まって向きを変えます。止まって向きを変えるのに１秒かかります。

先　生：【図１】のようなチェックポイントが９個ある正方形のます目の形の道を進むとき、【図２】のアの進み方では何秒かかりますか。

まつこ：横に２秒進んで、向きを変えて１秒、それからたてに２秒進むので合計５秒ですね。

先　生：正解です。

【図１】

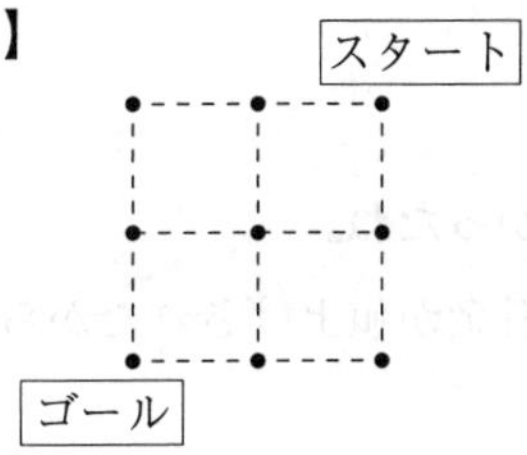

【図２】

（ア）

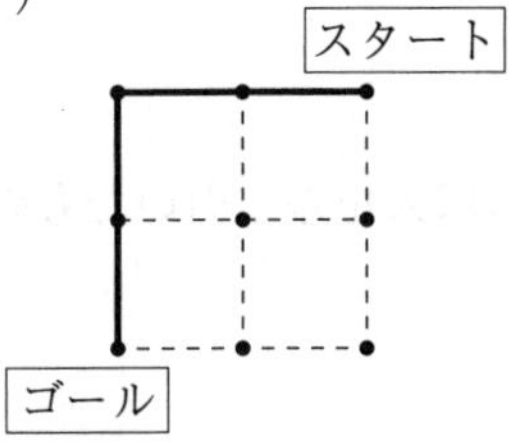

（イ）

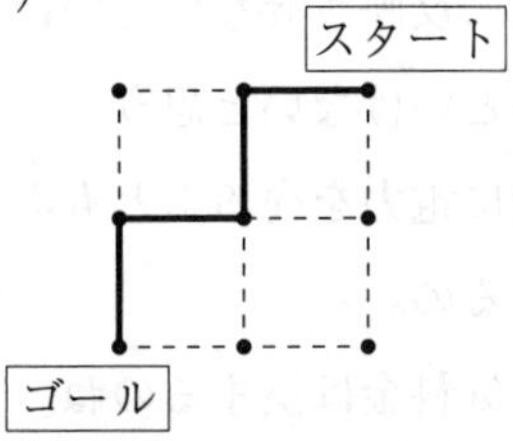

（ウ）

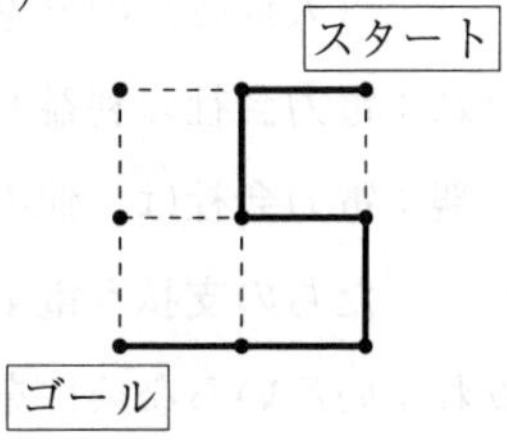

(問題４) 図２の（イ）の進み方と（ウ）の進み方では、スタートからゴールまでそれぞれ何秒かかりますか。

(問題５) チェックポイントが 16 個ある【図３】のような正方形のます目の形の道をスタートからゴールまで進むとき、次の問いに答えなさい。

(1) 途中で４回向きを変えて進むとき、かかる時間は４通りあります。かかる時間が１番短い進み方と１番長い進み方を解答用紙にかき、それぞれそのときにかかる時間を答えなさい。

【図３】

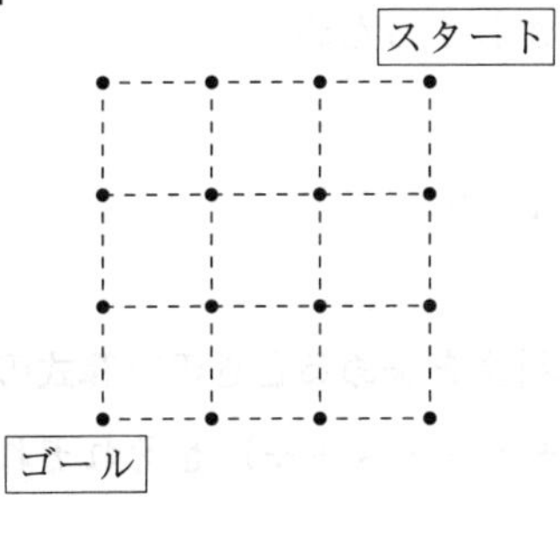

(2)【図３】のます目の形の道をスタートからゴールまで進むとき、スタートからゴールまでにかかる時間が１番長くなるように進むには、どのように進めばよいでしょうか。曲がる回数は何回でもかまいません。考えた進み方を図にかきなさい。また、そのときかかる時間を答えなさい。

2 すみれさんは母親と物価高について話をしています。

すみれ：去年の夏は連日の猛暑日《もうしょび》で、エアコンを使用する回数が多かったね。

母　親：この冬もエアコンを使う日は多いし、昨年は家庭向け電気料金が値上げされたから、電気の使用量のことが気になるわ。

すみれ：電力会社はどうやって電気料金を決めているのかな。

母　親：まず、電気をつくるための燃料費がいるわ。それから会社で働いている人に支払《しはら》う給料（人件費）の分も電気料金に反映させないといけないわね。

すみれ：電力会社の利益も入れないといけないと思う。

母　親：電力会社は、他の電力会社に電力を売ることもあるわ。その収入を差し引いたものが私たちの支払う電気料金になるの。

すみれ：いろいろな条件を考えて電気料金は決まるのね。

母　親：電気料金の内訳を知るには、請求書《せいきゅうしょ》を見るといいわ。毎月の「基本料金」と電気を使った分の「電気量料金」（1*kWh《キロワット時》の値段×使った量）のほか、再生可能エネルギーを広めるための「再エネ賦課金《ふかきん》」という料金がかかるわ。再エネ賦課金は、1kWhあたりの値段が今年度は1.4円と決まっているの。それから、電力会社が決めた燃料費の値動きで変化する料金なども加わるのよ。

すみれ：燃料費が電力会社の想定より多くなると、わが家が支払う電気料金は増えるけど、逆に燃料費が想定より下回ると値引きされるということね。

母　親：その通り。だから使った電気量が同じでも、月によって電気料金が変わるの。
昨年8月の電気料金請求書を見ると、この月は燃料費が電力会社の想定よりも安かったから、「燃料費調整」は値引きされた金額ね。

すみれ：「政府補助」というのは、政府からの補助金が出たということね。一口に電気料金といっても、いろいろな要素・条件から決められていることがわかったわ。

＊ kWh …1kW《キロワット》の電力を1時間使ったときに使用した電気の量（電力量）のこと。

（問題1）次の①～③は、電力会社が一般家庭に請求する電気料金を決めるときの計算式の項目《こうもく》です。会話の内容から、計算式の □ に入る記号（＋・－・×・÷）をそれぞれ解答らんにあうように答えなさい。

①燃料費、人件費など □ ②電力会社の利益 □ ③電力会社が他社へ売った電力収入など ＝ 電気料金の収入額（私たちが支払う電気料金の合計）

電力自由化により、上記以外の電気料金の計算のしかたもあります。

（問題２）次の資料１は、昨年の夏にすみれさんの家に届けられた電気料金の請求書です。
この資料と会話の内容から、下の１～３の問いに答えなさい。なお、２と３の問題は、消費税については考えなくて構いません。

【資料１】

TOKIWA 電力　電気ご使用量のお知らせ

2023年８月請求分　　　常磐《ときわ》すず子　様

ご使用量　260 kWh
ご使用期間　８月１日～８月31日
（31日間）

電気料金合計

7059円

電気料金内訳

①基本料金	885円
②電力量料金	8724円
③再エネ賦課金	円
④燃料費調整	円
⑤政府補助	1820円

１．電気料金内訳の①～⑤を、電気料金に加算されているものと値引きされているものに分けて、番号で答えなさい。

２．電気料金内訳の③の再エネ賦課金はいくらですか。計算して答えなさい。

３．電気料金内訳の④の燃料費調整はいくらですか。計算して答えなさい。

すみれ：ガソリン代をはじめとして、さまざまな物価が高くなっているね。

母　親：物価が高いか安いかを都道府県別に示した資料２のグラフを見てみましょう。物価の総合的な全国平均を 100 としているから、これを基準にしてみると、平均より高い地域、低い地域の差がよくわかるの。

すみれ：滋賀県と山口県はちょうど 100 だから、物価は平均的な水準ということね。

【資料２】　物価の高い地域・物価の安い地域（消費者物価地域差指数）

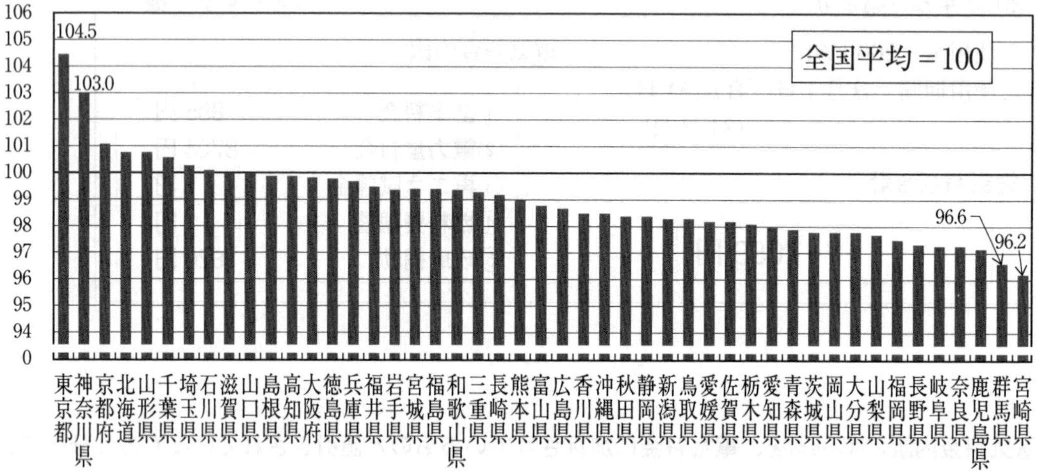

（総務省ウェブサイトより作成）

（問題３）資料２のグラフと会話文から、物価の総合的な全国平均を 100 とした消費者物価地域差指数が 100 以上の都道府県はいくつあるか答えなさい。また、数値が最も高い都道府県と最も低い都道府県では数値にどれだけの差があるかを答えなさい。

母　親：資料３のグラフは、食料費や住居費などの項目ごとに、どのくらいの出費があるかを数値化したものよ。各項目の全国平均を 100 としたとき、100 を上回っているか下回っているかで、その地域でどのようなものにお金がかかっているかがわかるの。

すみれ：東京都は物価が何でも高いというイメージがあるけど、とくに（　１　）費の数値が高いわ。次は（　２　）費が高くて、宮崎県や群馬県とずいぶん差があるわ。でも、宮崎県・群馬県とも（　３　）費は東京都より数値が高いのね。

【資料3】東京都・宮崎県・群馬県における項目別の出費(10大費目別消費者物価地域差指数)

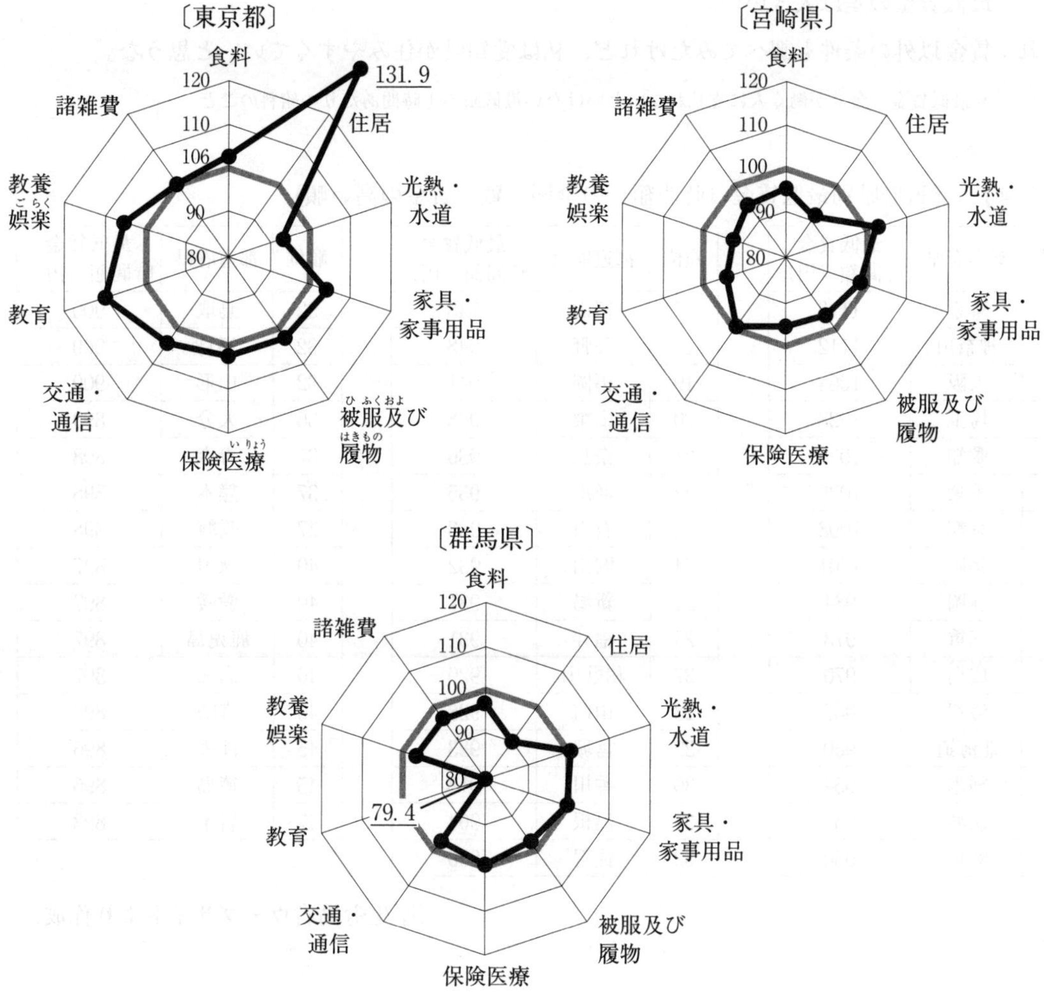

(総務省ウェブサイトより)

(問題4)すみれさんと母親の会話にある(1)~(3)にあてはまる語句を資料3のグラフの項目から選んで答えなさい。

母　親：昨年の 10 月に*最低賃金の改定が行われたね。いわゆる大都市圏《けん》と地方では、まだまだ最低賃金の差は大きいの。

すみれ：賃金以外の条件も調べてみたけれど、私は愛知県が住みやすくていいと思うな。

＊最低賃金…会社が働く人に支払わないといけない最低限の１時間あたりの給料のこと。

【資料４】　都道府県別最低賃金（時間額）の全国一覧（賃金の高い順）

順位	都道府県	最低賃金 時間額（円）
1	東京	1113
2	神奈川	1112
3	大阪	1064
4	埼玉	1028
5	愛知	1027
6	千葉	1026
7	京都	1008
8	兵庫	1001
9	静岡	984
10	三重	973
11	広島	970
12	滋賀	967
13	北海道	960
14	栃木	954
15	茨城	953
16	岐阜	950
17	富山	948
17	長野	948
19	福岡	941
20	山梨	938
21	奈良	936
22	群馬	935
23	石川	933
24	岡山	932
25	新潟	931
25	福井	931
27	和歌山	929
28	山口	928
29	宮城	923
30	香川	918
31	島根	904
32	佐賀	900
32	鳥取	900
32	福島	900
32	山形	900
36	大分	899
37	青森	898
37	熊本	898
37	長崎	898
40	秋田	897
40	愛媛	897
40	鹿児島	897
40	高知	897
40	宮崎	897
45	沖縄	896
45	徳島	896
47	岩手	893

（厚生労働省ウェブサイトより作成）

（問題５）すみれさんはなぜ愛知県が住みやすいと考えたのですか。資料２と資料４から、愛知県と他の地域を比べて、その理由を答えなさい。

すみれ：物価高といわれているけど、2022 年の後半から急にたまごの値段が上がって話題になったね。

母　親：かつては「物価の優等生」と言われていて、値段が安定していたのよ。

すみれ：たまごを使った製品や料理も値上げをせざるを得ないみたい。どうしてこんなにたまごの値段が上がったのかな。

母　親：ひとつは夏の猛暑の影響《えいきょう》があるようね。鶏《にわとり》がえさを食べないから、たまごを生む数が減ったり、サイズが小さくなったりしたの。他にも鳥インフルエンザなどでたくさんの鳥が殺処分されたわ。たまごの値上がりも、さまざまな要素・条件があって起こっているから、それらの背景を知ることも大切なことね。

【資料５】 殺処分された鶏などの鳥の数

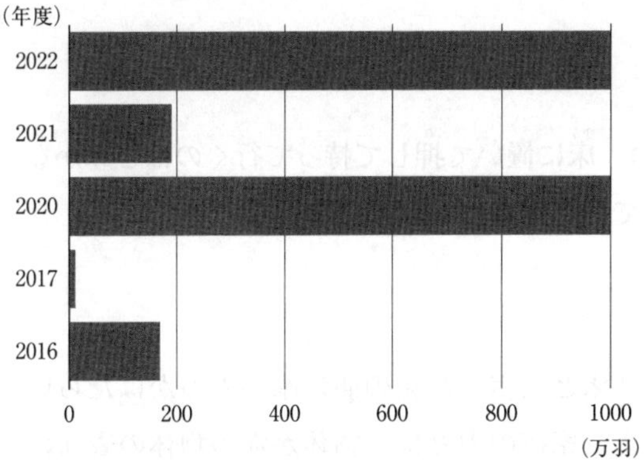

殺処分が少ない年はグラフからのぞいています。

(農林水産省ウェブサイトより作成)

【資料６】 鶏用の飼料の価格の変化 (１トンあたり)

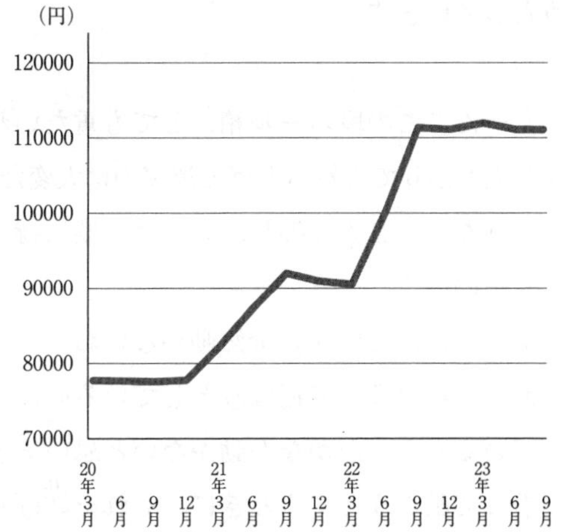

(農林水産省ウェブサイトより作成)

【資料７】

畜産《ちくさん》農家に「支援《しえん》」を

飼料高騰《こうとう》* ＪＡなど県に訴《うった》え

コロナ禍《か》やウクライナ危機の影響などが重なり、畜産飼料が高騰している。赤字経営に陥《おちい》った農家もあるといい、関係団体は県や国に支援を訴えている。

「毎月の牛乳の生産は黒字経営がほぼない。追い込まれている」「現行制度では対応困難。支援をお願いしたい」。４月中旬《じゅん》、ＪＡしまねの石川寿樹《とし き》組合長や酪農《らくのう》、養鶏《ようけい》、肉牛の関係団体のトップが県庁を訪《おとず》れ、丸山達也《たつ や》知事に畜産農家の窮状《きゅうじょう》と対策を訴えた。

県庁を訪れたＪＡしまねの石川寿樹組合長（左）など７団体の代表＝松江《まつ え》市殿町《とのまち》

＊高騰…物の値段などがひどく上がること。

(朝日新聞 2022年５月３日の記事を一部改変)

(問題６) たまごの値段が急に上がったのは、何が原因ですか。資料５～資料７から読み取れる理由を２つ答えなさい。

3 **すみれさんとまつ子さんは、先生の手伝いで、重たい荷物の入った段ボール箱を教室まで運ぼうとしています。**

まつ子：うーん、この段ボール箱、とても重たいね。
すみれ：２人がかりでも持ち上げて運ぶのは大変だね。床《ゆか》に置いて押《お》して持って行くのはどうかな。
まつ子：そうだね。２人で押していけば、楽に持って行けそうだね。やってみよう。
すみれ：せーの…！
まつ子：あれ、おかしいな。全然動かないね。
先　生：おや。箱を押して運ぼうとしているのかな？床と段ボール箱の間に摩擦《まさつ》の力がはたらいているから、なかなか動かないと思いますよ。摩擦の力とは、物体が別の物体の表面に沿って動こうとするときに、それを妨《さまた》げるようにはたらく力のことです。
すみれ：なるほど。確かに、今、私たちは段ボール箱を床の表面に沿って動かそうとしているものね。床から段ボール箱に摩擦の力がはたらいて動かない、というわけですね。
まつ子：迷惑《めいわく》な力だなあ…。
先　生：そうだね。確かに、今回のような場合には迷惑な力ですね。ですが、摩擦の力がはたらかないといけない場合もたくさんありますよ。例えば、自動車や自転車などが止まることができるのは、タイヤと地面の間に摩擦の力がはたらくからですね。さらに言えば、摩擦の力がないと、私たちは歩いたり生活したりすることができなくなってしまいますね。
すみれ：必要な力でもあるのですね。
先　生：人間は、摩擦の力をうまく使っているだけでなく、迷惑に感じるときには小さくする工《く》夫《ふう》をしていますよ。

（問題１）次のア～オのことがらのうち、①摩擦の力がはたらくことをうまく利用している例と、②摩擦の力を小さくする工夫の例をそれぞれすべて選び、記号で答えなさい。

ア．食器の落下を防ぐため、食器棚《だな》にシリコン製のシートをしく。
イ．かたくなってしまったネジを回すため、油を差す。
ウ．スケートは、スケート靴《ぐつ》の刃《は》で踏《ふ》みしめた部分の氷がとけることでなめらかにすべることができる。
エ．軍手の表面にゴムがついているので、荷物を落とさずに運べる。
オ．スノーボードのうらにワックスをぬってすべりやすくする。

すみれ：摩擦の力って、面白いね。どんな時に大きくなって、どんな時に小さくなるのかしら。
まつ子：摩擦の力がはたらく表面の素材や、その面を押さえる力の大きさが関係していそうだね。
すみれ：何か、荷物以外で実験してみようか。

荷物を運び終えたすみれさんとまつ子さんは、表面の素材と摩擦の力の大きさの関係や、その面を押さえる力の大きさと摩擦の力の関係を調べるために、理科実験の本を参考にして、次のような実験を行うことにしました。

【表面のようす・物体の重さと摩擦の力の大きさについて調べる実験】

〈用意するもの〉

・2 cm × 2 cm × 12 cm、重さ 40 g の木片《もくへん》

・紙やすり３種類（目が粗《あら》いもの、中くらいのもの、細かいもの）を 2 cm ×12 cm に切ったもの

・20 g のおもり　　・フック　　・定規　　・ばね

〈実験手順〉

1．図１のように、３種類の紙やすりを、両面テープでそれぞれちがう面（ 2 cm × 12 cm の面）に貼《は》る。

2．図２のように、木片にフックを取り付け、ばねとつないで実験台に置く。このとき、目の粗い紙やすりを貼った面を下にする。

3．のびる前のばねのはしに定規を置く。

4．ゆっくりとばねを引っ張り、木片が動き出したときのばねののびを測る。

5．さらに図３のように、20 g のおもりを１個、２個、３個と木片に置いたときのばねののびを測る。

6．手順２で下にする面を目の粗さが中くらいのもの、細かいものに変えて、それぞれ手順３～５をくり返す。

図１　木片

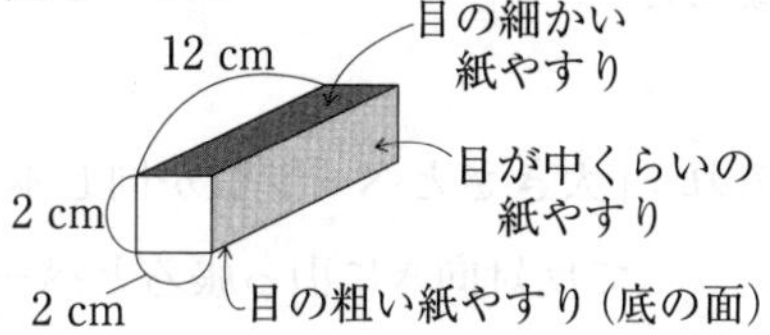

図２

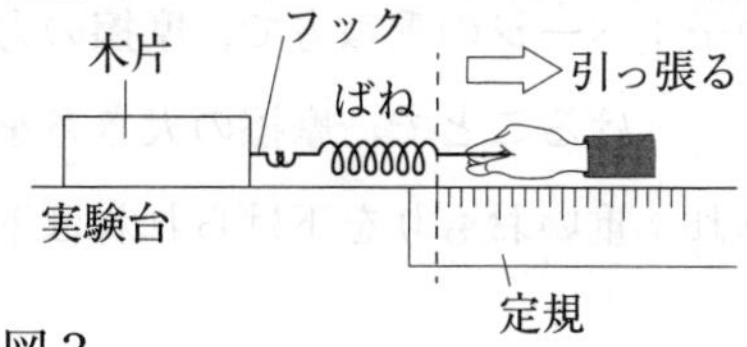

図３

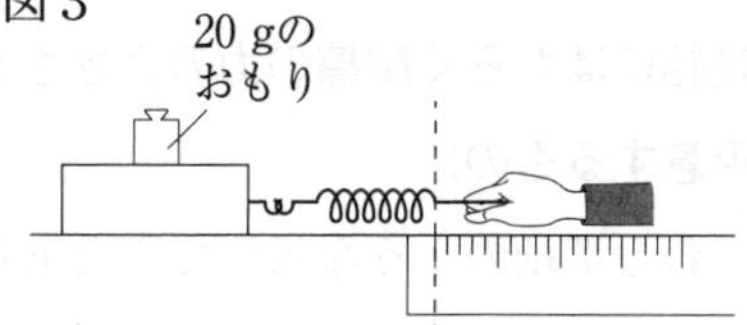

〈実験結果〉ばねののび

紙やすり＼おもりの数	おもりなし	おもり１個	おもり２個	おもり３個
粗い	1.8 cm	2.7 cm	3.6 cm	（　あ　）cm
中くらい	（　い　）cm	4.8 cm	6.4 cm	8 cm
細かい	4.2 cm	6.3 cm	（　う　）cm	10.5 cm

すみれ：ばねののびが大きいほど、木片を動かすために力が必要だったということだから、摩擦の力が（　A　）と言えるね。

まつ子：次のように実験の結果からわかることをまとめてみたわ。

・摩擦の力の大きさは、物体の重さが同じ場合、台と触《ふ》れている面に貼った紙やすりの目の粗さによって（　B　）。

・台に触れる面の目の粗さが同じ場合、摩擦の力の大きさは、物体の重さが２倍、３倍になると（　C　）倍、（　D　）倍になる。

(問題２) すみれさんとまつ子さんの会話文にある空らん（　A　）～（　D　）に当てはまる言葉、数字を答えなさい。

(問題３) 表中の空らん（　あ　）、（　い　）、（　う　）に当てはまる数字を答えなさい。

すみれ：目の粗い紙やすりより、目の細かい紙やすりのほうが摩擦の力が大きいみたいだね。
まつ子：やすりは、触《さわ》ったときにざらざらしている目が粗いもののほうが、摩擦の力が大きいと思っていたから意外だったわ。

すみれさんとまつ子さんは、理科実験の本をさらに読みすすめ、さらに別の実験を行うことにしました。

すみれ：「大きさとページ数が同じ本を２冊用意してページを交互《こうご》に重ねていき、背表紙を持って反対向きに引っ張るとページ同士が摩擦の力でくっついて離《はな》れなくなる」だって。面白そうだからやってみようか。
まつ子：ページの重ね方で、摩擦の力の大きさも変わりそうだよね。雑誌の背表紙におもりを下げることで、摩擦の大きさをはかることもできるのではないかな。
すみれ：重いおもりを下げられれば下げられるほど、摩擦の力が大きいということね。

【雑誌にはたらく摩擦の力の大きさを調べる実験】

〈用意するもの〉

・わら半紙のような紙でできた60ページの雑誌（雑誌A）　２冊
・コピー用紙のような紙でできた60ページの雑誌（雑誌B）　２冊
・スタンド２台　・糸　・フック　・ポリタンク（２Lまで水が入るもの）
・水　・メスシリンダー

〈実験手順〉

1．雑誌A２冊を、右の図４のように、２ページごとに交互にページを重ねる。重ねる場所は、背表紙から３cmのところまでにする。
2．右の写真のように、雑誌の背表紙をスタンドに固定する。このとき、一方の雑誌のみ固定するようにする。

図４
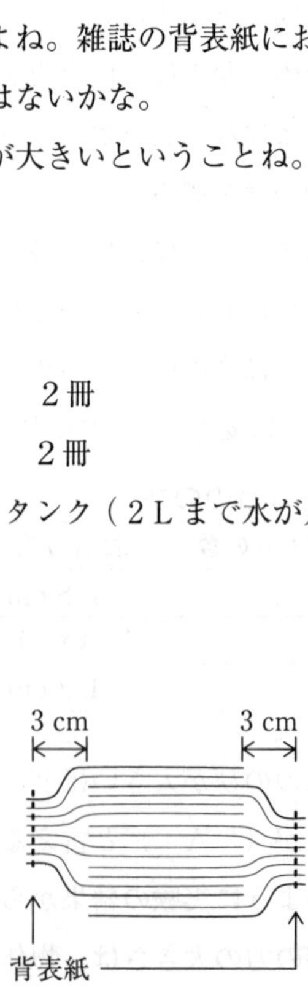

3．２で下側になっている雑誌に、糸を使ってフックを取り付ける。

4．３で取り付けたフックに、水の入ったポリタンクをつるす。

5．水の量を増やしていき、何 mL の水をつるしたときに雑誌がはずれるかを記録する。何 mL の水をつるすことができたかで、その状態での摩擦の力で何 g のおもりを持つことができるかわかる。

6．ページの重ね方を、３ページごと、４ページごと、５ページごとに変えて手順２～５をくり返し、それぞれの重ね方で何 g のおもりをつるすことができたかを記録する。

7．雑誌Ｂでも同様に実験する。

写真

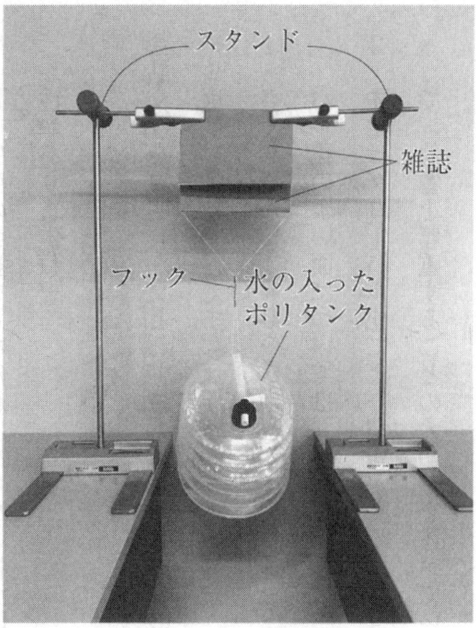

〈実験結果〉

雑誌＼重ねるページ数	２ページごと	３ページごと	４ページごと	５ページごと
雑誌 A	1000 g	650 g	500 g	400 g
雑誌 B	1500 g	1000 g	750 g	600 g

(問題４) 実験手順５では、ポリタンクと水を使っておもりを作っています。容量が２Ｌのポリタンクと水でおもりを作る場合、最大で何 g のおもりを作ることができますか。考え方も答えること。ただし、ポリタンクの重さは 150 g、1 mL の水の重さは 1 g であるとします。

すみれ：雑誌の紙の材質が変わると表面のようすも変わるから、さっきの木片の実験と同じように摩擦の力の大きさが変わるみたいだね。

まつ子：そうだね。それから、私たちがやった実験では、雑誌ＡもＢも、２ページごとにページを重ねたときが一番摩擦の力が大きかったね。これは予想通りかな。

(問題５) 少ないページ数ごとに重ねたほうが、摩擦の力が大きくなるのはなぜか、答えなさい。

(問題６) 雑誌Ｂ２冊を使って、1500 g よりも重たいおもりをつるすためには、どのようにすればよいと考えられますか。アイデアを２つ書きなさい。

2. タピオカは栄養価的に考えても、繊維《せんい》質で健康的な食品であるために、日本の健康ブームに乗ったタピオカはもてはやされて、一大ブームを巻き起こしました。健康ブームが去った現在でも一定の輸入量が確保されていて、根強いファンがいることがわかりますね。

3. 海外のタピオカ輸入量と日本のタピオカ輸入量を比べると、日本の輸入量は大変多いことがわかります。日本は情報機器の発達によって流行の伝達速度がとても速いので、若者を中心に一気に広まったことがよくわかりますね。

4. 流行のピーク時には、日本のタピオカ輸入量が増え、それに応じて東南アジアのタピオカ農家の生産が増加しました。一方で、需要《じゅよう》が減少した場合には、農家は収益が減少し、生産の調整をしなければならない状況《じょうきょう》に直面する可能性がありますね。

(8) 会話文うを説明した文として最もふさわしいものを次の中から一つ選び、番号で答えましょう。

1. さくらさんはすみれさんの意見に反対をしているが、グローバル化のよい面については共感している。

2. 先生はグローバル化により情報が瞬時《しゅんじ》に行きかう世界の中で、他者を尊重することの大切さを述べている。

3. 先生はグローバル化の共時化、共通化の特徴《とくちょう》が民族の文化の特徴を消してしまうので、進行させ過ぎることは危険だと述べている。

4. はやとさんはグローバル化によって会わずとも世界に友達ができることをよくないこととしていて、情報社会が進行することを心配している。

(9) 文章あ いと会話文うを読んで、グローバル化に関して最も興味を持ったことやもっと調べてみたいこと、そしてなぜそのことに興味を持ったのかについて書きましょう。作文を書く時は、後ろの[注意事項《じこう》]に合うように考えや意見を書いてください。

[注意事項]

○解答用紙に三百字以上四百字以内で書きましょう。
○原稿《げんこう》用紙の正しい用法で書きましょう。また漢字を適切に使いましょう。
○題名や自分の名前は書かずに、一行目、一マス下げたところから書きましょう。
○三段落以上の構成で書きましょう。
○句読点(、。)やかっこなども一文字に数え、一マスに一字ずつ書きましょう。また、段落を変えた時の残りのマス目も字数として数えます。

（3） 文章［あ］の――線①「様々な問題が複雑に絡み合い、飢餓が発生するケースは枚挙にいとまがありません」という文はどのような意味ですか。次の中から最もふさわしいものを一つ選び、番号で答えましょう。

1. 世界の様々な問題が絡み合っていることの原因の多くは、各地の飢餓によってもたらされたものである。
2. 世界にある様々な問題が絡み合っていることと、飢餓が発生することは切り離《はな》して考えるべきである。
3. 様々な問題が複雑に絡み合うことによって、世界にたくさんの飢餓をもたらしている。
4. 様々な問題が複雑に絡み合うことによって、飢餓が発生するケースはほとんどないと言っても過言ではない。

（4） 文章［あ］について述べた文章として最もふさわしいものを次の中から一つ選び、番号で答えましょう。

1. サハラ以南の地域などでは子供が一人増えるごとに家庭内の発育不良の割合が2割程度減少するということがわかった。
2. エチオピアでは世帯収入の高い農家で育った若者の発育不良の割合は世帯収入の低い生産農家で育った若者と比べ、格段に低いと言える。
3. 全世界では生産農家の若者の約１５％以上に栄養不足による発育不良が認められる。
4. エチオピアの食料不足は、一時的なものであり、時期によって干ばつに見まわれると飢餓の人口も比例して増える。

（5） 文章［い］の――線②「文化の均一化」について次の問いに答えましょう。

（5）―1 この文章では「文化の均一化」はグローバル化の短所として書かれていますが、なぜそれが短所になっているのですか。説明しましょう。

（5）―2 グローバル化により、文化において起こる良い面は何だと述べられていますか。説明しましょう。

（6） 文章［い］でグローバル化が環境問題を引き起こすのはなぜだと述べられていますか。説明しましょう。

（7） 会話文［う］の［　2　］の中に当てはまる先生の言葉として最もふさわしいものを次の中から一つ選び、番号で答えましょう。

1. 流行の高まりによって、タピオカの生産も増加し、全世界に広く輸出されていることがグラフからわかります。その流行の波がおさまった現在でも、日本人の好みはかわらないために、多くのタピオカを輸入していますね。

はやとさん・その国独自の昔からの文化がなくなって世界がみんな同じになってしまうのはさみしいです。

先生・その現象を共時化、共通化と言います。

すみれさん・みんな同じになってから、さらに独自の文化を生んでいくことも大切ですね。日本のアニメ文化のようにそれをグローバル化の中でよりよく世界に伝えられたらいいと思います。

はやとさん・会わなくても世界中に友だちができるのもグローバル化のいいところですよね。僕《ぼく》は海外に何人か、SNS上で自作のイラストを見せ合える友人がいます。

先生・世界が情報面では一つになれる時代だからこそ、自らの一挙手一投足が他国に影響を与えることを知って、相手を思い、尊重し合うことが大切ですね。

【い う は適性検査型入試のために作成した文章】

【注】

注1　コーヒー危機…2001年ごろ、コーヒーの過剰《かじょう》供給（多すぎてあまるほどの供給）があり、コーヒーの価格が急落し、それが数年続いた。消費国はコーヒーを安い価格で買うことができたが、多くの生産者は生産コストを下回る価格で売ることとなったことで、一部の生産者は農園を手放すまでに、追いつめられた。消費国でも、品質の低下や、将来の安定供給への不安があった。

注2　プランテーション…熱帯、亜熱帯《あねったい》地域の広大な農地に大量の資本を投入し、国際的に取引価値の高い単一作物を大量に栽培《さいばい》する大規模農園。

（1）文章あの――線ア、文章いの――イの言葉の意味として最もふさわしいものをそれぞれ一つ選び、番号で答えましょう。

ア　挙句

1. 行きついた結果　2. 取り返しのつかない事態
3. 取り挙げた事例　4. その事態の原因

イ　相乗

1. ある事象の他への影響が多くなったり少なくなったり変化すること
2. 一つの事象の評価を他と比較《ひかく》して決定すること
3. 他の事象とは関係なくそのものの価値をはかること
4. 複数の要素がたがいに影響し合い、よりいっそうの効果をあたえること

（2）文章あの［　1　］に当てはまる最もふさわしい言葉を次の中から一つ選び、番号で答えましょう。

1. 苦肉《くにく》の策《さく》　2. 高嶺《たかね》の花《はな》　3. 至難《しなん》の業《わざ》　4. 烏合《うごう》の衆《しゅう》

で別のお店になりました。前はよく飲んでいましたが、今はあまり飲んでいません。

先生・食べ物のブームというのはいつの時代もありますね。私も昔、はやっていた食べ物で、今はまったく見ないものもよくあります。このグラフを見てください。これはタピオカの輸入量を表したものです。

単位（トン）　タピオカ輸入量（近畿圏《きんきけん》）大阪税関調査による

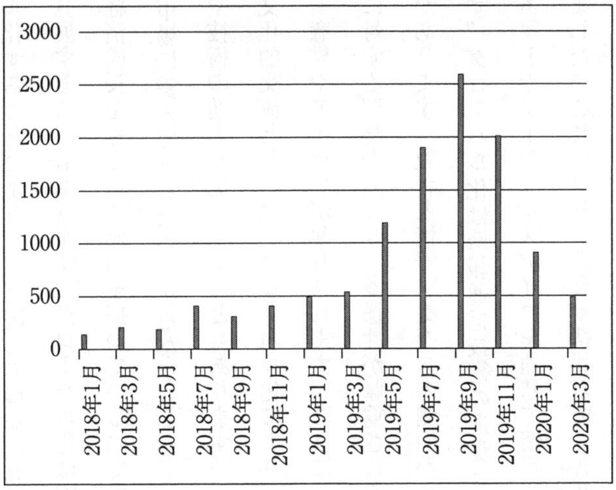

（大阪税関　令和4年3月16日「タピオカ輸入のその後」より作成）

さくらさん・タピオカの流行が一時的なものだった場合、原料のキャッサバを作っていた農家はどうなってしまったのでしょうか。

先生・［　2　］

これにより、一部のタピオカ農家は経済的な困難に直面するかもしれません。

すみれさん・日本のブームが遠く海外の農家にまで影響をあたえるんですね。ちょっとこわいです。

先生・そのような地域の農業は自分たちの国の中から必要性が生じて主体的に発展したわけではなく、グローバル化によって、外部の国の消費や欲求によって左右されるという事実があるのです。だからその土地の人の自立的な農業成長を阻《はば》んでいるとも言えるんですね。

さくらさん・わたしはこの間まで、アフリカの奥地《おくち》に住む少数民族はまだ昔からのしきたりの中で、孤立《こりつ》して暮らしているのかと思っていました。でも、すでに携帯《けいたい》電話を持ち、Tシャツを着て炭酸飲料を飲んでいる様子がテレビで放送され、それを見ておどろきました。

はやとさん・観光客が来た時は、民族衣装《いしょう》を着て、昔ながらの生活をして見せることで収入を得ることもあるようですね。

先生・それもグローバル化の影響ですね。情報があっという間に世界に伝わる世の中になったことで、いいこともよくないこともありますね。

い

現代は、交通や通信技術の発達により、より短時間で諸外国に行き、また行かずとも様々な国の文化について知ることができます。世界がグローバル化することにより、国と国とのつながりによって イ相乗的に経済が発展することもあります。グローバル化は国際貿易や投資を促進《そくしん》し、経済成長をもたらす側面を持っているのです。企業《きぎょう》や産業が世界的な市場に参入できるため、新たなビジネスチャンスが生まれ、雇用《こよう》創出や技術の進歩が促進することもあります。

また、文化的交流としては、グローバル化により、異なる国や文化が接触《せっしょく》し、意見やアイデアが共有されます。これによって、異なる文化や伝統に対する理解が高まり、多様性が尊重される社会が形成される可能性があります。教育と情報アクセスの側面からも、様々な利点があります。グローバル化は情報通信技術の進歩とも関連しており、インターネットやソーシャルメディアを通じて情報へのアクセスが容易になりました。これにより、教育や情報が広く普及《ふきゅう》し、知識の共有や学習の機会が拡大されました。

その反面、グローバル化されることの利点が、その裏返しとして欠点になる場合もあります。

まず、②文化の均一化が起こることがあります。グローバル化が進むと、より大きな文化圏《けん》が形成され、特に大きな国や経済力を持つ地域の文化が優勢になる傾向《けいこう》があります。これによって、少数民族の独自の文化や伝統がおびやかされる可能性があるのです。

さらに、社会的不平等が起こる場合もあります。経済成長がもたらされる一方で、その利益が不均等に分配され、経済的格差や貧困《ひんこん》の問題が深刻化し、特に弱者や貧困層が影響を受けることも考えられます。カカオを育てるプランテーション[注2]で働く人々が、自分たちの作っているカカオがどのような商品として世の中に出ているのか、知らずに育てているという事実がありました。対策として不均衡《ふきんこう》をなくすためにフェアトレード商品というその労働に見合った価格をつける商品も出てきています。

そして、忘れてはならないのが、環境《かんきょう》問題です。グローバル化によって生産や消費が拡大し、資源の使用量や様々なごみの増加が問題となっています。経済成長の追求が環境破壊《はかい》や気候変動などの環境問題を引き起こす可能性があります。日本の海岸に打ち寄せられる海外メーカーのラベルが付いた商品を見たことがありますか。環境問題は一国が取り組む問題だけでなく、すべての国が心を一つにして取り組むべき課題になっているのです。

う

先生・みなさんはタピオカという食べ物を知っていますか。
すみれさん・大好きです。タピオカ入りのジュースをよく飲みます。
さくらさん・わたしも少し前まではよく飲んでいました。
はやとさん・家の近所にもタピオカ屋さんがありましたが、ここ数年

【適性検査ⅠB】〈適性検査型試験〉(四五分)

〈評定：A～Cの3段階〉

〈編集部注：適性検査ⅠはA・Bのいずれかを選択します。〉

問題　次のあ、いの文章とうの会話文を読んで、あとの(1)～(9)の各問いに答えましょう。

あ

コーヒーは世界中でおよそ２，５００万世帯の農家が従事すると言われる巨大《きょだい》産業であるがゆえに、コーヒー価格が大幅《おおはば》に下落すると、世界中のいたるところで飢餓《きが》が起こることがあります。特にコーヒーが主要農作物となる中南米はその影響《えいきょう》が大きく、実際、２００１年に起きた[注1]「コーヒー危機」の際には、中南米の多くのコーヒー生産者の暮らしが立ちゆかなくなり、多くの人々が慢性《まんせい》的な飢餓に陥《おちい》りました。栄養失調に陥った挙句[ア]、生きるために農園を捨てて都市を目指し移動する姿も多く見られたのです。

「コーヒー危機」以降は、低迷するコーヒーの価格に危機感を抱《いだ》く生産農家が、栽培《さいばい》する作物を多様化したり、他の仕事と兼業《けんぎょう》することも多く見られるようになりましたが、長い間コーヒー生産だけに頼《たよ》ってきた開発途上《とじょう》国の資源の乏《とぼ》しい農村部で、コーヒー生産以外の産業を新たに興《おこ》し、成功させることは［　1　］です。

そのような地域では、引き続きコーヒー生産が主要な生計手段となっているため、政治情勢や天候の悪化など、[①]様々《さまざま》な問題が複雑に絡《から》み合い、飢餓が発生するケースは枚挙にいとまがありません。(略)

世界で飢餓が特に深刻な問題となっている地域はアフリカのサハラ以南の地域です。

コーヒー発祥《はっしょう》の地として、コーヒーが国の主要輸出品目のトップを占《し》めるエチオピアは干ばつの影響を受けやすく、慢性的な食料不足が発生しています。有数のコーヒー生産地域、ジンマにおける調査でも、コーヒー生産農家の６６％以上に食料が不足していることが報告されています。

同調査では生産農家の若者の１５％以上に栄養不足による発育不良が認められ、そのうち、３・５％はかなり重症《じゅうしょう》なものでした。世帯収入の低い生産農家で育った若者の発育不良は、実に世帯収入が多い家庭の６倍にものぼっています。

さらに、子どもの数が１人増えるごとに、発育不良の割合が２０％も増加する傾向《けいこう》も報告されました。食料が慢性的に不足気味である中、家族が増えるともともと少ない食料をさらに分け与《あた》えなければならないことが原因であるのは明らかでしょう。

【『コーヒーで読み解くSDGs』José.川島良彰《かわしまよしあき》・池本幸生《いけもとゆきお》・山下加夏《やましたかな》(ポプラ新書)】

〔問題1〕 **文章A** に①それは怖いことだと思いますとありますが、筆者はどのようなことを「怖い」と考えたのですか。**文章A** 全体をふまえて五十五字以上七十字以下で答えましょう。

〔書き方のきまり〕

○ 行をかえたり、段落をかえてはいけません。

○ 読点《とうてん》↓、や 句点↓。かぎ↓「 などはそれぞれ一ますに書きましょう。

○ 文章を直すときは、消しゴムでていねいに消してから書き直しましょう。

〔問題2〕 **文章B** に②個人レベルでの問題解決においても、このオーケストラの指揮者のような役割を担うことが多かれ少なかれ求められているとありますが、現代では問題解決の際に求められる能力はどのようなものですか。本文の内容をふまえて、五十字以上七十字以下で説明しましょう。

〔書き方のきまり〕

○ 行をかえたり、段落をかえてはいけません。

○ 読点《とうてん》↓、や 句点↓。かぎ↓「 などはそれぞれ一ますに書きましょう。

○ 文章を直すときは、消しゴムでていねいに消してから書き直しましょう。

〔問題3〕 **文章A**・**文章B** を読み、あなたが自由研究などの学習をする際、どのようにコンピュータ、インターネット、AIなどの情報技術を使っていきたいと考えますか。それぞれの文章の内容をふまえて、四百字以上五百字以内で自分の考えをまとめましょう。第一段落にはふたつの文章から読み取ったことを書き、第二段落よりあとにはどのように情報技術を使っていきたいかを書きましょう。

〔書き方のきまり〕

○ 題名、名前は書かずに一行めから書き始めましょう。書き出しや、段落をかえるときは、一ます空けて書きましょう。

○ 行をかえるのは段落をかえるときだけとします。会話などを入れる場合は、行をかえてはいけません。

○ 読点《とうてん》↓、や 句点↓。 かぎ↓「 などはそれぞれ一ますに書きましょう。ただし、句点とかぎ↓。」は、同じますに書きましょう。

○ 読点や句点が行の一番上にきてしまうときは、前の行の一番最後の字といっしょに同じますに書きましょう。

○ 書き出しや、段落をかえて空いたますも字数として数えます。

○ 最後の段落の残りのますは、字数として数えません。

○ 文章を直すときは、消しゴムでていねいに消してから書き直しましょう。

文章B

コンピュータの発達と科学や技術の進歩により、人類が持つ知識は爆《ばく》発《はつ》的に増えつづけ、複雑化した社会における問題解決に必要な知識すべてを自分自身の中に持つことはまったく不可能になった。他方、インターネットの使用により、個人はもはや、膨大《ぼうだい》な量の知識を全部自分の中に溜《た》め込む必要もなくなった。必要な時にその知識がある場所を見つけ出して*アクセスすればよくなったのである。

つまり、インターネットは個人に求められる*資質、能力に変化をもたらしたのだ。現代社会に求められているのは、知識の量ではない。むしろ、世界中に分散している情報の中から必要な情報を探し出し、取得した情報を適切に評価・*コーディネートし、問題解決のために用いる能力となったのである。

現実社会において個人がひとりで大きい*プロジェクトや複雑な問題解決を*遂行《すいこう》することはめったにない。むしろ、ほとんどの場合は複数人でチームを組んで行う。そして、解決しなければならない問題が複雑極《きわ》まるものである場合、同じ専門知識を持つ個人が集まるより、専門知識が異なる個人が集まってチームを組んだ方がよい。ただ、その場合、もちろん、異なる専門家がそれぞれ自分勝手に仕事をしていてはダメで、チームの間で分散された知識をコーディネートし*統合していくコーディネータが必要になる。この役割を担《にな》うのは、たとえばオーケストラの場合なら指揮者にあたる。指揮者に求められるのはもちろん偉《えら》そうに*タクトを振《ふ》っていればいいということではない。楽団員の能力や個性を熟知し、全体像を考えその総和が最大になるようにコーディネートできる能力である。つまりそこにある*リソースを最大限に活用し、それを統合して最大の効果を得る能力が求められるのである。

現代社会では何人ものメンバーで行う大がかりなチームプロジェクトに限らず、②個人レベルでの問題解決においても、このオーケストラの指揮者のような役割を担うことが多かれ少なかれ求められている。

（今井《いまい》むつみ　野島《のじま》久雄《ひさお》　岡田《おかだ》浩之《ひろゆき》『新　人が学ぶということ』）

〈言葉の説明〉

アクセス……情報を探して利用すること。

資質……生まれつきの性質や才能。

コーディネート……各部分を調整して全体をまとめること。

プロジェクト……研究や事業などの開発計画。

遂行する……物事を最後までやりとげること。

統合……複数のものをひとつにまとめ合わせること。

タクト……指揮棒。

リソース……目的を達成するために必要な要素や資源。

2024年度 トキワ松学園中学校

【適性検査ⅠA】〈適性検査型試験〉(四五分)〈評定：A～Cの3段階〉

〈編集部注：適性検査ⅠはA・Bのいずれかを選択します。〉

次の**文章A**・**文章B**を読んで、あとの問題に答えなさい。

(*印の付いている言葉には、文章のあとに〈言葉の説明〉があります。)

文章A

AI*と人間の決定的な違《ちが》いは、「沈黙《ちんもく》」にあると思っています。AIは黙《だま》っていることができません。ここで言う沈黙には意志が必要だからです。

たとえば、若い人から相談を受けているとき、「こうしたほうがいいのにな」という答えが私の中にあったとしても、何も言わずに話を聞くだけのことがあります。若い人に仮初《かりそめ》の答えを与えることよりも、その人に寄り添《そ》い、その人自身が答えを見つけることのほうが大切だからです。

会社でも同様でしょう。上司になったら時には黙っていることが必要です。上司とは的確な答えを与える人ではなく、部下自身が答えを見つけられるような場をつくる人だからです。

一方で、AIは沈黙しませんし、場もつくりません。問いを投げかけるとすぐに答えてくれる。もしかしたら、人間よりも明確な答えを与えてくれるかもしれません。ですが、そうして与えられた答えが物事を解決してくれるとは限りません。AIはその人が自らの経験の中で答えを見つけるまでじっと黙って待っていてはくれないのです。

与えられる知識と、自分で得る経験とはまるで違います。仕事の現場で実際に失敗してみると、こんなに周囲に迷惑《めいわく》をかけてしまうんだなと身に染《し》みて分かる。これは「失敗」という言葉の意味だけを知っていることとは全く異なります。

一つの言葉においても経験は重要です。これはどの言葉にもあてはまります。水なら水そのもの、花なら花そのものを経験することが大切です。AIは言葉に付随《ふずい》する知識を教えてくれるかもしれませんが、言葉が指すことそのものを教えてくれるわけではない。それなのに、知識を先に与えられると、経験をしなくてもいいように錯覚《さっかく》してしまう。

恋愛《れんあい》したこともないのに、恋愛哲学《てつがく》を語るようになる。死を考えたこともないのに、死について分かった気になる。潮の香りもかいだことのない子どもが、七つの海について、とうとうと語るようになってしまうかもしれません。①それは怖《こわ》いことだと思います。

本来は世界をどう経験するのかが重要なのに、世界をどう理解するのかのほうに重点が移ってしまうと、常に一歩下がって世界を眺《なが》めていればいいことになります。

(若松《わかまつ》英輔《えいすけ》「沈黙のすすめ」中央公論2023年7月)

〈言葉の説明〉

AI……人工知能。人間に代わってコンピュータに知的なふるまいをさせる技術。ここではチャットGPTなど、文章を生成する対話型人工知能を話題にしている。

2024年度

トキワ松学園中学校　▶解　答

※　編集上の都合により，適性検査型試験の解説は省略させていただきました。

適性検査 I A　＜適性検査型試験＞（45分）＜評定：A～Cの３段階＞

解　答

問題１　（例）　経験を通じて得るものは単なる知識よりはるかに重要だが，知識を与えられて世界を理解した気になり，経験をしなくてもいいと錯覚してしまうこと。　**問題２**　（例）　世界中に分散する情報の中から必要な情報を探し出し，全体像を考えてそれらの情報を適切に評価・コーディネートし，統合して最大の効果を得る能力。　**問題３**　右記の作文例を参照のこと。

問題３　（例）

　文章Aで筆者は、自分で世界をどう経験するかが重要なのに、AIに知識を与えられると経験をしなくてもいいように錯覚する危険性を指てきしている。文章Bでは、現代社会では世界中の情報の中から必要な情報を探し出し、問題の全体像を考えて情報を適切に評価・コーディネートし、最大の効果を得るように用いる能力が必要だと述べられている。

　昨今、インターネットの情報を引き写し、レポートとして提出する大学生が後をたたないとも報道されている。だが、これでは文章Aで重視されている経験どころか思考すら放きしたことになる。文章Bで必要とされた、情報を取捨選たくしたり、まとめあげたりする能力も当然ながらみがかれないだろう。

　情報とは、人間が何かをつくり上げるための道具であるべきだと私は思う。自由研究などでテーマを決めたら、そのテーマに関するこれまでの研究や情報を知るために情報技術を使いたい。インターネット上の情報は最新のものであるのがみ力だが、まちがいも多いので、同時に本を調べることも忘れないようにしたい。ほかの人の研究を知ることで、新しい視点や疑問点に気づけ、自分の考えをより深めることが可能になると考える。

適性検査 I B　＜適性検査型試験＞（45分）＜評定：A～Cの３段階＞

解　答

(1)　**ア**　1　　**イ**　4　　(2)　3　　(3)　3　　(4)　2　　(5)　**1**　（例）　少数民族の独自の文化や伝統がおびやかされる可能性があるから。　**2**　（例）　異なる文化や伝統に対する理解が高まり，多様性が尊重される社会が形成されること。　(6)　（例）　生産や消費が拡大し，資源の使用量やさまざまなごみが増加するから。　(7)　4　　(8)　2　　(9)　右記の作文例を参照のこと。

(9)　（例）

　文章あ・いと会話文うでは、グローバル化の良い点だけではなく、文化の均一化、経済的格差・貧困などの問題が起こる可能性、環境問題といった悪い点もあげられている。

　私はグローバル化に対して、他国の良いところを取り入れたり、理解し合ったりといった良いイメージを持っていたので、悪い点も多くあることは意外だった。特に、個性の尊重がさけばれる現代にあって、独自の文化や伝統がおびやかされようとしていることに疑問を感じて、強く興味をひかれた。

　私の住むさいたま市にはぼんさい美術館があり、ぼんさい文化を国内外に発信し、多くの観光客を集めるだけでなく、今では外国出身のぼんさい師もいらっしゃるそうだ。後けい者不足はほとんどの伝統産業で問題になっているが、広く世界から後けい者を求めるのは良い解決策に思える。失われる危機にある文化や伝統、危機を回ひするための取り組みについて、もっと調べてみたい。

適性検査Ⅱ ＜適性検査型試験＞（45分）＜満点：100点＞

解 答

1 **問題1** (1) **ア** 540.9 **イ** 559.7 **ウ** 576.4 (2) 3月15日 **問題2** 3月16日 **問題3** (1) 21 (2) **89**…11番目，**144**…12番目 **問題4** (イ)…7秒，(ウ)…10秒 **問題5** (1) (例) **最短**…下の図1，10秒 **最長**…下の図2，16秒 (2) (例) 下の図3，23秒

図1

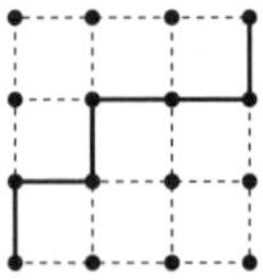

図2

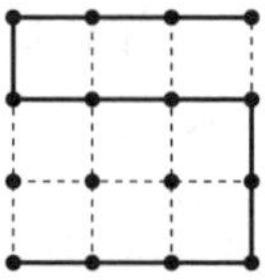

図3

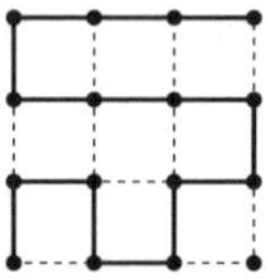

2 **問題1** ①燃料費，人件費など＋②電力会社の利益－③電力会社が他社へ売った電力収入など＝電気料金の収入額(私たちが支払う電気料金の合計) **問題2** **1** **加算されているもの**…①，②，③ **値引きされているもの**…④，⑤ **2** 364円 **3** 1094円 **問題3** **100以上の数値の都道府県の数**…10 **最も高い数値と最も低い数値の差**…8.3 **問題4** **1** 住居 **2** 教育 **3** 光熱・水道 **問題5** (例) 資料2から，愛知県は物価が全国平均より安いとわかる。一方で，資料4から最低賃金は1000円をこえていて，働いたときにもらえるお金が多く，住みやすいと考えたから。 **問題6** (例) 鳥インフルエンザの影響でたまごを生む鶏が殺処分されて減ったから。／コロナ禍やウクライナ危機などの影響で飼料の価格が高騰したから。

3 **問題1** ① ア，エ ② イ，ウ，オ **問題2** **A** (例) 大きい **B** (例) 異なる **C** 2 **D** 3 **問題3** **あ** 4.5 **い** 3.2 **う** 8.4 **問題4** 2150g

問題5 (例) 雑誌のページどうしが触れ合う面積の合計が大きくなるから。 **問題6** (例) 重ねる場所は変えずに，1ページごとに交互にページを重ねる。／背表紙から重ねる場所までの距離を3cmより短くして，2ページごとに重ねる。

2023年度 トキワ松学園中学校

【算　数】〈第１回一般試験〉（45分）〈満点：100点〉

（注意）解答用紙に（式と計算）と書いてある問題は，途中《とちゅう》の式と計算をかいてください。
円周率を用いるときは，3.14として計算してください。

1　次の □ に当てはまる数を求めなさい。

（１）$37 - 4 \times 7 = \square$

（２）$(15 - 6 \div 3) \times 5 = \square$

（３）$5 \times 5 \times 3.14 - 4 \times 4 \times 3.14 = \square$

（４）$\dfrac{3}{8} \div 3 + 0.125 \times 7 = \square$

（５）$5 \times (3 + \square) \div 9 = 5$

（６）2000 円で仕入れた商品に 2 割の利益を見込んで定価をつけましたが，実際には定価の 2 割引きの □ 円で売りました。

（７）水が 1 L 入ったペットボトルから □ mL 飲んだら，残りは 90 mL です。

（８）縦の長さが 3 cm，横の長さが 5 cm の長方形のカードを同じ方向にすき間なく並べて正方形を作ります。作れる正方形の中で最も小さい正方形の 1 辺の長さは ① cm，使う枚数は ② 枚です。

（9）　Ａさんの身長がＢさんの身長より５ cm 高く，Ｃさんの身長がＡさんの身長より２ cm 高いとき，ＢさんとＣさんの身長の差は □ cm です。

(10)　右の図において，四角形ＡＢＣＤは平行四辺形で，ＡＣとＥＦは平行です。

　図の中で，三角形ＡＣＥと面積が等しい三角形は □ 個あります。

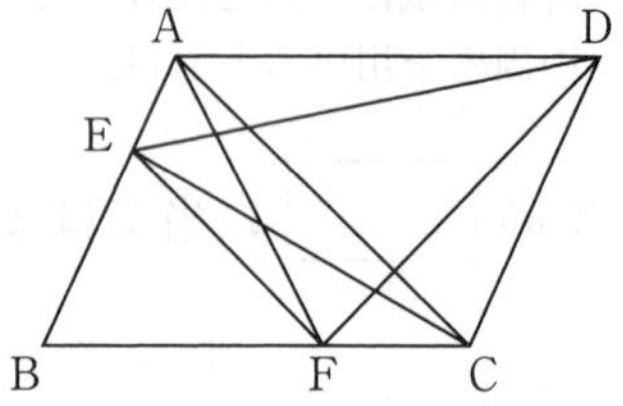

2　右の図は，円柱の展開図です。

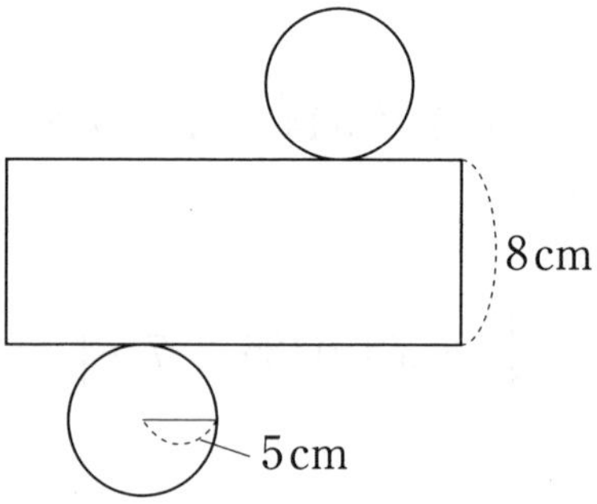

（１）円柱の底面積を求めなさい。

（２）円柱の体積を求めなさい。

（３）円柱の表面の面積を求めなさい。

3　池の周りに１周 1.5 km の道路があります。

　Ａさんは分速 90 m, Ｂさんは分速 60 mで歩きます。

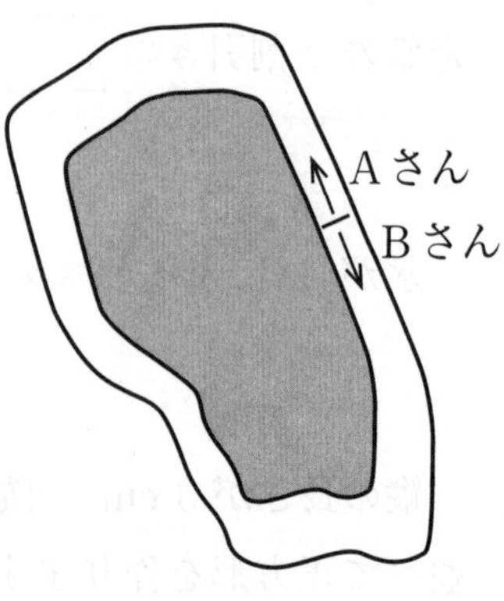

（１）　Ａさん，Ｂさんの２人が同じ地点から，たがいに反対向きに同時に歩き始めたとき，２人が最初に出会うのは歩き始めてから何分後ですか。

（２）　Ａさん，Ｂさんの２人が同じ地点から同じ向きに，同時に歩き始めたとき，ＡさんがＢさんを追いぬくのは歩き始めてから何分後ですか。

4　12 %の食塩水 200 g が入った容器Aと，7 %の食塩水 350 g が入った容器Bがあります。容器Bから 50 g の食塩水を取り出して容器Aに移しました。

（１）容器Aの食塩水は何％になりましたか。

（２）このあと，容器Bに水を加え，よくかき混ぜたら容器Bの食塩水の濃度が 5 %になりました。加えた水の量は何 g ですか。

5　ある小学校で一番好きな教科を調べたところ，下の表のようになりました。

	国語	社会	算数	理科	体育	その他	計
人数（人）	32	46			58		

（１）国語と答えた人は，全体の 16 %でした。この小学校の全体の人数は何人ですか。

（２）社会と答えた人は，全体の何％ですか。

（３）理科と答えた人は算数と答えた人より 4 人多く，その他と答えた人は算数と答えた人より 6 人少ないという結果でした。

算数，理科，その他と答えた人の人数はそれぞれ何人ですか。

【社　会】〈第１回一般試験〉（理科と合わせて60分）〈満点：50点〉

1　次の地図は、日本各地にある自然災害伝承碑《ひ》の中から抜粋《ばっすい》して地図に示したものです。以下の問いに答えなさい。

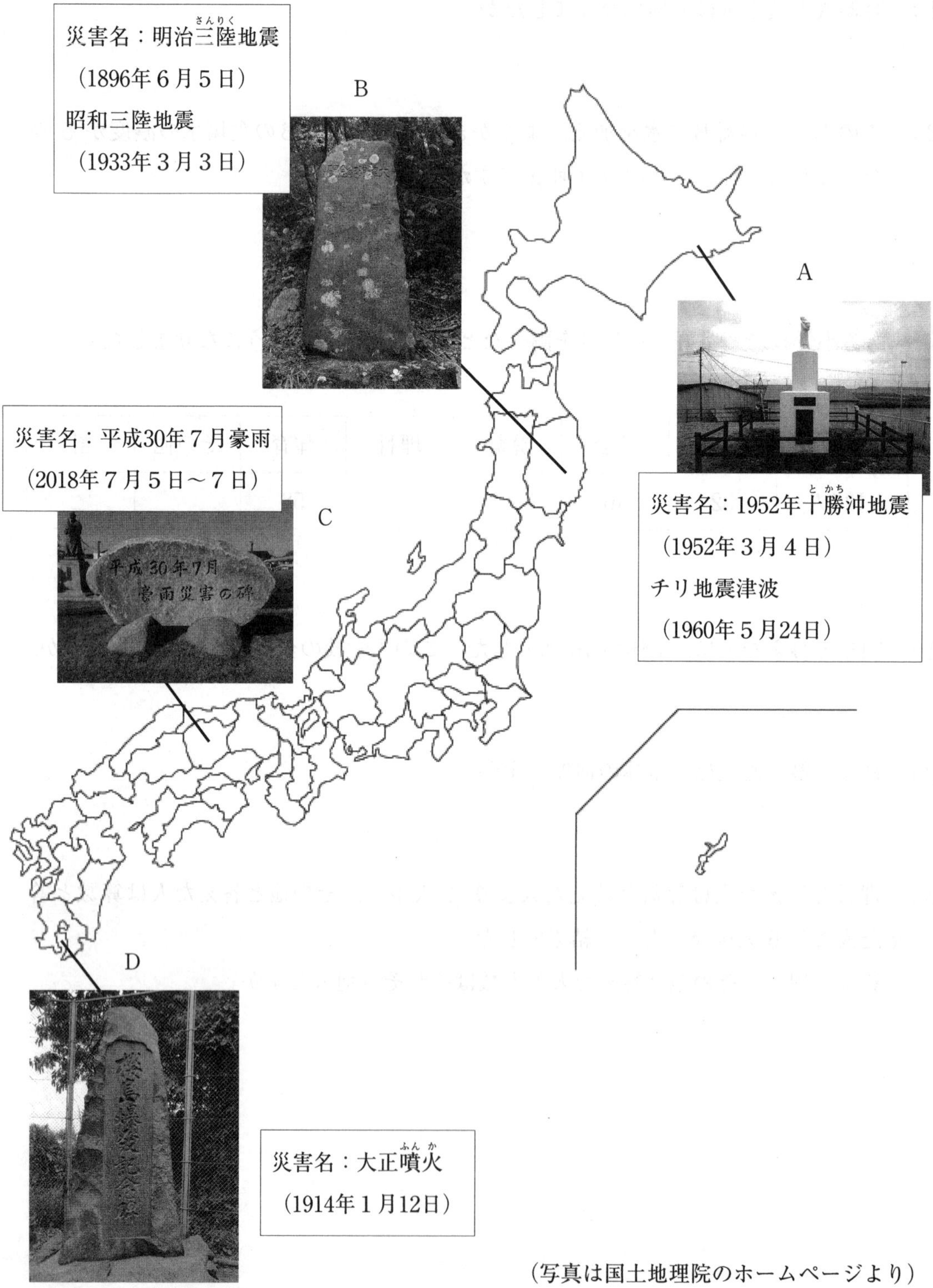

（写真は国土地理院のホームページより）

問１　自然災害伝承碑の地図記号はどれか、次のア～エより選び、記号で答えなさい。

ア．

イ．

ウ．

エ．

問２　地図上Aの碑がある北海道の農業について、１・２に答えなさい。

１．下の【表①】は北海道の十勝地方で行われている農業の特徴《とくちょう》を示したものです。このような農業を何というか、答えなさい。

【表①】

	畑１	畑２	畑３
１年目育てる作物	ジャガイモ	てんさい	あずき
２年目育てる作物	あずき	ジャガイモ	てんさい
３年目育てる作物	てんさい	あずき	ジャガイモ

２．なぜ、１のような農業を行うのか、その理由として正しいものをア～エより選び、記号で答えなさい。

ア．同じものを同じ土地で育て続けると、作物が病気になる可能性があるから。
イ．寒い気候のため、栽培《さいばい》できる作物の種類が限られているから。
ウ．水はけがよく、同時に多くの種類の作物を育てるのに適しているから。
エ．冬に多くの雪が降るため、雪どけ水が豊富だから。

問３　十勝沖地震では、海上を漂流《ひょうりゅう》する氷の塊《かたまり》が被害《ひがい》を大きくしたといわれています。この氷の塊を何というか、答えなさい。

問４　北海道では、広大な土地と涼《すず》しい気候をいかして、家畜《かちく》の飼育が行われています。このような農業を何というか、答えなさい。

問５　地図上Bの碑には、「此処《ここ》より下に家を建てるな」と書いてあります。なぜ、ここより下に建物を建ててはならないのか、説明しなさい。

問６　下の【写真②】の祭りは、七夕《たなばた》の灯籠《とうろう》流しが由来とされている東北三大祭りの一つです。下の【写真②】の祭りの名前を答えなさい。

【写真②】

問７　地図上Ｃの碑がある倉敷市《くらしきし》真備町《まびちょう》では、西日本豪雨で大きな被害《ひがい》を受けました。

【地図③】中のＡ～Ｅの中で浸水《しんすい》しやすい場所の組み合わせとして正しいものを下のア～エより選び、記号で答えなさい。

【地図③】

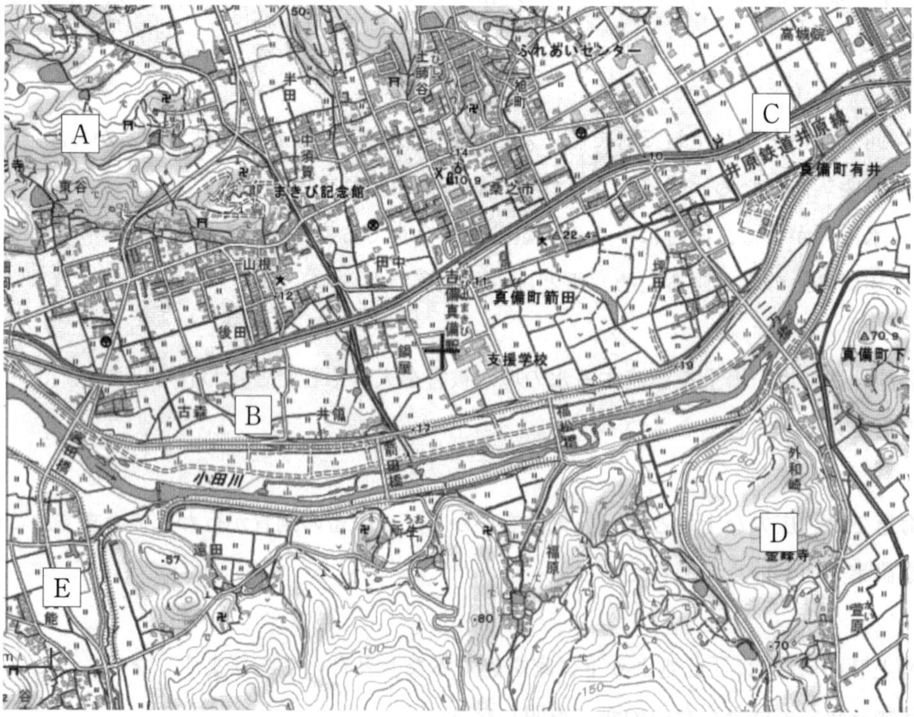

（地図は国土地理院のホームページより）

ア．Ａ・Ｃ・Ｄ　　イ．Ｂ・Ｄ・Ｅ　　ウ．Ａ・Ｂ・Ｃ　　エ．Ｂ・Ｃ・Ｅ

問８　下の【地図④】の　で示された工業地域を何というか、答えなさい。

【地図④】

問９　地図上Ｃの碑がある倉敷市には、製鉄所があります。下の【グラフ⑤】は製鉄で使用される鉄鉱石の生産割合を表したものです。Ｘに当てはまる国名を答えなさい。

【グラフ⑤】

鉄鉱石の産出量（総量：15.2億トン）

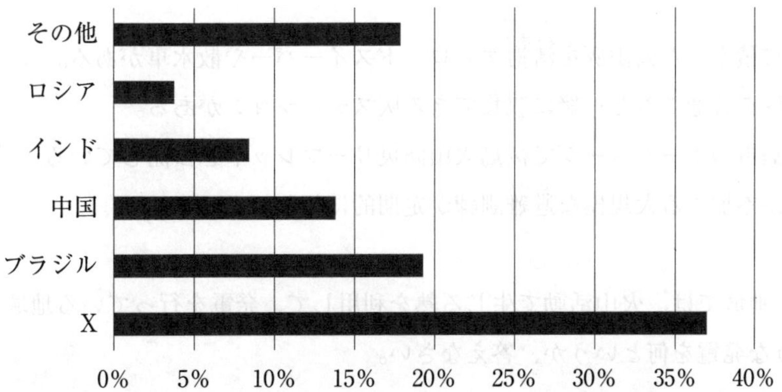

（『日本のすがた2022』より）

問10　地図上Ｃの碑がある県の伝統工芸品を以下のア～エより選び、記号で答えなさい。

ア．

イ．

ウ．

エ．

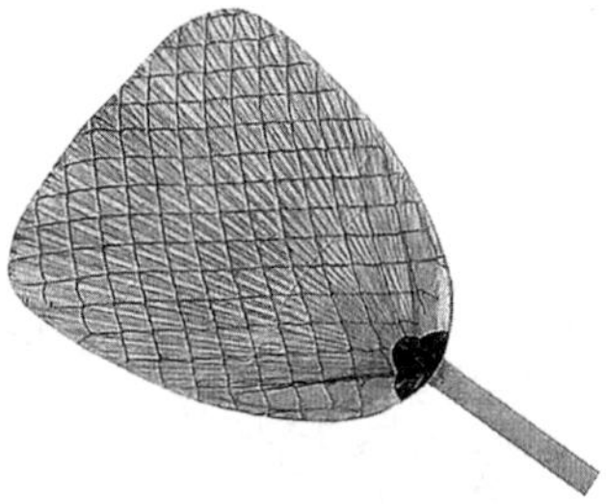

（写真は『ポプラディア情報館　伝統工芸』より）

問11　九州南部に広がる古い火山の噴出物が厚く積もってできた台地のことを何というか、答えなさい。

問12　桜島《さくらじま》や鹿児島市では、火山災害への備《そな》えを行っています。その備えとして誤っているものをア～エより選び、記号で答えなさい。

ア．道路に積もった火山灰を清掃《せいそう》するロードスイーパーや散水車がある。
イ．火山灰を普通《ふつう》ごみと一緒に収集できる灰ステーションがある。
ウ．鹿児島市のホームページで桜島火山防災リーフレットを公開している。
エ．住民が参加する大規模な避難《ひなん》訓練が定期的に行われている。

問13　火山が多い地域では、火山活動で生じる熱を利用して、発電を行っている地域もあります。このような発電を何というか、答えなさい。

問14　地図上ＢとＣの自然災害伝承碑がある県名を漢字で答えなさい。

2　次の図①～⑪は、日本の各時代を表す建物です。図を見て以下の問いに答えなさい。

①弥生時代

②飛鳥時代

③奈良時代

④平安時代

⑤鎌倉時代

⑥室町時代

⑦安土桃山時代

⑧江戸時代

⑨明治時代

⑩昭和時代

⑪平成時代

問１　図①～⑪の建物が表す時代のうち、次の【Ａ】～【Ｃ】の人物が活躍《かつやく》したのはいつですか。図①～⑪の中から選び、番号で答えなさい。

【Ａ】聖徳太子

【Ｂ】足利義政

【Ｃ】伊能忠敬

問２　次の写真Ⓐと Ⓑは、図①の時代の遺跡《いせき》から出土したものです。これについて、以下の文章を読み、問いに答えなさい。

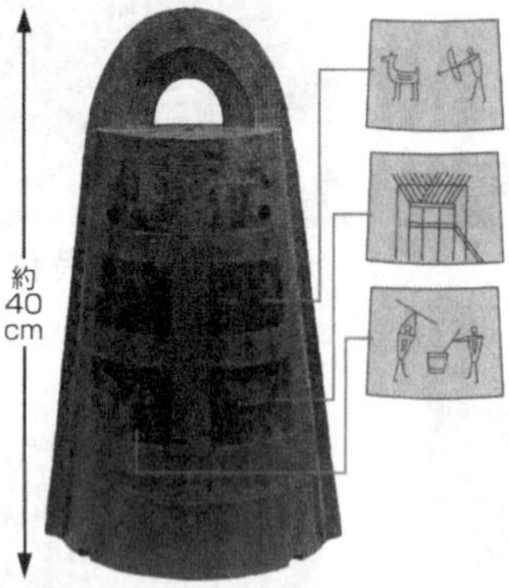

Ⓐ 祭りで使用した道具

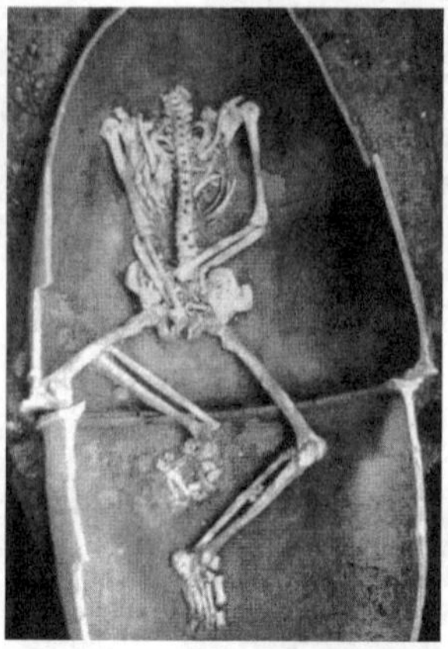

Ⓑ 首のない人骨

写真Ⓐは、この時代の遺跡から出土した（　１　）という青銅製の道具です。
この道具は祭りのときに使用したと考えられています。その表面には絵が描《えが》かれていることがあり、この時代のようすを知る手がかりになります。Ⓐに描かれた絵をみると、米の脱穀《だっこく》や（　２　）のようす、背の高い建物が描かれていることがわかります。背の高い建物は［　　　　］と考えられます。
写真Ⓑは、亡くなった人を埋葬《まいそう》したようすです。この人骨には首がないので、（　３　）によって亡くなった人だと考えられます。

１．文章の（１）～（３）に当てはまる語句の組み合わせとして正しいものをア～エより選び、記号で答えなさい。

ア．１－銅鏡　２－戦争　３－病気　　イ．１－銅鐸《どうたく》　２－稲《いね》刈《か》り　３－戦争

ウ．１－銅鏡　２－牧畜《ぼくちく》　３－戦争　　エ．１－銅鐸　２－狩《か》り　３－戦争

２．文章の［　　　　］に当てはまる、米（稲）を納めるための建物名を答えなさい。

問３　図②の時代には、天皇中心の政治を実現しようとする動きがありました。これを「大化の改新」といいますが、その中心人物である中大兄皇子はのちに何天皇とよばれるか答えなさい。

問４　図③の時代のできごととして、正しいものをア～エより選び、記号で答えなさい。

ア．朝鮮半島から日本に渡来人がわたってきて、進んだ技術や文化をもたらした。

イ．聖武天皇が東大寺を建立《こんりゅう》し、大仏をつくる詔《みことのり》（天皇の命令）を出した。

ウ．藤原道長はむすめを天皇のきさきにして大きな権力をにぎった。

エ．ザビエルが日本に来航し、キリスト教を伝えた。

問５　図④の時代には、貴族を中心とした、美しくはなやかな日本風の文化（国風文化）が生まれました。この時代の文化として誤っているものをア～エより選び、記号で答えなさい。

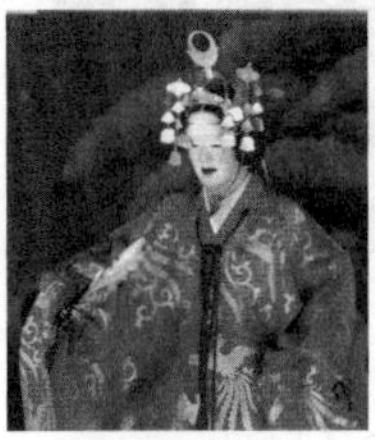

ア 能

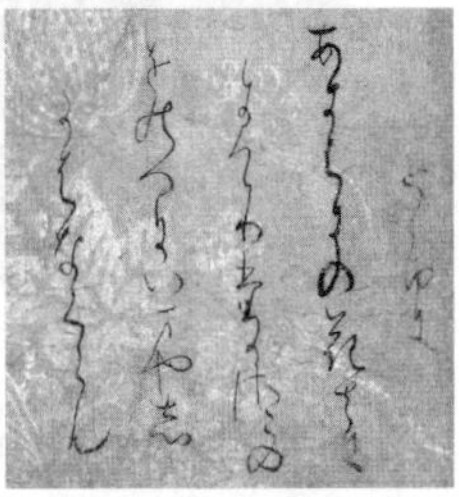

イ　かな文字

ウ　十二単《ひとえ》

エ　大和《やまと》絵

問６　図⑤はこの時代の支配者層である武士の住居です。この建物がもつ、どのような特徴《とくちょう》から武士の住居だといえるでしょうか。図からみられる特徴を読み取って説明しなさい。

＊問題９ページ目の図⑤を拡大したものです。

問７　右の写真は、図⑥の時代に建てられた建物の内部です。床《ゆか》にはたたみがしかれ、違《ちが》い棚《だな》があり、障子《しょうじ》やふすまで仕切られています。このようなつくりを何というか答えなさい。

問８　右の絵は、図⑥の時代に描かれた屏風《びょうぶ》絵です。屏風には、今も京都で行われている祭りが描かれていますが、この祭りを何といいますか。ア～エより選び、記号で答えなさい。

ア．天神《てんじん》祭　　イ．竿燈《かんとう》祭
ウ．祇園《ぎおん》祭　　エ．花笠《はながさ》祭

問９　図⑦の時代には、天下統一をめざして活躍した織田信長や豊臣秀吉がいます。次の文１～４のうち、信長と秀吉にもっとも関係の深いものの組み合わせはどれですか。正しいものをア～エより選び、記号で答えなさい。

１．駿河《するが》の大名今川義元を桶狭間《おけはざま》の戦いで破った。
２．承久《じょうきゅう》の乱では、京都の朝廷《ちょうてい》軍を破って勝利した。
３．百姓《ひゃくしょう》たちが一揆《いっき》を起こさないように、刀狩令《かたながりれい》を出した。
４．関ヶ原《せきがはら》の戦いで勝利し、全国の大名を従《したが》えた。

ア．１・３　　イ．１・４　　ウ．２・３　　エ．２・４

問10　図⑧の時代に街道《かいどう》が整備され、多くの人や物資が移動しました。下の地図は図⑧の時代の街道を示しています。［ A ］の街道名を答えなさい。

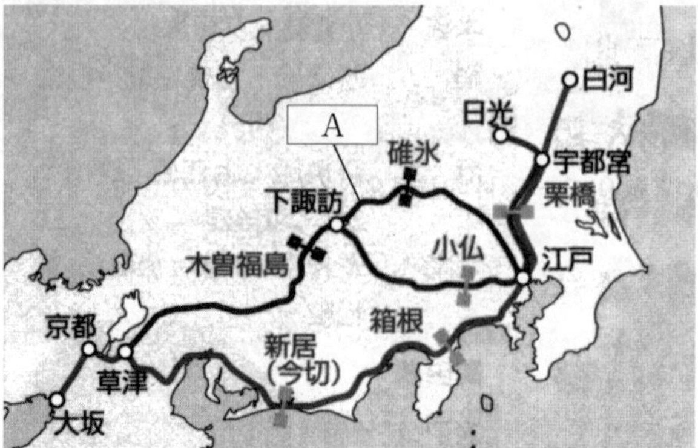

問11　図⑨の時代は、欧米《おうべい》の制度や生活様式が取り入れられ、それ以前にくらべて街のようすが大きく変わりました。こうした世の中の動きを文明開化といいます。この文明開化による人々のくらしや街の変化について、図から読み取れることを具体的に答えなさい。

＊問題９ページ目の図⑨を拡大したものです。

問12　以下のできごとは、図⑩の時代に起きたことです。（　１　）と（　２　）に当てはまる語句を答えなさい。

1931年	満州《まんしゅう》事変が起こる
1933年	日本が国際（　１　）から脱退《だったい》する
1945年	日本がポツダム宣言を受け入れる（敗戦）
1951年	日米安全保障条約が結ばれる
1964年	東京－大阪間に（　２　）が開通する

問13　図⑪は、右の写真に示されるように元号が平成に変わった時代です。この時代のできごとをア～エより選び、記号で答えなさい。

ア．沖縄が日本に返還《へんかん》された
イ．東京でオリンピックが開催された
ウ．青函《せいかん》トンネル・瀬戸《せと》大橋《おおはし》が開通した
エ．東日本大震災が発生した

問14　次のＡ～Ｄはいつの時代を描いたものですか。時代の古い順に並べ、記号で答えなさい。

Ａ　牛鍋《ぎゅうなべ》を食べる人

Ｂ　武器の手入れをする武士たち

Ｃ　南蛮《なんばん》貿易を行う人びと

Ｄ　浮世絵《うきよえ》を買う人びと

3　次の文を読み、以下の問いに答えなさい。

8月1日から核《かく》不拡散条約再検討会議

核兵器は、77年前に米軍が（　１　）と長崎に落とした原子爆弾《ばくだん》などのことです。その後、米国とソ連（今のロシアなど）が中心になり、ほかの国も競うように開発するようになりました。そこで（　　　　２　　　　）の５か国を「核兵器を持つ国（核保有国）」と認め、それ以外に広めないようにできたのが①核不拡散条約です。1970年に効力を持ちました。

核不拡散条約の３本柱は、②核軍縮、核不拡散、原子力の平和利用です。条約は期限つきでしたが、1995年に無期限に延ばされました。その後は、５年ごとに取り組みを確認する再検討会議を開いています。本来なら2020年にあるはずでしたが（　　３　　）の影響《えいきょう》でのび、今年開かれます。

核不拡散条約には、③日本を含む世界のほとんどの（　４　）か国・地域が参加します。一方で今、核保有国は９か国あります。５か国のほかに、核不拡散条約に入っていないインド、パキスタン、イスラエル、2003年に脱退《だったい》を宣言した北朝鮮です。④核兵器は合わせて１万2720発あるとされ、米国とロシアが９割近くを持ちます。

＊核不拡散条約…核拡散防止条約とも呼ぶ

（2022年７月30日　朝日小学生新聞の記事から一部抜粋《ばっすい》）

問１　文中の（　１　）に当てはまる地名を答えなさい。

問２　文中の（　２　）に当てはまる国名の組み合わせとして正しいものをア〜エより選び、記号で答えなさい。

ア．アメリカ・中国・イギリス・ドイツ・ソ連
イ．アメリカ・中国・イギリス・フランス・ソ連
ウ．アメリカ・日本・イギリス・フランス・イタリア
エ．日本・中国・スウェーデン・フランス・ソ連

問３　下線部①について、核不拡散条約の略称《りゃくしょう》として正しいものをア〜エより選び、記号で答えなさい。

ア．ＰＫＯ　　イ．ＮＧＯ　　ウ．ＮＰＯ　　エ．ＮＰＴ

問４　下線部②について、核不拡散条約の３本柱の内容として誤っているものをア〜エより選び、記号で答えなさい。

ア．廃棄《はいき》しやすい核兵器を作ること　　イ．核兵器を広めないこと
ウ．核兵器を減らすこと　　　　　　　　　　　エ．原子力発電所を利用すること

問５　文中の（　３　）に当てはまる感染症《しょう》を答えなさい。

問６　下線部③について、日本が結んでいない条約として正しいものをア〜エより選び、記号で答えなさい。

ア．核兵器禁止条約　　　　　　イ．世界遺産条約
ウ．サンフランシスコ平和条約　エ．ラムサール条約

問７　文中の（　４　）に当てはまる国の数として正しいものをア〜エより選び、記号で答えなさい。

ア．51　　イ．101　　ウ．131　　エ．191

問８　下線部④について、日本が掲《かか》げている非核三原則を答えなさい。

【理　科】〈第１回一般試験〉（社会と合わせて60分）〈満点：50点〉

1　ヒトのからだのつくりとはたらきについて、あとの問いに答えなさい。

【１】　ヒトのからだの中にはさまざまな臓器があり、それらがたがいにかかわり合いながらはたらいています。次の**図１**は、ヒトがもつ臓器を表しています。次の問いに答えなさい。

(1)　**図１**のＡをもたない生き物はどれですか。次のア～オの中から１つ選び、記号で答えなさい。

ア．キンギョ　　イ．カメ　　ウ．クジラ
エ．ウサギ　　オ．ハト

(2)　**図１**のＢを何といいますか。また、この臓器のはたらきを次のア～エの中から１つ選び、記号で答えなさい。

ア．空気中の酸素の一部を血液中にとり入れ、血液中の二酸化炭素をとり出す。
イ．血液中の不要な物質をとり除き、尿《にょう》をつくる。
ウ．養分の一部を一時的にたくわえたり、毒を分解したりする。
エ．食べ物に含《ふく》まれる水分を吸収する。

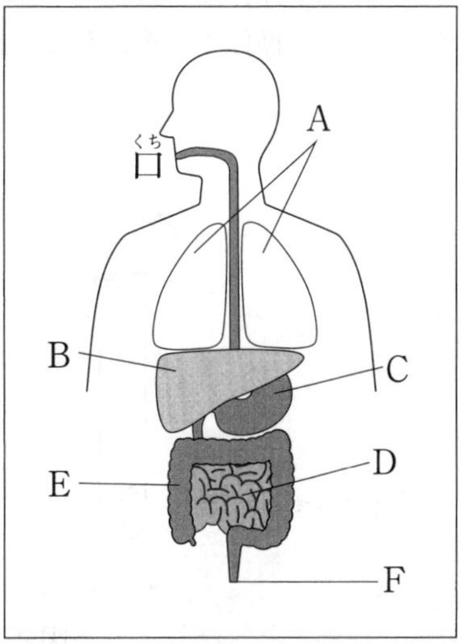

図１

(3)　心臓は「どきどき」と規則正しく縮んだりゆるんだりして動いており、この動きのことを拍動《はくどう》といいます。

①　運動をすると心臓の拍動が激しくなるのはなぜですか。その理由を述べた次の文中の（ X ）にあてはまる語句を答えなさい。また、（ Y ）にあてはまる語句を（　　）内から選び、答えなさい。

> 運動をすると全身の筋肉などが養分や（ X ）を必要とするため、心臓から送り出される血液の量を（　Y：増やす　／　減らす　）必要があるからです。

②　大人のからだでは１回の拍動により、心臓から約 70 mLの血液が送り出されています。１分間の拍動数を 70 回とすると、心臓から送り出される血液は１分間で何Lになりますか。答えだけでなく、式も書きなさい。

(4)　口から入った食べ物は、**図１**のＡ～Ｆのどこを通ってからだの外に出ますか。食べ物が通る順にＡ～Ｆを並べかえて例にならって答えなさい。ただし、使わない記号があってもよいものとします。
（例）口 → Ａ → Ｂ → Ｃ

(5)　**図１**のＡ～Ｆのうち、消化液をつくるのはどれですか。次のア～オの中から１つ選び、記号で答えなさい。

ア．ＡとＢとＣ　　イ．ＡとＤとＦ　　ウ．ＢとＣとＤ　　エ．ＣとＤとＥ　　オ．ＤとＥとＦ

【2】 ご飯つぶをかんでいるとだ液と混ざり、だんだんとあまく感じるようになります。そこで、すみれさんは、だ液のはたらきを調べるために、次のような実験をしました。

［実験］ 操作１　**図２**のように、すりつぶしたご飯つぶを試験管Ａと試験管Ｂに入れる。
操作２　試験管Ａに水でうすめただ液 1 mL、試験管Ｂに水 1 mLを加える。
操作３　**図３**のように、試験管Ａと試験管Ｂを約 40 ℃のお湯につけて一定時間あたためる。
操作４　それぞれの試験管にヨウ素液をたらして色の変化を観察する。

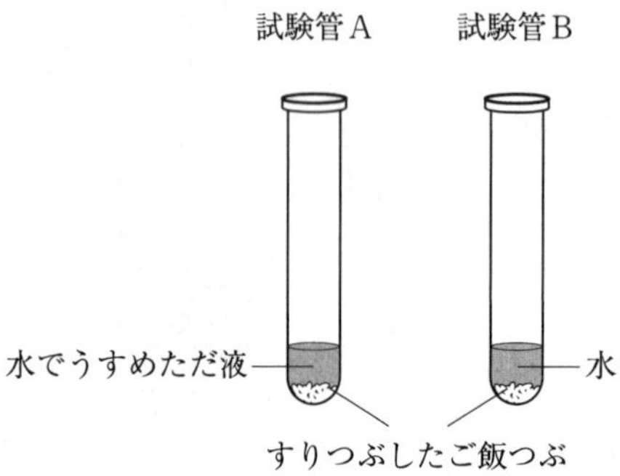

図2

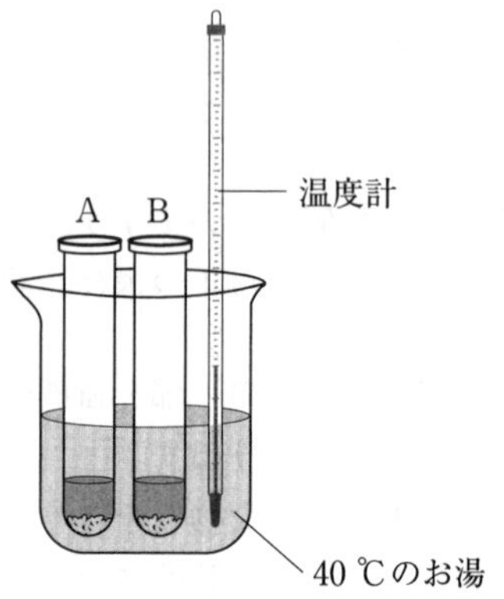

図3

次の**表１**は、操作４を行ったあとのヨウ素液の色の変化をまとめたものです。また、**表１**の結果をもとにわかったことをまとめました。

表１

	試験管Ａ	試験管Ｂ
ヨウ素液の色	①	②

～わかったこと～
ご飯つぶの主な成分である［　　　　］に変わるといえる。

(1) **表１**の①・②にあてはまるヨウ素液の色を、次のア～エの中から１つずつ選び、記号で答えなさい。

ア．黄緑色　　イ．青紫《あおむらさき》色　　ウ．赤色　　エ．変化しない

(2) 「～わかったこと～」の文中の［　　　　］にあてはまる言葉を、次のア～エの中から１つ選び、記号で答えなさい。

ア．デンプンは、だ液によって、デンプンではないもの
イ．デンプンは、水によって、デンプンではないもの
ウ．タンパク質は、だ液によって、タンパク質ではないもの
エ．タンパク質は、水によって、タンパク質ではないもの

2 光に関する現象や実験について、あとの問いに答えなさい。

【1】 光の進み方について、次の問いに答えなさい。

(1) 自ら光を出すものを「光源」といいます。「光源」と呼べるものを、次のア～カの中から2つ選び、記号で答えなさい。

ア. 太陽　　イ. ペットボトル　　ウ. ビー玉　　エ. 氷　　オ. 道路の信号機　　カ. 金箔《ぱく》

(2) 光の性質として誤っているものを、次のア～エの中から1つ選び、記号で答えなさい。

ア. 光は、空気中を進んでいるとき、直進する。
イ. 光は、空気がない宇宙空間を進むことができる。
ウ. 光は、水の中を進むことができる。
エ. 光が伝わる速さは、音が伝わる速さよりも遅《おそ》い。

【2】光がはね返る現象について、次の問いに答えなさい。

(1) ものに光を当てたとき、その表面で光がはね返る現象を何といいますか。漢字2文字で答えなさい。

(2) 次のア～エは、普段《ふだん》の生活の中で見られる光に関する現象の例です。(1) の例として誤っているものを、ア～エの中から1つ選び、記号で答えなさい。

ア. 満月が夜空に明るく輝《かがや》いている様子が見える。
イ. 凸《とつ》レンズを通してみると、手相が大きく見える。
ウ. 夜に室内から外を見ると、窓ガラスに自分の姿が見える。
エ. 森の木々が湖の水面上に見える。

(3) すみれさんは、休日の午前中に髪《かみ》を切るために美容室に行きました。**図1**のように座《すわ》った席の前には大きな鏡があり、鏡の中に映って見えた壁《かべ》掛《か》け時計が**図2**のように見えました。このときの時刻は、何時何分ですか。数字で答えなさい。

図1

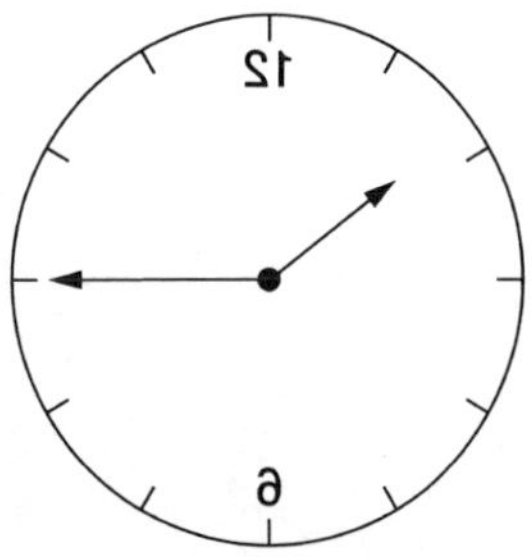

図2

(4) 暗い部屋の中で鏡X、鏡Y、スクリーンSを平行に立て、位置Aから鏡Xにレーザー光線を当てました。レーザー光線は広い面積を照らすことはできず、直線状に進む特徴《とくちょう》をもっています。**図3**は、この実験を上から観察した様子を表しています。レーザー光線は鏡Xに当たったあと、鏡Yに当たり、スクリーンSに当たります。スクリーンS上のア～カのどの点に当たりますか。正しいものを1つ選び、記号で答えなさい。

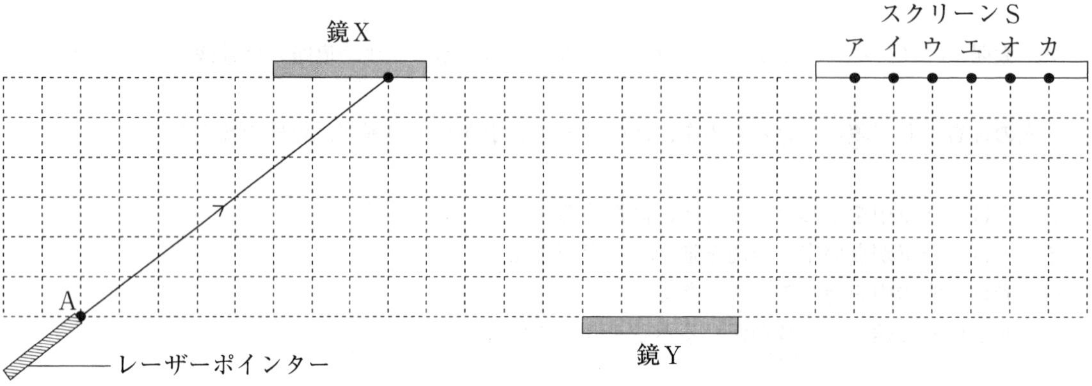

図3

(5) 暗い部屋の中で鏡X、スクリーンSを平行に立て、位置Bから鏡Xに電球の光を当てました。電球は広い面積を照らすことができるという特徴を持っています。**図4**は、この実験を上から観察した様子を表しています。電球の光は鏡Xに当たったあと、スクリーンSに当たります。このときスクリーンSに当たる光の横幅《はば》は何cmになりますか。ただし、**図4**の1マスは 10 cmを表しているものとします。

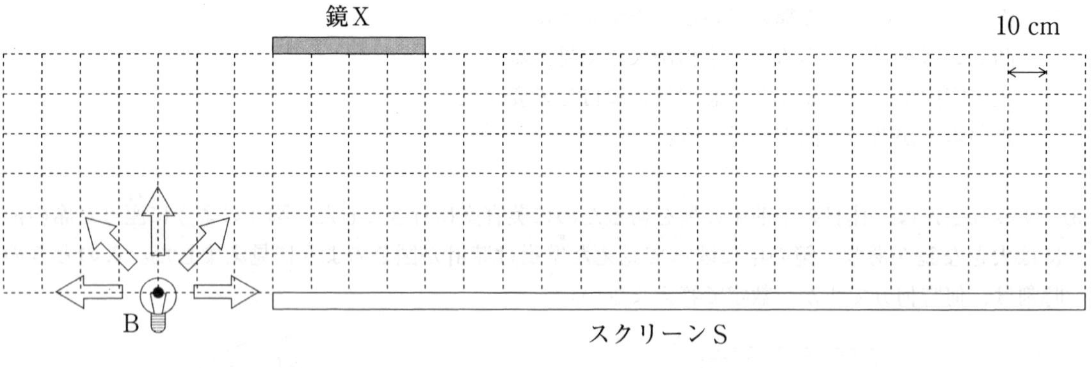

図4

【３】「赤・青・緑」の３色を、光の三原色といいます。白いスクリーンにこの３色の光が少しずつ重なるように当てると、重なった部分の色は、**図５**のようになります。次の問いに答えなさい。

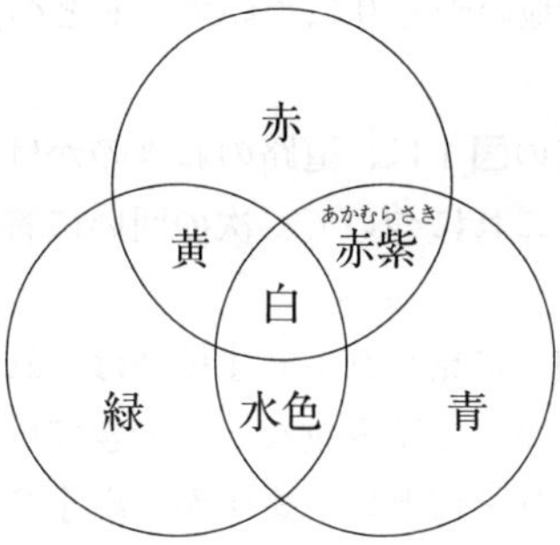

図５

(1) 暗い部屋の中で、壁、スクリーンＳを平行に立て、位置Ａからスクリーンに Ｓにカラー電球の赤色の光を当てました。**図６**は、この実験を上から観察した様子を表しています。このときスクリーンＳに当たる光の横幅は何cmになりますか。ただし、**図６**の１マスは 10 cmを表しているものとします。

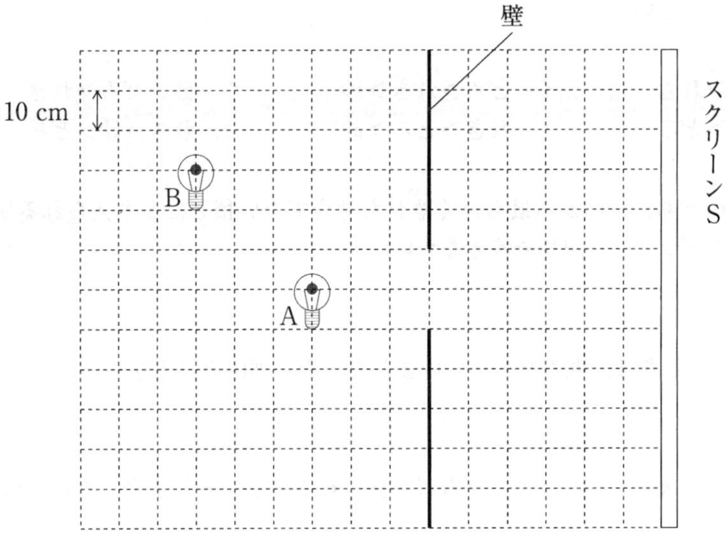

図６

(2) (1)のあと、さらに位置Ｂからスクリーン Ｓにカラー電球の緑色の光を当てました。スクリーンＳには３色の光が見えます。このときのスクリーンＳ上の様子を述べた次の文中の（　①　）（　③　）にあてはまる数字を答えなさい。また、（　②　）にあてはまる色を（　　）内から選び、答えなさい。

スクリーンＳに向かって左から、横幅（　①　）cmの赤色の光、 横幅 20 cmの（ ② ： 白色 ／ 黄色 ／ 赤紫色 ／ 水色 ）の光、 横幅（　③　）cmの緑色の光が見える。

3　大地のつくりについて、あとの問いに答えなさい。

【１】 右の**図１**は、道路のわきのがけをスケッチしたものです。これについて、次の問いに答えなさい。

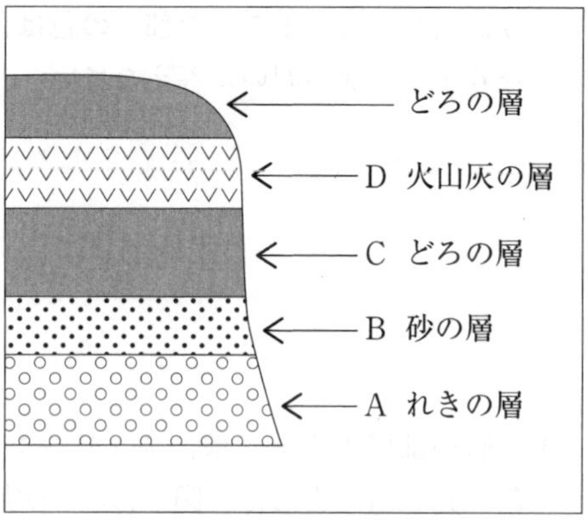

図１

(1) **図１**に見られるしま模様は、れきや砂などがそれぞれ層になって積み重なってできています。このような層の重なりを何といいますか。漢字２文字で答えなさい。

(2) Ａ～Ｃの層は、れきや砂、どろが海の底でたい積してできたと考えられます。これらについて次の問いに答えなさい。

① れき、砂、どろのつぶの大きさの関係を正しく表しているものを、次のア～カの中から１つ選び、記号で答えなさい。

ア．どろ＞砂＞れき　　イ．どろ＞れき＞砂　　ウ．砂＞どろ＞れき
エ．砂＞れき＞どろ　　オ．れき＞どろ＞砂　　カ．れき＞砂＞どろ

② Ａ～Ｃの層のうち、河口から最も遠く離《はな》れた沖合でたい積したと考えられる層はどれですか。Ａ～Ｃの中から１つ選び、記号で答えなさい。

(3) Ａの層で見られたれきは、丸みを帯びていました。その理由を答えなさい。

(4) Ａ～Ｃの層には、次の①～③のような岩石が見られることがあります。それぞれの岩石の名前を答えなさい。

① 主に、れきが固まってできた岩石　　② 同じような大きさの砂からできた岩石
③ どろの細かいつぶからできた岩石

(5) Dの層は火山灰がたい積してできた層です。これについて、次の問いに答えなさい。

① 火山灰について正しく述べているものを、次のア～エの中から1つ選び、記号で答えなさい。

ア. 大きさが2cm以上のつぶで角ばっている。
イ. 大きさが2cm以下のつぶで丸みを帯びている。
ウ. 大きさが2mm以上のつぶで丸みを帯びている。
エ. 大きさが2mm以下のつぶで角ばっている。

② 火山灰の層は、離れた場所の層の広がりを知るための手がかりとなります。次の文は、その理由を説明しています。文中の(X)(Y)にあてはまる語句を、それぞれの(　)内から選び、答えなさい。

火山灰は、噴火《ふんか》した火山の種類や噴火した時期によって特徴《とくちょう》があり、(X: 短い / 長い)時間で(Y: せまい / 広い)範囲《はんい》に降り積もるから。

【2】 次の文を読み、あとの問いに答えなさい。

層の中に**図2**のような大昔の生き物のからだや活動のあとがうもれて保存されたものを(　X　)といいます。

(　X　)の中には、それが含《ふく》まれている層がたい積したときの環境《かんきょう》を知る手がかりになるものがあります。例えば、サンゴの(　X　)が含まれている場合、その層がたい積したときの環境は(　Y　)であったことがわかります。

図2

(1) 文中の(　X　)にあてはまる語句を漢字2文字で答えなさい。

(2) 文中の(　Y　)にあてはまる言葉を、次のア～カの中から1つ選び、記号で答えなさい。

ア. あたたかい湖　　イ. あたたかい浅い海　　ウ. あたたかい深い海
エ. つめたい湖　　オ. つめたい浅い海　　カ. つめたい深い海

【3】 ボーリング資料は、地面に機械で穴をあけ、地下の土をほり出したものです。この資料から、地下の様子がわかるとともに、別の場所の資料と比べることによって、層の広がりを推定することができます。

図3は、ある地域の地表の高さが等しいX、Y、Zの３地点のボーリング資料をもとに、層の積み重なりを表したものです。この地域では、それぞれの層が平行に重なって広がり、同じ角度で傾《かたむ》いています。また、層の上下の逆転や断層はなく、３地点で見られた火山灰の層はどれも同じ特徴をもっています。

図4は、X、Y、Zの３地点の位置関係を表しています。

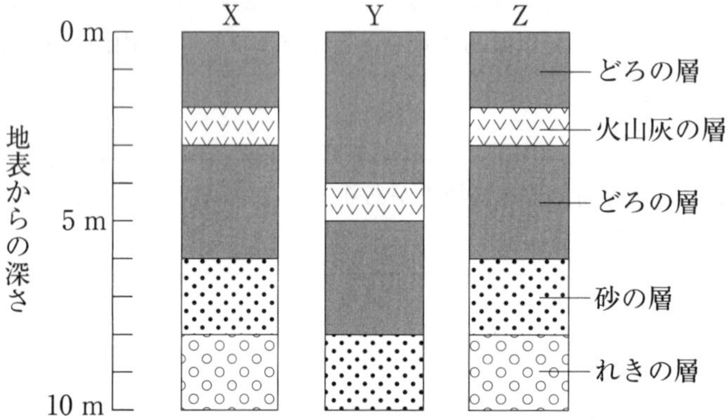

図3

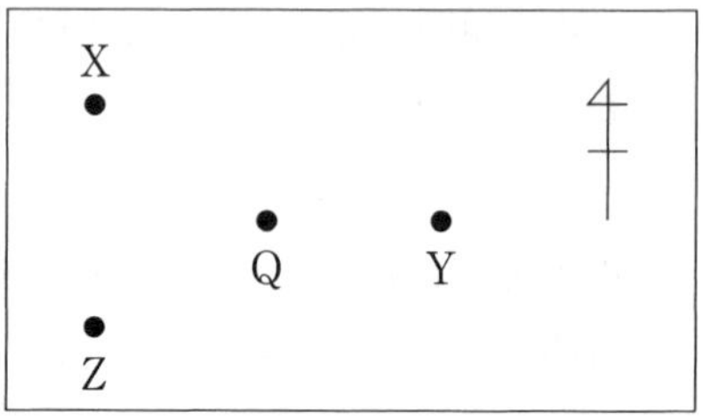

図4

これらの図を参考にして、**図4**のQの地点の層の積み重なりとして適当なものを、次のア～エの中から１つ選び、記号で答えなさい。

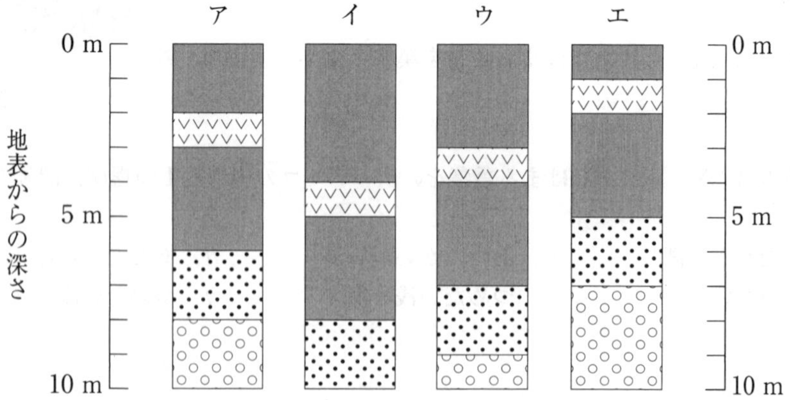

問十三　――線⑩「少しまがあって、先生はいった。」とありますが、先生はなぜ少しまをあけたのですか。本文中の言葉を使って説明しなさい。(88)

問十四　――線⑪「残念ながらこの企画、失敗だったのではないだろうかと、ぼくは思う。」とありますが、それはなぜですか。本文中の言葉を使って、説明しなさい。(96・97)

問十五　次のア～オのうち本文の内容と合っているものを一つ選び、記号で答えなさい。

ア　主人公の高田圭は都会育ちの小学五年生で、わがままな性格をなおすために両親が山村留学に行かせることにした。

イ　主人公が山村留学をいやがるのは、両親が夏休みに自分をおいて海外に行ってしまうことを許せないと思っているからだ。

ウ　主人公の母親は山村留学のすばらしさに感心し、担任の若月先生と協力してなんとか子どもに参加してほしいと説得した。

エ　主人公はいやいや山村留学に参加することになったが、若月先生の実家の話を聞いたことで気持ちが少しずつ変わっていった。

オ　主人公は両親によって強引に山村留学に参加させられることになったが、バスが村に近づくにつれて絶望的な気持ちになっている。

問九　――線⑦「渡りに舟」とありますが、それはどのような意味で使われていますか。最もふさわしいものを次のア～エの中から一つ選んで、記号で答えなさい。(51)

ア　助けてほしい時に、だれも来てくれないこと。
イ　困っていた時に、ちょうどいいことに出会うこと。
ウ　楽をしたいと思った時に、いい考えが浮かぶこと。
エ　急いでいる時に、むずかしい問題がなくなること。

問十　――線⑧「先生は、はずんだ声で話しはじめた。」とありますが、それはなぜですか。本文中の言葉を使って説明しなさい。(64)

問十一　――線⑨「山村留学」について説明した次のア～エのうち、正しいものはどれですか。ア～エの中から一つ選んで、記号で答えなさい。(67)

ア　全国から小学生や中学生を招き、村の現状を知ってもらいたいというねらいがある。
イ　山村留学の目的は、都会の子どもたちに自然の中で農業体験をしてもらうことである。
ウ　年々へっている村の子どもたちと、都会の子どもたちとの交流を深めるために企画された。
エ　農村体験ホームステイは、実験的に子どもを長期間預かることで村を活性化させる試みである。

問十二　［1］に入ることばを、次のア～エの中から一つ選んで、記号で答えなさい。(68)

ア　とにかく　　イ　なるほど　　ウ　それどころか　　エ　まるで

問六 ——線④「いやーな予感がしたのだ。」とありますが、それはどのような「予感」ですか。最もふさわしいものを次のア～エの中から一つ選んで、記号で答えなさい。(21)

ア 通学用のリュックの底にかくしても、母さんがいつものようにプリントを発掘してしまう予感。

イ 母さんがぼくにことわらずに勝手にリュックを調べて、プリントを見つけてしまうという予感。

ウ もしこのプリントを母さんが見つけると、山村留学をさせられてしまうのではないかという予感。

エ 母さんが山村留学のプリントを読むと、かならずその内容が気に入ってしまうだろうという予感。

問七 ——線⑤「とてもすてきな笑顔で、ちょっとぶきみなくらいだった。」とありますが、それはどのような「笑顔」ですか。最もふさわしいものを次のア～エの中から一つ選んで、記号で答えなさい。(32・33)

ア とてもいいことを思いついたという笑顔だが、もうその考えは変えられないという感じがすること。

イ 心から自分の思いつきを楽しんでいる笑顔だが、それが子どもっぽくわがままな感じがすること。

ウ 自分の思いつきに自分ながら感心している笑顔だが、心から楽しんではいない感じがすること。

エ 自分が思いついたことで問題が解決するという笑顔だが、なにかをかくしている感じがすること。

問八 ——線⑥「全部おとなのつごう。」とありますが、それはどのような「つごう」ですか。本文中の言葉を使って説明しなさい。(48)

問二　（　あ　）～（　お　）に入る言葉を次のア～カの中からそれぞれ一つ選んで記号で答えなさい。

（4、36、62、63、84）

ア　くるくると　　イ　ぽつぽつと　　ウ　えんえんと

エ　ぶるんぶるんと　　オ　ふぅっと　　カ　ちらりと

問三　――線①「すこんと晴れた夏空」とありますが、それはどのような空ですか。最もふさわしいものを次のア～エの中から一つ選んで、記号で答えなさい。（1）

ア　よく晴れた夏の空だが、主人公にとってはあまりうれしい気持ちになれないことを表している。

イ　よく晴れた夏の空だが、主人公にとってはこれからどこにいくのか不安でたまらない気持ちを表している。

ウ　よく晴れた夏の空だが、主人公にとっては父さんや母さんに対するいかりが収まらない気持ちを表している。

エ　よく晴れた夏の空だが、主人公にとっては見なれない場所に対してとまどっている気持ちを表している。

問四　――線②「たいくつな風景」とありますが、どのようなところが「たいくつ」なのですか。本文中の言葉を使って説明しなさい。（5）

問五　――線③「たとえ東京に帰れたとしても……」とありますが、「……」の部分にはどのような言葉が入りますか。考えて書きなさい。（14）

3　うまいこと（48）

ア　なるほどと思わせること
イ　だますつもりであること
ウ　正直な気持ちであること
エ　軽い調子に感じること

4　とたんに（63）

ア　とても
イ　その時は
ウ　すばやく
エ　同時に

5　さめきって（69）

ア　落ち着いて
イ　冷静になって
ウ　気持ちがしずんで
エ　いかりがわいて

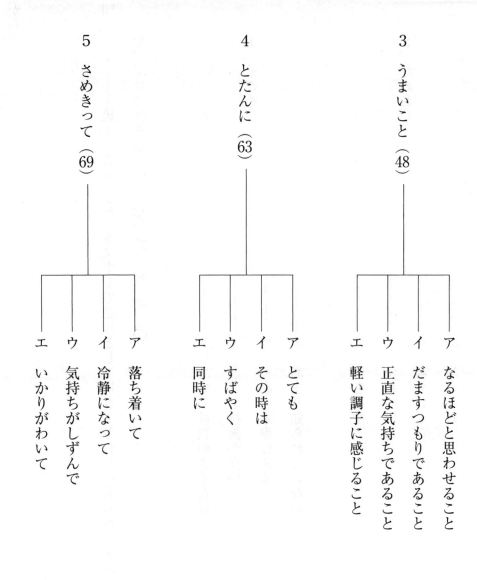

んとやるんだぞ。帰ったらみんなに話を聞かせて……。」

　先生はほかにもいろいろといっていたような気がするけれど、ぼくは聞いていなかった。ぼくの頭の中では、（たったの三人だって？　こんな企画、中止にしなくてもいいのだろうか！）――そんなことばがぐるぐるとうずまいていたからだ。

（出典　中山聖子『三人だけの山村留学』）

問一　〰〰線1～5の言葉の本文中での意味として最もふさわしいものを、それぞれ下のア～エの中から一つ選んで、記号で答えなさい。（16、37、48、63、69）

1　そこそこ（16）
- ア　あまり評判のよくない
- イ　とても技術が高い
- ウ　一応の水準にある
- エ　あまり知られていない

2　だめおし（37）
- ア　念をおす
- イ　決めつける
- ウ　勝ちほこる
- エ　思いこむ

「先生の実家《じっか》は兵庫県《ひょうごけん》の山ん中にあってね。なんていうか、そういういなかのことを、みんなにもっと知ってほしいと思っているんだ。それに、いなかの子どもたちには、都会の子どものよいところをいっぱい知ってほしいし。だから、高田君が行ってくれるって聞いて、ほんとにうれしんだよ。」

ぼくはそれ以上、むすっとした顔ができなくなった。でも笑顔にもなれなくて、ただ下を向いたまま、「もう帰ります。さよなら。」

そういって、リュックのひもを片方の肩《かた》にひっかけて、立ちあがった。

わらび村のことも、若月先生の気持ちも、わからないわけじゃない。しかし⑪残念ながらこの企画、失敗だったのではないだろうかと、ぼくは思う。

山村留学の定員は十人だったのに、申し込み時点での希望者は、たったの五人しか集まらなかったのだ。

あたりまえだ。高学年にもなれば、中学受験のための夏期講習《かきこうしゅう》にかよう子だってたくさんいるし、受験勉強とまではいかなくても、塾《じゅく》や習い事でみんないそがしいはず。リトルリーグやサッカーチームだって、夏休みはほとんど毎日練習だ。ぼくだってけっきょく、塾とスイミングを一か月も休むことになるのだ。

海外留学とでもいうのならともかく、だれがこのんで山村留学なんか――。

しかも出発の前日であるきのうになって、若月先生から電話がかかってきた。参加するはずだった五人のうちふたりが、急にとりやめたという。ひとりは家族でハワイ旅行に行くことになり（よい選択だ）、もうひとりは食中毒《しょくちゅうどく》（なるほどその手があったか）。

「けっきょく、三人だけになっちゃったなあ。うちの学校からは高田君ひとりか。気をつけて行ってこいよ。宿題もちゃ

「うん、送られてきた資料も読んだし、インターネットでも調べてみたから。」

なるほど、机の上にはプリントやパンフレットがのっている。

「交流を深めるっていったって、募集はたったの十人じゃないですか。」

「ああ、それはね、ほらここ。」

先生は、資料のプリントを指さした。

「村では、農村体験ホームステイというのをやっていてね。何年か前から、中学生は受けいれているんだ。でも小学生を受けいれるのは今回がはじめてだから、実験的に東京の小学校、それも高学年の児童だけを少人数、募集することになったみたいだよ。」

「実験的にって、それ、なんか、ひどくないですか？」

ぼくが本気でむかついたのに、先生はそんなことどうでもいいみたいに、にこにこしながら話しつづけた。

「いずれは村の人が里親《さとおや》になって、長期間子どもをあずかるということも考えられているらしいよ。過疎化《かそか》のすすむ村はどこでも、村を活性化させようと、いっしょうけんめいなんだ。北海道《ほっかいどう》から沖縄《おきなわ》まで、二百をこえる学校で、山村留学がおこなわれているんだよ。」

ぼくは、（　お　）大きく息をはいた。

「そんなこと、どうでもいいです。ぼく、べつに行きたくて行くわけじゃないから。母さんたちが、かってに行かせたがってるだけだから。」

むすっとしながらいうと、先生はぼくのことばにちょっとおどろいたみたいだった。

⑩少しまがあって、先生はいった。

だから……。

母さんが山村留学の申込書を学校に提出した日の放課後、教室を出ようとしていたぼくは、担任の若月《わかつき》先生に呼びとめられた。

「申込書、お母さんからあずかったよ。」

ぼくの気持ちも知らず、先生は窓べの生徒の席にすわってにっこり笑った。二十八歳独身《さいどくしん》、いつも同じ青色ジャージの上下。生徒には人気者だけど、彼女はいないといううわさ。

しかたなくぼくも、となりの席に腰《こし》をおろして、先生のほうを向く。

「先生、さよならー。」

呼びとめられてすわっているぼくを（　う　）見ながら、クラスのみんなはバタバタと帰っていった。教室は[4]とたんにしんとして、みんながたてたほこりだけが、窓からさしこむ光の中で（　え　）おどっている。

⑧先生は、はずんだ声で話しはじめた。

「山村留学生を募集している、わらび村っていうのは、面積の七割近くが山林という村でね、小学校は村に一つしかないんだ。しかもその学校、年々子どもの数がへっていて、いまでは全校生徒を合わせてもたったの三十一人だけ。だから、村の外から子どもを招いて、村の子どもたちとの交流を深めてほしいということで、⑨山村留学が企画されたらしいよ。」

先生は、［ 1 ］自分が参加するみたいに、うきうきしている。

反対に、ぼくの気持ちは、[5]さめきっていた。

「ふうん、先生、くわしいんですね。」

きよ、ねっ。」

最後のことばを発したとき、母さんの顔は、（　い　）首をふるぼくの目の前にせまってきていた。大きくて力強い母さんの目は「行くわよね！」と、2だめおししているようだった。

その日の夕食のときには、

「圭には、いなかぐらしの経験がないからな。おじいちゃんもおばあちゃんも早くに亡《な》くなってしまったし。よい機会だから、おもいっきりきれいな空気をすって、この夏は健康的に過ごすといい。」

父さんまでそんなことをいいだした。

「いやだよ！　そんなドいなかでくらすなんて、ぼくにはできない。それに、知らない人の家にとまるなんて、ぜったいにいやだっ。行かないよ！」

とさけんだぼくの声は、母さんの笑顔の前に、むなしく消えた。

「申込書は、先生に出しておくからだいじょうぶ。いろいろと準備しなくちゃね。」

母さんが手に持ってひらひらさせていた申込書には、もうしっかりと高田圭《たかだけい》・小学五年生と記入され、保護者印もばっちりおされていた。山村留学は、決定してしまったのだ。

しかし、3いくらうまいことをいっても、けっきょくは⑥全部おとなのつごう。

まだ小学生のぼくを、夏休みちゅう、ひとりで家においておくことはできない。でも母さんも父さんも、仕事で家をあけなければならない。どうしたらよいのかと思っていたところに、夏休みちゅう、ぼくのめんどうをみてくれる山村留学は⑦「渡りに舟《ふね》」の企画《きかく》だったのだ。

だから、プリントを見せるのはいやだったんだ、だから……。　見つからないうちに、すてておくべきだったんだ。

なくなる。

　大学につとめる父《とう》さんも、国際学会だといってアメリカに行くらしい。つまりこの夏じゅう、ぼくの家はからっぽになってしまうのだ。

　だから、学校から「夏休み山村留学～自然の中でたくましく成長しよう！～」と書かれたプリントをもらったときには、④いやーな予感がしたのだ。これはぜったいに両親に見せてはならないと、通学用のリュックの底にかくしておいた。

　それなのに、母さんはかってにリュックの底にまで手をつっこんで、学校でぬいでしまったくつしたの横で、つぶれてぺちゃんこになった、三日前の給食のパンにまみれたそのプリントを、発掘《はっくつ》してしまったのだ。

「あらっ。」

　プリントのタイトルに目をとめた母さんは、ていねいにプリントを広げて、しわをのばした。

「えーっと、どれどれ、夏休みの山村留学生を募集《ぼしゅう》しています。募集するのは高学年の児童で、本校はことしの募集の対象校です。対象校って……あら、三校しかないのね。」

「読まなくていいよ、そんなのっ！」

　プリントを取りかえそうとするぼくの手をすばやくかわし、母さんは読みつづける。音楽家だけあって母さんの声は、話をするときにも、小鳥のさえずりみたいなソプラノ。

「期間は七月二十五日から八月二十日《はつか》まで、村の家庭に滞在《たいざい》します、だって。」

　母さんはプリントから顔を上げ、ぼくに向かってにっこりと笑いかけた。それは、⑤とてもすてきな笑顔《えがお》で、ちょっとぶきみなくらいだった。

「これ、たのしそうじゃない？　ううん、ぜったいに楽しいと思う。行ってみたらどう？　ううん、ぜったいに行くべ

二　次の文章を読んで、後の問いに答えなさい。（問いの下の数字は本文での行数を示します。）

①すこんと晴れた夏空の下、太陽の光を受けた明るい稲穂《いなほ》の波がつづく。その波の向こうには、ゆるやかな線をえがいて、いくつもの山々がつらなっている。

右を向いても左を向いても、前も後ろもとにかく緑だ。緑の中に、小川というには少し大きな川のすんだ流れがあり、（　あ　）見える家の屋根がわらは、なぜだかすべて同じチョコレート色。

②たいくつな風景の中を、マイクロバスはどんどん先へと進んでいく。空港から約二時間と聞いていたけれど、ぜったいにそれ以上は走っているはずだ。

温泉や、ナシの販売所《はんばいじょ》の看板はあるけれど、コンビニはずいぶん前に通りすぎたきり。人がたくさんいると思ったのは、峡谷《きょうこく》の遊歩道入り口のみやげ物屋だけで、道を歩いてる人はほとんどいない。

ぼくは窓の外を見るのをやめて、大きくため息をついた。胸のあたりがずぅんと重くなる。（こんなところで、一か月も、くらせないよ。）と心の中でつぶやいた。

いっそ、（帰りたいよー！）とあばれてみようか。手足をばたつかせて泣きさけんだら、車を止めて家に帰してくれるかもしれない。せっかくの長い夏休みを、どうしてこんな山の中で、むだに過ごさなくてはならないんだろう。

しかし、③たとえ東京に帰れたとしても……と考えると、ぼくは絶望的な気持ちになる。

1そこそこ有名な（と本人はいっている）ピアニストの母《かあ》さんは、演奏旅行に出かけるため、この夏いっぱい家にはい

2023年度 トキワ松学園中学校

【国　語】〈第一回一般試験〉（四五分）〈満点：一〇〇点〉

一　――線①～⑩の漢字は読み方をひらがなで答え、カタカナは漢字に直しなさい。

① 短編集に収録されている作品。

② 賛同する人の署名を集める。

③ 新しい総理大臣が就任した。

④ みんなで絵本を回覧する。

⑤ 校舎の補修工事を行った。

⑥ 時間をユウコウに使う。

⑦ 水泳の前に準備タイソウをする。

⑧ 体育館に作品をテンジする。

⑨ 注文した商品がトドく。

⑩ 祖母は言葉づかいにキビしい。

2023年度
トキワ松学園中学校　▶解説と解答

算　数　＜第1回一般試験＞（45分）＜満点：100点＞

解　答

1 (1) 9　(2) 65　(3) 28.26　(4) 1　(5) 6　(6) 1920　(7) 910　(8) ① 15　② 15　(9) 7　(10) 3　**2** (1) 78.5cm^2　(2) 628cm^3　(3) 408.2cm^2　**3** (1) 10分後　(2) 50分後　**4** (1) 11%　(2) 120 g　**5** (1) 200人　(2) 23%　(3) **算数**…22人，**理科**…26人，**その他**…16人

解　説

1 四則計算，計算のくふう，逆算，割合，単位の計算，倍数，平面図形の構成

(1) $37-4\times 7=37-28=9$

(2) $(15-6\div 3)\times 5=(15-2)\times 5=13\times 5=65$

(3) $A\times C-B\times C=(A-B)\times C$ となることを利用すると，$5\times 5\times 3.14-4\times 4\times 3.14=(5\times 5-4\times 4)\times 3.14=(25-16)\times 3.14=9\times 3.14=28.26$

(4) $\frac{3}{8}\div 3+0.125\times 7=\frac{3}{8}\times\frac{1}{3}+\frac{1}{8}\times 7=\frac{1}{8}+\frac{7}{8}=\frac{8}{8}=1$

(5) $5\times(3+\square)\div 9=5$ より，$5\times(3+\square)=5\times 9=45$，$3+\square=45\div 5=9$　よって，$\square=9-3=6$

(6) この商品の定価は，$2000\times(1+0.2)=2400$(円)なので，定価の2割引きの金額は，$2400\times(1-0.2)=1920$(円)になる。

(7) 1 L＝1000mLだから，飲んだ水の量は，$1000-90=910$(mL)である。

(8) 3と5の最小公倍数は15なので，作れる最も小さい正方形の1辺の長さは15cm(…①)とわかる。このとき，カードは縦に，$15\div 3=5$(枚)，横に，$15\div 5=3$(枚)並ぶから，使う枚数は，$5\times 3=15$(枚)(…②)となる。

(9) 図に表すと，右の図のようになるから，BさんとCさんの身長の差は，$5+2=7$(cm)とわかる。

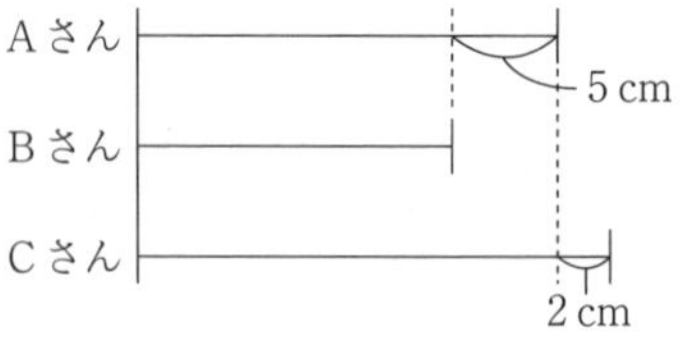

(10) ABとDCは平行なので，三角形ACEと三角形ADEはAEを底辺とすると，高さが等しくなり，面積も等しくなる。同様に，三角形ACEと三角形ACFは，ACを底辺とすると，高さが等しいので，面積も等しい。また，三角形ACFと三角形DCFは，CFを底辺とすると，高さが等しいので，面積も等しい。よって，三角形ACEと面積が等しい三角形は，ADE，ACF，DCFの3個ある。

2 立体図形―展開図，面積，体積，表面積

(1) 円柱の底面の円の半径は5 cmだから，底面積は，$5\times 5\times 3.14=25\times 3.14=78.5$(cm^2)である。

(2) 円柱の高さは8 cmなので，円柱の体積は，$78.5\times 8=628$(cm^3)となる。

(3)　側面の長方形の横の長さは，底面の円の円周と同じだから，５×２×3.14＝31.4(cm)になる。よって，円柱の表面積は，78.5×２＋８×31.4＝157＋251.2＝408.2(cm^2)と求められる。

3　旅人算

(1)　２人が反対向きに歩くとき，２人が最初に出会うのは，２人合わせて１周(1.5km＝1500m)歩いたときである。また，２人が１分間に歩く道のりの和は，90＋60＝150(m)である。よって，２人が最初に出会うのは歩き始めてから，1500÷150＝10(分後)となる。

(2)　２人が同じ向きに歩くとき，ＡさんがＢさんを追いぬくのは，ＡさんがＢさんより１周多く歩いたときである。また，ＡさんはＢさんより１分間に，90－60＝30(m)多く歩く。よって，ＡさんがＢさんを追いぬくのは歩き始めてから，1500÷30＝50(分後)とわかる。

4　濃度《のうど》

(1)　(食塩の量)＝(食塩水の量)×(濃度)より，容器Ａに入っている12％の食塩水200ｇにふくまれる食塩の量は，200×0.12＝24(ｇ)である。また，容器Ｂから取り出した７％の食塩水50ｇにふくまれる食塩の量は，50×0.07＝3.5(ｇ)である。よって，この２つの食塩水を混ぜると，できる食塩水の量は，200＋50＝250(ｇ)となり，そこにふくまれる食塩の量は，24＋3.5＝27.5(ｇ)なので，混ぜてできる容器Ａの食塩水の濃度は，27.5÷250×100＝11(％)とわかる。

(2)　容器Ｂに残る７％の食塩水，350－50＝300(ｇ)にふくまれる食塩の量は，300×0.07＝21(ｇ)である。また，食塩水に水を加えても食塩の量は変わらないから，水を加えた後の食塩水にも21ｇの食塩がふくまれている。よって，水を加えた後の食塩水の量は，21÷0.05＝420(ｇ)となるので，加えた水の量は，420－300＝120(ｇ)と求められる。

5　表―割合，和差算

(1)　国語と答えた32人が全体の人数の16％にあたるから，全体の人数は，32÷0.16＝200(人)である。

(2)　社会と答えた人は46人なので，46÷200＝0.23より，全体の23％となる。

(3)　算数，理科，その他と答えた人の人数の合計は，200－(32＋46＋58)＝64(人)だから，右の図のように表すことができる。図より，算数と答えた人の人数の３倍が，64－４＋６＝66(人)になるので，算数と答えた人の人数は，66÷３＝22(人)とわかる。また，理科，その他と答えた人の人数はそれぞれ，22＋４＝26(人)，22－６＝16(人)と求められる。

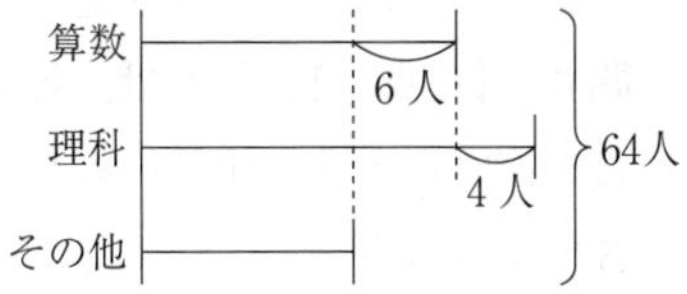

社　会　＜第１回一般試験＞（理科と合わせて60分）＜満点：50点＞

解　答

1　**問1**　エ　**問2**　1　輪作　2　ア　**問3**　流氷　**問4**　酪農　**問5**　(例)　地震があったさいに，津波が碑のあるところまで到達したため。　**問6**　青森ねぶた祭　**問7**　エ　**問8**　瀬戸内工業地域　**問9**　オーストラリア　**問10**　イ　**問11**　シラス台地　**問12**　イ　**問13**　地熱発電　**問14**　B　岩手県　C　岡山県　**2**　**問1**　A　②　B　⑥　C　⑧　**問2**　1　エ　2　高床倉庫　**問3**　天智天皇　**問4**　イ　**問5**

ア　**問６**　(例)　敵の侵入を防ぐため，館を堀や塀で囲み，監視のためのやぐらがある。
問７　書院造　**問８**　ウ　**問９**　ア　**問10**　中山道　**問11**　(例)　レンガ造りの建物や鉄道馬車，洋服を着る人が現れた。　**問12**　**１**　連盟　**２**　東海道新幹線　**問13**　エ
問14　B→C→D→A　**3**　**問１**　広島　**問２**　イ　**問３**　エ　**問４**　ア　**問５**　新型コロナウイルス　**問６**　ア　**問７**　エ　**問８**　持たず，つくらず，持ちこませず

解　説

1　日本各地にある自然災害伝承碑《ひ》を題材にした問題

問１　自然災害伝承碑()の地図記号は，記念碑()の地図記号に縦線を加えた形をしており，過去に起きた自然災害の情報を伝えるとともに，次の災害に備え被害《ひがい》を減らすことなどを目的として2019年に制定された。なお，アの()は果樹園，イの()は博物館，ウの()は老人ホームの地図記号。

問２　**１**，**２**　同じ畑で異なる種類の農作物をかわるがわる育てる農業を輪作という。同じ畑で同じ農作物を続けてつくると，土壌《どじょう》から特定の栄養分がなくなることや，農作物が病気になる可能性が高まり，農作物が育ちにくくなるため，輪作が行われる。

問３　北海道の北東に位置するオホーツク海沿岸部などでは，冬になると海に浮《う》かんだ氷の塊《かたまり》である流氷が漂着することがある。1952年に北海道東部で起こった十勝沖地震では地震によって流氷をともなった津波が沿岸部を襲《おそ》い，大きな被害をもたらした。

問４　北海道では，広大な土地と涼《すず》しい気候をいかして家畜を飼う酪農がさかんに行われている。特に，乳牛には冷涼な気候が向いており，えさとなる牧草が育ちやすいことからさかんとなった。

問５　地図上Bの碑は，明治三陸地震と昭和三陸地震の２回の地震についての自然災害伝承碑である。この２回の地震があったさい，津波が碑のある場所まで到達し，集落が全滅に近い被害を受けたことをうけてこの碑が建てられた。

問６　【写真②】の祭りは，毎年８月上旬に青森県青森市で行われる青森ねぶた祭である。武者絵などを描いた大きな張子の人形を屋台にのせ，中に灯をともして街中を練り歩くもので，多くの観光客でにぎわう。

問７　浸水《しんすい》しやすい場所は，川などに近いところで，水が流れこみやすい低地であると考えられる。【地図③】では，等高線からAとDは小田川よりも高い位置にあり，B・C・Eが小田川の近くの低い位置にあるとわかる。

問８　【地図④】で示された工業地域は瀬戸内海付近に位置することから，瀬戸内工業地域である。海上交通の便が良い瀬戸内工業地域では，石油化学コンビナートや製鉄所が建設されるなど，さまざまな工業が発展している。

問９　鉄の原料となる鉄鉱石の産出量が最も多いのはオーストラリアである。オーストラリアは日本の鉄鉱石の最大の輸入先でもある。統計資料は『日本国勢図会』2022／23年版による。

問10　地図上Cの碑がある県は岡山県である。岡山県の伝統的工芸品にはイの備前焼があてはまる。なお，アは神奈川県の鎌倉彫《ぼり》，ウは北海道の二風谷アットゥシ，エは香川県の丸亀《まるがめ》うちわ。

問11　九州南部の鹿児島県，熊本県，宮崎県に広がる，古い火山の噴出物が厚く積もってできた台地をシラス台地という。シラス台地は水持ちが悪いため，稲作には向かないので，さつまいもなど

の畑作や畜産がさかんに行われている。

問12　灰ステーションは，火山灰を一時的に集積する場所のことで，普通ごみとは別に集められる。

問13　火山活動で生じる熱を利用し，その熱で加熱された熱水や蒸気を取り出すことによる発電を地熱発電という。熱水や蒸気は再利用することができ，天候に左右されることなく長期間にわたって安定して使用できる発電方法として注目されている。

問14　**B**　三陸海岸は東北地方の太平洋側の青森県・岩手県・宮城県に広がる海岸で，明治三陸地震，昭和三陸地震について記されたＢの自然災害伝承碑は岩手県宮古市にある。　**C**　2018(平成30)年７月に豪雨《ごうう》災害が起きたのは岡山県で，Ｃの自然災害伝承碑は岡山県倉敷市にある。

[2] 弥生時代から平成時代の建物についての問題

問１　**A**　聖徳太子(厩戸《うまやど》皇子)は飛鳥時代に推古天皇の摂政《せっしょう》として政治に参加し，冠位十二階の制定や十七条の憲法の発布などを行った。図②は聖徳太子が建立《こんりゅう》した法隆寺。　**B**　足利義政は室町幕府の第８代将軍で，義政の後継者争いや有力守護大名の権力争いなどがきっかけとなって応仁の乱が起きた。図⑥は義政が建てさせた銀閣(慈照寺)。　**C**　伊能忠敬は江戸時代に活躍《かつやく》した人物で，江戸幕府の命令により1800年から1816年まで全国の沿岸を測量してまわり，正確な日本地図を作製した。この業績は忠敬の死後，弟子たちにより「大日本沿海輿地《よち》全図」として完成した。

問２　**1**　写真[A]の青銅製の道具は，祭りなどで使用されたと考えられている銅鐸《どうたく》である。銅鐸に描かれている絵の一番上には，動物とそれを弓でねらう姿があることから狩りのようすが描かれているとわかる。また，農耕が広まった弥生時代には収穫《しゅうかく》物や水利をめぐって争いが起きたと考えられており，写真[B]の首のない人骨はそのような戦争によって亡くなった人のものだと考えられる。

2　弥生時代には，湿気やねずみなどから米(稲)を守るために高床倉庫がつくられた。

問３　飛鳥時代の645年，中大兄《なかのおおえの》皇子は中臣鎌足らの協力を得て，皇室をしのぐほどの権力をふるっていた蘇我蝦夷《えみし》・入鹿《いるか》父子を倒し，天皇を中心とする中央集権国家体制の確立をめざして大化の改新という一連の政治改革を進めた。中大兄皇子はその後668年に天智天皇として即位《そくい》した。

問４　図③は奈良時代の743年に聖武天皇が命じて建立された東大寺である。なお，アは古墳時代，ウは平安時代，エは戦国時代のできごと。

問５　図④は平安時代の1053年に藤原頼通が建立した平等院鳳凰《ほうおう》堂である。観阿弥《かんあみ》と世阿弥《ぜあみ》によって能が大成されたのは室町時代のことである。

問６　武士が住んでいた屋敷である館は，戦いに備えた城の役割を持っており，敵の侵入を防ぐために館を堀《ほり》や塀《へい》で囲み，監視《かんし》のためのやぐらを備えていた。

問７　室町時代に成立した，たたみのしかれた床，障子やふすまによる仕切りなどが特徴《とくちょう》的な住まいのつくりを書院造という。なお，室町幕府の第８代将軍足利義政が別荘として建てた銀閣の下層もこのつくりである。

問８　今も京都で行われている祭りは祇園《ぎおん》祭(祇園祭)である。祇園祭は八坂神社で毎年７月に行われる祭りで，平安時代に疫病《えきびょう》をはらうことから始まったとされる。祭りの期間には，山鉾《やまほこ》とよばれる山車《だし》が京都の中心部を練り歩く。

問９　織田信長は，1560年に桶狭間《おけはざま》の戦いで今川義元を破って力をつけ，1573年には足利義昭を京都から追放して室町幕府を滅亡させた。豊臣秀吉は，1588年に刀狩令を出し，百姓《ひゃくしょう》たちが一揆を起こさないようにした。

問10　江戸から碓氷《うすい》峠，下諏訪，木曽福島などを通り，草津(滋賀県)で東海道と合流して京都に至る街道は，中山道である。なお，五街道には他に，東海道，甲州道中，日光道中，奥州道中がある。

問11　拡大された図⑨を見ると，レンガ造りの建物や鉄道馬車，洋服を着る人などを読み取ることができ，いずれも西洋からもたらされたものが取り入れられていることがわかる。

問12　**1**　1931年に起きた満州事変がきっかけとなり，日本が1933年に脱退したのは国際連盟である。　**2**　東京―大阪間に1964年に開通したのは東海道新幹線で，約４時間(翌年には３時間10分)で結ばれたことから「夢の超特急」とよばれた。

問13　平成時代は1989年から2019年にあたる。よって，この時代のできごとは2011年に起きた東日本大震災があてはまる。なお，アは1972年，ウは1988年のできごとで，いずれも昭和時代。イについて，東京オリンピックは1964(昭和39)年と2021(令和３)年の２度開催されている。

問14　Ａは西洋からもたらされた牛鍋を散切り頭で洋服を着た人が食べているので明治時代，Ｂは武器の手入れをする武士が描かれていることから鎌倉時代，Ｃは南蛮《なんばん》貿易のようすが描かれていることから安土桃山時代，Ｄは浮世絵を買う人びとが描かれていることから江戸時代と判断できるので，時代の古い順に並べるとＢ→Ｃ→Ｄ→Ａとなる。

3　**核不拡散条約についての問題**

問１　1945年８月６日にアメリカ軍が原子爆弾を投下したのは広島である。広島は世界で初めて核兵器が使われて被害を受けた都市となった。

問２　核不拡散条約(核拡散防止条約)において「核兵器を持つ国(核保有国)」と認められたのは，1967年１月１日より前に核兵器を保有し，爆発させた国である。よって，アメリカ・中国・イギリス・フランス・ソ連の５か国である。

問３　核不拡散条約の略称はNPTである。なお，アのPKOは国連平和維持活動，イのNGOは非政府組織，ウのNPOは非営利団体の略称。

問４　「廃棄《はいき》しやすい核兵器を作ること」は，新しく核兵器を製造するということであるため，核不拡散条約の３本の柱の内容のうち核不拡散から外れている。

問５　2020年に開かれるはずだった再検討会議がのびたのは，新型コロナウイルスによる感染症《しょう》が世界的な流行をしていたためである。

問６　核兵器を持たない日本は，核兵器を持つアメリカの核抑止力によって安全保障を行っている側面があるため，核兵器禁止条約は結んでいない。

問７　核不拡散条約には191か国が参加している(2021年５月現在)。なお，核兵器を保有しているインドとパキスタン，核兵器を保有していると考えられているイスラエル，2011年７月に独立して国際連合に加盟した南スーダンは参加していない。

問８　非核三原則は，1971年に国会で決議された核兵器に対する日本の基本政策で，当時の内閣総理大臣であった佐藤栄作の発言である，核兵器を「持たず，つくらず，持ちこませず」ということが明確化されている。

理　科　＜第１回一般試験＞（社会と合わせて60分）＜満点：50点＞

解　答

[1]【１】(1)　ア　(2)　かん臓，ウ　(3)　①　X　酸素　Y　増やす　②　4.9L　(4)　（口→）C→D→E→F　(5)　ウ　【２】(1)　①　エ　②　イ　(2)　ア　[2]【１】(1)　ア，オ　(2)　エ　【２】(1)　反射　(2)　イ　(3)　10時15分　(4)　オ　(5)　80cm　【３】(1)　60cm　(2)　①　40cm　②　黄色　③　20cm　[3]【１】(1)　地層　(2)　①　カ　②　C　(3)　（例）水で運ばれる間に，ぶつかり合って角がけずられたから。　(4)　①　れき岩　②　砂岩　③　でい岩　(5)　①　エ　②　X　短い　Y　広い　【２】(1)　化石　(2)　イ　【３】　ウ

解　説

[1]　ヒトのからだ，消化の実験についての問題

【１】(1)　ヒトはAの肺で酸素と二酸化炭素の交かんを行っている。ふつうキンギョなどの魚類はこれをエラで行うので，肺はもっていない。

(2)　Bはかん臓で，養分の一部を一時的にたくわえたり，体内の毒を分解したりしている。

(3)　①　運動をすると，全身の筋肉などにたくさんの養分や酸素を届けるために，心臓の拍動《はくどう》が激しくなり，送り出される血液が増えている。　②　70mLの血液が１分間に70回送り出されるので，70×70＝4900(mL)より，その量は，4900÷1000＝4.9(L)になる。

(4)　口から入った食べ物は，食道を通ってから，Cの胃，Dの小腸，Eの大腸で消化，吸収され，Fのこう門を通って，不要なものが体外へ排出《はいしゅつ》される。

(5)　食べ物を消化する消化液のうち，Bのかん臓ではたん汁《じゅう》を，Cの胃では胃液を，Dの小腸では腸液をつくっている。

【２】(1)　試験管Aでは，ご飯つぶに含《ふく》まれるデンプンがだ液によって別の物質に変化して，デンプンがなくなるから，ヨウ素液の色は変化しない。一方，試験管Bはデンプンがそのまま残っているので，ヨウ素液の色が青紫《むらさき》色に変化する。

(2)　試験管Bの結果より，ご飯つぶにデンプンが含まれることがわかり，試験管Aの結果より，デンプンがだ液によってデンプンではないものに変化したことがわかる。なお，ヨウ素液を用いることで，デンプンの有無を調べることはできるが，だ液によってデンプンが何に変化したかはわからない。

[2]　光の進み方についての問題

【１】(1)　太陽と道路の信号機は，自ら光を出しているので光源と呼べる。他のものは，光源からの光が反射してそのすがたが見えている。

(2)　音が空気中を伝わる速さは，気温が15℃のときに毎秒340mであるのに対し，光の伝わる速さは毎秒30万kmで，音よりも光の伝わる速さの方がとても速い。

【２】(1)　ものに光を当てたとき，その表面で光がはね返る現象を光の反射という。

(2)　空気中を進む光が，ガラスや水など異なる物質の中へななめに出入りするとき，そのさかい目で折れ曲がる屈折《くっせつ》という現象が見られる。イの凸《とつ》レンズを通してものが大きく見えるのは光の屈折

による現象で，反射ではない。

⑶　鏡に反射させてものを見ると，実際のものが左右反対になって見えるので，図２のように映って見えたときの実際の時刻は，10時15分となる。

⑷　光が鏡に当たって反射するとき，その入射角と反射角が等しくなる性質がある。図３において，レーザーポインターからの光は，８マス右に進むと６マス上に進むような角度で鏡に当たるので，鏡Ｘの表面から８マス右に進んで６マス下に進むように反射して，鏡Ｙの左から３マスの場所に当たる。すると，鏡Ｙで再び反射したあとも同じ角度で光は進むので，最後にはスクリーンＳの点オに達する。

⑸　鏡Ｘの左はしに当たる光は，右に３マス，上に６マス進む光なので，そこで反射して右に３マス，下に６マス進んで，右の図①のように，スクリーンＳの左から３マスの場所に達する。同様に，鏡Ｘの右はしに当たる光は右に７マス，上に６マス進む光なので，そこで反射して図①のように進む。したがって，スクリーンＳに当たる光の横幅《よこはば》は，図①の斜線《しゃせん》部分の８マス分になるので，８×10＝80(cm)となる。

図①

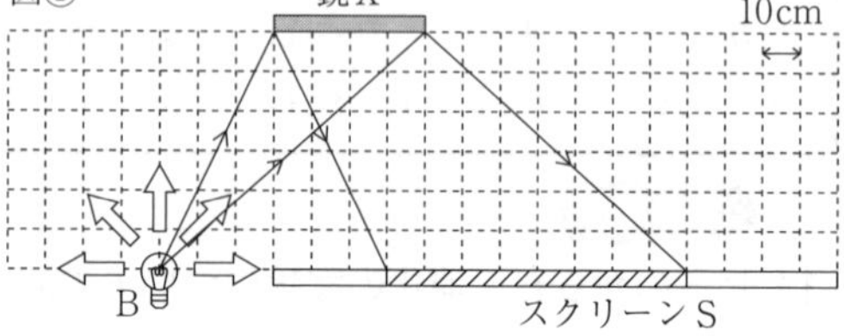

【３】⑴　位置Ａにある光源から右に３マス進んだ場所に20cmのすき間があいているので，右の図②の実線でかこまれた範囲《はんい》が赤く照らされる。よって，スクリーンＳ上では６マス分で，６×10＝60(cm)となる。

⑵　⑴と同様に，位置Ｂにある光源によって，図②の点線でかこまれた範囲が緑に照らされる。しかし，図②で赤と緑の光が重なる部分は，図５より黄色に照らされるので，スクリーンＳに向かって左から(図②では上から)，40cmの赤色の光，20cmの黄色の光，20cmの緑色の光がそれぞれスクリーンＳ上に見える。

図②

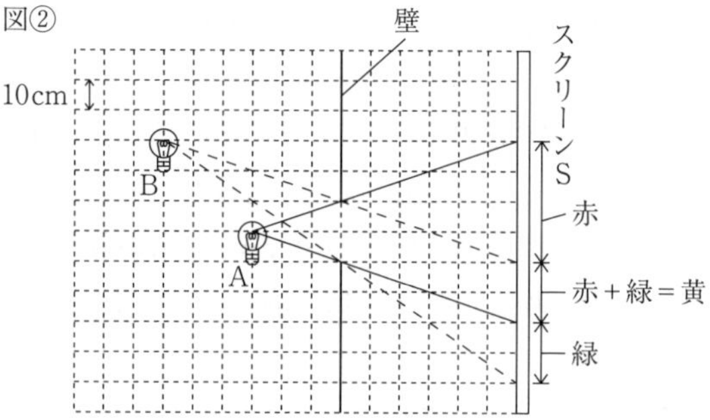

3 地層のでき方についての問題

【１】⑴　がけや切り通しなどで見られる，れきや砂などが層になって積み重なったものを地層という。

⑵　①　直径が２mmより大きいつぶをれき，0.06～２mmのものを砂，0.06mmより小さいものをどろと分類している。　②　川の流れによって運ばれた土砂のうち，どろはつぶが最も小さくて軽いので，河口から最も遠く離《はな》れた沖合にたい積する。

⑶　地層に含まれるれきは，川の流れによって運ばれる間に，れきどうしがぶつかり合って割れたり，角がけずられたりして丸みを帯びる。

⑷　①　砂にまじってれきが見られる岩石をれき岩という。　②　同じような大きさの砂からできた岩石を砂岩という。　③　どろの細かいつぶからできた岩石をでい岩という。

⑸　①　火山が噴火《ふんか》したときに飛び散った固体のうち，直径が２mm以下のものを火山灰といい，流れる水のはたらきをほとんどうけていないので角ばっているものが多い。　②　火山の噴火は

短い時間の限られたできごとであり，風に流されて広い範囲に同じ火山灰がたい積するので，地層の成り立ちを知る手がかりとなる。

【２】 (1) 大昔の生き物のからだの一部や，その活動のあとが地層の中にうもれてできたものを化石という。

(2) サンゴはあたたかくて浅い海底に生息する生き物である。そのため，その層がたい積したときの環境《かんきょう》もあたたかくて浅い海だったと推測することができる。

【３】 図３で，Ｘの地点とＺの地点での層の積み重なり方はまったく同じなので，南北の方向には層が傾《かたむ》いていないとわかる。したがって，ＸとＺの中間の地点でもこれと同じ重なり方だと考えられる。よって，ＸとＺの中間地点を２ｍほると火山灰の層があり，Ｙの地点を４ｍほると同じ火山灰の層があることから，これらの中間にあたるＱの地点では，ウのように地表から３ｍほると火山灰の層が出てくると考えられる。

国 語 ＜第１回一般試験＞（45分）＜満点：100点＞

解 答

一 ① しゅうろく ② しょめい ③ しゅうにん ④ かいらん ⑤ ほしゅう ⑥～⑩ 下記を参照のこと。 二 **問１** １ ウ ２ ア ３ ア ４ エ ５ ウ **問２** **あ** イ **い** エ **う** カ **え** ア **お** オ **問３** ア **問４** （例） 右を向いても左を向いても前も後ろもとにかく緑で，家の屋根がわらも同じチョコレート色であるところ。 **問５** （例） 東京の家にはだれもいない。 **問６** ウ **問７** ア **問８** （例） 小学五年生の「ぼく」を，夏休み中ひとりで家においておくことはできないので，山村留学に行かせるとちょうどよいということ。 **問９** イ **問10** （例） 山村留学に「ぼく」が行ってくれると聞いてうれしかったから。 **問11** ウ **問12** エ **問13** （例）「ぼく」が山村留学に行きたくて行くのではなく，母さんたちが行かせたがっているだけだということを聞いておどろいたから。 **問14** （例） 山村留学の定員は十人だったのに，申し込み時点の希望者は五人で，出発の前日になって二人が急にとりやめて，三人だけになってしまったから。 **問15** オ

●漢字の書き取り

一 ⑥ 有効 ⑦ 体操 ⑧ 展示 ⑨ 届(く) ⑩ 厳(しい)

解 説

一 漢字の書き取りと読み

① 作品が本などに収められること。 ② 手書きした自分の名前。 ③ その役職に就くこと。 ④ 順番に回して読むこと。 ⑤ 建物などを修理すること。 ⑥ 効き目があり，役に立つこと。 ⑦ 体を動かす運動。 ⑧ 多くの人に見てもらえる状態にすること。 ⑨ 品物などが配達されること。 ⑩ 音読みは「ゲン」で，「厳重」などの熟語がある。

二 出典は中山聖《なかやませい》子《こ》の『三人だけの山村留学』による。「ぼく」は，両親の仕事の都合で夏休みに山村留学に行くことになったが，なかなか前向きになれず，絶望的な気持ちで当日を迎《むか》えている。

問１　**１**　「そこそこ」は，十分ではないが，それなりの程度であるさま。　**２**　「だめおし」は，念を入れて確認《かくにん》すること。　**３**　「うまいこと」は，もっともらしく聞こえるようなこと。　**４**　「とたんに」は，“あることが行われた後すぐに”という意味で，複数のできごとがほぼ同時に起こるようすを表す。　**５**　「さめきって」は，気持ちが少しも盛り上がらないこと。

問２　**あ**　田舎《いなか》の田んぼに人家が点在するようすは，「ぽつぽつと」である。　**い**　山村留学に行きたくない「ぼく」が，力強く山村留学をすすめてくる母に対して反対の意思を込《こ》めて首をふっているので，「ぶるんぶるんと」が合う。　**う**　クラスのみんなは「ぼく」のことを横目で見ながら帰っているので，「ちらりと」があてはまる。　**え**　ほこりがおどるように舞《ま》うようすは，「くるくると」である。　**お**　大きく息をはくようすは，「ふぅっと」である。

問３　少し後で，「胸のあたりがずぅんと重くなる」と，「ぼく」のしずんだ気持ちが描《えが》かれていることをおさえる。今の落ち込んだ気持ちと，「すこんと晴れた夏空」が対照的に描写《びょうしゃ》されることで，かえって「ぼく」の暗い心情が強調されているものと想像できるので，アがよい。

問４　直前に注目する。「右を向いても左を向いても，前も後ろもとにかく緑」で，家の屋根も「すべて同じチョコレート色」で変化がないので，「たいくつな風景」だと感じているのである。

問５　続く部分に注目する。東京をはなれて山村留学に行くことになったのは，夏のあいだ，母さんは演奏旅行に出かけ，父さんも国際学会でアメリカに行ってしまい，「この夏じゅう，ぼくの家はからっぽになってしまう」からである。よって，もし東京に帰れたとしても，自宅に両親はおらず，誰《だれ》も「ぼく」の世話をすることはできないのだから，これらをふまえて考える。

問６　続く部分で，「これはぜったいに両親に見せてはならない」と，「ぼく」が山村留学のプリントを両親に見せたがらない気持ちが描かれていることをおさえる。この後，山村留学のプリントが母さんに見つかり，強引《ごういん》に申し込むことになったのだから，ウが選べる。

問７　後の部分に注目する。「ぼく」に向かってにっこりと笑いかけた「大きくて力強い母さんの目は『行くわよね！』と，だめおししているよう」で，山村留学を嫌《いや》がる「ぼくの声は，母さんの笑顔《えがお》の前に，むなしく消えた」とあるので，母さんの思い通りに山村留学に行くことになったとわかる。よって，アがふさわしい。

問８　続く部分に注目する。夏休みのあいだ，両親は家を不在にするので，「ぼく」をひとりで家においておくことはできない。そこで母さんは，山村留学であれば，夏休みのあいだ「ぼく」の世話をしてくれるとわかったので，ちょうどよいと感じて申し込むことにしたのである。

問９　「渡《わた》りに舟《ふね》」は，困っていたところに，都合のよい助けが来てくれること。「ぼく」の両親にとって山村留学は，夏休みのあいだ，誰も「ぼく」の面倒《めんどう》を見られないという問題をうまく解決してくれるものだったのである。

問10　ぼう線⑧の直後で，先生は「ぼく」に対して山村留学の説明をしている。また，ぼう線⑩の直後で，「高田君が行ってくれるって聞いて，ほんとにうれしんだよ」と，先生が「ぼく」の山村留学の申し出を喜んでいるようすが描かれていることから，先生はうれしい気持ちで「はずんだ声」で話しはじめたのだとわかる。

問11　直前に注目する。山村留学は，「村の外から子どもを招いて，村の子どもたちとの交流を深め」ることを目的として企画《きかく》されたので，ウが選べる。

問12　「まるで」は，あるものが別のものと良く似ていることを表す副詞。

問13　直前で，母さんたちから強引に山村留学に行かされることになったと不機嫌《ふきげん》そうに言う「ぼく」の話を聞いた先生の，「ちょっとおどろいた」ようすが描かれていることをおさえる。問10で確認した通り，先生は「ぼく」が自ら山村留学を申し込んだと思って喜んでいたのだから，「ぼく」の思いがけない言葉におどろいて，言葉が出てこなかったのである。

問14　続く部分に注目する。山村留学の十人の定員に対して，「申し込み時点での希望者は，たったの五人しか集まらなかった」だけでなく，出発前日にも「参加するはずだった五人のうちふたりが，急にとりやめた」ので，この企画が失敗だったのではないかと考えたのである。

問15　「ぼく」が山村留学に参加することになったのは，自らの希望ではなく「おとなのつごう」である。また，バスに乗っているときの「ぼく」は，「絶望的な気持ち」だと書かれているので，オがふさわしい。なお，アは，「わがままな性格をなおすため」，イは「自分をおいて海外に行ってしまうことを許せない」，ウは「若月《わかつき》先生と協力して」，エは「気持ちが少しずつ変わっていった」が，誤り。

Dr.福井の

入試に勝つ！ 脳とからだのウルトラ科学

入試当日の朝食で，脳力をアップ！

朝食を食べない学生は，朝食をきちんと食べる学生に比べて成績が悪かった――という研究発表がある。まあ，ちょっと考えればわかると思うけど，朝食を食べないということは，車にガソリンを入れないで走らせようとするようなものだ。体がガス欠になった状態では，頭が十分に働くわけがない。入試当日の朝食はちゃんと食べよう！　朝食を食べた効果があらわれるように，試験開始の２時間以上前に食べるようにするとよい。

では，入試当日の朝食にふさわしいものは何か？

まず，脳の直接のエネルギー源はブドウ糖だけであるから，それを補給するためのご飯やパン，これは絶対に必要だ。また，砂糖や果物の糖分は吸収されやすく，効果が速くあらわれやすいので，パンにジャムをぬったり果物を食べたりするのもよいだろう。

次に，タンパク質。これは脳の温度を上げる作用がある。温度が低いままでは十分に働かないからね。タンパク質を多くふくむのは肉や魚，牛乳，卵，大豆などだが，ここでは大豆でできたとうふのみそ汁や納豆をオススメする。そして，記憶力がアップするDHAを多くふくんでいる青魚，つまりサバやイワシなども食べておきたい。

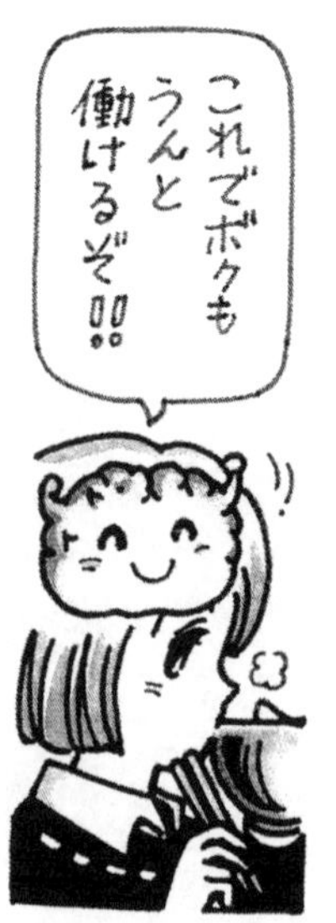

生野菜も忘れてはならない。その中にふくまれるビタミンBは，ブドウ糖を脳に吸収しやすくする働きを持つので，結果的に脳力アップにつながるんだ。

コーヒーや紅茶，緑茶は，カフェインという成分の作用で目覚めをうながすが，トイレが近くなってしまうので，飲みすぎに注意！　試験当日はひかえたほうがよいだろう。眠気を覚ましたいときはガムをかむといい。脳が刺激《しげき》されて活性化し，目が覚めるんだ。

Dr.福井（福井《ふくい》一成《かずしげ》）…医学博士。開成中・高から東大・文Ⅱに入学後，再受験して翌年東大・理Ⅲに合格。同大医学部卒。さまざまな勉強法や脳科学に関する著書多数。

2023年度 トキワ松学園中学校

＊【適性検査Ⅰ】は国語ですので、最後に収録してあります。

【適性検査Ⅱ】〈適性検査型試験〉（45分）〈満点：100点〉

1 すみれさんと松子さんは園芸部で活動しています。
今日は、学校の花だんに春の花を植える相談をしています。

先　生：円形の花だんAと円形の池の周りを円形に囲んでいる花だんBに、それぞれ３色の花を植えましょう。赤色、黄色、白色の花をどのように配置するか考えてください。

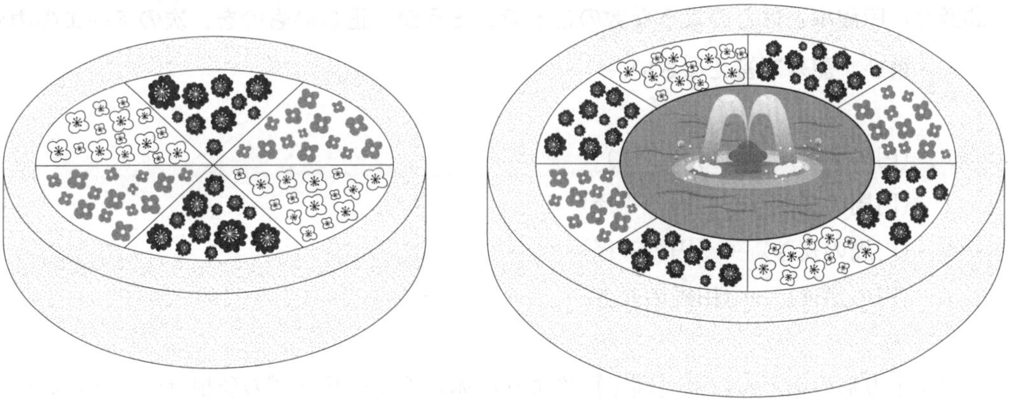

すみれ：花だんAは、全体を６等分して、赤、白、黄を順番に植えようと思います。

松　子：花だんBは全体を８等分して、赤、白、赤、黄…の順に植えようと思います。

先　生：花の苗《なえ》をどのくらい用意すればよいか考えるので、それぞれの色の花を植える花だんの面積を計算してください。

（問題１）すみれさんと松子さんが考えた花だんA，Bの図は次のようになります。それぞれの花だんの白い花を植える部分の面積を答えなさい。（円周率は 3.14 として計算しなさい。）

【花だんA】

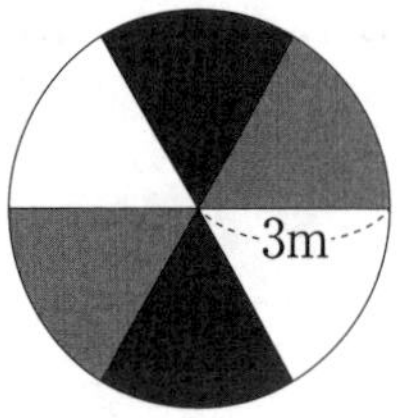

【花だんB】

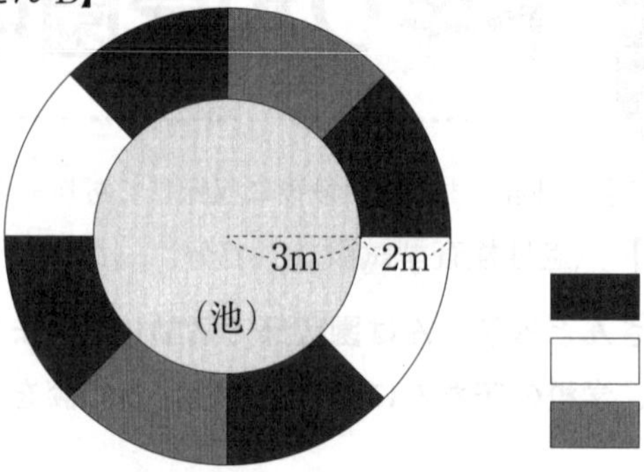

先　生：花だんの面積を求めるのに、みなさんは円周率を使いましたね。ところで、円周率とはどのような数のことだかわかりますか。

（問題２）円周率とはどのような数のことでしょうか。正しいものを、次のア～エの中から１つ選び、記号で答えなさい。

ア．（円の面積）÷（円の半径）
イ．（円周の長さ）÷（円の半径）
ウ．（円周の長さ）÷（円の直径）
エ．（円の面積）÷（円周の長さ）

先　生：正方形の花だんには【図１】のように赤いチューリップの球根（○）と白いチューリップの球根（△）を同じ間かくで植えましょう。
どちらの色の球根を植えたかわかるように、そのまわりに次のルールに従って、【図２】のように数字を書いておいてください。
【ルール】
①　○の中の数字は、その列にある赤い花（○）が、一番長くていくつ連続しているか、を表しています。
②　△の中の数字は、その列にある白い花（△）が、一番長くていくつ連続しているか、を表しています。

【図１】

○	△	△	○
○	○	○	△
○	△	○	○
△	△	△	○

【図２】

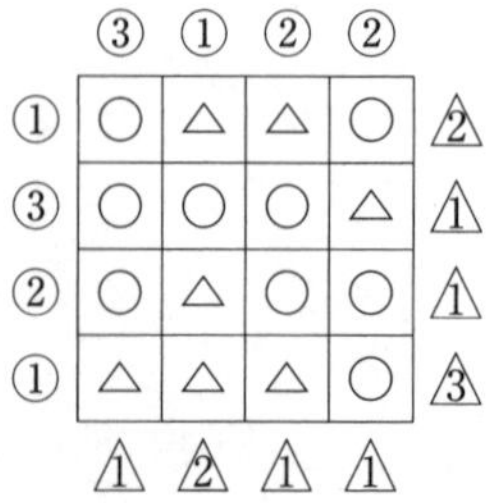

すみれ：松子さん、私がチューリップの球根を植えた【図３】の畑の周りの数字を見ながら、花の色を当ててね。

【図３】

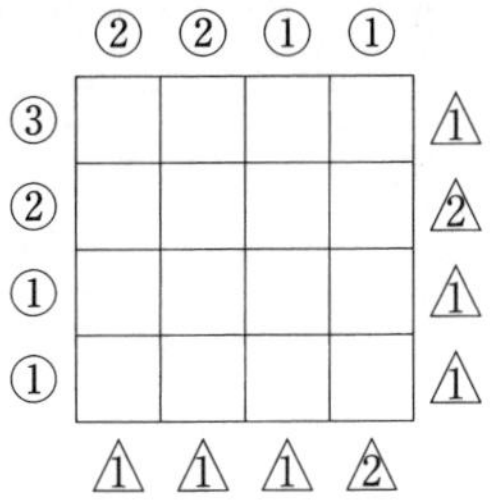

松　子：わかったわ。考えてみましょう。
まず、一番上の横列は、赤い花（○）が３つ連続するので、【図４】のように中の２つは○になるわね。
次に、【図５】のように右から２番目の縦列は、赤い花と白い花が１つずつ交互《こうご》になって、一番下の横列も赤い花と白い花が１つずつ交互になるわね。

【図４】

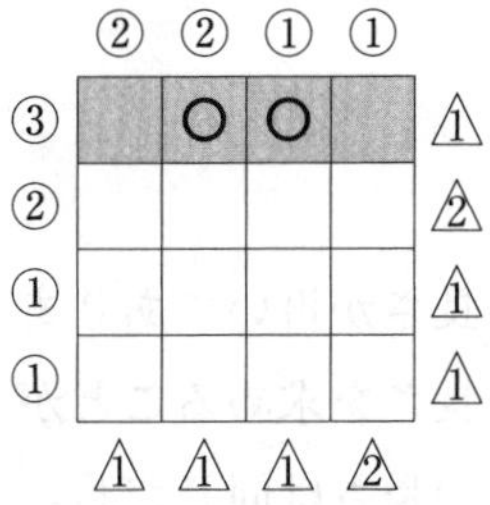

【図５】

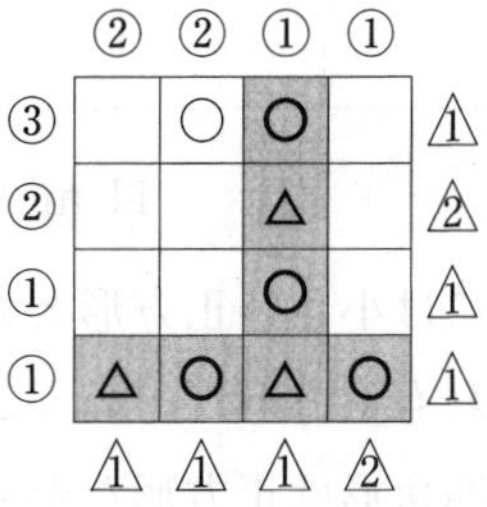

（問題３）【図６】の空らんに赤い花（○）と白い花（△）をかきなさい。

【図６】

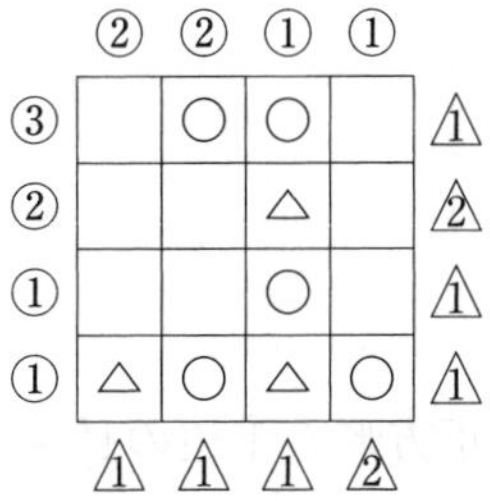

（問題４）次の花だんにも赤と白のチューリップの球根が同じ間かくで植えてあって、ルールに従って周りに○△と数字が書いてあります。【図７】の空らんに赤い花（○）と白い花（△）をかきなさい。

【図7】

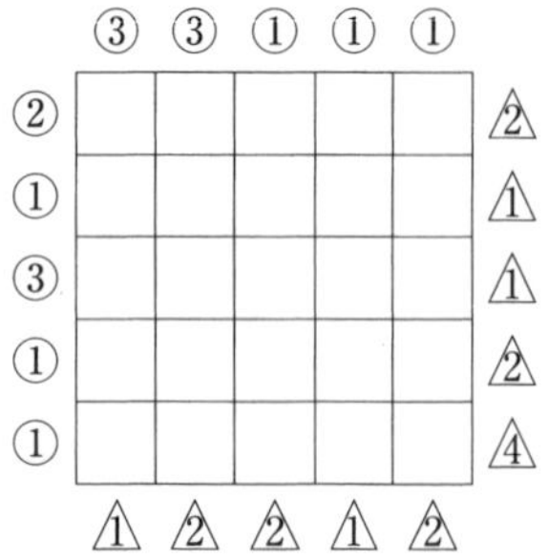

すみれ：先生、今度、校舎裏の空き地を畑にして野菜を育てませんか。

先　生：いいですね。あそこだったら、例えば下の【図8】のような正方形の畑を３つ作ることができますよ。

【図8】

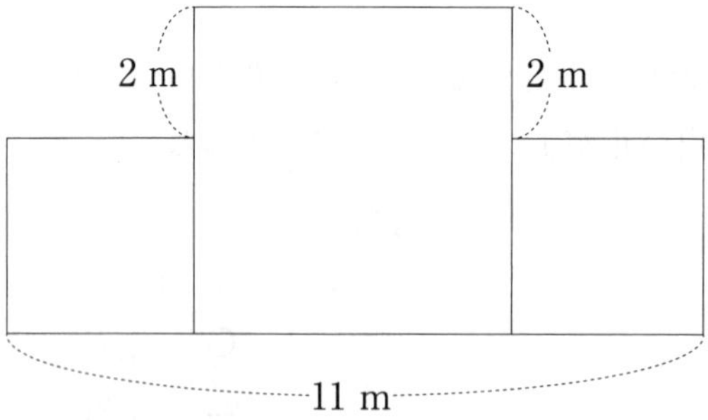

松　子：先生、この図には小さい正方形と大きい正方形の辺の長さが書いてありませんよ。

先　生：３つの畑がどれも正方形だということに注意すれば、長さを求めることができますよ。

すみれ：そうか、左の四角形は正方形だから、辺ＡＢと辺ＢＣの長さは同じだね。

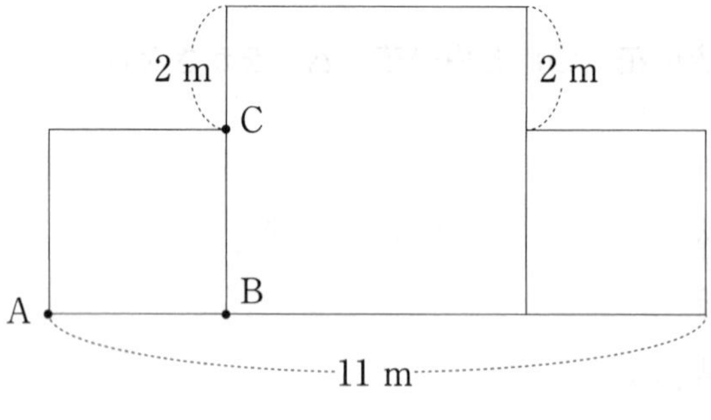

松　子：わかった！　11 ｍと２ｍと２ｍを足すと、まん中の正方形の１辺の長さの ① 倍になるね！

（問題５）⑴　空らん①にあてはまる数字を書きなさい。

⑵　３つの正方形の畑の面積の合計を答えなさい。

（問題６）【図９】のような正方形の畑を３つ作ったら、畑の面積の合計は何 m^2 になるか答えなさい。

【図９】

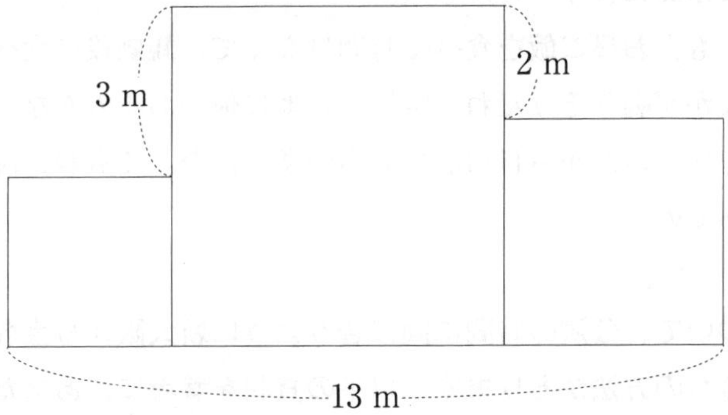

2 すみれさんと松子さんの以下の会話文を読んで、設問に答えなさい。

すみれ：夏休みに兵庫県の祖母の家に遊びに行ってきたの。
松　子：いいね、どこかに遊びに行ったのかしら。兵庫だと USJ は近いのかな。
すみれ：いいえ、宝塚《たからづか》歌劇団の公演を観に行ってきたの。
松　子：いいなあ。わたしは観たことないのよ。
すみれ：久しぶりの新幹線もドキドキしたわ。東京駅の中では、①ピクトグラムがたくさん使われているのね。
松　子：東京オリンピックをきっかけに色々なところで見るようになったよね。

（問題１）下線部①について、駅構内以外に町の中でも図１のようなピクトグラムが多く使用されています。なぜ、ピクトグラムという表現方法が選ばれるのか、その理由を考えて書きなさい。

【図１】

すみれ：②新大阪《しんおおさか》駅に到着《とうちゃく》したのが11時30分で、13時からの公演に間に合うように宝塚大劇場へと向かったの。

松　子：それで、公演には間に合ったのかしら。

すみれ：ぎりぎりね。でも、お昼ご飯を食べる時間はなくて、観劇後に食べたわ。

松　子：見てる間におなかが鳴りそうだね。宝塚には他に何があるのかな。

すみれ：劇場の周りは、住宅地だから日用品のお店が多いかな。でもね、温泉やホテルなど観光向けの施設《しせつ》もあるの。

(問題２) 下線部②について、公演の時間に間に合うように新大阪から宝塚大劇場に向かうためには、以下の３つの方法があります。以下の資料を参考に、あなたならどの方法を選びますか。①～③より１つ選び、その方法を選んだ理由を２つ挙げて、説明しなさい。

・乗りかえ案内（＝は電車、…は徒歩とする）

①　新大阪＝＝＝＝大阪…………大阪梅田《うめだ》＝＝＝西宮《にしのみや》北口＝＝＝＝＝＝＝宝塚南口
11：44発　11：48着　12：00発　12：12着　12：29着
12：18発
片道440円

②　新大阪＝＝＝＝大阪…………大阪梅田＝＝＝＝＝＝＝＝＝＝＝＝＝＝＝阪急《はんきゅう》宝塚
11：44発　11：48着　12：00発　12：33着
片道440円

③　新大阪＝＝＝＝＝＝＝＝＝＝＝＝＝＝＝＝＝＝＝＝＝＝＝＝＝＝＝＝＝＝＝ＪＲ宝塚
11：53発　12：30着
片道510円

・駅からの所要時間

	駅から宝塚大劇場までの所要時間
JR 宝塚駅	15 分
阪急宝塚駅	13 分
宝塚南口駅	10 分

（問題３）資料２は、年度ごとの阪急宝塚駅の１日あたりの平均乗降《じょうこう》人員数をまとめたものです。以下の設問に答えなさい。

①　2020年度の１日あたりの平均乗降人員数は、2019年度と比べると何パーセント減少していますか。小数点以下を四捨五入して答えなさい。

②　この変化の理由として考えられることを 50 ～ 70 字以内で説明しなさい。

【資料２】

年度	１日あたりの平均乗降人員（人）
2018年度	45,141
2019年度	45,315
2020年度	31,869
2021年度	33,870

（阪急電鉄ホームページより）

（問題４）すみれさんは、JR 宝塚駅を出発し宝塚大劇場で観劇し、その後喫茶店《きっさてん》で食事をしました。以下の資料３から地図中のどの道を移動したと考えられますか。解答らんの地図中に、宝塚大劇場には「◎」印を、喫茶店には「★」印をかきなさい。また、JR 宝塚駅から喫茶店まで、たどった道のりを道路に沿《そ》って→でかきなさい。

【資料３】

駅から宝塚大劇場への道のり（所要時間：徒歩15分）

・JR 宝塚駅を出て南の方角に道なりに進む
・橋の手前で東の方角へと曲がって、最初の分かれ道を右に曲がり直進する
・自分から見て右の方角、学校の手前にある建物

宝塚大劇場から喫茶店への道のり（所要時間：徒歩10分）

・宝塚大劇場を出発して東の方角へ直進
・博物館のある交差点を南の方角へと曲がり、橋を使って川を渡《わた》る
・橋を渡りきって１つめの交差点を左に曲がり、すぐ左側にある建物

(問題5)次の資料4は、宝塚市の年齢《ねんれい》別人口推移のグラフです。このグラフを説明した次の文章を読んで、正しいものをア〜エから1つ選び、記号で答えなさい。

【資料4】

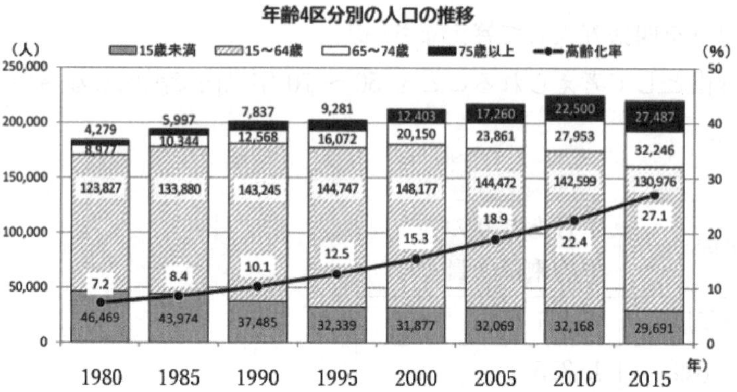

『宝塚市人口ビジョン』より一部抜粋《ばっすい》

ア. 高齢化率は1980年から増加し続け、2015年には4人に1人以上が高齢者である。

イ. 15歳《さい》未満の人口は減少し続けているのに対し、15〜64歳の人口は増加を続けている。

ウ. 75歳以上の人口は、1980年から2015年のあいだに7倍以上になっている。

エ. すべての年度において15歳未満の人口は、65〜74歳の人口を上回っている。

すみれ：宝塚は江戸時代から続く温泉町で、歌劇団も最初は温泉にあるプールを舞台《ぶたい》に改造して公演していたんだよ。

松　子：いつから公演するようになったのかな。

すみれ：初めての公演は 1914 年、阪急宝塚駅ができてわずか 4 年後のことよ。小林一三《こばやしいちぞう》という人が、宝塚の土地開発や歌劇団の創設に深く関わっているの。

松　子：駅ができたことと、歌劇団ができたことには何か関係があるのかしら。

すみれ：電車の利用者を増やして、町を発展させようとしたの。1924 年には、正式に宝塚大劇場が建設され、さらには、遠くから観劇に来た人のためにホテルまで作られたのよ。

松　子：なるほど。人が集まる駅を中心に町を発展させた結果、宝塚歌劇団ができたのね。

すみれ：そうなの。劇場の前にも、小林一三の銅像が建っているんだよ。

松　子：どんな人であるか興味が出てきたよ。それに宝塚歌劇団の舞台もいつか観に行きたいな。

すみれ：もちろん、今度はいっしょに観に行こうね。

（問題６）宝塚駅周辺の開発に取り組んだのは、小林一三という人物です。彼が行った宝塚駅周辺の開発について、以下の設問に答えなさい。

① 以下は、会話文の内容をもとに宝塚駅周辺の開発の歴史についてまとめたものです。
空らん〔　１　〕～〔　３　〕にあてはまる語句や文を、会話文を参考に考えて書きなさい。

宝塚は古くから〔　１　〕で有名な町であり、歌劇団の誕生にも深く関係している。
1924 年に宝塚大劇場が完成する以前には、〔　２　〕を舞台として公演を行っていた。
翌年、遠方から観劇に来た人たちのためにホテルも建設された。小林一三は、土地開発や歌劇団の創設をすることで、宝塚に〔　３　〕、町を発展させた。そして、その功績を讃《たた》えられ、今も劇場の前には銅像が建っている。

② これまでの会話文から、小林一三が取り組んでいたと考えられる事業を、次のア～エからあてはまるものをすべて選び、記号で答えなさい。

ア．鉄道事業　　イ．金融《きんゆう》業・銀行業　　ウ．エネルギー事業　　エ．娯楽《ごらく》事業

3 **すみれさんは、夏休みに子どもまつりに参加し、その中の科学実験ブースでジャガイモロケットを作って遊びました。ジャガイモロケットの作り方は次のとおりです。**

【準備するもの】
ジャガイモ、オキシドール（消毒用のもの）、
おろし金、フィルムケース(フタがあるプラスチックのケース)

【手　順】
1．ジャガイモをおろし金ですりおろす。
2．1ですりおろしたジャガイモをフィルムケースに半分ほど入れる。
3．2のフィルムケースにオキシドールを数滴入れ、ケースのフタをしっかり閉めて振り混ぜる。
4．ケースのフタ側を下にして地面に置き、すばやくその場を離れる。
5．しばらくするとフィルムケース（ジャガイモロケット）がポーンと音を立てて飛び上がる。

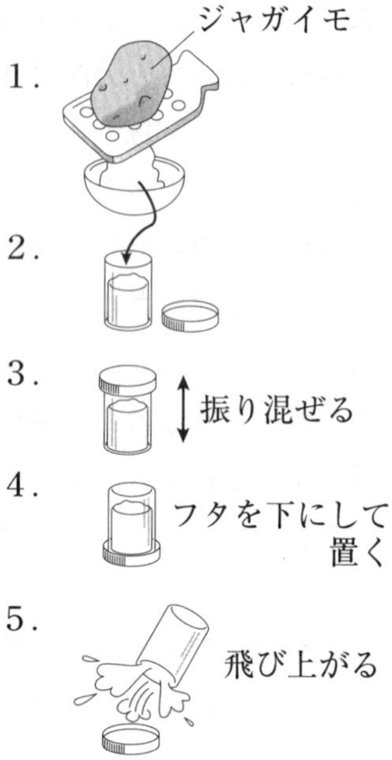

すみれ：野菜でこんな風にロケットが飛ぶなんて驚《おどろ》いたわ。オキシドールとジャガイモを混ぜると、気体が発生するのね。

スタッフ：そう。オキシドール（過酸化水素の水溶《よう》液）とジャガイモが反応すると、酸素が発生するんだよ。もともと、オキシドールは置いておくと、水と酸素に少しずつ変わっていく性質を持っているのだけれど、ジャガイモに含《ふく》まれているカタラーゼという物質が、オキシドールが酸素と水に変わるのを速めるはたらきをするんだ。

すみれ：なるほど、フィルムケースの中では、オキシドールとカタラーゼが混ざって、たくさんの酸素が発生しているということですね。ロケットが飛ぶのは、この酸素のせいかしら。

スタッフ：そうだね。発生した酸素がフィルムケースの中でいっぱいになると、酸素に押されたジャガイモのすりおろしが勢いよくふき出す。ふき出したジャガイモが地面を押す反動でフィルムケースが飛び上がるというわけだ。

（問題1）フィルムケースの中のすりおろしたジャガイモが地面を押したことでケースが飛び上がるように、ある物体Aから別の物体Bに力が加わると、BからAにも同じく力が加わります。次のア～エの事がらのうち、これと同じように、何かに力を加えることで加えた方の物体が逆に力を受ける例ではないものを1つ選び、記号で答えなさい。

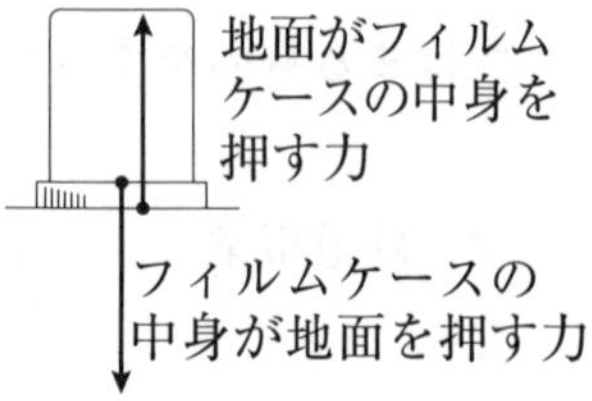

ア．水泳のターンをするとき、プールの壁をけると、自分が進む。
イ．電車が止まるとき、乗っている人のからだが進行方向に動く。
ウ．高いところからボールを落とすと、地面にぶつかり、ボールがはね返る。
エ．スケートボードに乗って壁を押すと、押した向きと反対向きに自分が進む。

すみれ：先ほどのジャガイモロケットの実験では、飛び上がるまでに時間がかかって、いつ飛ぶのかドキドキしたなあ…。もっと早く飛び上がるロケットは作れないかしら。

スタッフ：実は、カタラーゼは他にもいろいろな野菜や果物に入っているよ。他の野菜・果物を使ったり、切り方を変えたりして、早く飛び上がる条件を考えてみたらどうかな。

すみれ：そうですね。やってみます！

すみれさんは、学校の先生に相談しながら、野菜・果物の種類や形状を変えて、実験時間と気体（酸素）の発生量の関係についての実験を行うことにしました。すみれさんが行った実験は次のとおりです。

〈実験〉

【準備するもの】

試験管　メスシリンダー　水そう　ゴム管
ガラス管　スタンド
オキシドール　試料A～K
（試料は、野菜・果物の種類の他に形状も検討する。）

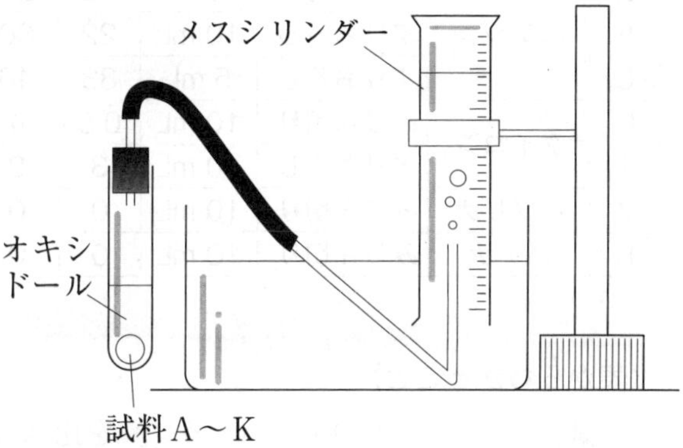

【手順】

1．試験管に試料A～Kを各5gずつ入れ、オキシドールを10 mLまたは5 mL加える。

2．発生した気体を図のように水上置換《ちかん》で集め、30秒ごとに体積を測定する。

先　生：この実験では、オキシドールは開封して時間が経った古いものではなく、新しいものを使った方がよいですね。

すみれ：わかりました。でも、どうしてですか。

先　生：［　　　1　　　］。

(問題2) 新しいオキシドールを使って実験をしたほうがよいのは、なぜですか。
会話文を参考にして、空らん［ 1 ］にあてはまる先生の言葉を考えて書きなさい。

(問題3) この実験で使ったオキシドールは、3 %の過酸化水素の水溶液でした。実験室にある25 %の過酸化水素水（過酸化水素の水溶液）で、3 %の過酸化水素の水溶液を100 g作る時、水と、25 %の過酸化水素水はそれぞれ何gずつ必要ですか。式も答えなさい。

この実験を、すみれさんは室温 20 ℃の部屋で行い、その結果を次のようにまとめました。

〈結果〉（20 ℃で行った場合）

試料	野菜・果物の種類	形状	オキシドールの量	各時間までの気体の発生量（mL）									
				30秒	1分	1分30秒	2分	2分30秒	3分	3分30秒	4分	4分30秒	5分
A	ジャガイモ	かたまり	10 mL	2	5	8	10	13	15	18	20	23	26
B		みじん切り	10 mL	4	9	14	18	22	26	30	34	38	42
C		すりおろし	10 mL	13	25	38	50	62	76	90	99	100	100
D		ゆでたもののみじん切り	10 mL	0	0	0	0	0	0	0	0	0	0
E	ニンジン	みじん切り	10 mL	12	29	40	52	62	70	81	86	93	100
F		すりおろし	10 mL	22	60	78	90	95	98	100	100	100	100
G		すりおろし	5 mL	33	46	49	50	50	50	50	50	50	50
H	ダイコン	みじん切り	10 mL	0.5	4	6	7	8	9	10	12	13	13
I		すりおろし	10 mL	3	8	12	15	18	21	24	27	30	34
J	パプリカ	みじん切り	10 mL	0	0	0.5	1	3	4	5	6	7	8
K	バナナ	みじん切り	10 mL	0	0	1	3	5	7	9	10	12	13

〈表からわかること〉

・試料（　あ　）（　い　）（　う　）を比べると、試料の形状が（　え　）の時に気体の発生がはやくなることがわかる。

・試料 B、D を比べると、カタラーゼは（　お　）すると、はたらきを失うことがわかる。

・試料 C と F から、10 mL のオキシドールから得られる気体は、最大で（　か　）mL だということがわかる。オキシドールの量を２分の１にすると、得られる気体は（　き　）になる。

（問題４）すみれさんが書いた〈表からわかること〉の空らん（　あ　）～（　き　）にあてはまる記号、言葉、数字を答えなさい。ただし、（　あ　）～（　う　）には A ～ K の記号が入ります。

（問題５）試料の形状が（　え　）の時に気体の発生がはやくなるのは、なぜだと考えられますか。理由を説明しなさい。

（問題６）みじん切りのジャガイモ 5 g に、オキシドール 15 mL を加えて十分時間が経つと、気体は合計で何 mL 発生すると考えられますか。

すみれ：結果を見ると、今回用意した試料の中で最も早く飛び上がるロケットを作るには ［　　2　　］ を使うとよいみたいね。

（問題7）空らん ［　2　］ にあてはまるのは、どのような形状のどの野菜・果物ですか。

すみれ：これで、この間実験ブースで作った時よりも、もっと早く飛ぶロケットが作れそうです。今回は、野菜や果物の種類と試料の形状を比べたけれど、他にもまだ検討できるところがあるかしら。

先　生：そうだなあ。今回は、20 ℃の部屋で実験を行ったけれど、実験する温度を変えてみたらよいのではないかな。実は、カタラーゼは、温度によってもはたらき方が違《ちが》うことが知られているよ。

すみれ：そうなのですね！　次の実験は、温度を変化させてみます。それにしても、はたらきの大きさに違いはあっても、ジャガイモだけでなく、いろいろな野菜や果物にカタラーゼが含まれているのも驚きでした。

先　生：植物にカタラーゼが含まれるのは、呼吸した時にからだの中で生じる過酸化水素（生物のからだにとって害がある）を、早く害のない酸素に変える必要があるからなんだ。これは、動物のからだにも言えることで、もちろん、ヒトの体内にもカタラーゼが含まれているよ。

（問題8）ヒトのカタラーゼは、37 ℃付近で最もよくはたらきます。これはなぜだと考えられますか。説明しなさい。

② 「『研究すること』と『生きていくこと』が分離できない」とありますが、それはなぜですか。説明しましょう。

(7) Ⓒの会話文の説明として、最も適切なものを一つ選び、番号で答えましょう。

1 自分には何もできないと落ち込んでいるさとるが完ぺきにできるようになる方法についてみんなで色々考えてあげている。

2 その立場に立って物事を考えることが大切であることを先生はみんなに知らせたいと思っている。

3 少し改善するだけでは何も変わらないので、何か目に見える変化を起こすべきだとたけしは考えている。

4 まり子はまずは自分の身内であるおばあさんにできることをしてあげようと考えた。

5 すべての人が当たり前に幸せに生きられるようにするためには法律や制度を変える必要があると先生は教えている。

(8) Ⓒの（ え ）にあてはまる最も適切な言葉を一つ選び、番号で答えましょう。

1 バリアフリー　　2 インターナショナル
3 メディアリテラシー　　4 バーチャルリアリティー
5 パンデミック

(9) 世界が連携《れんけい》して未来を創る時代において、インクルーシブな社会を実現するために、あなたはどのように学び、行動しようと考えますか。後ろの［注意事項《じこう》］に合うように書きましょう。

［注意事項］
○解答用紙に三百字以上四百字以内で書きましょう。
○原稿《げんこう》用紙の正しい用法で書きましょう。また漢字を適切に使いましょう。
○題名や自分の名前は書かずに、一行目、一マス下げたところから書きましょう。
○三段落以上の構成で書きましょう。
○句読点（、。）やかっこなども一文字に数え、一マスに一字ずつ書きましょう。また、段落を変えた時の残りのマス目も字数として数えます。

(1) Ａの――線①「チョウ」と同じ漢字を使う熟語を一つ選び、番号で答えましょう。

1 山チョウからの眺めがよい
2 景気回復のチョウ候が見られる
3 気象庁はチョウ位を観測する
4 豆腐《とうふ》を一チョウ買う

(2) Ａの――線②「権利」の対義語《たいぎご》（反対の意味の言葉）を一つ選び、番号で答えましょう。

1 責任　2 任務　3 義理　4 義務
5 自由　6 自任

(3) Ａの（ あ ）（ い ）にあてはまる言葉の組み合わせとして最も適切なものを一つ選び、番号で答えましょう。

1 精神　言語　2 人格　自然
3 季節　性別　4 差別　生物
5 文化　順序

(4) Ｂの（ う ）にあてはまる言葉として最も適切なものを一つ選び、番号で答えましょう。

1 自分を深く見つめて本当にやりたいことを見つけることの重要性
2 学校で習うことを自分の人生と結びつけることの大切さ
3 学ぶ意欲を高め、向上心を持って学習に向かう訓練
4 自分の将来を計画的に決めて目的をもって生きる方法

(5) Ｂの【 ア 】【 イ 】にあてはまるつなぎの言葉として最も適切なものを一つずつ選び、それぞれ番号で答えましょう。

1 そして　2 たとえば　3 ところで
4 でも　5 しかも

(6) Ｂの――線③「『研究すること』と『生きていくこと』が分離できない」について、次の問いに答えましょう。

① ここで言う「研究」とはどのようなことを指しますか。最も適切なものを一つ選び、番号で答えましょう。

1 実験をくり返して答えを導くこと
2 学校で習ったことを暗記して覚えること
3 課題を探究し解決しようとすること
4 書籍《しょせき》を使って調べて一つのレポートを書くこと

C

さとる・何か自分にも社会のためにできることはあるかなと考えたのですが、やっぱり自分には何もできないと思ってしまいました。

先　生・何か完ぺきなことをしようとしても、自分にはそれだけの能力がないからといってそれをあきらめ、また別のことを思いついてはそれもまたあきらめていたら、最後にはもう何もする気が起こらなくなってしまった…なんていうことになってしまいそうですね。

まり子・完ぺきでなくてもよければ私にも何かできそうな気がします。

り　さ・身近にいる友達やご近所さんたちが、今、何に悩《なや》んでいるかを思いうかべたり、実際に聞いてみようと思います。

先　生・そうです。完ぺきである必要などまったくないのです。自分にできることは何か、どのようにしたら少しはよい方向にすることができるだろうか、と相手の立場に立って物事を考えるところからスタートです。

まり子・ほんの少しよくしたり、ちょっとした部分を改善《かいぜん》しただけで、たくさんの人を幸せにすることができることもありますね。

たけし・ぼくも祖父に聞いてみたことがあります。車いすでは町の中の小さい段差でものぼれないことを知り、将来、老人でも安心して暮らせる街《まち》にするために研究したいと思っています。

先　生・すばらしいですね。（　　え　　）な社会にするために、エレベーターやスロープをつくったり、ユニバーサルデザインというすべての人にも対応できる商品ができたりしていますが、皆《みな》さん知っていますか。

さとる・目の見えない人のためにシャンプーやリンスのボトルに印があるというのを聞いたことがあります。

まり子・先生、私は昨日、テレビで難民の人の生活の様子を見ました。小さい子どもが学校にも通えずにいることに驚《おどろ》きました。その人たちのために今すぐ私にできることはないかもしれないけれど、そういう人がいることを知って、どうしたらいいか考えることはできると思います。

り　さ・今日は帰りに私の家の裏に住んでいる一人暮らしのおばあさんの家に寄ってお話をしようと思いました。

先　生・全員を包み込む社会を「インクルーシブ」な社会と言います。あらゆる人が孤立《こりつ》したり、排除《はいじょ》されたりしないよう援護《えんご》し、社会の構成員として包み、支え合うという意味です。すべての人が当たり前に幸せに生きられる未来の社会を創って行くのはまさに、皆さん達なのです。そのためにも「当たり前」や「常識」「思い込み」に縛《しば》られず、自分の外にある、見えないもののことを考えることから始めてみることが大切です。

B

「自己の在り方生き方」というのは、（　　　う　　　）を言ったものです。これまでの勉強は、「将来役に立つから、まず一定の知識や技術を身につけておきましょう」と言われて、さまざまな科目を学ぶようになっていました。【　ア　】、今身につけなければならないとされている知識が、自分の将来とどのようにむすびついているかわからないと、学ぶ意欲があまりわかないでしょう。自分の将来の生き方を思い描《えが》きながら、そこでどのような知識や技術が必要となってくるかを想像してみる時間が必要です。

「自分の将来」というと皆さんは、すぐに就業のことばかりを考えるかもしれませんが、それだけではありません。【　イ　】、あなたは、将来はパティシエになって、自分でお店を開きたいと思うかもしれません。そうした生活でも、家庭と仕事をどう両立させるか、地域での人とのつながりはどうするか、こうしたことが気になりますね。お店を営むには、いろいろな経営の知識や、資格や営業許可など法律の知識も必要です。自分の営んでいる店が属している地域の商店会で、市議会に候補を立てようということになるかもしれません。そうなると、政治にも関係してきます。もしかすると商店会で土地利用の問題が起こって集団で訴訟《そしょう》を起こすことになるかもしれません。そうなると、司法や裁判にも関係してきます。学校で勉強することが、自分の人生のなかでどうつながっているか知ることは、科目の内容を知ることと同じくらいに重要です。

そして自分の人生で、今何をすべきなのか、どうすれば自分の目標を達成できるのか、どういう人生が幸せな人生なのか。自分にとって何が課題なのかを発見し、それがどうすればよくなるのか、その解答を見つけていく、これが本当の勉強のはずです。

（略）

これからの社会は、③「研究すること」と「生きていくこと」とが分《ぶん》離《り》できない社会になっていくからです。とりわけ、仕事（働くこと）と研究の結びつきは今よりも強くなっていくでしょう。

「ずっと〝学ぶ〟ことが大切というのはわかるけど、〝研究〟というのはおおげさじゃないかな」と思うかもしれません。しかし、ここで言う「研究すること」とは、知識を暗記したり、与えられたテスト用紙の問題を解いたりするようなことでは、もちろんありません。科学の実験のように実験器具や装置に囲まれてするものだけを研究と呼んでいるわけではありません。

ここで「研究」と呼んでいるのは、自分の人生の中で出会う実際の課題を、知的な探究の対象として深堀《ふかぼ》りして、さまざまな知識やスキルを総動員して何とか解決しようとすること、そしてそれを、後の自分のために、他の人のために、整理して再び知識やスキルとして保存していくこと、そういう意味での研究なのです。要するに私たちは、社会のさまざまな場面において、隠《かく》れていた問題を見つけ、それを調べて、解決するという過程が求められている時代に生きているのです。

河野《こうの》　哲也《てつや》『問う方法・考える方法』ちくまプリマー新書

【適性検査ⅠＢ】〈適性検査型試験〉（四五分）

〈評定：Ａ～Ｃの３段階〉

〈編集部注：適性検査ⅠはＡ・Ｂのいずれかを選択します。〉

問題 次のＡ、Ｂの文章、Ｃの会話文を読んで、あとの（１）～（９）の各問いに答えましょう。なお、問題作成のため、一部文章を省略してあります。

Ａ

２０２０年初頭から始まったコロナ禍《か》では、それぞれの国が単独でロックダウンしてもウィルスを根絶させることはできないし、他国との往来を長時間絶つことも現実的に不可能だという状況《じょうきょう》に追いこまれました。これらの苦しみを通じて「これからは世界中が連帯して未来を創っていくことが必要なのだ」と、人々が実感したと思います。まるで世界中が急にご近所さんになったような感覚ですよね。

今、世界で最も多くの人々が連帯して挑《いど》んでいるテーマが、国連が掲《かか》げる〈ＳＤＧｓ（持続可能な開発目標）〉の達成です。２０１５年の国連サミットで合意された、２０３０年までに持続可能（サステナブル）でよりよい世界を目指すための国際目標で、「誰《だれ》一人取り残さない」状態で達成されるべき１７のゴールとそれに紐《ひも》づく１６９のターゲット、２３２の指標で構成されています。

日本も国連加盟国として、達成に向けたさまざまな取り組みをされています。

（略）

世界中で新型コロナウィルスの防疫《ぼうえき》対策に取り組んでいない地域はほぼ存在せず、共通の関心事ができたことにより、地理上は遠い場所同士であっても互《たが》いをサポートできるようになりました。（略）ウィルスには国境がありませんし、ワクチン接種する者の割合を上げることは世界中の人類にとって急務ですからね。

こうして〈ＳＤＧｓ〉の三つ目のゴール「保健：すべての人に健康と福祉《ふくし》を」は、世界中の共通の話題として討論されることになりました。〈ＳＤＧｓ〉はこのゴール以外にも、多くの世界共通語を含《ふく》んでいるのです。

〈ＳＤＧｓ〉の根底にもなっていて、現在非常に大事にされているのが「インクルーシブ」という考え方です。多様性を重視しようという①チョウ流の中で、「誰も取り残さないようにしよう」と皆《みな》が呼びかけあっています。社会に参加することは②権利であり、身体や（　あ　）、（　い　）などいかなる理由があっても、一人ひとりに対して平等に与えられているものなのです。

ただ一人ひとりの状況は異なりますから、私たち政府はさまざまな方法で多くの意見をすくい上げたり、今まさに社会のどこかで起こっている現実を知る必要があります。

オードリー・タン（語り）近藤弥生子《こんどうやえこ》（執筆《しっぴつ》）

『まだ誰も見たことのない「未来」の話をしよう』ＳＢ新書

問題

〔問題1〕文章A に「個性的な読書」とありますが、筆者の考える「個性的な読書」とはどのようなことか、またそれによりどのようなことができるようになるか、九十字以上百十字以内で説明しましょう。

〔問題2〕文章B に「本は人生のかけがえのない一部となるだろう。」とありますが、なぜ本は「人生のかけがえのない一部となる」と筆者は考えていますか。その理由を五十字以上六十字以内で説明しましょう。

〔問題3〕二つの文章を読んで、筆者はどのようなことを言おうとしているとあなたは考えますか。また、そのことをふまえて、あなたは「読書」についてどのようなことを考えましたか。いくつかの段落に分けて四百字以上、五百字以内で分かりやすく書きましょう。

〔書き方のきまり〕

○〔問題1〕〔問題2〕については、行をかえてはいけません。

○題名、名前は書かずに一行めから書き始めましょう。書き出しや、段落をかえるときは、一ます空けて書きましょう。

○行をかえるのは段落をかえるときだけとします。会話などを入れる場合は、行をかえてはいけません。

○読点《とうてん》↓、や句点↓。かぎ↓「などはそれぞれ一ますに書きましょう。ただし、句点とかぎ↓。」は、同じますに書きましょう。

○読点や句点が行の一番上にきてしまうときは、前の行の一番最後の字といっしょに同じますに書きましょう。

○書き出しや、段落をかえて空いたますも字数として数えます。

○最後の段落の残りのますは、字数として数えません。

○文章を直すときは、消しゴムでていねいに消してから書き直しましょう。

〈言葉の説明〉

独善的……他人のことはかまわず、自分だけが正しいと考えるさま。ひとりよがり。

文章Ｂ

一冊の本とのつきあいは、決して一期一会《いちごいちえ》ではなく、もっとずっと長いものである。「読んでは、＊ブックオフ」式の右から左への読書ではなく、「読んだら書棚《しょだな》」式の読書で、まずしばらくは本を寝《ね》かせる。そうして、適度な熟成期間をおいてから、もう一度その本を手に取ってみる。その熟成期間とは、もちろん、自分自身の熟成期間である。蔵書スペースが問題ならば、＊ＰＤＦ化する、という方法もあるだろう。

自分にとって本当に大切な本を、五年後、一〇年後、と折に触《ふ》れて読み返してみる。その印象の変化を通じて、私たちは自分自身の成長のあとを実感するだろう。外観の変化は、写真や動画が保存してくれる。しかし、内面の変化を実感させてくれるのは本である。

そのときに、かつて記した傍線《ぼうせん》や書き込みは、自分自身の関心の記録になる。昔はこんなところに妙《みょう》に感動してたんだな、とか、こっちの方が大事なのに、ここには何の印もついてないなとか、様々な発見があるだろう。そのときには、書き込みの線の歪《ゆが》みや文字の勢い、そういったもののすべてが当時の自分を振《ふ》り返らせる手がかりとなるのである。

同じ映画を何度も見る人はいるが、同じ本を何度も読む人はだんだんと少なくなってきている。しかし、本は「再読」することに価値がある。読む度《たび》に、新しい発見をし、新しい自分自身を発見する。そうしたつきあい方ができれば、本は人生のかけがえのない一部となるだろう。

（平野啓一郎『本の読み方　スロー・リーディングの実践』による）

〈言葉の説明〉

ブックオフ……本のリサイクルショップの名前。転じて本をリサイクルショップに出すこと。

ＰＤＦ化……データの保存形式のひとつ。ＰＤＦ化すると、書類をコンピューターやスマートフォンなどで、紙に印刷したときと同じような状態のまま、見たり保存したりすることができる。

2023年度

トキワ松学園中学校

【適性検査ⅠA】〈適性検査型試験〉(四五分)〈評定：A～Cの3段階〉

〈編集部注：適性検査ⅠはA・Bのいずれかを選択します。〉

次の**文章A**・**文章B**を読んで、あとの**問題**に答えなさい。

(＊印のついている言葉には、文章の後に〈言葉の説明〉があります。)

文章A

速読は、読書を読み終わった時点で終わらせてしまう読み方である。しかし、スロー・リーディングは、読書を読後に生かすための読み方である。

ザッと目を通したという程度では、人と語り合う際にも、曖昧《あいまい》で、どことなく自信なさそうな語り口となってしまう。相手に話をふられても、「うん、ちゃんと読んでないんだけど……」だとか、「細かいところは、覚えてないんだけど……」などと、不本意な言い訳をしなければならなかったという経験は誰《だれ》にでもあるのではないだろうか？ そうすると、相手は、この人は、本を読んでも、何も感じない、自分の意見一つ満足に持てない人なのだと見なしてしまうものだ。普段《ふだん》、よく会話をする友達ならともかく、初めて会う人は、そうした言動から相手を判断するしかないのである。

見方を変えれば、読書は、コミュニケーションのための準備である。自分の考えをうまく人に伝えられないと悩《なや》む人は多いが、いきなり人前に出て、考えてもみなかった事態に対して、何か意見を言ってくれと言われても、難しいのは当然である。読書は、そうした現実に備えて、様々な状況《じょうきょう》を仮想的に体験させてくれる。そして、スロー・リーディングを通じて、そうした中で、自分だったら、どう感じ、どう行動するかをじっくりと時間をかけて考えておけば、思いがけない事態に直面したときにも、気負わず、普段、考えている通りのことを言えばいいのである。

一冊の本を読むという体験は、誰にとっても同じものではない。＊独善的にならず、まずは作者の意図を正確に理解し、その上で、自分なりの考えをしっかりと巡《めぐ》らせることができれば、読書はその人だけの個性的な体験となる。

スロー・リーディングは個性的な読書のために不可欠な技術である。

(平野啓一郎《けいいちろう》『本の読み方　スロー・リーディングの実践《じっせん》』による)

2023年度 トキワ松学園中学校 ▶解　答

※　編集上の都合により，適性検査型試験の解説は省略させていただきました。

適性検査ＩＡ　＜適性検査型試験＞（45分）＜評定：A～Cの３段階＞

解　答

問題１　（例）　独善的にならず，作者の意図を正確に理解したうえで自分ならどう感じ，どう行動するかをじっくり考えることが「個性的な読書」で，それにより，考えてもみなかった事態に意見を求められたとき，自分の考えを言うことができるようになる。　**問題２**　（例）　本を読み返したときの印象の変化を通じて，自分自身の内面の変化と成長のあとを実感でき，新しい自分自身を発見できるから。　**問題３**　右記の作文例を参照のこと。

問題３（例）

　二つの文章を読んで、読書とはさまざまな体験をさせてくれ、作者の意図をふまえながら読むことで視野を広げさせ、自分の考えを深めさせてくれるもので、同じ本を読み返すことで自分の成長に気づき、新しい自分を発見させてくれる、豊かな人生に欠かせないものだと筆者は言おうとしていると考えた。

　私も読書は大好きだ。学校や家庭、地域といった小さな社会の中で生活している私も、物語を読めばちがう国や時代に自由に飛べ、登場人物とともに新せんな体験ができる。歴史小説や伝記などでは、実際に起こったできごとだけに、人物の生き方を自分に照らし合わせて学びを得、生活に生かすことも多い。

　私は母に『赤毛のアン』を勧められたが、母は少女時代にはアンに、母親になってからはアンの母親代わりのマリラに自分を重ね合わせて読んだそうだ。『源氏物語』も学生時代には良さがわからなかったが、今は読み出すとのめりこみ、時間を忘れてしまうと言っていた。母もまた、同じ本を何度も読むことで新しい自分を発見したのだといえる。読書とは、時には教師、時には友人ともなり、人生を味わい深くするものなのだろう。私も一生付き合っていける愛読書に出会いたい。

適性検査ＩＢ　＜適性検査型試験＞（45分）＜評定：A～Cの３段階＞

解　答

(1)　３　　(2)　４　　(3)　１　　(4)　２　　(5)　【ア】　４　　【イ】　２

(6)　①　３　　②　（例）　自分の人生の中で出会うさまざまな課題を解決しようとすることが，後の自分の生き方につながっていくから。

(7)　２　　(8)　１　　(9)　右記の作文例を参照のこと。

(9)（例）

　文章Aと会話文Cから、「インクルーシブな社会」とは、多様性を重視し、一人ひとりの社会参加の権利を尊重して孤立したり排除されたりしないように援助し、社会の構成員として包み、支え合う社会だといえる。

　インターネットで自在に世界にアクセスできる現代では、他国を身近に感じられるが、会話文Cの先生も「相手の立場に立って物事を考える」大切さを強調しているとおり、世界が連携するうえでは他国の歴史や文化を知り、人々の考え方や価値観、コミュニケーションの取り方などのちがいの理解に努め、日本の「常識」や「思い込み」にしばられず、じゅうなんに対応する必要があるだろう。

　文章Bで現代を、問題を見つけ、調べて解決する過程が求められる時代としているとおり、社会で起きている問題に興味を持って自分に何ができるかを考えつつ、日本や他国についてさまざまな面から学び、できることから行動していきたいと考える。

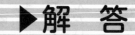

適性検査Ⅱ ＜適性検査型試験＞（45分）＜満点：100点＞

解　答

1 **問題1　花だんA…式と計算**　$3\times3\times3.14\times\frac{2}{6}=9.42$　**答**　9.42m^2／**花だんB…式と計算**　$(5\times5\times3.14-3\times3\times3.14)\times\frac{2}{8}=12.56$　**答**　12.56m^2　**問題2**　ウ　**問題3**　下の図1　**問題4**　右の図2　**問題5**　(1)　3　(2)　**式と計算**　$(11+2+2)\div3=5$，$5-2=3$，$3\times3\times2+5\times5=43$　**答**　43m^2　**問題6**　**式と計算**　$(13+3+2)\div3=6$，$6-3=3$，$6-2=4$，$3\times3+4\times4+6\times6=61$　**答**　61m^2

図1

	②	②	①	①	
③	△	○	○	○	△1
②	○	○	△	△	△2
①	○	△	○	△	△1
①	△	○	△	○	△1
	△1	△1	△1	△2	

図2

	③	③	①	①	①	
②	○	○	△	△	○	△2
①	△	○	△	○	△	△1
③	○	○	○	△	○	△1
①	○	△	△	○	△	△2
①	○	△	△	△	△	△4
	△1	△2	△2	△1	△2	

2 **問題1**　(例)　ピクトグラムは言語や文化のちがう人が見てもわかりやすい表現方法であるから。　**問題2**　(例)　①／駅から一番近く，徒歩の時間が短いから。③の方法より値段が安いから。(②／③の方法より値段が安いから。①の方法より乗りかえの回数が少ないから。)(③／乗車時間が一番短いから。乗りかえがなく一本で行けるから。)　**問題3**　①　30パーセント　②　(例)　新型コロナウイルスの流行により，リモートワークやオンライン授業などが実施され，実際に電車を利用する人の数が以前よりも減少したから。　**問題4**　右の図　**問題5**　ア　**問題6**　①　(例)　**1**　温泉　**2**　改造したプール　**3**　人を集め　②　ア，エ

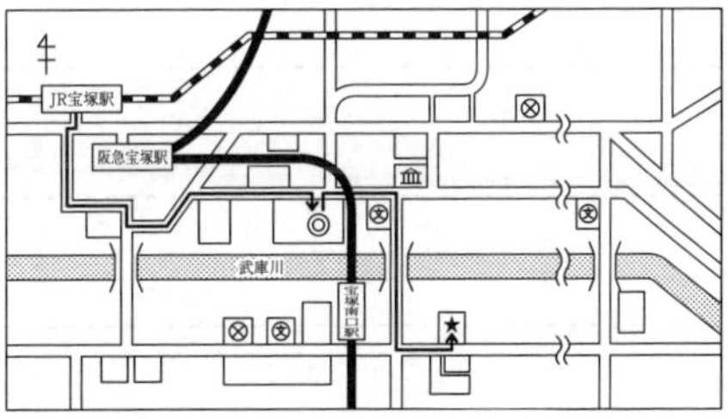

3 **問題1**　イ　**問題2**　(例)　古いオキシドールは，水と酸素に変わる反応がすでに起こっている可能性があるからです　**問題3**　**水**…88ｇ　**過酸化水素水**…12ｇ　**問題4**　**あ～う**　A，B，C　**え**　すりおろし　**お**　加熱　**か**　100　**き**　2分の1　**問題5**　(例)　試料の表面積が大きくなり，オキシドールとよりふれ合いやすくなるから。　**問題6**　150mL　**問題7**　すりおろしのニンジン　**問題8**　(例)　ヒトの体温は常に37℃前後だから。

Memo

2022年度　トキワ松学園中学校

〔電　話〕　(03) 3713－8161
〔所在地〕　〒152－0003　東京都目黒区碑文谷４－17－16
〔交　通〕　東急東横線 ―「都立大学駅」より徒歩８分

【算　数】〈第１回一般試験〉（45分）〈満点：100点〉

（注意）計算はあいているところに書いて，消さないでおきなさい。
円周率を用いるときは3.14として計算しなさい。

1　次の □ にあてはまる数を入れなさい。

（１）$13 + 7 \times 6 =$ □

（２）$(66 - 6 \times 5) \div 4 =$ □

（３）$34.3 \times 2.9 + 34.3 \times 7.1 =$ □

（４）$\frac{3}{8} \div 1.75 + \frac{3}{7} \div \frac{1}{3} =$ □

（５）$21 \div (17 -$ □ $) \times 5 = 35$

（６）3 m^3 は □ cm^3 です。

（７）六角形の対角線の本数は □ 本です。

（８）１，２，３の３種類の数字を，あるきまりにしたがって下のようにならべました。

３，２，１，３，２，１，３，２，１，３，２，……

このとき，はじめからかぞえて 25 番目の数は　　　　です。

また，はじめから順に 25 番目の数まで加えた数は　　　　です。

（９）A，B，Cの３人が算数のテストを受けたところ，Aの得点はBより７点低く，Bの得点はCより４点低くなりました。Cの得点が 80 点のとき，Aの得点は　　　　点で，３人の得点の平均は　　　　点です。

(10) 右の図は，直径 2 cm，8 cm，10 cm の円を組み合わせたものです。斜線《しゃせん》部分の面積は，　　　　cm^2 です。

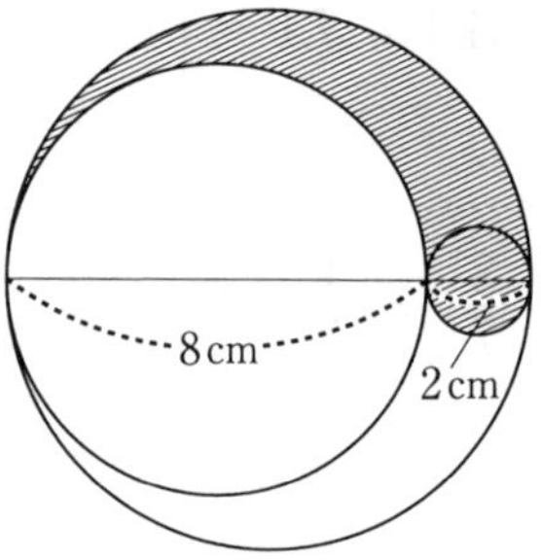

2　右の図は，面㋐を底面とする四角柱の展開図です。この展開図を組み立てたところ，体積は 84 cm^3 でした。このとき面㋐の面積と，この展開図の面積を求めなさい。
(式と計算)

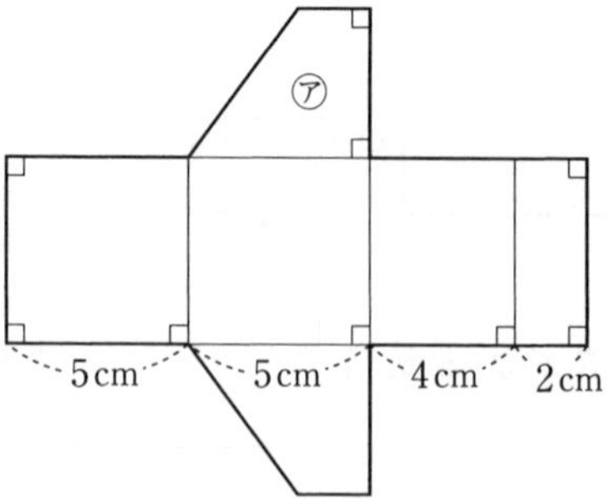

㋐の面積　　　　cm^2，展開図の面積　　　　cm^2

3　家から駅までの道のりは 800 m です。すみれさんは駅に午前 10 時に着くように家を出ました。しかし，すみれさんは出発してから 6 分後に忘れ物に気づいたので，お母さんに連絡し届けてもらうことにし，すみれさんも家に引き返しました。その後，すみれさんはお母さんから忘れ物を受け取り，また駅へ向かいました。すみれさんの速さは分速 50 m，お母さんの速さは分速 100 m です。お母さんに連絡するのにかかる時間は考えないものとします。

(１) お母さんが家を出たとき，すみれさんは家から何 m の地点にいましたか。

(式と計算)

答　　　m

(２) すみれさんとお母さんが出会ったのは，すみれさんが家を出てから何分後ですか。

(式と計算)

答　　　分後

(３) すみれさんが駅に着いたのは何時何分ですか。

(式と計算)

答　　　時　　　分

4　食塩水Ａと，濃さが 12 ％ の食塩水Ｂが 300 g あります。この２つの食塩水を混ぜると 8 ％ の食塩水が 700 g できました。

(１) 食塩水Ｂに含まれる食塩の量は何 g ですか。

(式と計算)

答　　　g

(２) 食塩水Ａの濃さは何 ％ ですか。

(式と計算)

答　　　％

5 ある小学校で一番好きな教科は何か調べました。次の円グラフは，小学校全体の人数をもとにして，算数・社会が好きと答えた人の割合を表したものです。

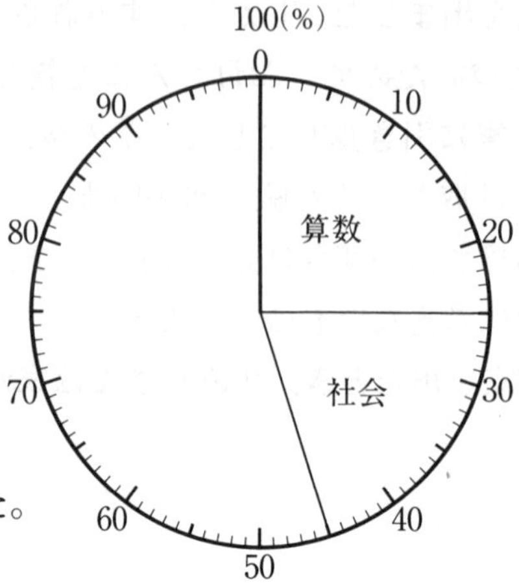

（１）社会が好きと答えた人は小学校全体の何 % ですか。

答 ［　　　　］ %

（２）算数が好きと答えた人は 50 人でした。小学校全体の人数は何人ですか。

（式と計算）

答 ［　　　　］ 人

（３）下の表は，調べた結果を途《と》中までまとめたものです。表の空らんをうめなさい。また，上の円グラフを完成させなさい。

	算数	社会	国語	英語	理科	その他
人数（人）	50			28	26	24
割合（%）						

【社　会】〈第１回一般試験〉（理科と合わせて60分）〈満点：50点〉

1　昨年（2021年）東京2020オリンピック競技大会、東京2020パラリンピック競技大会が開かれました。開催地《かいさいち》である東京に関する問題に答えなさい。

> 松子さんはオリンピックとパラリンピックが東京で開催されることをきっかけに、自分が住む東京について、あらためて見直してみることにしました。

問１　次のグラフは５年ごとに行われる国勢調査の結果から、その年の10月１日時点の東京都の人口を調査年順に示したものです。このグラフからわかることを、下のア～オより２つ選び記号で答えなさい。

東京都の人口の推移（国勢調査）

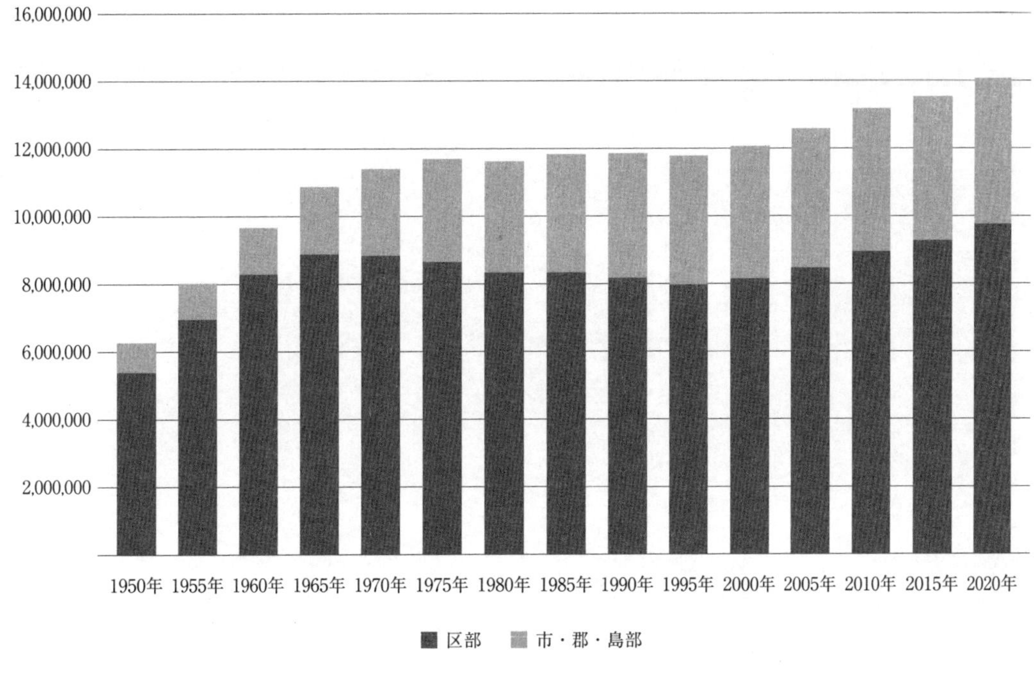

ア．2020年の東京都の人口は、およそ140万人である。

イ．2020年の東京都の人口は、1950年の人口の２倍以上である。

ウ．1950年から2020年までのすべての調査で、前回調査年よりも東京都の人口は増えている。

エ．1950年から2020年までのすべての調査で、前回調査年よりも東京都の区部の人口は増えている。

オ．1950年に比べ2020年の東京都の区部の人口が、東京都全体に占《し》める割合は減っている。

問２　東京2020オリンピック・パラリンピックの選手村はどのような場所につくられましたか。正しいものをア～エより選び記号で答えなさい。

ア．若者に人気のある原宿《はらじゅく》に近い、渋谷《しぶや》駅周辺の再開発地区。
イ．オリンピック終了後に分譲《ぶんじょう》される予定のタワーマンションが建つ東京湾の埋立《うめたて》地《ち》。
ウ．海外からの旅行客に人気のある、浅草《あさくさ》に建つ高層ホテル。
エ．2019年に完成した新しい国立競技場に近い、代々木《よよぎ》公園の敷地《しきち》の一部。

問３　東京都には日本の最南端《さいなんたん》と最東端《さいとうたん》の島が属しています。最南端と最東端の島の名前の組み合わせとして正しいものをア～エより選び記号で答えなさい。

ア．最南端―沖ノ鳥島　　最東端―東鳥島　　イ．最南端―東鳥島　　最東端―沖ノ鳥島
ウ．最南端―沖ノ鳥島　　最東端―南鳥島　　エ．最南端―南鳥島　　最東端―沖ノ鳥島

東京2020オリンピック・パラリンピックは、東日本大震災からの復興や暑さ対策などから、東京都以外の道県でも競技が行われました。そこで松子さんは、東京都以外の競技会場を地図上にまとめ、それぞれの道県の特色をまとめました。

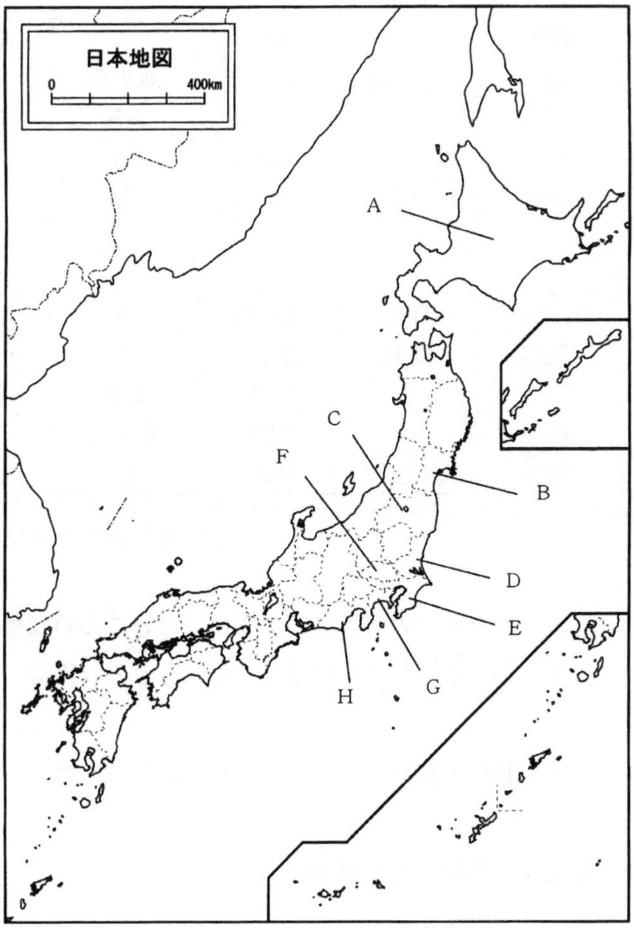

問４　次の雨温図は日本の都市のものです。このうち東京と札幌のものをア～エより選び記号で答えなさい。

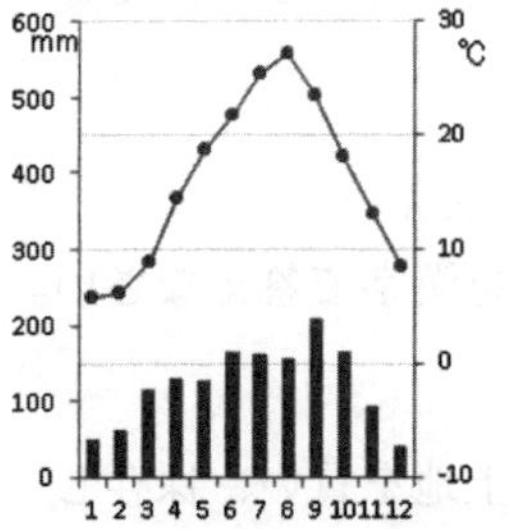

ア

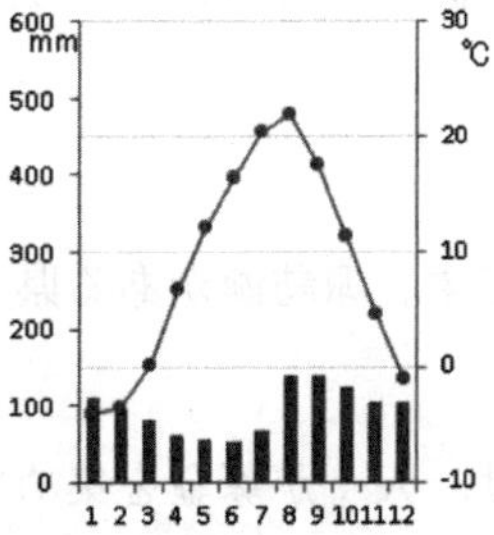

イ

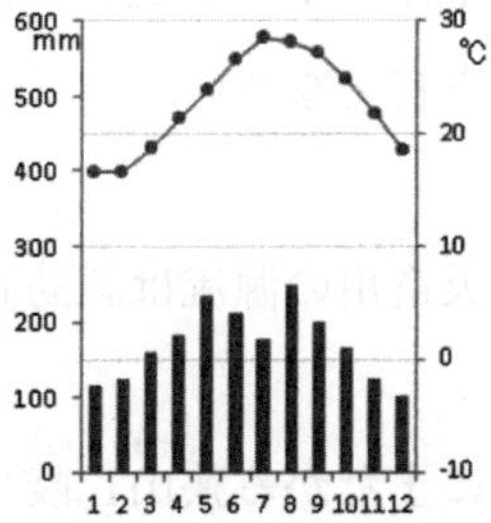

ウ

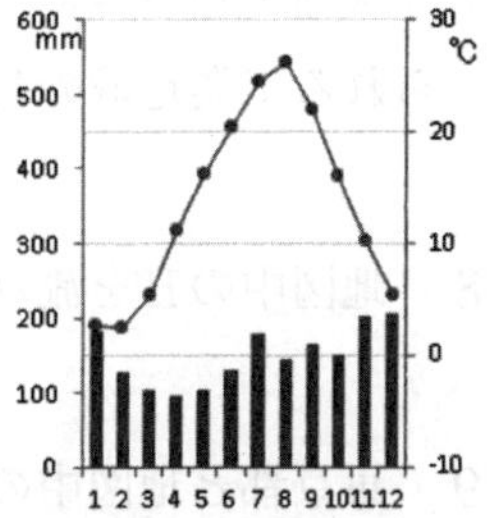

エ

問５　次の表はさまざまな産物統計の都道府県順位を表したものです（2019年）。表中の①～⑥が表しているものを、ア～カより選び記号で答えなさい。なお、表のＡ～Ｈはそれぞれ地図に示された都道府県に対応しています。

	①		②		③	
１位	山梨	28.5%	H	36.1%	A	78.8%
２位	C	25%	鹿児島	34.3%	鹿児島	4.0%
３位	長野	11.1%	三重	7.2%	長崎	3.8%
４位	山形	8.7%	宮崎	4.3%	D	2.0%
５位	和歌山	6.6%	京都	3.5%	E	1.2%

	④		⑤		⑥	
１位	広島	61.3%	群馬	18.7%	A	12.5%
２位	B	13.2%	愛知	18.2%	E	10.9%
３位	岡山	7.5%	E	7.5%	青森	9.4%
４位	兵庫	4.6%	D	7.2%	鹿児島	7.2%
５位	岩手	3.9%	鹿児島	5.2%	G	5.8%

（農林水産省のウェブサイトより）

ア．じゃがいもの収穫量《しゅうかくりょう》　イ．キャベツの収穫量　ウ．だいこんの収穫量
エ．かきの養殖《ようしょく》収穫量　オ．茶（荒茶《あらちゃ》）の生産量　カ．ももの収穫量

問６　札幌市について述べた文Ａ・Ｂの正誤の組み合わせとして正しいものを、ア～エより選び記号で答えなさい。

Ａ．日本で最初にラムサール条約に登録された湿原《しつげん》がある。
Ｂ．札幌市から見て西の方角に日高山脈がある。

ア．Ａ―正　Ｂ―正　　イ．Ａ－正　Ｂ―誤
ウ．Ａ―誤　Ｂ―正　　エ．Ａ―誤　Ｂ―誤

問７　地図中のＤにある太平洋ベルトで最も東に位置し、日本最大のＹ字型のほりこみ港で知られる工業地域の名前を答えなさい。

問８　地図中のＨを流れる天竜川《てんりゅうがわ》の源流は諏訪湖《すわこ》です。諏訪湖がある県名を漢字で答えなさい。

問９　東京都と地図中のＦにまたがる狭山丘陵《さやまきゅうりょう》では、人々が募金《ぼきん》を集めて土地を買い、保存していこうとする活動を行っています。このような活動を何というか答えなさい。

日本は東京2020オリンピックで過去最多のメダルを獲得《かくとく》しました。松子さんは各国のメダル獲得数をまとめ、日本とかかわりの深い国が多いことに気づきました。

順位	国	金メダル数	銀メダル数	銅メダル数
1	アメリカ	39	41	33
2	中国	38	32	18
3	日本	27	14	17
4	イギリス	22	21	22
5	ＲＯＣ（ロシアオリンピック委員会）※	20	28	23
6	オーストラリア	17	7	22
7	オランダ	10	12	14
8	フランス	10	12	11
9	ドイツ	10	11	16
10	イタリア	10	10	20

問10　金メダル獲得数10位までの国を示した上の表からわかることを、ア～エより選び記号で答えなさい。

※ＲＯＣはロシアとして考えます。

ア．人口の多い国上位３ヵ国（2019年）がすべて入っている。

イ．面積の大きい国上位３ヵ国（2019年）がすべて入っている。

ウ．日本の輸入額が大きい輸入相手国上位３ヵ国（2020年）がすべて入っている。

エ．ヨーロッパ州、アジア州、北アメリカ州、オセアニア州、アフリカ州のすべてから、１ヵ国以上の国が入っている。

（総務省統計局・財務省ウェブサイトより）

問11　「都市鉱山からつくる！みんなのメダルプロジェクト」では、ふだん私たちが使っているものから金属を取り出してメダルの材料にする試みが行われました。具体的にどのようなものから金属を取り出したのですか。一つ答えなさい。

問12　次の⑴・⑵のグラフは、日本が輸入している農産物と資源を、輸入量の多い国順にまとめたものです。この農産物と資源は何か答えなさい。

(1)
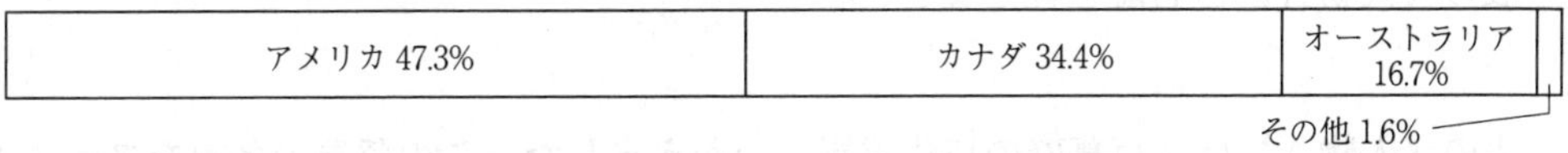

(2)
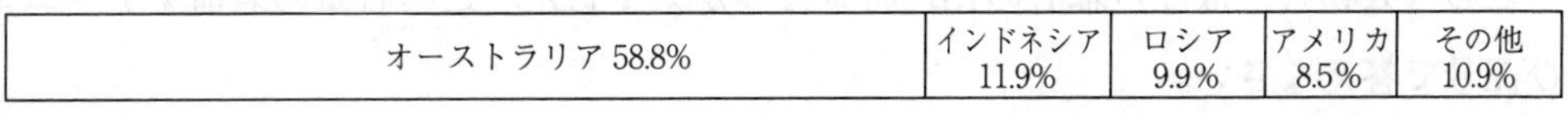

（「日本のすがた2021」より）

2　次の会話文を読んで、以下の問いに答えなさい。

肖像			
人物名	《人物Ａ》	《人物Ｂ　津田梅子》	《人物Ｃ》
職業	実業家	教育者	医学者
業績	多くの企業、工場を設立し、銀行や貨幣《かへい》制度などを整備した	日本女子教育の先駆《せんく》者として女子英学塾《じゅく》を設立した	伝染病の治療《ちりょう》法を開発し、私立伝染病研究所の初代所長となった

先　生：松子さん、この３人（表の《人物Ａ～Ｃ》）のことを知っているかな。

松　子：2024年に発行される新紙幣《しへい》の肖像画《しょうぞうが》になる人ですね。いまは福沢諭吉《ふくざわゆきち》、樋口一葉《ひぐちいちよう》、野口英世《のぐちひでよ》ですね。これまで日本の紙幣に使われた肖像画にはどんな歴史上の人物がいるのですか。

先　生：例えば、日本で最初に紙幣に使われた女性の肖像は神功皇后《じんぐうこうごう》という人で、江戸時代まではこの女性が①卑弥呼《ひみこ》だと考えられていたんだよ。女性としては、2000年の九州・沖縄サミット（主要国首脳会議）を記念して発行された2000円札には、源氏物語の一場面と作者の［　1　］が描かれているね。

松　子：2000円札の表面の図柄は、2019年に火災で焼失した首里《しゅり》城のなかにある守礼《しゅれい》門ですね。以前、沖縄を旅行したときに見学しました。

先　生：実は②1945年にも首里城は焼失していて、守礼門は1958年に復元され、首里城本《ほん》殿《でん》は1989年から復元が始まったんだ。首里城公園として整備されて一部が公開されたのは1992年のことだよ。今回、火災で焼失してしまい、本当に残念だね。

松　子：沖縄旅行では、陸軍病院に動員された［　2　］学徒隊の女学生たちの慰霊碑《いれいひ》や資料館を見学して、沖縄の歴史を学ぶことができました。

問１　表の《人物Ａ》の名前を答えなさい。

問２　表の《人物Ａ》は江戸幕府の15代将軍につかえました。この将軍の名前をア～エより選び記号で答えなさい。

ア．徳川家光《いえみつ》　　イ．徳川綱吉《つなよし》　　ウ．徳川吉宗《よしむね》　　エ．徳川慶喜《よしのぶ》

【図１】

【図２】

問３　【図１】は生糸を生産する工場として《人物Ａ》が設立に関わった工場のようすを描《えが》いています。この世界遺産にも指定された群馬県の工場を何というか答えなさい。

問４　表の《人物Ｂ》は明治の初めに【図２】の使節団の人びとと海外に渡りました。図の中央（矢印）の人物は使節団の代表です。この人物をア～エより選び記号で答えなさい。

ア．岩倉具視《ともみ》　　イ．木戸孝允《たかよし》　　ウ．西郷隆盛《たかもり》　　エ．坂本竜馬《りょうま》

問５　表の《人物Ｂ》は伊藤博文とも関係が深く、海外留学から帰国した後に伊藤家で英語の指導や通訳をしたこともありました。伊藤博文に関する以下の説明ア～エのうち、正しいものを<u>２つ</u>選び記号で答えなさい。

ア．自由党を結成して党首に就任した　　イ．大日本帝国憲法の作成に関わった

ウ．初代の内閣総理大臣に就任した　　エ．西南戦争を指揮して政府に抵抗した

問６　表の《人物Ｃ》は医学者として世界的に有名です。この人物の名前を答えなさい。

問７　表の《人物Ｃ》に関する説明文として正しいものをア～エより選び記号で答えなさい。

ア．破傷風《はしょうふう》の治療法を発見した　　イ．黄熱《おうねつ》病を研究した

ウ．赤痢《せきり》の原因となる菌を発見した　　エ．ビタミンB_1を抽出《ちゅうしゅつ》した

問８　文章の［　１　］・［　２　］にあてはまる語句をア～エよりそれぞれ選び記号で答えなさい。

［　１　］…ア．紫式部　　イ．清少納言　　ウ．紀貫之《きのつらゆき》　　エ．菅原道真

［　２　］…ア．すみれ　　イ．ひなげし　　ウ．ひまわり　　エ．ひめゆり

問９　<u>下線部①</u>について、卑弥呼が女王としておさめていた国を何というか答えなさい。

問10　下線部②について、首里城が1945年に焼失したのはどうしてですか。その理由について説明をしなさい。

先　生：古代の人物としては、③聖徳太子はこれまでに何回も紙幣の肖像に使われているし、④中臣鎌足《なかとみのかまたり》も紙幣になっているよ。

松　子：いろいろな人が紙幣になっているけど、武士はいないのですか。

先　生：明治時代、⑤東京美術学校の指導者だった彫刻家の⑥高村光雲《たかむらこううん》が制作した楠木正《くすのきまさ》成《しげ》像が紙幣に使われているね。楠木正成は鎌倉時代の武将だよ。

松　子：江戸時代の人物はあまり紙幣では見られないけれど、2024年の新しい紙幣には江戸時代の浮世絵《うきよえ》師［　3　］が描いた⑦「富嶽《ふがく》三十六景」の絵のなかから選ばれているそうですね。

先　生：新しい紙幣が登場するのは楽しみだけれど、⑧福沢諭吉、⑨樋口一葉、野口英世が描かれた現在の紙幣とお別れするのも寂《さみ》しい気がするね。

松　子：新紙幣登場の前に、その３名について調べてみようかな。

問11　下線部③について、以下の資料は聖徳太子が定めた「十七条の憲法」の一部です。聖徳太子は天皇中心の新しい国づくりをめざして、政治を行う役人の心構えとしてこの憲法をつくりました。この条文の［　A　］～［　C　］にあてはまる語句をア～エより選び記号で答えなさい。

第一条　［　A　］を大切にし、人と争わないようにしなさい。
第二条　［　B　］を深く敬《うやま》いなさい。
第三条　［　C　］を受けたら、必ずつつしんで従いなさい。
第八条　役人は朝早く役所に行き、おそくまで仕事をしなさい。

ア．［　A　］…人の和　［　B　］…天皇の命令　［　C　］…仏の教え
イ．［　A　］…天皇の命令　［　B　］…仏の教え　［　C　］…人の和
ウ．［　A　］…人の和　［　B　］…仏の教え　［　C　］…天皇の命令
エ．［　A　］…天皇の命令　［　B　］…人の和　［　C　］…仏の教え

問12　下線部④について、中臣鎌足は中大兄皇子《なかのおおえのおうじ》とともに蘇我《そが》氏をたおして、天皇を中心とする国づくりを始めました。このことを何というか答えなさい。

問13　下線部⑤について、この学校の設立者である岡倉天心《おかくらてんしん》とともに、日本の伝統をふまえた日本独自の美術の発展につくした【図3】のアメリカ人を答えなさい。

【図3】

問14　下線部⑥について、高村光雲の制作した作品をア～エより選び記号で答えなさい。

ア

イ

ウ

エ

問15　下線部⑦について、この作品を描いた文章の［3］にあてはまる人物をア～エより選び記号で答えなさい。

［3］…ア．歌川広重《うたがわひろしげ》　イ．葛飾北斎《かつしかほくさい》　ウ．東洲斎写楽《とうしゅうさいしゃらく》　エ．喜多川歌麿《きたがわうたまろ》

問16　下線部⑧について、福沢諭吉が書いた本の文章の（　　）に共通して入る言葉を答えなさい。

天は（　　）の上に（　　）をつくらず（　　）の下に（　　）をつくらずといへり。…

問17　下線部⑨の樋口一葉の前に5000円札の肖像に使われていたのは、新渡戸稲造です。新渡戸稲造は、第一次世界大戦後に平和の維持《いじ》を目的として設立された世界的な組織の事務局次長をつとめました。この世界的な組織を答えなさい。

3　次の文を読み、以下の問いに答えなさい。

政治について調べたこと、考えたこと

　私たちの願いを実現して、より良い暮らしを支えるのが①政治の働きなのだと考えます。②選挙は自分の願いを表す機会なのに、予想していた以上に、③投票率の低いことが気になりました。私は投票できる［　　］歳になったら、必ず投票します。これからは政治の④ニュースなどを聞く時も、自分のこととして関心を持とうと思います。

すみれさんのノート

問１　文中の［　　］に当てはまる数字を答えなさい。

問２　下線部①について、現在の内閣総理大臣の氏名を答えなさい。

問３　下線部②について、2021年10月31日に衆議院議員総選挙が行われました。
それに関連して日本の国会について、以下の１～３に答えなさい。

１．衆議院の任期と立候《りっこう》補《ほ》できる年齢《ねんれい》の組み合わせとして正しいものをア～エより選び記号で答えなさい。

ア．４年・25歳　　イ．４年・30歳　　ウ．６年・25歳　　エ．６年・30歳

２．衆議院の定数として正しいものをア～エより選び記号で答えなさい。

ア．242議席　　イ．248議席　　ウ．465議席　　エ．480議席

３．国会の役割として正しいものをア～ウより選び記号で答えなさい。

ア．行政　　イ．司法　　ウ．立法

問４　下線部③について、2021年10月31日に行われた衆議院議員総選挙の投票率として正しいものをア～エより選び記号で答えなさい。

ア．約46％　　イ．約56％　　ウ．約66％　　エ．約76％

問５　下線部④について、インターネット上のニュースサイトを利用する際の注意点を答えなさい。

【理　科】〈第１回一般試験〉（社会と合わせて60分）〈満点：50点〉

1　植物に光を当てる実験について、次の問いに答えなさい。

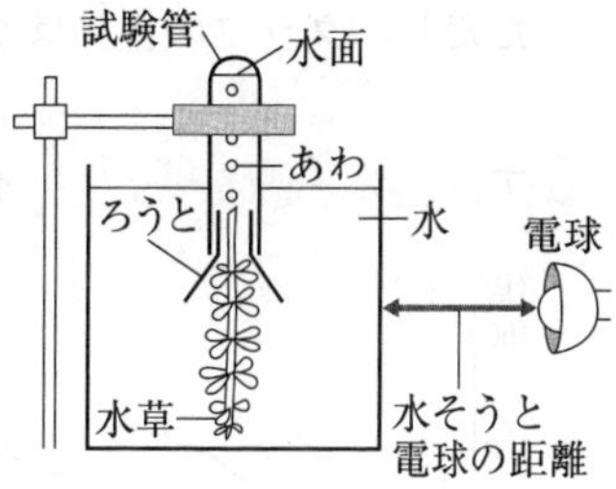

図１

【１】　水草が入っている水そうの水にストローで息をふきこみ、水そうと電球の距離《きょり》を変えて、水草から１分間に出るあわの数を調べました。**図１**は水草から出るあわのようすを観察する装置で、**表１**は実験結果を表しています。なお、水の温度は一定とします。

表１

水そうと電球の距離（cm）	10	20	30	40	50	60	70	80
あわの数（個）	108	81	61	44	33	25	22	21

(1)　あわにふくまれている気体が酸素であることを確かめるためには、どのような実験を行い、どのような結果になるとよいですか。次の文中の（　　）にあてはまるものを、あとのア～オから１つ選び、記号で答えなさい。

水草から出たあわを試験管に集めて、（　　　　）。

ア．においをかぐと、つんとしたにおいがした
イ．火のついた線香《せんこう》を入れると、線香が激しく燃えた
ウ．火のついたマッチを近づけるとポンと音をたてて燃えた
エ．石灰水《せっかいすい》を入れると白くにごった
オ．水にとかし、その水を赤色のリトマス試験紙につけると青色に変化した

(2)　下線部のように、水そうの水に息をふきこんだのはなぜですか。説明しなさい。

(3)　**表１**からわかることは何ですか。次の文中の（　　）にあてはまる言葉を答えなさい。なお、（　③　）は漢字３文字で答えなさい。

水そうと電球の距離が短くなるほど、水草が受ける光の強さは（　①　）なるため、水草から出るあわの数は（　②　）なります。このことから、水草が受ける光の強さが（①）なるほど、（　③　）がさかんに行われていることがわかります。

(4)　**表１**をグラフに表すとどのようになりますか。次のア～エから１つ選び、記号で答えなさい。ただし、グラフの横軸《じく》は水そうと電球の距離を、縦軸はあわの数を表しています。

ア.

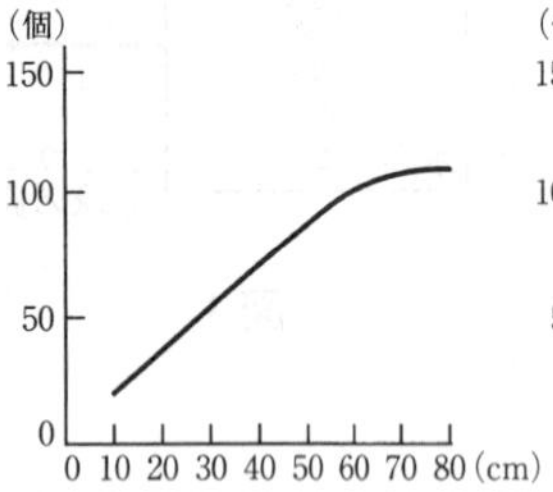

イ.

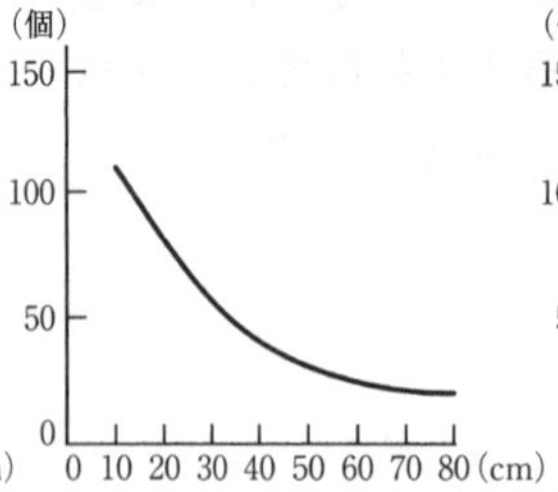

ウ.

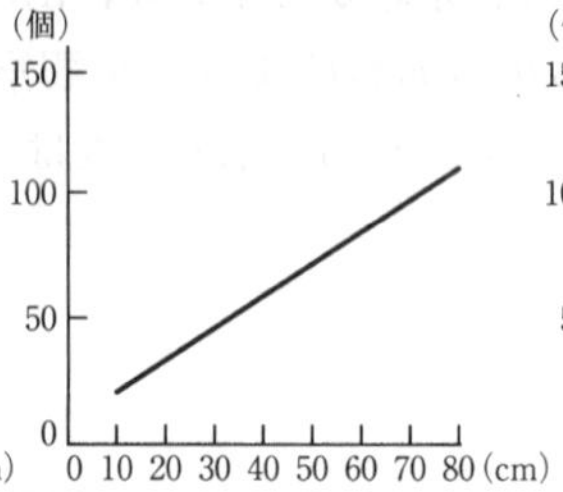

エ.

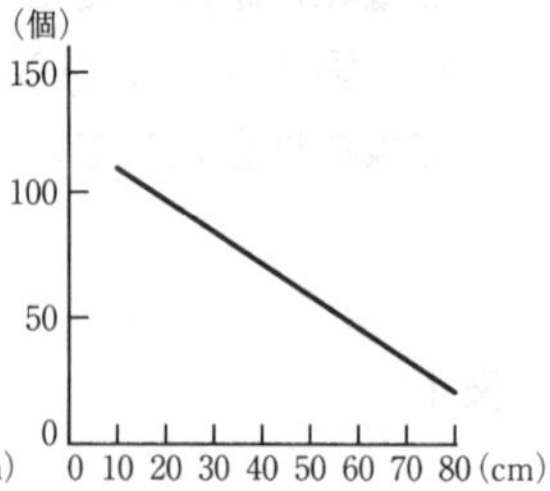

【2】　光を十分に当てた水草と、光を当てていない水草の違《ちが》いを調べました。それぞれの水草の葉をとり、湯につけたあと、温めたエタノールに入れて色をぬき、ヨウ素液をたらしました。**図２**は色が変化し、**図３**は色が変化しなかったようすを表しています。なお、水草は実験を始める前の日に、光が当たらないところに置いておきました。

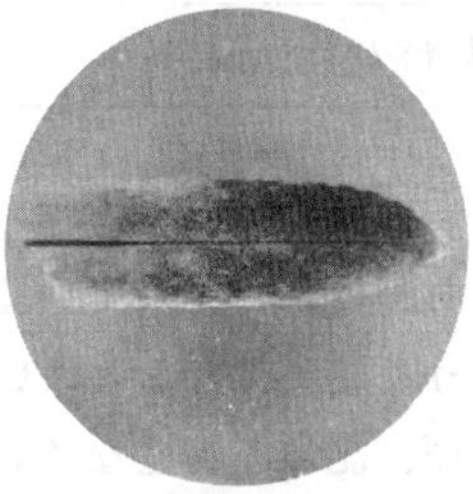
図２

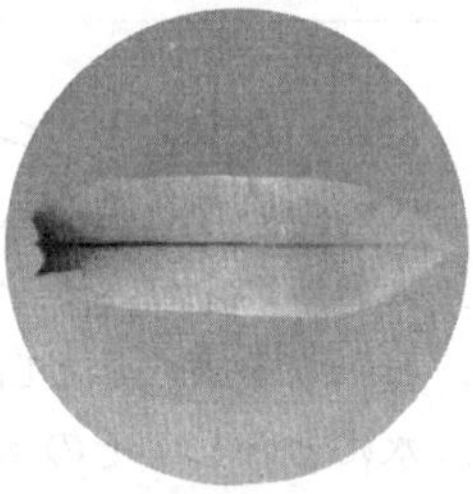
図３

(1)　**図２**について①と②に答えなさい。

①　水草の葉は、何色に変化しましたか。

②　水草の葉には、何という物質があることがわかりますか。

(2)　光を十分に当てた水草の葉は、**図２**と**図３**のどちらですか。

【3】　**図４**のような理科室で水草を育てるとき、ア～オのどこに置くと一番育ちますか。１つ選び、記号で答えなさい。また、選んだ理由も説明しなさい。なお、教室の出入り口は省略しており、温度は一定とします。

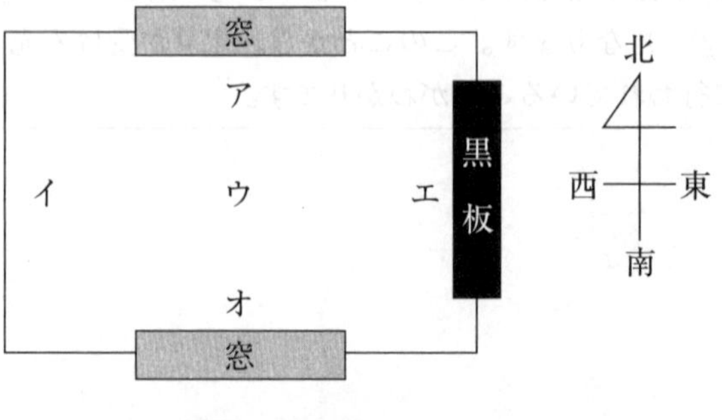

図４　理科室のようす

2 ものが燃えるためには、「燃えるもの、酸素、温度」の３つの要素が必要です。これらの要素が１つでも欠けると、ものは燃えません。

ものが燃えるための要素とものの燃え方を調べる実験を行いました。これについて、次の問いに答えなさい。

【１】 図１のように、ねん土の上に底のない集気びんをのせ、その中でろうそくに火をつけてふたをすると、しばらくして火が消えました。

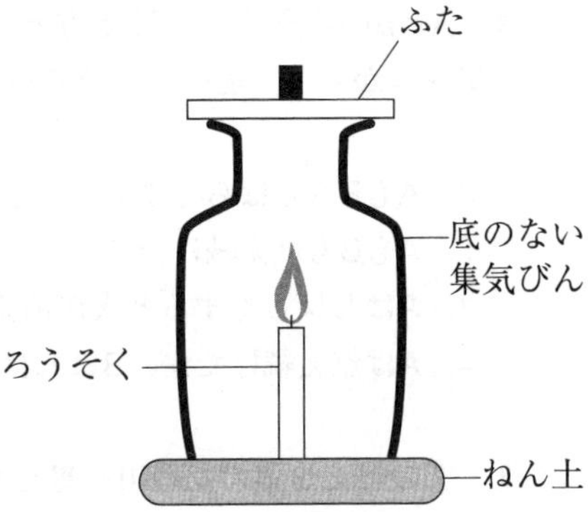

図１

(1) ろうそくの火が消えたのは、ものが燃えるための３つの要素「燃えるもの、酸素、温度」のうち、どれが欠けたためですか。次のア～ウから最もふさわしいものを１つ選び、記号で答えなさい。

ア．燃えるもの　　イ．酸素　　ウ．温度

(2) 集気びんの中にある気体のうち、ろうそくが燃える前と比べて、燃えた後の方が量が増えているものはどれですか。次のア～エから１つ選び、記号で答えなさい。

ア．ちっ素　　イ．酸素　　ウ．水素　　エ．二酸化炭素

(3) ろうそくが燃え続けるようにするために、次の**A**～**C**のように工夫《くふう》して、ろうそくの燃え方を観察しました。

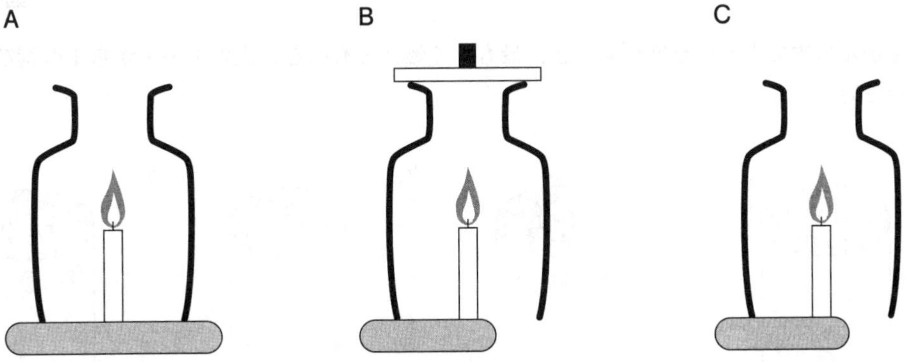

A：ふたを取る。

B：集気びんの下にすき間を作る。

C：ふたを取り、集気びんの下にすき間を作る。

① **C**のろうそくは燃え続けました。ろうそくが燃えているときの空気の動きを調べるために、**図２**のように火のついた線香《せんこう》を近づけました。線香のけむりはどのように動いていきますか。解答らんの図に、けむりの動きを線香の先端《せんたん》から矢印で表しなさい。

② **A**と**B**のろうそくの燃え方として正しいものを、次のア～エから１つ選び、記号で答えなさい。

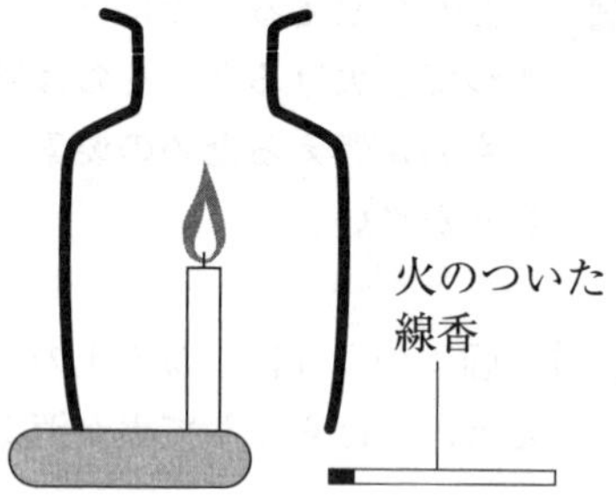

図２

ア．**A**も**B**もしばらくすると火が消えた。
イ．**A**も**B**も燃え続けた。
ウ．**A**はしばらくすると火が消えたが、**B**は燃え続けた。
エ．**A**は燃え続けたが、**B**はしばらくすると火が消えた。

③ ②の答えを選んだ理由を書きなさい。

(4) **図３**のように、**図１**の集気びんの中に、長さの違《ちが》う２本のろうそくを入れ、火をつけてふたをしました。このときのろうそくのようすとして最もふさわしいものを、次のア～ウから１つ選び、記号で答えなさい。

ア．しばらくすると、長いろうそくの方が先に火が消えた。
イ．しばらくすると、短いろうそくの方が先に火が消えた。
ウ．しばらくすると、２本とも同時に火が消えた。

図３

【２】 空きかんの中で木の枝を燃やすとき、最もよく燃えるものを、次のア～エから１つ選び、記号で答えなさい。

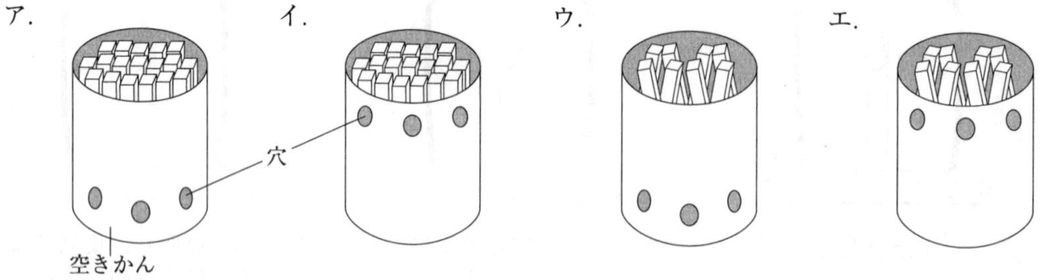

【３】 ろうそくの「ろう」は、水のように温度によって固体・液体・気体にすがたを変えます。

(1) 次の文は、ろうそくが燃えるしくみを説明したものです。文中の（　　）にあてはまる言葉の組み合わせとして正しいものを、あとのア～カから１つ選び、記号で答えなさい。

> 火をつける前の「ろう」は（ ① ）である。火をつけると、炎《ほのお》の熱でとけて（ ② ）になり、さらに熱せられて（ ③ ）となって燃えます。

	①	②	③
ア	気体	液体	固体
イ	気体	固体	液体
ウ	液体	固体	気体
エ	液体	気体	固体
オ	固体	液体	気体
カ	固体	気体	液体

(2) **図４**のように、燃えているろうそくのしんの根元をピンセットでつまむと、火が少しずつ小さくなり、やがて消えました。ろうそくの火が消えたのは、ものが燃えるための３つの要素「燃えるもの、酸素、温度」のうち、どれが欠けたためですか。次のア～ウから最もふさわしいものを１つ選び、記号で答えなさい。

ア．燃えるもの　　　イ．酸素　　　ウ．温度

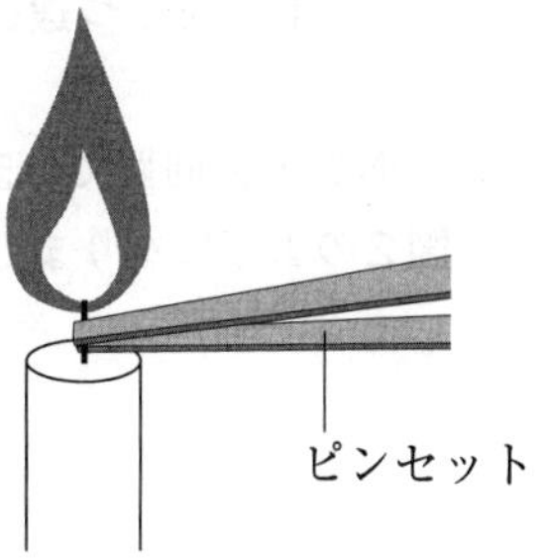

図４

(3) 火災を最小限にくいとめるためには、火が燃え広がらないうちに火を消すことが大切です。家などに備えてある消火器は、燃えているものに消火剤《しょうかざい》をかけることにより、燃えるための３つの要素のうち、「酸素」と「温度」を除くことで火を消します。これと同じしくみで火を消しているものを、次のア～エから１つ選び、記号で答えなさい。

ア．ガスバーナーのガス調節ねじをしめた。
イ．紙に火がついたので水でぬらした雑巾《ぞうきん》をかぶせて、さらに水をかけた。
ウ．山火事が起きたので、火が燃え広がらないように木や草を刈《か》り取った。
エ．落ち葉や木の枝に火をつけてたき火をしたら、やがて灰になり燃えつきた。

3 電熱線に電流を流す実験について、次の問いに答えなさい。

【1】 **図１**は、２つの電池に１本の電熱線をつなぎ電流を流している様子です。**表１**は、**図１**の電気回路の電熱線を直列につなぎながら、２本、３本、４本と増やしていったときの電流の強さの変化を表したものです。あとの問いに答えなさい。

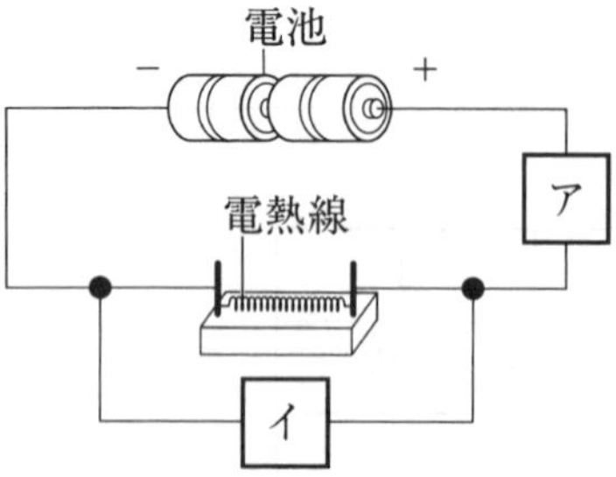

図１

表１

電熱線の本数 [本]	1	2	3	4
電流の強さ [mA]	300	150	100	75

(1) 電熱線に流れている電流の強さを計るためには、電流計を**図１**の ア 、イ のどちらにつなげばよいですか。アまたはイの記号で答えなさい。

(2) 実験を始める前は、どのくらい強い電流が電気回路に流れるか分かりません。このとき電流計のマイナス端子《たんし》は「50 mA端子」「500 mA端子」「5 A端子」のどれを選んでつなぐとよいですか。正しいものを１つ選び、答えなさい。

(3) ある電気回路で、500 mAのマイナス端子を用いて電流計で電流の強さを測定したとき、針は**図２**のようになりました。針は何mAを指しているか答えなさい。

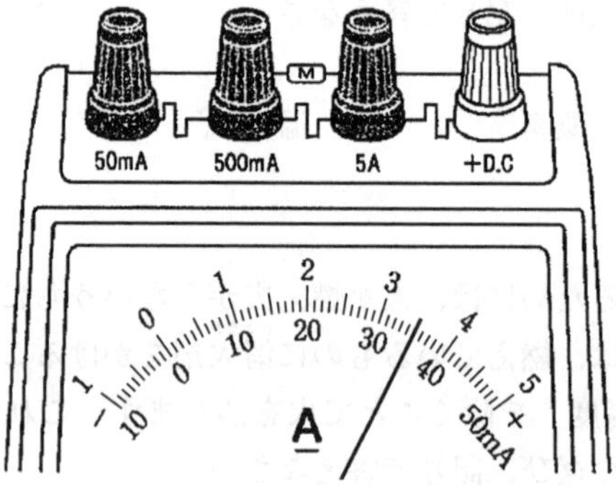

図２

(4) 直列につなぐ電熱線の本数を、２本、３本、４本…と増やすと、電流の強さはどのように変化しますか。**表１**の数値を参考に考え、正しいものを次のア～ウから１つ選び、記号で答えなさい。

ア．２倍、３倍、４倍…と増加していく。　イ．$\frac{1}{2}$、$\frac{1}{3}$、$\frac{1}{4}$…と減少していく。　ウ．変化しない。

(5) **図１**の電気回路で電熱線を直列に６本つないだとき、電流の強さは何mAになりますか。考え方や式も書きなさい。

【２】 **図３**は、**図１**の電熱線１本を、重さ 100 gの水の中に入れて、水を温めているようすです。100 gの水の温度を20 ℃から23 ℃へと上昇《じょうしょう》させるのに 155 秒間かかりました。

電熱線から出た熱はすべて水の温度を上昇させるために使われたとして、あとの問いに答えなさい。

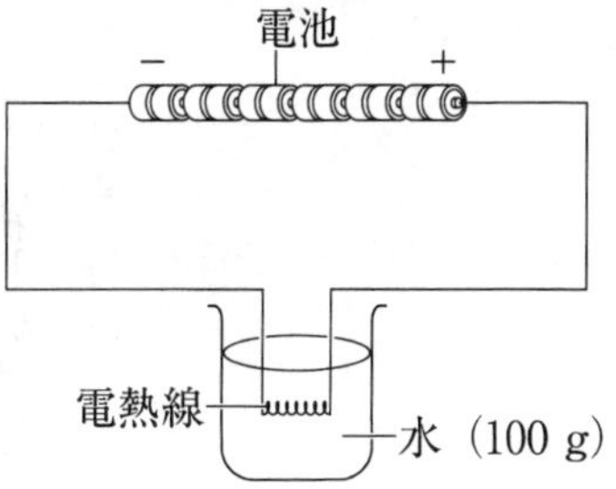

図３

(1) **図３**の実験道具を用いて重さ160 gの水の温度を 20 ℃から 23 ℃に上昇させる実験を行いました。このときにかかった時間について説明した次の文中の（　　）にあてはまる数字を答えなさい。

> **図３**の実験の場合と比べて、水の重さは（　①　）倍なので、160 gの水の温度を 20 ℃から 23 ℃へ上昇させるためには、**図３**の（　②　）倍の時間がかかります。したがって、この実験にかかる時間は（　③　）秒です。

(2) **図３**の実験道具を用いて重さ250 gの水の温度を20 ℃から26 ℃に上昇させる実験を行いました。このときにかかった時間について説明した次の文中の（　　）にあてはまる数字を答えなさい。

> **図３**の実験の場合と比べて、水の重さは（　①　）倍です。また水の温度は 20 ℃から 26 ℃へ、つまり（　②　）℃上昇させます。そのため、250 gの水の温度を 20 ℃から 26 ℃へ上昇させるためには、**図３**の（　③　）倍の時間がかかります。したがって、この実験にかかる時間は（　④　）秒です。

(3) 電熱線から出る熱で他のものを温める家電製品ではないものを、次のア～エから１つ選び、記号で答えなさい。

ア．電気ポット

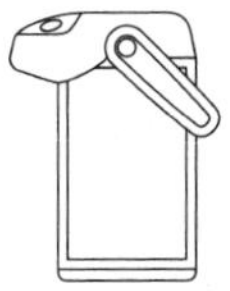

イ．電子レンジ

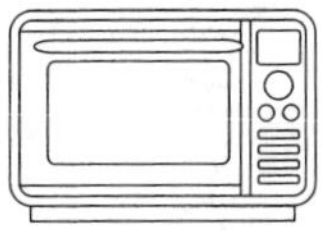

ウ．アイロン

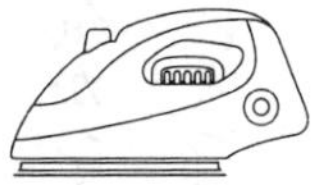

エ．ドライヤー

問十四　[　イ　]に入る言葉を次のア～エの中から一つ選んで、記号で答えなさい。(93)

ア　まあ、きれい。

イ　やっと着いたのね。

ウ　ううっ、寒い。

エ　すてきな家だわ。

問十五　本文の内容と合うものを、次のア～オの中から一つ選んで、記号で答えなさい。

ア　翔太は東京で育ったため、ホタルを一度も見たことはなかったが、興味を持って調べていた。

イ　ホタルを見たことがないという翔太を、保たちはかわいそうだと思い、いろいろ教えてあげた。

ウ　双葉市奥地町は小さな町ではあるが、いろんな生き物がどこにもいて翔太は気に入っていた。

エ　買い物の帰り、自転車のライトにうかび上がった動物がタヌキだと翔太はすぐには気がつかなかった。

オ　新しい家は一戸建ての新築であり、全体が明るい茶色であるところを翔太は一番気に入っていた。

問十　――線⑥「父さんは、おどろいたようすも見せずに答えた」とありますが、それはなぜですか。本文中の言葉を使って説明しなさい。(56)

問十一　――線⑦「けっこう都会なんだなと、翔太は思った」とありますが、それはなぜですか。それが説明してある部分を本文中からぬき出し、はじめと終わりの五字で答えなさい。(「、」「。」をふくみます)(72)

問十二　――線⑧「けっこう大きいのねえ」とありますが、翔太の通うことになる小学校が意外に大きかったのはなぜですか。本文中の言葉を使って説明しなさい。(83)

問十三　――線⑨「空はうすい雲におおわれ、はるか川のむこうの山の上に身ぶるいしている太陽も、ぼんやりかすんで見えた」とありますが、この文に用いられている表現の特ちょうを、次のア〜エの中から一つ選んで、記号で答えなさい。(91・92)

ア　遠くの景色と近くの景色を描《えが》くことによって、景色の広がりを表現している。

イ　空のさまざまな色の変化を描くことによって、時間が過ぎていくことを表現している。

ウ　夕方のぼんやりした風景を描くことによって、季節が春になったことを表現している。

エ　太陽を人間の動作を使って描くことによって、登場人物の感覚を表現している。

問五　――線②「保は、あらためたようにまじまじと翔太の顔をながめた」とありますが、それはなぜですか。本文中の言葉を使って説明しなさい。(21)

問六　――線③「加奈子が口をとがらす」とありますが、それはどのような気持ちからですか。次のア〜エの中から一つ選んで、記号で答えなさい。(29)

ア　小学校に入学したばかりなので、登校メンバーに認められたいという気持ち。

イ　せっかく教えたのに、翔太が何も言ってくれないので腹を立てる気持ち。

ウ　翔太と話をしたかったのに、保がわり込んできたことをいやがる気持ち。

エ　自分が言ったことを保に否定されたことに対して、自分が正しいと意地を張る気持ち。

問七　――線④「蛍合戦《ほたるがっせん》」とありますが、それはどのようなものですか。本文中の言葉を使って四十字以内で説明しなさい。（「、」「。」をふくみます）(30)

問八　［ア］に入る言葉を次のア〜オの中から一つ選んで、記号で答えなさい。(37)

ア　はっきりとは　イ　めったには　ウ　だれでもは　エ　いっせいには　オ　ひとりでは

問九　――線⑤「現物にお目にかかったことはいちどもない」とありますが、「現物」とは何ですか。十五字以内で説明しなさい。（「、」「。」をふくみます）(40・41)

問三　この物語の書き始めの1行目から8行目までの文章の効果について、最も当てはまるものを次のア～エの中から一つ選んで、記号で答えなさい。

ア　会話文から書き始めることによって、読者が物語の世界に入りやすく、それに続く文章によって、登場人物の名前や性格などを少しずつ理解できるという効果。

イ　会話文から書き始めることによって、読者が物語の世界に親しみを持ち、それに続く文章から、自分に近い登場人物を探しやすいという効果。

ウ　会話文から書き始めることによって、読者が物語の世界を現実のできごとのように感じ、それに続く文章によって、自分もその中にいるように感じる効果。

エ　会話文から始めることによって、読者が物語の世界から人物の声を想像でき、それに続く文章をリズムよく朗読できるという効果。

問四　――線①「稲《いね》がぎょうぎよくならび」とありますが、それはどのような稲の様子を表していますか。次のア～エの中から一つ選んで、記号で答えなさい。(10)

ア　稲が同じ向きに頭をさげてならんでいる様子

イ　稲が動くことなく静かにならんでいる様子

ウ　稲がまっすぐ上を向いてのびている様子

エ　稲が順序よくまっすぐならんでいる様子

4　おもわず（19）

ア　いきおいよく
イ　びっくりして
ウ　がまんできずに
エ　無意識に

5　標語（25）

ア　小学校のきまりを表した短い言葉
イ　ある考えをうまく表した短い言葉
ウ　班で朝行うことを表した短い言葉
エ　登校する時の注意を表した短い言葉

問二　（　あ　）～（　お　）に入れるのに最もふさわしい言葉を、それぞれ次のア～カの中から一つ選んで、記号で答えなさい。（5、11、19、26、49）

ア　ひっそり　　イ　ぞろぞろ　　ウ　ぱちくり　　エ　ふわふわ　　オ　そっと　　カ　ひらひら

問一　〰〰〰線1〜5の言葉の本文中での意味として最もふさわしいものを、それぞれ下のア〜エの中から一つ選んで、記号で答えなさい。(2、7、15、19、25)

1　まのびした（2）
- ア　ゆったりとした
- イ　からかうような
- ウ　せかすような
- エ　はっきりとした

2　馬力（7）
- ア　はやく走る力
- イ　人をまとめる力
- ウ　物事を行う力
- エ　大きな声を出す力

3　気のない（15）
- ア　元気がなさそうな
- イ　おどろいたような
- ウ　関心がなさそうな
- エ　気がついたような

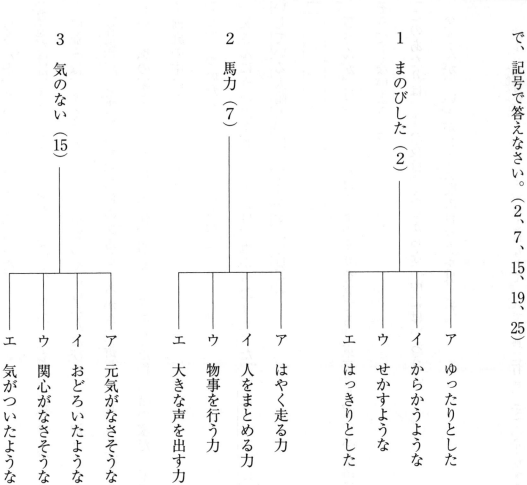

母さんが、びっくりしたように言った。

「敷地《しきち》だけは父さんのころと変わらないからなあ。子どもの数は、かなり減っているらしい。」

町並みは、すぐにとぎれて、道路のそばはふたたびたんぼや畑ばかりになった。

「鈴屋口《すずやぐち》」と書かれたバス停のあるところから左折して、れんげ畑の中の道を走りだした。行く手の山すそに、真新しい洋風の家が見えてきた。全体が明るい茶色をした総二階の家だ。屋根瓦《やねがわら》はつやのある青色をしている。車はほどなく前庭の中にすべりこんだ。

「さあ、ついたぞ、ここがわが家だ。」

父さんにうながされて、翔太は、車からおり立った。⑨空はうすい雲におおわれ、はるか川のむこうの山の上に身ぶるいしている太陽も、ぼんやりかすんで見えた。

「　イ　」

母さんが、はおっていたコートのえりを立てる。東京よりずいぶん南にきたから、もっとあたたかいと思ったのだが、そうでもないようだ。

「このあたりは、まだ夜は冷えるからな。中にはいろう。」

父さんが、いそがしく玄《げん》関のロックを外した。

（出典　那須正幹『翔太の夏』）

注１　単身赴任《たんしんふにん》（68）……家族とはなれて一人で任地に行き、そこで生活すること。

注２　瓦葺《かわらぶ》き（74）……かわらで屋根をおおうこと。また、その屋根。

れに、こんどはせまくるしいアパートではなく、一戸建ての新築の家に住める。なによりうれしいのは犬が飼えることだ。

父さんは、去年の秋から、双葉市に注1単身赴任《たんしんふにん》していた。そして、新しい家が建ったところで翔太と母さんをよびよせたのだ。

新幹線で新山田駅《しんやまだえき》まできて、そこから在来線に乗りかえて双葉駅でおりた。駅は高架《こうか》になっているし、駅前には大きなショッピングセンターまである。駅前広場の横にはガラス張りのイベントホールもあるし、マンションらしい高層ビルも見えた。⑦けっこう都会なんだなと、翔太は思った。

ところが駅にむかえにきた父さんの車で、ものの十分も走ると市街地を外れてしまった。ところどころ家のかたまっているところがあるが、どの家も注2瓦葺《かわらぶ》きの民家ばかりで、ビルなんて一軒《いっけん》もない。

三十分も走ったろうか、右手から流れこんでいるもう一本の川との合流地点をすぎると、ちょっとした街並みが見えてきた。

「ほうら、ここからが奥地町だ。」

父さんが、前方の町をあごでしゃくった。

信号のある交差点のまわりに商店がならび、その奥のほうに公民館のような建物がいくつかまとまって建っていた。

車は、交差点を右折して右手の道路を走りだした。

「翔太の通うのは、あの学校だよ。」

父さんが助手席の窓から見える、鉄筋《てっきん》の古い建物を指さした。

「⑧けっこう大きいのねえ。」

のはしにある溝《みぞ》の中にとびこんですがたを消した。

「翔太、いまのタヌキじゃなかった。」

　母さんが小声で言ったのは、動物がいなくなってからだった。

「ネコじゃないの。」

「ネコだったら、あんなにしっぽが大きくないわよ。まちがいない、タヌキか、それともキツネ……。ううん、キツネなら、もっと黄色っぽいはずよねえ。やっぱりタヌキだわ。」

　その夜、会社から帰った父《とう》さんに報告すると、⑥父さんは、おどろいたようすも見せずに答えた。

「タヌキなら、べつにめずらしくもなんともない。タヌキやキツネは、町中にもちょくちょくでてくるからなあ。おおかた生ゴミでもあさりにきたんじゃないのか。」

　タヌキやキツネがうろついている町、それが、翔太たちのひっこしてきた双葉市《ふたばし》奥地町《おくちまち》なのだ。

　翔太の一家が父さんの仕事のつごうで、この町にひっこしてきたのは、今年の三月末のことだった。

　父さんのつとめていた東京の設計事務所が倒《とう》産したのを機会に、生まれ故郷にもどり、高校の同級生が経営する建築会社で働くことになったのだ。

　翔太は、これまで父さんの故郷がどんなところか、まるで知らなかった。八年前、おばあちゃんの葬式《そうしき》に出席したそうだが、まだ二歳だったから、まるで記憶《おく》がない。

　双葉市というのは、瀬《せ》戸内海に面した人口十二万ほどの小さな町だそうだ。でも、いちおうまちにはちがいない。そ

「ホタルは、ふつうはてんでにふわふわ飛びよるもんじゃが、それが、どういうわけか、ひとところにあつまってくることがあるんよ。十ぴきや二十ぴきじゃあないで、それこそ何百というホタルがあつまるんじゃから。そりゃあ、ごうせいなもんよ。川の上に青い火の玉ができるんじゃ。そいで、あたりがぱあっとあかるくなるんじゃ。」

「へえ、そんなのが見物できるの。」

「　ア　見られんがの。」

保もこれまでに、一回しか見たことがないと告白した。

ホタルなんて、生まれてこの方見たこともない。ホタルが、おしりが光る昆虫《こんちゅう》だということくらいは翔太も知っているし、暗やみの中を青い光を点滅《てんめつ》させて飛んでいるすがたをテレビで見たことはあるが、⑤現物にお目にかかったことはいちどもない。

翔太の生まれた東京の下町では、ホタルはおろか、トンボやチョウチョウだって、あまりいなかった。近くの公園や街路樹《がいろじゅ》で鳴くセミの声を聞いたことがあるくらいだ。

今年の春、この町にひっこしてきて、まずおどろいたのは、いろんな生き物がどこにもいるということだ。家のすぐそばの小川には、魚がいくらでも泳いでいるし、家にいても、いろんな小鳥の声が聞こえてくる。通学路でヘビにでくわすことは、めずらしくもなかった。それどころか、家の近くでタヌキに出会った。

あれは今月のはじめ、母《かあ》さんとスーパーに買い物にでかけての帰りだった。もうあたりが暗くなっていた。ふいに自転車のライトの中に黒い動物のすがたがうかび上がった。最初はネコだろうと思った。動物は、自転車の前をよたよたと走っていく。おおきなしっぽが（　お　）ゆれている。およそ二十メートルくらい走ったところで、動物は道路

「うんにゃ、父ちゃんが、ゆんべ坂上橋《さかがみばし》のところで見たそうな。」

「そういやあ、坂上橋のあたりは、いつも早いからのう。」

「ねえ、ねえ、ホタルがいるの。」

翔太が4おもわずたずねると、保はほそい目を（　う　）させて翔太の顔をながめた。

「ショウちゃんは、ホタル、見たことないんか。」

翔太がうなずくのを見て、②保は、あらためたようにまじまじと翔太の顔をながめた。

「東京にはホタルがおらんというのは、ほんまなんじゃなあ。」

「ホタルなら、いっぱいおるのに。夕方、佐野川《さのがわ》や田無川《たなしがわ》のほとりに行ってごらんよ。」

栗田加奈子《くりたかなこ》が、黄色いカバーのついた真新しいランドセルをゆすり上げながら言った。加奈子は洋平の妹だ。入学したてだから、ランドセルに交通安全の5標語のいっぱいはいったビニールカバーをかぶせている。

「なにも、佐野川やら田無川に行かんでも、もうすこしすりゃあ、このあたりでも（　え　）と飛ぶようになるよ。」

保が、たんぼのほうをあごでしゃくった。

「そいでも、佐野川の土手のほうがようけ飛びよるもん。」

③加奈子が口をとがらす。

「そりゃあ、まあ、ホタル見物なら川筋《かわすじ》に行かんとだめじゃろう。うまいことをすりゃあ④蛍合戦《ほたるがっせん》も見られる。」

「蛍合戦って、なに。」

翔太がたずねると、保は軽くうなずく。

二 次の文章を読んで、後の問いに答えなさい。（問いの下の数字は本文での行数を示します。）

「ショウちゃん、おはよー。」

表で赤碕保《あかさきたもつ》の1まのびした声が聞こえる。高橋翔太《たかはししょうた》は、大急ぎで牛乳《ぎゅうにゅう》を飲み込むと、通学用のリュックをつかんで表にとびだした。門の前の道に、保をはじめとする、いつもの登校メンバーが顔をそろえていた。

「おはよう。」

翔太は、メンバーにむかって声をかけると、保とならんで歩きだした。うしろからチビたちが（　あ　）つながってついてくる。

翔太たちの登校班《はん》には、六年生がいないので、五年生の保が班長《はんちょう》をしている。もっとも保は、体も2馬力も六年生なみだから、保のことをばかにする子はいない。

家の前の道をすこし下れば、広々としたたんぼのそばにでる。田植えが終わったばかりのたんぼは、水の上に数センチほどの①稲《いね》がぎょうぎよくならび、風がふくたびにたよりなげにゆれていた。夜になるとカエルの大合唱が聞こえるが、昼間は（　い　）している。

「タモちゃん、もう、ホタルが飛びよるそうなよ。」

うしろを歩いていた四年生の栗田洋平《くりたようへい》が思い出したように言った。

「まだ五月で。ホタルは、早かろうが。」

保は3気のない返事をする。

二〇二二年度 トキワ松学園中学校

【国語】〈第一回一般試験〉（四五分）〈満点：一〇〇点〉

一 ――線①～⑩の漢字は読み方をひらがなで答え、カタカナは漢字に直しなさい。

① 足りないところを補った。
② この辺の地理は熟知している。
③ 新たなルールを設ける。
④ 公正な裁きが行われることを望む。
⑤ 世間の風潮に左右される。
⑥ わたしは母をソンケイしている。
⑦ キチョウな意見をもらう。
⑧ 日本列島をジュウダンする。
⑨ 図書館は知識のホウコだ。
⑩ 税金をきちんとオサめる。

2022年度

トキワ松学園中学校 ▶解説と解答

算 数 ＜第１回一般試験＞（45分）＜満点：100点＞

解 答

[1] (1) 55 (2) 9 (3) 343 (4) $1\frac{1}{2}$ (5) 14 (6) 3000000cm³ (7) 9本 (8) **25番目の数**…3，**和**…51 (9) **Aの得点**…69点，**平均**…75点 (10) 15.7cm² [2] **㋐の面積**…14cm²，**展開図の面積**…124cm² [3] (1) 300m (2) 8分後 (3) 10時4分 [4] (1) 36g (2) 5％ [5] (1) 20％ (2) 200人 (3) 解説の表とグラフを参照のこと。

解 説

[1] 四則計算，計算のくふう，逆算，単位の計算，平面図形の構成，周期算，平均，面積

(1) 13＋7×6＝13＋42＝55

(2) (66－6×5)÷4＝(66－30)÷4＝36÷4＝9

(3) $A\times B+A\times C=A\times(B+C)$となることを利用すると，34.3×2.9＋34.3×7.1＝34.3×(2.9＋7.1)＝34.3×10＝343

(4) $\frac{3}{8}\div1.75+\frac{3}{7}\div\frac{1}{3}=\frac{3}{8}\div1\frac{3}{4}+\frac{3}{7}\times\frac{3}{1}=\frac{3}{8}\div\frac{7}{4}+\frac{9}{7}=\frac{3}{8}\times\frac{4}{7}+\frac{9}{7}=\frac{3}{14}+\frac{18}{14}=\frac{21}{14}=\frac{3}{2}=1\frac{1}{2}$

(5) 21÷(17－□)×5＝35より，21÷(17－□)＝35÷5＝7，17－□＝21÷7＝3　よって，□＝17－3＝14

(6) 1m³＝1m×1m×1m＝100cm×100cm×100cm＝1000000cm³より，3m³＝3000000cm³となる。

(7) 右の図より，六角形の対角線の本数は9本とわかる。

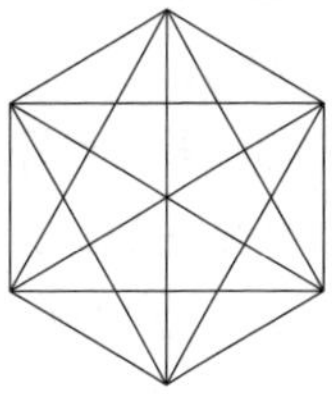

(8) ｛3，2，1｝の3個の数がくり返し並んでいる。25÷3＝8あまり1より，25番目までには3個の数が8回くり返され，さらに1個の数が並ぶので，25番目の数は1番目と同じ3とわかる。また，くり返される3個の数の和は，3＋2＋1＝6だから，はじめから25番目までの和は，6×8＋3＝51と求められる。

(9) Cの得点が80点で，Bの得点はCより4点低いので，80－4＝76(点)になる。そして，Aの得点はBより7点低いから，76－7＝69(点)である。また，3人の得点の合計は，80＋76＋69＝225(点)なので，(平均点)＝(合計点)÷(人数)より，3人の得点の平均は，225÷3＝75(点)となる。

(10) 斜線《しゃせん》部分の面積は，半径，10÷2＝5(cm)の半円の面積と半径，2÷2＝1(cm)の半円の面積の和から，半径，8÷2＝4(cm)の半円の面積を引けば求められる。よって，その面積は，$5\times5\times3.14\times\frac{1}{2}+1\times1\times3.14\times\frac{1}{2}-4\times4\times3.14\times\frac{1}{2}=(5\times5+1\times1-4\times4)\times3.14\times\frac{1}{2}=10\times3.14\times\frac{1}{2}=5\times3.14=15.7$(cm²)である。

2 立体図形―展開図，表面積

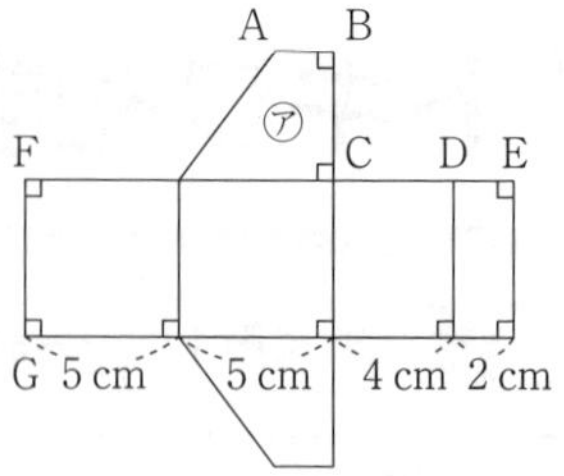

右の展開図を組み立てると，BCはDCと，ABはEDとそれぞれ重なるので，BCの長さは４cm，ABの長さは２cmである。よって，面㋐の面積は，（２＋５）×４÷２＝<u>14（cm^2）</u>となる。また，この四角柱の高さFGは，84÷14＝６（cm）とわかるから，この四角柱の側面積は，６×（５＋５＋４＋２）＝96（cm^2）になる。よって，この展開図の面積は，14×２＋96＝<u>124（cm^2）</u>と求められる。

3 速さ，旅人算

⑴　お母さんが家を出たとき，すみれさんは分速50mで６分進んでいるので，家から，50×６＝300（m）の地点にいる。

⑵　お母さんが家を出てから，すみれさんとお母さんは１分間に，50＋100＝150（m）ずつ近づくので，２人が出会うのにかかる時間は，300÷150＝２（分）である。よって，２人が出会ったのはすみれさんが家を出てから，６＋２＝８（分後）と求められる。

⑶　すみれさんは忘れ物に気づいたあと，また家から300mの地点にもどるまでに，２×２＝４（分）かかったので，家を出てから駅に着くまで予定よりも４分多くかかったことになる。よって，すみれさんが駅に着いた時刻は，予定よりも４分おそいから，午前10時４分とわかる。

4 濃度《のうど》

⑴　（食塩の重さ）＝（食塩水の重さ）×（濃《こ》さ）より，12％の食塩水Ｂ300ｇにふくまれる食塩の重さは，300×0.12＝36（ｇ）である。

⑵　８％の食塩水700ｇにふくまれる食塩の重さは，700×0.08＝56（ｇ）だから，食塩水Ａにふくまれる食塩の重さは，56－36＝20（ｇ）とわかる。そして，食塩水Ａの重さは，700－300＝400（ｇ）なので，食塩水Ａの濃さは，20÷400×100＝５（％）となる。

5 表とグラフ―割合

⑴　問題文中のグラフより，社会が好きと答えた人は全体の，45－25＝20（％）である。

⑵　算数が好きと答えた50人は全体の25％にあたるから，全体の人数は，50÷0.25＝200（人）とわかる。

⑶　社会が好きと答えた人は，200×0.2＝40（人）であり，国語が好きと答えた人は，200－（50＋40＋28＋26＋24）＝32（人）となる。また，国語，英語，理科が好きと答えた人の割合はそれぞれ全体の，32÷200×100＝16（％），28÷200×100＝14（％），26÷200×100＝13（％）になるので，その他の人の割合は，100－（25＋20＋16＋14＋13）＝12（％）と求められる。よって，完成させた表と円グラフは下のようになる。

	算数	社会	国語	英語	理科	その他
人数（人）	50	40	32	28	26	24
割合（％）	25	20	16	14	13	12

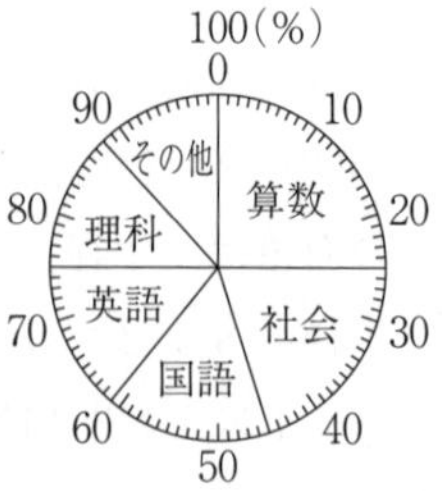

社　会　＜第１回一般試験＞（理科と合わせて60分）＜満点：50点＞

解　答

1　**問１**　イ，オ　**問２**　イ　**問３**　ウ　**問４**　**東京**…ア　**札幌**…イ　**問５**　①　カ　②　オ　③　ア　④　エ　⑤　イ　⑥　ウ　**問６**　エ　**問７**　鹿島臨海工業地域　**問８**　長野(県)　**問９**　ナショナルトラスト　**問10**　ウ　**問11**　(例)　スマートフォン　**問12**　(1)　小麦　(2)　石炭

2　**問１**　渋沢栄一　**問２**　エ　**問３**　富岡製糸場　**問４**　ア　**問５**　イ，ウ　**問６**　北里柴三郎　**問７**　ア　**問８**　**１**　ア　**２**　エ　**問９**　邪馬台国　**問10**　(例)　太平洋戦争のとき，アメリカ軍の爆撃で燃えてしまったから。　**問11**　ウ　**問12**　大化の改新　**問13**　フェノロサ　**問14**　ア　**問15**　イ　**問16**　人　**問17**　国際連盟

3　**問１**　18　**問２**　岸田文雄　**問３**　**１**　ア　**２**　ウ　**３**　ウ　**問４**　イ　**問５**　(例)　記事の内容をすべて信用しない。

解　説

1　東京2020オリンピック・パラリンピックについての問題

問１　ア　2020年の東京都の人口はおよそ1400万人である。　イ　1950年の東京都の人口はおよそ600万人，2020年の東京都の人口はおよそ1400万人のため，1950年から2020年にかけて東京都の人口は２倍以上に増えている。　ウ　1980年と1995年は前回調査年よりも東京都の人口が減っている。　エ　1965年から1995年にかけて東京都の区部の人口は減少傾向《けいこう》にある。　オ　1950年の東京都の人口はおよそ600万人で，そのうち区部の人口はおよそ500万人であるので，1950年の東京都全体に占《し》める区部の割合は約83%，2020年の東京都の人口はおよそ1400万人で，そのうち区部の人口はおよそ950万人であるので，2020年の東京都全体に占める区部の割合は約68%となる。よって，東京都全体に占める区部の割合は1950年に比べて2020年では減っている。

問２　東京2020オリンピック・パラリンピックの選手村は東京都中央区晴海《はるみ》に位置する東京湾の埋立地につくられ，選手村としての役割を終えたあとにはタワーマンションや商業施設として開発が予定されている。

問３　日本の最南端は沖ノ鳥島，最東端は南鳥島(どちらも東京都小笠原《おがさわら》村)である。沖ノ鳥島では，波の浸食《しんしょく》でなくなることを防ぐため，ブロックで周りを囲むなどの対策をしている。

問４　東京は夏の降水量が多く冬の降水量が少ない太平洋側の気候に属することからアが選べる。また，札幌は冬には気温が氷点下まで下がり寒さが厳しい北海道の気候に属するのでイとなる。なお，ウは冬でも温暖な南西諸島の気候，エは冬の降水量が多い日本海側の気候の雨温図。

問５　地図のＡは北海道，Ｂは宮城県，Ｃは福島県，Ｄは茨城県，Ｅは千葉県，Ｆは埼玉県，Ｇは神奈川県，Ｈは静岡県を示している。　山梨県，Ｃの福島県，長野県で扇状地の傾斜《けいしゃ》地などを利用してさかんにつくられている①はもも。Ｈの静岡県や鹿児島県に加え，京都府も生産量上位に入る②は茶。Ａの北海道が収穫量の約８割を占めている③はじゃがいも。広島県が収穫量の半分以上を占め，Ｂの宮城県が収穫量第２位になっている④はかきの養殖収穫量。近郊農業がさかんな群馬県や愛知県，Ｅの千葉県，Ｄの茨城県が収穫量の上位となっている⑤はキャベツ。収穫量第１位のＡの北海道の割合が12.5%と低い⑥は全国で生産されているだいこんがあてはまる。

問６　Ａ　日本で最初にラムサール条約に登録された湿原は釧路湿原で，北海道釧路市にある。

Ｂ　日高山脈は札幌市から見て東の方角にある。

問７　太平洋ベルトで最も東に位置し，日本最大のＹ字型のほりこみ港で知られる工業地域は鹿島臨海工業地域である。茨城県の鹿嶋市と神栖《かみす》市にまたがり，かつて砂浜海岸だったところを開発し，鉄鋼業と石油化学工業を中心に発展した。

問８　諏訪《すわ》湖があるのは長野県である。天竜川は長野県の中央部に位置する諏訪湖を水源とし，赤石山脈(南アルプス)と木曽山脈(中央アルプス)の間にある伊那《いな》盆地を通って南に流れ，静岡県浜松市の東で遠州灘《なだ》(太平洋)に注いでいる。

問９　ナショナルトラストとは，自然環境や歴史的建造物を保護するため，広く国民から資金を集めて土地を買い取り，保全・管理することで後世に残そうという運動で，1895年にイギリスで始まった。なお，狭山丘陵《さやまきゅうりょう》の雑木林は「トトロの森」という愛称で知られ，市民らの寄付金で雑木林などの土地を買い取って保全・管理し，環境調査を積み重ねていることで知られる。

問10　ア　人口の多い国上位３ヵ国は中国，インド，アメリカであるが，インドはメダル獲得《かくとく》数上位10位に入っていない。　　イ　面積の大きい国上位３ヵ国はロシア，カナダ，アメリカであるが，カナダはメダル獲得数上位10位に入っていない。　　ウ　日本の輸入額が大きい輸入相手国上位３ヵ国は中国，アメリカ，オーストラリアで，すべてメダル獲得数上位10位に入っている。

エ　アフリカ州の国はメダル獲得数上位10位に入っていない。

問11　「都市鉱山からつくる！みんなのメダルプロジェクト」でアスリートに授与された金・銀・銅メダルの原材料は，全国各地から集められた使用済みスマートフォンや携帯電話，パソコンなどの小型家電から回収されたリサイクル金属であった。

問12　(1)　アメリカ，カナダ，オーストラリアが輸入先の上位を占める農産物は小麦である。日本は国内で消費する小麦の多くを輸入に頼っており，小麦の食料自給率は約16％となっている。

(2)　オーストラリアが約６割，そのほかにインドネシアやロシア，アメリカから輸入している資源は石炭である。

２　新紙幣《しへい》の肖像《しょうぞう》画についての問題

問１　渋沢栄一は埼玉県の豪農の家に生まれ，1873年に日本初の銀行である第一国立銀行を設立したのをはじめ，大阪紡績会社や東京瓦斯《がす》，王子製紙の設立・経営にたずさわるなど，実業界で活躍《かつやく》した。

問２　渋沢栄一がつかえた江戸幕府の第15代将軍は徳川慶喜《よしのぶ》である。水戸藩出身で，1867年に政権を朝廷に返す大政奉還を行った。

問３　渋沢栄一が設立にかかわった生糸を生産する工場で，群馬県に位置し，世界遺産に指定されたのは富岡製糸場である。設立当時の建物が残されているため，2014年にユネスコ(国連教育科学文化機関)の世界文化遺産に登録された。

問４　明治時代初めの1871年，条約改正の予備交渉《こうしょう》を目的とした使節団の代表として海外に渡った人物は岩倉具視である。

問５　ア　1881年に自由党を結成したのは板垣退助である。　　イ　伊藤博文は君主権の強いドイツ(プロイセン)の憲法を参考に，1889年に発布された大日本帝国憲法の作成にたずさわった。

ウ　伊藤博文は1885年に内閣制度を発足させると自身が初代内閣総理大臣となった。　　エ　明治新政府に不満を持つ旧士族が1877年に起こした西南戦争では，西郷隆盛が中心となった。

問６　伝染病の治療法を開発し，私立伝染病研究所の初代所長として知られる医学者は北里柴三郎である。熊本県出身の細菌《さいきん》学者であり，ドイツに留学してコッホに学び，帰国後には北里研究所や慶應義塾大学医学部などを創設し，医学や教育の場で広く活躍した。

問７　ア　北里柴三郎は世界で初めて破傷風の血清療法を発見したことで知られるので正しい。　イ　黄熱病を研究したのは，野口英世である。　ウ　赤痢《せきり》の原因となる菌を発見したのは，志賀潔である。　エ　ビタミンB_1を抽出《ちゅうしゅつ》したのは，鈴木梅太郎である。

問８　**１**　『源氏物語』の作者は，一条天皇の中宮であった彰子につかえた紫式部である。なお，イの清少納言は一条天皇の皇后の定子につかえ『枕草子』を著した平安時代の人物。ウの紀貫之は醍醐《だいご》天皇が命令してつくられた『古今和歌集』の編さんや，『土佐日記』を著したことで知られる平安時代の人物。エの菅原道真は遣唐使の中止を訴《うった》えた平安時代の人物。　**２**　沖縄戦のさい，兵隊の看護活動などにあたった学徒隊を「ひめゆり学徒隊」という。

問９　中国の歴史書である『魏志《ぎし》』倭人《わじん》伝に書かれている卑弥呼《ひみこ》が治めていた国は，邪馬台国《やまたいこく》である。『魏志』倭人伝には，３世紀の日本に邪馬台国という強い国があり，女王の卑弥呼が30あまりの小国を従えていたことや，239年に魏(中国)に使いを送って，皇帝から「親魏倭王」の称号や金印，銅鏡などを授けられたことなどが記されている。

問10　1941年に日本がイギリス領マレー半島とハワイ真珠湾を攻撃《こうげき》して始まった太平洋戦争で，日本は当初，戦いを優勢に進めていたものの1942年のミッドウェー海戦を機に，劣勢となった。1945年４月にはアメリカ軍が沖縄本島に上陸し，日本で唯一《ゆいいつ》の地上戦が行われた。首里城はそのさいのアメリカ軍の爆撃によって焼失した。

問11　十七条の憲法の第一条は「和を以て貴しと為し」とあり，人々の和を大事にすることを，第二条は「篤《あつ》く三宝を敬《うやま》へ。三宝とは仏・法・僧なり」とあり，仏，仏の教えである経典，僧侶を敬わなければならないことを，第三条は「詔《みことのり》を承りては必ず謹《つつし》め」とあり，天皇の命令に必ず従うことを定めている。

問12　645年に，中大兄皇子と中臣鎌足が天皇を上回るほどの力を持っていた蘇我蝦夷《そがのえみし》・入鹿《いるか》父子をたおし，天皇を中心とする国づくりを始めた。この一連のできごとを大化の改新という。

問13　岡倉天心とともに日本の伝統をふまえた日本独自の美術の発展につくしたアメリカ人はフェノロサである。アメリカの東洋美術史学者で，東京美術学校の設立にかかわった。

問14　高村光雲は明治時代の彫刻家で，代表的な作品にはアの「老猿《ろうえん》」がある。なお，イは朝倉文夫の「墓守《はかもり》」，ウは竹内久一の「伎《ぎ》芸天立像」，エは高村光太郎の「手」である。

問15　「富嶽《ふがく》三十六景」を描いたのはイの葛飾北斎である。なお，アの歌川広重は浮世絵である「東海道五十三次」，ウの東洲斎写楽は役者絵である「市川鰕蔵《えびぞう》」，エの喜多川歌麿は美人画である「婦女人相十品」が代表作として知られる。

問16　福沢諭吉の代表的な著作として知られる『学問のすゝ《(す)》め』の文章である。人間の自由平等や学問の重要性などを説いたこの本は当時のベストセラーとなり，人々に大きな影響をあたえた。

問17　新渡戸稲造が事務局次長をつとめた世界的な組織は国際連盟である。国際連盟は第一次世界大戦の反省から1920年に設立された。

３　現代社会についての問題

問１　2015年に公職選挙法が改正され，それまで満20歳以上であった選挙権年齢が満18歳以上に引き下げられた。

問２　現在の内閣総理大臣は，2021年10月４日から，自由民主党の総裁をつとめる岸田文雄である。

問３　**１**　衆議院の任期は４年，立候補できる被選挙権を持つことができる条件は満25歳以上である。　**２**　衆議院議員の定数は465人である。なお，465人のうち289人が小選挙区で選出され，176人が比例代表で選出される。　**３**　日本国憲法は三権分立をとっており，国会は法律をつくる立法権を，内閣は国会が決めた法律や予算に基づいて実際の行政を行う行政権を，裁判所は憲法や法律に基づいて争いごとを解決する司法権を担当している。

問４　2021年10月31日に行われた衆議院議員総選挙の投票率は，約56％であった。

問５　インターネットは，誰もが自由に接続でき，欲しい情報をいつでもどこでも引き出せ，最新の情報を素早く得やすいといった利点がある。その一方で，はっきりとした発信元や出典元がない情報，間違った情報も簡単に出回るという欠点がある。そのため，記事の内容をうのみにしてすべてを信用しないこと，誤った情報に気をつけるということが注意点としてあげられる。なお，対策としては，発信元を確認する，同じ情報を別のさまざまなメディアを使って確認してみることなどが考えられる。

理　科　＜第１回一般試験＞（社会と合わせて60分）＜満点：50点＞

解　答

1　**【１】**　(1)　イ　(2)　(例)　息にふくまれている二酸化炭素を水にとかすため。　(3)　①　強く　②　多く　③　光合成　(4)　イ　**【２】**　(1)　①　青むらさき色　②　デンプン　(2)　図２　**【３】**　**記号**…オ　**理由**…(例)　南側の窓ぎわは，日光がよく当たるから。

2　**【１】**　(1)　イ　(2)　エ　(3)　①　右の図　②　エ　③　(例)　Aは集気びんの上部から新しい空気が入ってくるが，Bは集気びんの中があたためられた気体で満たされ，新しい空気が入ってこないから。　(4)　ア　**【２】**　ウ　**【３】**　(1)　オ　(2)　ア　(3)　イ

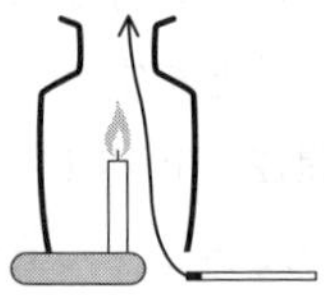

3　**【１】**　(1)　ア　(2)　５A端子　(3)　350mA　(4)　イ　(5)　50mA　**【２】**　(1)　①　1.6　②　1.6　③　248　(2)　①　2.5　②　6　③　5　④　775　(3)　イ

解　説

1　光合成についての問題

【１】　(1)　酸素にはものが燃えるのを助けるはたらき(助燃性)があるため，あわを集めた試験管に火のついた線香《せんこう》を入れて，線香が激しく燃えることで，あわにふくまれている気体が酸素であることが確かめられる。

(2)　水草が光合成を行うためには二酸化炭素が必要である。そのため，ここではあらかじめ，図１の水そうの水に息をふきこんで，水に二酸化炭素をとかしている。

(3)　電球の光は光源から広がりながら届くので，電球に近いほど強い光を得られる。光が強いと光合成がさかんになり酸素の発生量が増えるので，あわの数が多くなる。

⑷　表１で，あわの数は，水そうと電球の距離《きょり》が10cmのときにもっとも多く，その数は108個である。また，水そうと電球の距離が長くなるほど，あわの数は減り，その減り方もしだいに小さくなっていく。そのようすをグラフに表すと，イのようになる。なお，水そうと電球の距離が50cmのときのあわの数が33個になっているグラフを探すことでもイが選べる。

【２】⑴　ヨウ素液はデンプンがあると青むらさき色に色が変わるため，デンプンがあるかどうかを確かめるときに用いられる。

⑵　光を十分に当てた水草の葉は，光合成を行いデンプンがつくられるので，図２のように，ヨウ素液をたらすと色が青むらさき色に変化する。一方，光を当てていない水草は，光合成が行われず，デンプンがつくられないため，図３のように，ヨウ素液の色の変化は見られない。

【３】　１日中晴れた日において，図４で，光がもっとも長い時間当たる場所は，南側の窓ぎわのオである。したがって，オに置くと水草が一番育つと考えられる。

2　ろうそくの燃焼についての問題

【１】⑴　図１のようにふたをすると，燃えているものに酸素が結びつき，集気びんの中にある酸素の量が減っていく。ものが燃えるためには十分な酸素が必要なので，集気びんの中にある酸素の量が少なくなると，ろうそくの火は消えてしまう。

⑵　ろうは水素と炭素からできているので，ろうそくを燃やすと，これらと酸素が結びついて水(水蒸気)と二酸化炭素が発生する。そのため，集気びんの中にある二酸化炭素の量は，燃える前よりも燃えた後の方が多くなる。

⑶　①　ろうそくの火で温められた空気はまわりの空気よりも軽くなって上昇《じょうしょう》するので，ろうそくの火のまわりでは下から上へ空気が流れていく。この空気の流れにそって，線香のけむりも動いていく。　②，③　Ａは集気びんの上部が開いているため，びんの口の中央あたりから燃焼に使われた空気が出ていき，口のふち側から空気が新たに入ってくる。そのため，Ａではろうそくが燃え続ける。一方，Ｂは上部にふたがあるので，集気びんの中が燃焼に使われた酸素の少ない空気で満たされ，下部につくったすき間から新しい空気が入ることができない。したがって，Ｂではしばらくすると酸素が不足して，ろうそくの火が消えてしまう。

⑷　二酸化炭素は空気より重い気体だが，ろうそくの燃焼により発生した二酸化炭素は高温になっているのでまわりの空気より軽くなる。したがって，図３では発生した二酸化炭素が上部にたまるため，長いろうそくの方が短いろうそくよりも先に消える。

【２】　空きかんの下部に穴を開けて，空きかんの下部から新しい空気が入り，上部から気体が出ていく空気の流れができると，木の枝が燃えやすくなる。また，木の枝を密集させずにすき間ができるように入れた方が，木の枝に新しい空気が届きやすくなり，燃えやすくなる。

【３】⑴　ろうそくに火を近づけると，固体のろうが炎《ほのお》の熱でとけて液体になり，ろうそくのしんを上へのぼっていく。そして，しんの先でろうは気体になり燃える。

⑵　ピンセットでしんをつまむと，液体のろうがしんを上へのぼるのを止めてしまうことになるため，しんの先では燃えるものがなくなり火が消えてしまう。

⑶　イのように，燃えているものに水でぬらした雑巾《ぞうきん》をかぶせると，燃えているものに新たな酸素が供給されなくなり，さらに水をかけると，温度が下がる。つまり，酸素と温度の要素を満たさないようにすることで，火を消している。なお，ア，ウ，エは燃えるものをなくしている。

3 電熱線と電流の強さについての問題

【１】 ⑴ 電流計は，はかりたい部分に直列につなぐ。電流計と電池だけが導線で直接つながるような回路にすると，回路に非常に大きな電流が流れて危険である。

⑵ はかれる電流よりも大きな電流が流れると，電流計の針《はり》がふり切れてこわれてしまうおそれがある。回路に流れる電流の大きさがわからないときは，最も大きな値をはかることができる５Ａ端《たん》子《し》につなぐ。

⑶ 500mA端子につないだ場合，図２で上に「５」と記されている目盛りが500mAを表している。よって，針は350mAを指している。

⑷ 表１より，直列につなぐ電熱線の本数が１本から２本に，本数が，２÷１＝２(倍)になると，電流の強さが，150÷300＝$\frac{1}{2}$(倍)になり，１本から３本に，本数が，３÷１＝３(倍)になると，電流の強さが，100÷300＝$\frac{1}{3}$(倍)になる。このことから，直列につなぐ電熱線の本数と電流の強さは反比例の関係であるとわかる。

⑸ 直列につなぐ電熱線の本数を６本にしたときの電流の強さは，⑷で求めた関係から，１本のときの$\frac{1}{6}$倍となる。よって，300×$\frac{1}{6}$＝50(mA)である。

【２】 ⑴ 水の重さが100ｇから160ｇに，160÷100＝1.6(倍)になると，温度を20℃から23℃へ上昇させるのにかかる時間も1.6倍になる。したがって，この実験にかかる時間は，155×1.6＝248(秒)と求められる。

⑵ 水の重さを250ｇにして，温度を，26－20＝６(℃)上昇させるということは，図３の実験の場合と比べて，水の重さを，250÷100＝2.5(倍)にして，上昇させる温度を，６÷(23－20)＝２(倍)にすることになる。したがって，この実験にかかる時間は図３の，2.5×２＝５(倍)，つまり，155×５＝775(秒)となる。

⑶ ふつう，電気ポットやアイロン，ドライヤーは，内部にある電熱線が発生する熱を利用してものを温める。電子レンジはマイクロ波とよばれる電磁波により食品にふくまれる水をしん動させることで加熱している。

国 語 ＜第１回一般試験＞（45分）＜満点：100点＞

解 答

一 ① おぎな(った)　② じゅくち　③ もう(ける)　④ さば(き)　⑤ ふうちょう　⑥～⑩ 下記を参照のこと。　**二** **問１** **１** ア　**２** ウ　**３** ウ　**４** エ　**５** イ　**問２** **あ** イ　**い** ア　**う** ウ　**え** エ　**お** カ　**問３** ア　**問４** エ　**問５** (例) 東京にはホタルがいないことに改めておどろいたから。　**問６** エ　**問７** (例) ホタルが，ひとところに何百もあつまってきて，川の上に青い火の玉ができること。　**問８** イ　**問９** (例) 現実に飛んでいるホタル。　**問10** (例) この町ではキツネやタヌキはちょくちょくでてくるので，めずらしくもなんともないから。　**問11** 駅は高架に～も見えた。　**問12** (例) 父さんが小学生のころと敷地は変わっていないのに，子どもの数はかなり減っているから。　**問13** エ　**問14** ウ　**問15** エ

●漢字の書き取り

一 ⑥ 尊敬 ⑦ 貴重 ⑧ 縦断 ⑨ 宝庫 ⑩ 納(める)

解 説

一 漢字の書き取りと読み

① 足りない部分をつけ加えること。 ② くわしく知っていること。 ③ “作る”という意味。 ④ 善悪を判断すること。 ⑤ 時代とともに移り変わる世の中のありさま。 ⑥ 相手がすぐれていることを認め，うやまうこと。 ⑦ とても大切であること。 ⑧ 南北方向に通りぬけること。 ⑨ 貴重なものがねむっている場所。 ⑩ “相手にわたす”という意味。

二 出典は那《な》須《す》正幹《まさもと》の『翔太《しょうた》の夏―秘密の山のカブトムシ』による。父の仕事の都合で東京から田舎の町へひっこしてきた翔太が，クラスメイトから，近くの川でホタルを見られると聞いておどろく場面である。

問１　1　緊張《きんちょう》感がなく，のんびりしているようす。ここでは，赤碕《あかさき》保《たもつ》の声がゆったりとしていたことを表している。　**2**　物事をするエネルギーのこと。ここでは，保の力強いようすを表している。　**3**　興味のなさそうなようす。ここでは，保がホタルに関心を示さないようすを表している。　**4**　“そうするつもりもないのに”という意味。ここでは，ホタルに興味を持った翔太が，つい質問の言葉を口にしていたことを表している。　**5**　行動の目標などを表した短い言葉のこと。ここでは，ランドセルのビニールカバーに書かれていた，交通安全のための短い言葉のことを表している。

問２　あ　少し前に「いつもの登校メンバー」とあることや次の一文に「登校班《はん》」とあることから，翔太たちが集団登校していることがわかる。人が列になって移動するようすを表すのは，「ぞろぞろ」である。　**い**「夜になるとカエルの大合唱が聞こえる」のに対し，昼間のたんぼは静かなのである。よって，音のしない静かなようすを表す「ひっそり」がふさわしい。　**う**　次の一文で「ショウちゃんは，ホタル，見たことないんか」と言っているように，保は，翔太がホタルを見たことがないのかもしれないと思って，おどろいているのである。よって，「目をぱちくりさせて」とするのがよい。　**え**　ホタルが光りながら飛ぶようすである。少し後ろの保の言葉に，「ホタルは，ふつうはてんでにふわふわ飛びよるもんじゃが」とある。よって，「ふわふわ」がふさわしい。　**お**　タヌキの「おおきなしっぽ」がゆれているようすである。物がゆれる表すのは，「ひらひら」がよい。

問３　はじめの部分は，学校に行くのに，保が翔太をむかえに来た場面である。そして，登校班の班長の保は，五年生ながら「体も馬力も六年生なみだから」，ばかにしてくる子などいないと書かれている。よって，アが選べる。

問４　田植えを終えたばかりなので，同じような背《せ》丈《たけ》の稲《いね》が，規則正しい間隔《かんかく》で並んでいるのである。このような稲の整然と植えられているようすを，「ぎょうぎよくならび」と表現している。

問５「ショウちゃんは，ホタル，見たことないんか」という保の言葉からは，東京から来た翔太が，ホタルを見たことがないことへのおどろきが読み取れる。また，次の文に「東京にはホタルがおらんというのは，ほんまなんじゃなあ」とある。保は，翔太がホタルを見たことがないのを知っておどろき，東京にホタルがいないことを実感したのである。

問6　「口をとがらす」は，不満を表すしぐさである。加奈子は，佐野川や田無川のほとりへ行くとホタルを見られると翔太に教えたが，保に，わざわざそこまで行く必要がないと言われて，「そいでも，佐野川の土手のほうがようけ飛びよるもん」と言って反論している。よって，エが選べる。

問7　翔太が「蛍《ほたる》合戦って，なに」ときくと，保は，「蛍合戦」とは，「何百というホタル」が「ひとところにあつまってくる」ことで，「川の上に青い火の玉ができる」と言っている。

問8　保は，「蛍合戦」を「一回しか見たことがない」と「告白」しているので，「蛍合戦」が「めったには」見られないものだとわかる。

問9　現物とは，実際のもののことである。翔太は，「暗やみの中を青い光を点滅《てんめつ》させて飛んでいるすがた」をテレビで見ただけで，「ホタルなんて，生まれてこの方見たこともない」のであるから，ここでの「現物」とは「ホタル」のことである。

問10　直後に「タヌキなら，べつにめずらしくもなんともない。タヌキやキツネは，町中にもちょくちょくでてくるからなあ」とある。「タヌキやキツネ」は，東京で育った翔太にとってはめずらしいものだが，父さんにとっては「めずらしくもなんともない」ものだったので，タヌキを見たと言っても父さんはおどろかなかったのである。

問11　直前に書かれているように，駅が「高架《こうか》」になっていたり，駅前に「大きなショッピングセンター」や「ガラス張りのイベントホール」があったり，さらには「マンションらしい高層ビル」もあったりしたので，翔太は「けっこう都会」だと思ったのである。

問12　今では，「子どもの数は，かなり減っているらしい」が，昔はたくさんの子どもたちが通っていた学校である。その学校は，子どもの数が減っても「敷地《しきち》だけ」は当時のまま変わっていないので，「けっこう大きい」のである。

問13　「太陽」が「身ぶるいしている」という「擬人《ぎじん》法」が用いられている。「擬人法」は，人ではないものを人にたとえる表現技法である。ここでは，「身ぶるいしている太陽」が，新しい土地にひっこしてきた翔太の心情を表していると考えられる。

問14　「コートのえりを立てる」という動作から，「寒い」のだとわかる。また，「東京よりずいぶん南にきたから，もっとあたたかいと思ったのだが，そうでもないようだ」とあることからも，予想以上に寒かったと考えられる。

問15　ア　翔太は「ホタルなんて，生まれてこの方見たこともない」のであり，「暗やみの中を青い光を点滅させて飛んでいるすがたをテレビで見たことはある」とはあるが，ホタルについて「興味を持って調べていた」とは書かれていない。よって，正しくない。　　イ　「ショウちゃんは，ホタル，見たことないんか」という質問に翔太がうなずくと，保は，「まじまじと翔太の顔をながめ」ておどろいてはいたが，翔太を「かわいそうだと」思っていたわけではない。よって，誤り。ウ　「この町にひっこしてきて，まずおどろいたのは，いろんな生き物がどこにもいるということだ」とあるが，翔太がこの町のそのようなところを「気に入っていた」かどうかはわからない。よって，適切ではない。　　エ　翔太は，自転車のライトの中の「黒い動物」を，「最初はネコだろうと思った」ので，正しい。　　オ　翔太はひっこしにさいし，「なによりうれしいのは犬が飼えることだ」としている。よって，合わない。

2022年度　トキワ松学園中学校

〔電　話〕　(03) 3713－8161
〔所在地〕　〒152－0003　東京都目黒区碑文谷４－17－16
〔交　通〕　東急東横線 ―「都立大学駅」より徒歩８分

＊【適性検査Ⅰ】は国語ですので、最後に収録してあります。

【適性検査Ⅱ】〈適性検査型試験〉（45分）〈満点：100点〉

（注意）問題用紙，解答用紙は折ったり切ったりしてはいけません。

1 すみれさんと松子さんは、理科クラブで活動をしています。

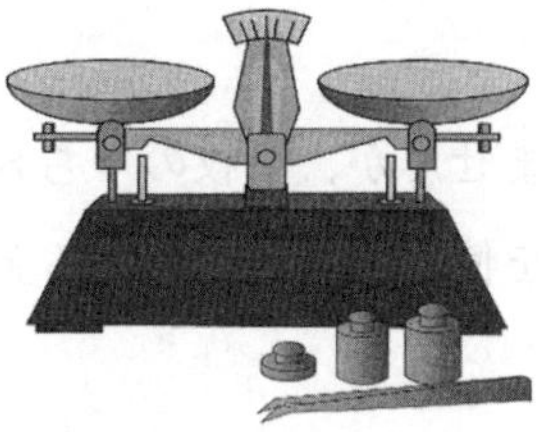

先　生：今日の実験では、上皿天びんを使いましょう。
１ｇ，２ｇ，４ｇ，８ｇ，16ｇ，32ｇ，64ｇ の７種類の分銅が１個ずつありますので、１ｇから100ｇまでの重さを１ｇごとにすべての重さについてはかることができます。

すみれ：たった７種類の分銅で、100ｇまでのすべての重さがはかれるのですか。

先　生：そうですよ。例えば、７ｇの重さをはかるには、どの分銅を使えばよいでしょうか。

松　子：１ｇと２ｇと４ｇの分銅を使えばいいね。では、84ｇの重さをはかるには、どうすればいいかしら。

すみれ：わかった。64ｇと16ｇと４ｇの分銅を使えば84ｇになるわ。

（問題１）⑴　21ｇの重さをはかるには、どの分銅を使えばよいか答えなさい。

⑵　100ｇの重さをはかるには、どの分銅を使えばよいか答えなさい。

先　生：では、今度は１g，３g，９g，27gの４種類の分銅を１個ずつ用意しました。これを使って７gをはかりたかったら、どのようにすればいいと思いますか。

松　子：足して７gになる分銅はありませんね。先生、分銅は天びんの両側にのせてもいいのですか。

先　生：そうですね。足して７gになる分銅はないので、足したり、引いたりして考えるとよいですね。

すみれ：そうか、引き算も使うと、３－１＝２，３＋１＝４，９－１＝８…となるから、１g，２g，

4g，8g…の重さがはかれるね。

松　子：わかったわ。7gをはかるには、一方の皿にはかりたいものと3gの分銅、もう一方の皿に1gと9gの分銅をのせておけばよいわ。

（問題2）⑴　用意した4つの分銅を使うと最大何gの重さがはかれるか答えなさい。

⑵　8gの重さをはかるには、どのようにすればよいか説明しなさい。

⑶　20gの重さをはかるには、どのようにすればよいか説明しなさい。

先　生：上皿天びんを使うと、重さをはかるだけでなく、重さの違《ちが》うものを見つけることもできます。

ここに9枚の金貨があります。見た目では全く区別ができませんが、9枚のうち8枚は同じ重さで1枚だけが少しだけ軽くなっています。天びんを使って重さの異なる金貨を見つけましょう。

松　子：9枚あるから、3枚ずつの3グループに分けて、まず軽い金貨が入っているグループを見つけよう。

すみれ：そうだね。2つのグループを天びんの左右にのせて、天びんが傾《かたむ》いたら、軽い方の3枚の中に軽い金貨があることがわかるね。

松　子：天びんがつり合ったら、天びんにのせていない3枚の中に軽い金貨があることがわかるね。

（問題3）すみれさんと松子さんが考えた方法で、軽い金貨が入ったグループを見つけることができました。このあと、上皿天びんを使って、軽い1枚の金貨を必ず見つける方法を説明しなさい。

（問題4）ここに12枚の金貨があります。見た目では全く区別ができませんが、12枚のうち11枚は同じ重さで1枚だけが少しだけ軽くなっています。天びんを3回使って、重さの異なる金貨を必ず見つける方法を説明しなさい。

すみれ：重さの単位はｇやkgなどですが、昔の日本ではちがう単位が使われていたんですよね。

先　生：そうですね。今使われている単位はメートル法といって、長さの単位はｍ（メートル）、重さの単位はkg（キログラム）を基準とする世界共通の単位のしくみです。江戸時代までは、尺貫法《しゃっかんほう》という単位が使われていました。今でも一部は残っていて、部屋の大きさを畳《じょう》で表したり、土地の広さを坪《つぼ》で表したりしますね。

松　子：その尺貫法では、重さの単位はどのように表していたのですか。

先　生：尺貫法の重さの単位と今の重さの単位の関係は、次の表のとおりです。

尺貫法	メートル法
毛（もう）	0.00375 g
厘（りん）	0.0375 g
分（ぶ）	0.375 g
匁（もんめ）	3.75 g
貫（かん）	3.75 kg
斤（きん）	600 g

すみれ：さっきの実験で７ｇの重さをはかったけれど、この重さを尺貫法で表したらどのようになるのかしら。

（問題５）７ｇを尺貫法の匁と分を使って表すと、およそ何匁何分になるか答えなさい。

松　子：私の体重を尺貫法にしてみたら、11貫４斤になったわ。

すみれ：私の体重を毛で表したら、10400000毛になったわ。

（問題６）松子さんとすみれさんの体重をメートル法に直すとそれぞれ何kgになるか答えなさい。

2 **すみれさんは先生と乗用車について話をしています。**

すみれ：二酸化炭素を出す量を減らすために、ガソリンなどの石油から作られる燃料を使って走る自動車をなくして、電気を使って走る自動車にしていくことが、世界的な流れになってきたという話を聞きました。

先　生：日本では2035年までにガソリンだけを使って走る車は、新しくつくって売ることはできなくなる予定で、ヨーロッパのＥＵに加盟している国ぐにでは2035年に電気だけを使って走る車しか新しくつくって売ることができなくなる予定だよ。

すみれ：ガソリンを使って走る自動車や、電気を使って走る自動車があるようですが、いまはどういう種類の自動車があるのですか。

先　生：ガソリンと電気の両方を使う自動車を含めて、いまは大きく分けて次の(ア)から(エ)の４種類に分けることができるよ。

〈資料１〉ガソリンや電気を使って走る自動車

(ア) ＥＶ	電気自動車。コンセントから充電《じゅうでん》した電気や、減速したときに発生する電気など、電気でモーターを動かして走る自動車。ガソリンは使わない。
(イ) ＰＨＶ	プラグインハイブリッド車。コンセントから充電した電気や、減速したときに発生する電気でモーターを動かして走るが、電気自動車よりも電池の容量が少なく、電気で走ることができる距離《きょり》が電気自動車よりも短い。そのためエンジンがついていてガソリンを使って走ることもできる。
(ウ) ＨＶ	ハイブリッド車。ガソリンを使ってエンジンを動かして走るが、最もガソリンを消費する加速時に電気を使ったモーターの力で走ることで、ガソリンの消費量を少なくする。電気はコンセントから充電するのではなく、減速したときに発生する電気を使う。電気をためておくための電池もある。
(エ) ガソリン車	ガソリンを使ってエンジンを動かして走る自動車。電気は使わない。

※この問題では軽油を使って走る自動車も「ガソリン車」とします。

(問題１) 現在の予定では、日本とヨーロッパ（ＥＵに加盟している国ぐに）で、2036年に新しくつくって売ることができる自動車は〈資料１〉のどれですか。会話文を参考にして、日本とヨーロッパそれぞれについて(ア)～(エ)よりすべて選び、記号で答えなさい。

すみれ：ＥＶはまったく二酸化炭素を出さないのですか。

先　生：いや、車をつくるときや、車を走らせるための電気をつくるときに二酸化炭素を出してしまうんだ。下の〈資料２〉を見てごらん。

〈資料２〉車１台が排出《はいしゅつ》する二酸化炭素の量

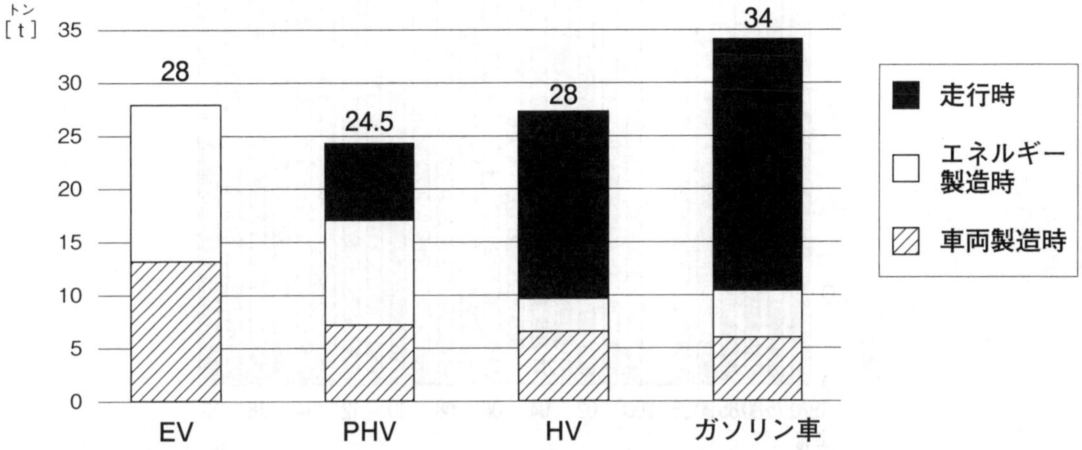

・１年間に1.5万 km 走行し、10年間使用した場合

・ＥＶの電池容量はＰＨＶの約８倍

・ＰＨＶは電気走行が６割として計算

（日本自動車工業会ウェブサイト「カーボンニュートラルデータ集」より）

すみれ：〈資料２〉を見ると、ＥＶは走行するときには二酸化炭素を出さないけれど、エネルギーを製造するときにガソリン車よりも３倍の二酸化炭素を出していて、車両製造、つまり車をつくるときにガソリン車よりも２倍以上の二酸化炭素を出していることが分かります。

先　生：そうだね。エネルギーを製造するというのは、電気をつくったり、石油からガソリンをつくったりすることをいうのだけど、①ガソリンをつくるときよりも電気をつくるときのほうが多くの二酸化炭素を出してしまうということだね。また、ＥＶをつくるときに二酸化炭素が多く出るのは、電気をためておくための部品である電池をつくるときにたくさんのエネルギーが必要となることが主な理由だよ。

すみれ：電気や電池をつくるのに二酸化炭素を多く出してしまうのでは、電気を使う自動車は環《かん》境《きょう》に優しいとは言えないと思います。

先　生：そこが今後の課題だよ。二酸化炭素を出さないようにする新しい技術を生み出していかないとね。

（問題２）下の〈資料３〉は日本の発電方法の割合を示したものです。会話文中の下線部①について、電気をつくるときに多くの二酸化炭素を出す理由を考えて書きなさい。

〈資料３〉

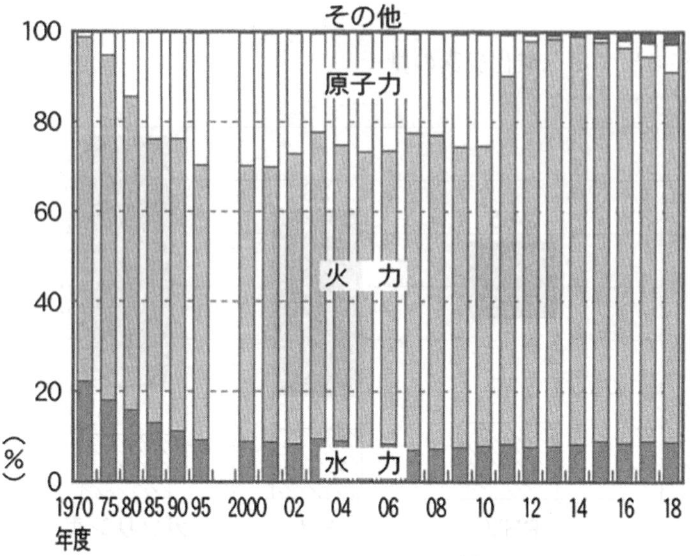

（『統計でみる日本　2021年度版』より）

（問題３）〈資料２〉によれば、ＥＶはＰＨＶよりも多くの二酸化炭素を出しています。これは、自動車を走らせるための電気をつくるときに多くの二酸化炭素を出すことの他にどのような理由がありますか。これまでの会話文と〈資料２〉を参考にして答えなさい。

すみれ：二酸化炭素を出さないようにするための自動車は、電気自動車以外にはどのような自動車があるのですか。

先　生：②水素を使って発電してモーターを動かす燃料電池自動車（ＦＣＶ）があるよ。水素は水と電気からつくることができます。水素をつくるための電気を再生可能エネルギーでつくれば、エネルギーをつくるときに発生する二酸化炭素をゼロにすることができるね。

すみれ：車をつくる工場でも再生可能エネルギーを使うと良いと思います。

先　生：自動車メーカーは、③どういう場所に工場を建てれば再生可能エネルギーを使えるかということも考えているんだ。例えば水力発電であれば、近くの川の水量や土地の高低差のデータを集めているよ。

（問題４）下線部②について、ＦＣＶは燃料となる水素を供給できる場所が少ないこともあり、あまり一般には普及《ふきゅう》していません。しかし、乗用車以外の路線バスやごみ収集車などで少しずつ台数が増えています。この理由を、路線バスやごみ収集車がどのような場所を走るかということにふれて書きなさい。

（問題５）下線部③について、あなたなら再生可能エネルギーを使う工場を建てるときに、どのような発電方法を利用しますか。また、そのときにどのようなデータを集めますか。水力発電以外について、２つ考えて書きなさい。

すみれ：2021年にＥＶが全体の60パーセント以上になったノルウェーの新聞記事を見つけました。次に買う車もＥＶにすると言っている人が90パーセント以上いるそうです。

先　生：ＥＶに満足している人が多いようだね。どのような点が気に入っていると書いてありましたか。

すみれ：満足している点は、買った後にかかるお金が安いことと、車の性能が高いこと、④環境にやさしいことのようです。

先　生：買った後にかかるお金が安いのは、【 ⑤ 】ということが理由のようだね。車の性能が高いというのは、加速が良かったり、ガソリンを使う車に比べて室内が静かだったりするということだよ。

すみれ：ＥＶならではの不満もありました。外出先で充電できる場所があっても、空きがなくてなかなか利用ができないということがいちばん多い不満でした。

先　生：充電が終わっているのに、充電する場所から車を動かさない人もいるということかな。こうしたマナーの問題は、これからＥＶが増えると思われる日本でも問題になりそうだね。

（問題６）下線部④について、ノルウェーでは電力のほとんどが再生可能エネルギーでつくられています。ノルウェーの発電方法の割合として考えられるものを㋐～㋓より１つ選び、記号で答えなさい。

㋐　天然ガス発電70パーセント、水力発電20パーセント、その他10パーセント

㋑　天然ガス発電95パーセント、その他５パーセント

㋒　水力発電95パーセント、その他５パーセント

㋓　石炭発電90パーセント、太陽光発電５パーセント、その他５パーセント

（問題７）会話文中の【 ⑤ 】に入る文章としてふさわしくないものを㋐～㋓より１つ選び、記号で答えなさい。

㋐　ＥＶに対する税金が安い

㋑　ガソリンの値段が安い

㋒　ＥＶに高速道路の料金割引がある

㋓　ガソリンを使わない車には駐車《ちゅうしゃ》料金割引がある

3 **すみれさんは、冬休みにお母さんと一緒に白菜漬《つ》けを作りました。白菜漬けの作り方について疑問を持ったすみれさんは、先生に質問しています。**

すみれ：白菜漬けを作るのに、たくさんの塩を使うことが気になりました。母は、「塩漬けにすると保存食になるのよ。」と言っていたけれど、塩で食べ物が腐《くさ》りにくくなるのはなぜなのでしょうか。

先　生：いいところに気が付いたね。この理由をさぐるために、１つ実験をしてみようか。身近な野菜であるジャガイモを使って、昔から保存食づくりに塩が利用されてきたのはなぜか考えてみよう。

先生が教えてくれた実験は次の通りです。すみれさんは、早速この実験をやってみることにしました。

【準備するもの】

・ジャガイモ　・水　・食塩
・包丁　・電子天びん　・メスシリンダー　・ビーカー　・薬包紙
・薬さじ　・ガラス棒　・ラップフィルム

【実験手順】

① ビーカーＡに水200 ｇを入れる。ビーカーＢ～Ｅには、それぞれ0.5 ％，１％，1.5 ％，２％の食塩水を200 ｇずつ作り、入れる。

② ジャガイモを、包丁を使って、右の図のように切り分け、１cm × １cm × ３cm 程度の角柱を５個作る。

③ ②の角柱の重さをそれぞれ電子天びんではかり、記録する。

④ ②の角柱をそれぞれビーカーＡ～Ｅに１つずつ入れ、ラップフィルムでフタをし、密封《みっぷう》する。

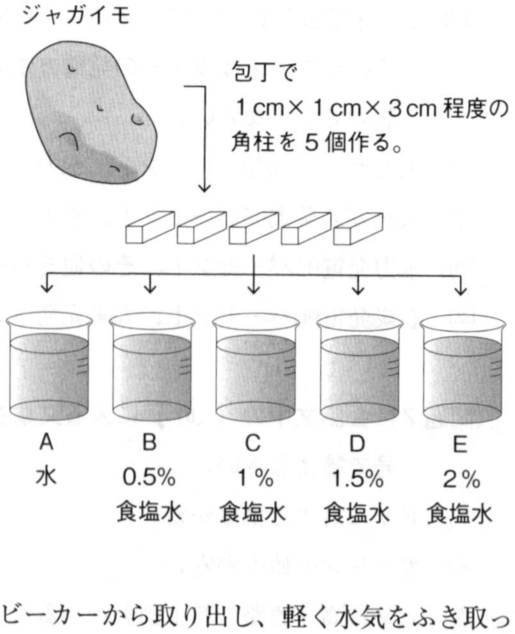

⑤ そのまま一晩おいたあと、それぞれの角柱をビーカーから取り出し、軽く水気をふき取って、重さを電子天びんではかり、記録する。

(問題１) 実験手順①について、ビーカーＤに1.5 ％の食塩水を200 g作るにはどうしたらよいか、作り方を説明しなさい。ただし、【準備するもの】に書かれた器具や道具を使うこと。

(問題２) 実験手順④で、ビーカーにジャガイモの角柱を入れたあとラップフィルムでフタをして密封するのはなぜですか。理由を説明しなさい。

【実験結果】

	ビーカーＡ	ビーカーＢ	ビーカーＣ	ビーカーＤ	ビーカーＥ
ビーカーの中の液体	水	0.5 ％食塩水	１％食塩水	1.5 ％食塩水	２％食塩水
もとの角柱の重さ （１）	4.5 g	４g	4.65 g	4.15 g	5 g
一晩おいた後の角柱の重さ （２）	4.95 g	（　あ　）g	4.34 g	3.32 g	3.7 g
（２）/（１）	1.1	1.03	0.93	（　い　）	0.74
見た目の変化	大きくなった	あまり変わらない	あまり変わらない	小さくなった	小さくなった
手ざわり	ハリが出て 硬《かた》くなった	少し 硬くなった	少し しんなりした	しんなりした	しんなりした

(問題３) 表の□の部分は、一晩おいた後の角柱の重さ（２）をもとの角柱の重さ（１）で割った値を示しています。表中の（　あ　）（　い　）に当てはまる数字を答えなさい。

すみれ：食塩水にジャガイモをつけておくだけで、重さが増えたり減ったりするなんておどろきました。

先　生：そうですね。食塩水の濃《こ》さとの関係を考えるとどうかな。

すみれ：ビーカーＡ、Ｂでは、食塩水がうすくなると角柱はより重くなり、ビーカーＣ～Ｅでは［　　1　　］ことが分かりますね。この現象はどうして起こるのかしら。

(問題４) 食塩水の濃さと角柱の重さの変化に注目して、会話文の［　　1　　］に当てはまる文を答えなさい。

ジャガイモの拡大図

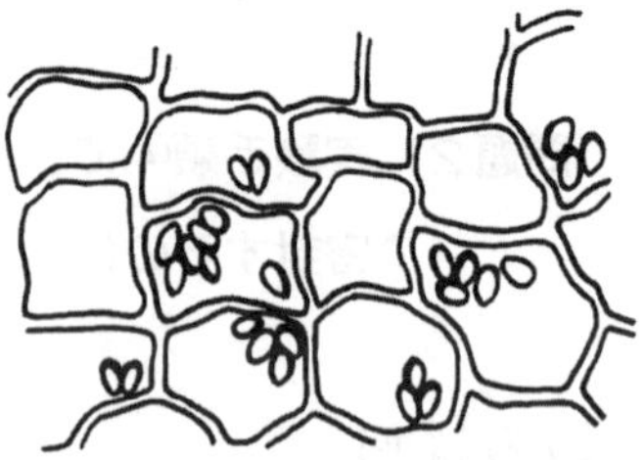

＊この１つ１つの部屋が『細胞』

先　生：野菜は右の図のように、『細胞《さいぼう》』という小さな部屋が集まってできているんだ。そして、細胞にはたくさんの水が入っている。例えば、ビーカーＣ～Ｅで角柱の重さが減ったのは、細胞の中の水が、外にしみ出してしまったからなんだ。

すみれ：水が勝手に細胞の外に出られるのですか。

先　生：１つひとつの細胞は細胞膜《まく》という膜で仕切られている。細胞膜は、水溶液の溶質（水溶液に溶けている成分のこと。例えば、食塩水では食塩を指す）は通さずに、水だけを通すことが出来るという性質を持っているんだ。濃さのちがう水溶液の間に細胞膜のような膜があると、両方の水溶液の濃さの差ができるだけ小さくなるように、水が移動するという現象が起こる。

実際には目には見えない溶質を●、細胞膜を点線- - -で表すと、次のような仕組みになっているよ。

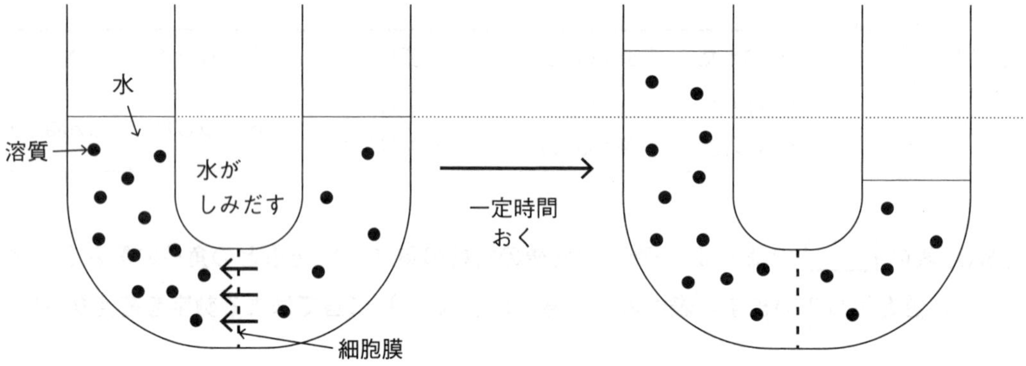

ジャガイモの細胞にも細胞液という水溶液が入っているから、細胞液の濃さと食塩水の濃さにちがいがあると、水が移動するというわけだね。

すみれ：なるほど。このことを考えると、ビーカーＡの水、Ｂの食塩水の濃さはジャガイモの細胞液よりも［　2　］、ビーカーＣ～Ｅの食塩水はジャガイモの細胞液の濃さよりも［　3　］ということが言えますね。

（問題５）すみれさんの考えを表した文中の空らん［　2　］、［　3　］に当てはまる言葉を答えなさい。

(問題６) このことから、ジャガイモの細胞液の濃さは、何%の食塩水と同じくらいだと考えられますか。ふさわしいものを(ア)～(オ)より１つ選び、記号で答えなさい。

(ア) 0.3 %　　(イ) 0.7 %　　(ウ) １ %　　(エ) ２%　　(オ) ３%

先　生：食べ物が腐るのは、細菌《さいきん》やカビなどの微生物《びせいぶつ》が食べ物の中で増えていくからだよ。腐りにくくするためには、細菌が増えるのを防ぐ必要があるんだ。細菌が繁殖《はんしょく》する（増える）条件も参考に、この実験の結果から、保存食を作るのに塩漬けという方法が使われる理由を考えてみよう。

【細菌が繁殖する条件】

・温度：細菌が繁殖するのに適した温度であること。（最適な温度は菌によってそれぞれ決まっている。たいていは30 ℃～ 40 ℃）

・栄養：細菌が繁殖するのに必要な栄養（食べ残しや、よごれなど）が豊富にあること。

・水分：水分が豊富にあること。（細菌は、水に溶けている栄養を吸収して繁殖するため）

(問題７) 実験の結果や、【細菌が繁殖する条件】を参考にして、塩漬けが保存食づくりに使われる理由を説明しなさい。

(問題８) 塩漬けでできた保存食を白菜漬け以外で１つ挙げなさい。

(7)――線②「その逆も真である」とありますが、「その逆」はどのようなことですか。説明しましょう。

(8)本文[C]の会話文の内容と合わない四字熟語を次のア～エの中から一つ選び、記号で答えましょう。

ア　十人十色《じゅうにんといろ》　イ　多種多様《たしゅたよう》　ウ　大同小異《だいどうしょうい》　エ　一水四見《いっすいしけん》

(9)本文[C]の会話の内容として最も適切なものを次のア～オの中から一つ選び、記号で答えましょう。

ア　花さんの印象は見る人によってほとんど変わりはないが、持っているものなど、細かいところでは多少の違いはあった。

イ　花さんはいつもはメガネをかけているにもかかわらず、その時はかけていなかったので、見間違いが起こってしまった。

ウ　見る人の心の状態によって、花さんがどのような心情だったのか違いが出てきてしまい、本当の花さんの性格が誤解されてしまいかねない状態だった。

エ　見る人によって花さんの印象が違って見えた例のように、人の認識には違いがあるため、一つの考えだけでかたよった見識を持つのは危険である。

オ　花さんを探すときの情報のように、世の中には間違った情報がたくさんあふれているので、どれが真実なのか、見極める目を持っていなければならない。

(10)多様性のある社会の中で生きていく上で、あなたが大切だと考えることはどのようなことですか。具体例を挙げながら、後ろの[注意事項《じこう》]に合うように書きましょう。

[注意事項]

○解答用紙に三百字以上四百字以内で書きましょう。

○原稿《げんこう》用紙の正しい用法で書きましょう。また漢字を適切に使いましょう。

○題名や自分の名前は書かずに、一行目、一マス下げたところから書きましょう。

○三段落以上の構成で書きましょう。

○句読点（、。）やかっこなども一文字に数え、一マスに一字ずつ書きましょう。また、段落を変えた時の残りのマス目も字数として数えます。

(1) ――線㈠「キン勉」と同じ漢字を使う熟語を次のア～オの中から一つ選び、記号で答えましょう。

ア　日本のキン海　イ　キン続二十年　ウ　遊泳キン止の海
エ　キン整のとれた体　オ　一枚のキン貨

(2) 本文中の（あ）～（う）にあてはまる最も適切な言葉を、次のア～オの中からそれぞれ一つ選び、記号で答えましょう。

ア　協力的　イ　社交的　ウ　具体的
エ　社会的　オ　効率的

(3) 次の１２の例文はどの種類のバイアス心理だと言うことができますか。最も適切なものを次のア～エの中からそれぞれ一つ選び、記号で答えましょう。

1　血液型がA型の人は几帳面《きちょうめん》だと聞いたことがある。彼はきれい好きで几帳面なので、A型だろう。
2　日本人は寿司《すし》が好きなものだが、彼は寿司が好きではないという。しかし、彼はイクラは好きだというので、やはり典型的な日本人だ。

ア　情報取得バイアス　イ　記憶バイアス　ウ　解釈バイアス
エ　信念維持バイアス

(4) ――線①「ステレオタイプ」とありますが、この概念の良い点を本文中から三十一字で抜き出しましょう。（、や。をふくみます）

(5) ――線①「ステレオタイプ」とありますが、次の文章はこの考え方によっておこってしまう可能性のある悪い点とその対策について書いてあります。次の（ア）～（エ）にあてはまる漢字二文字の言葉を本文Ⓐから抜き出してうめましょう。なお、（イ）と（ウ）は順番は問いません。

「ステレオタイプ」という概念によって、その集団に属している人は（　ア　）の特性を持っていると信じこみがちである。その考えによって（　イ　）や（　ウ　）というマイナスの要因を持たないためには他者を（　エ　）に見て、正確に理解することが必要である。

(6) 本文Ⓑの［　　］にあてはまる言葉として、最も適切なものを次のア～エの中から一つ選び、記号で答えましょう。

ア　学生がどちらの中心特性を頭に入れていたか
イ　講師がどのような態度で学生と接していたか
ウ　学生の中にこの講師からどの位授業を受けたことがある人がいたか
エ　講師が集団全体の中心特性をどう見ていたか

れに対して、②その逆も真であることが、この実験で示されていると言えます。

【藤田政博『バイアスとは何か』】

C

太郎さんとしげるさんと先生・花さんを見かけませんでしたか。図書委員の生徒なんですが。

さとしさん・ああ、さっき本を抱えたメガネの生徒をみかけましたよ。落ちついた様子で、南の校舎の方へ行ったよ。

太郎さんとしげるさんと先生・花さんを見かけませんでしたか。美術部の生徒なんですが。

ゆりさん・ああ、見ました。スケッチブックを持って走っていて、慌《あわ》てた様子で絵の具を落としたので拾ってあげたのよ。美術部は文化祭前でいそがしいから。

しげるさん・二人とも嘘《うそ》ではないようだけれど、どうしてこんなに出てくる花さんの情報が違《ちが》うんだろう。

太郎さん・花さんは本を持っていたのか、スケッチブックを持っていたのか、落ち着いていたのか慌てた様子だったのか、まったく違う情報だよね。

しげるさん・クラスの委員を決めるときにもそういえば同じことがおこっていましたね、先生。

先生・そうですね。ある人から見たAさんと別の人から見たAさんの印象や評価が違いすぎて意見が割れたことがありましたね。

しげるさん・やっぱりいろいろな人の意見を聞くという意味では、グループで話し合うって大切ですね。

太郎さん・でも、よくわからないのに多い意見に流されたり、なかなか意見を言えない人がいたりすることもあるから、多数決で一つの意見に決めるのは危険なときもありますね。

しげるさん・情報をしっかり収集することが必要ですね。

先生・人は自分の語感や知識からくる情報などを手がかりにして自分にとって意味ある認識をしようとする生き物だからね。だからこそ物事には様々な見方ができること、自分自身をふくめた人間をどうとらえていくか、大きなテーマになり得る問題なんだ。

太郎さん・自分と違うというだけで排除したり、似ているから自分と同じ考えだと勝手に思ったりするのもよくないことですね。

しげるさん・一つの出来事に色々な見方ができるという事を知っているだけで、自分と違う考えも受け入れられるような気がします。

注※1　カテゴリー…事物が必ずそのどれかに属《ぞく》する基本的な区分や種類

※2　概念…「〜とは何か」ということについての受け取り方を表す考え方

※3　フランク…人・意見・態度などが率直で気さくなこと

【適性検査ⅠB】〈適性検査型試験〉（四五分）

〈評定：A～Cの3段階〉

〈編集部注：適性検査ⅠはA・Bのいずれかを選択します。〉

問題　次のA、Bの文章、C会話文を読んであとの（1）～（10）の各問いに答えましょう。なお、問題作成のため、一部文章を省略してあります。

A

〈編集部注…課題文は著作権上の問題により掲載しておりません。作品の該当箇所につきましては次の書籍を参考にしてください〉

・Newton別冊『ゼロからわかる心理学 増補第2版』（ニュートンプレス
二〇二一年二月発行）

三八ページ左段八行目～中段四行目

（中略）

三八ページ中段最終行～三九ページ最終行

※書籍は横書きで3段組みになっています。

B

担当講師はその日初めて学生の前に登場した人物で、実験者が講師を紹介《しょうかい》しました。簡単な紹介のあと、講師について紹介文を学生に配布し、黙って読んで話し合わないように、という指示を与えました。

その紹介文には、講師は二十六歳の経験豊かな講師であることの他に、「かなりあたたかく、㊀キン勉で、判断力に優れ、実務をこなす能力があり、意志の強い人であると人から思われています」と書いてありました。

ただ、実はこの紹介文は全員に同じものが配られたわけではなく、一部の紹介文では「かなりあたたかく」の部分が「かなり冷たく」とされていました。

その後、紹介された講師は授業を行いました。もちろん、すべての学生は同じ授業を同じ教室で受けました。授業終了後、講師の人物評定をしてもらうべく、学生には十五項目《こうもく》の質問に答えてもらいました。その結果、「あたたかく」という紹介文を読んだ学生は、講師を思いやりがありフランク[※3]で、（　う　）で、人気があってユーモアのある人であると回答したのに対し、「冷たく」という紹介文を読んだ学生は自己中心的で形式張っていて、人付き合いが悪そうで、人気がなさそうで、ユーモアがなさそうという回答をしていました。

人物認知において、その人が「あたたかい」か「冷たい」かということは、中心特性の一つとされています。周辺特性よりも人物の印象に決定的な影響を及ぼすのです。

講師に会う前に、［　　　　］、すなわち事前に講師に対してあたたかい人だと期待していたか、冷たい人だと期待していたかによって、まったく同じ人物のまったく同じ行動を見ても、印象評定はかなり異なるものになりました。

このように、私たちは、人に会う前に自分が持っていた期待というフィルターを通して、新しく会う人物の印象を作っていると言えます。新しく出会う人に対して、身近な人が良い期待をあなたに植えつけてくれるのであれば、あなたの人生には良い人が多くなるでしょう。そ

経験となるのです。私が先に「活動が重要」だといったのは、そういうことです。

(河野哲也『問う方法・考える方法』による)

ちくまプリマー新書 刊

問題

〔問題1〕 **文章A**について、筆者の考える本当の頭のよさを身につけるためにはどのようなことが必要だと考えますか。**文章A**全体をふまえて、五十字以上、八十字以内で自分の言葉で分かりやすく書きましょう。

〔問題2〕 **文章B**について、筆者の考える活動が重要とはどのようなことだと考えますか。**文章B**全体をふまえて、五十字以上、八十字以内で自分の言葉で分かりやすく書きましょう。

〔問題3〕 この二つの文章を読んで、あなたは「学び」についてどのようなことを考えましたか。本校入学後の目標を含《ふく》めてあなたの考えを、いくつかの段落に分けて、四百字以上、五百字以内で分かりやすく書きましょう。

(書き方のきまり)

○ 題名、名前は書かずに一行めから書き始めましょう。

○ 書き出しや、段落《だんらく》をかえるときは、一ます空けて書きましょう。ただし、〔問題1〕と〔問題2〕については、一ますめから書き始め、行をかえてはいけません。

○ 行をかえるのは段落をかえるときだけとします。会話などを入れる場合は、行をかえてはいけません。

○ 読点《とうてん》↓、や 句点↓。かぎ↓「 などはそれぞれ一ますに書きましょう。ただし、句点とかぎ↓。」は、同じますに書きましょう。

○ 読点や句点が行の一番上にきてしまうときは、前の行の一番最後の字といっしょに同じますに書きましょう。

○ 書き出しや、段落をかえて空いたますも字数として数えます。

○ 最後の段落の残りのますは、字数として数えません。

○ 文章を直すときは、消しゴムでていねいに消してから書き直しましょう。

二〇二二年度 トキワ松学園中学校

【適性検査ⅠA】〈適性検査型試験〉(四五分)〈評定：A～Cの3段階〉

〈編集部注：適性検査ⅠはA・Bのいずれかを選択します。〉

次の文章A・文章Bを読んで、あとの問題に答えなさい。

文章A

本来、問題意識を持つから学ぶ対象を選ぶものですが、学校の生徒たちの多くには、教えられる側という受動的な考えが染み込《こ》んでおり、積極的に問題を見つけようとはしません。しかし、問題を自らつかみ、答えを得るために学び、的確に判断して現実を動かしていくことが、本当の頭のよさであるはず。冷静に物事を分析《ぶんせき》し、把握《はあく》し、現実的に一歩、人生を先に進めるのは、自分自身でしかありません。

判断を下す際、判断の対象によって、時間のかけ具合とかマネジメントの方法が変わってきます。しかし、普《ふ》段《だん》から意識して全体を見ていない人は、その判断に苦しむことになります。多くの人は、近視眼的に、自分が放り込まれた狭《せま》い範囲《はんい》しか見ません。その中で頭がいっぱいになってしまい、気がついたらもう目の前しか見えず、パニックを起こして時間をムダにしてしまいます。

そうならないために、常に全体像をつかむ意識、あるいは問題を自ら設定する意識を持つことです。その意識をはっきりさせることで、判断が的確になり、時間の使い方も上手になると思います。

（齋藤孝『地アタマを鍛える知的勉強法』による）

講談社現代新書 刊

文章B

私は、世界中のさまざまな研究者に会い、共同で研究をしてきました。いろいろな国籍《こくせき》のたくさんの若手研究者や大学院生を指導もしてきました。その経験からひとつ言えることは、人と異なった人生経験をしてきた人こそが、面白い視点を持ちえるし、興味深い発想をするということです。テストでよい点を取るためだけに勉強をして、似たような考え方を持った人としか交流してこなかった人は、視野も発想の幅《はば》も狭くなり、歳《とし》を追うごとに伸《の》び悩《なや》むことが多いのです。

人と異なった人生経験をするということは、意欲さえあれば、だれにでも可能なことです。突拍子《とっぴょうし》もない大《だい》冒険《ぼうけん》をする必要はありません。身の回りの、高校生や学生として手の届く範囲のことであっても、あまり人が目を向けていないことに目を向け、自分なりに問題意識をもって何かに取り組めば、その活動が貴重な人生

2022年度 トキワ松学園中学校 ▶解　答

※　編集上の都合により，適性検査型試験の解説は省略させていただきました。

適性検査ⅠA　＜適性検査型試験＞（45分）＜評定：A～Cの3段階＞

解　答

問題1　(例)　常に全体像をつかむ意識，あるいは問題を自ら設定する意識を持つことが必要で，そうすると的確な判断や上手な時間の使い方もでき，筆者の考える本当の頭のよさが身につく。

問題2　(例)　他人が目を向けないことに目を向け，問題意識を持って何かに取り組む活動は，人と異なる面白い視点や興味深い発想につながる，貴重な人生経験となるので重要だということ。

問題3　右記の作文例を参照のこと。

問題3　(例)

どちらの文章でも、自ら問題意識を持って取り組むことを大切だとし、さらに文章Aでは視野を広く持って全体像をつかむことを、文章Bでは身近でもあまり人が目を向けていないことに目を向けることを勧めている。

中学校は、将来に向けての土台を作る場所だと私は考えている。私は研究者志望だが、この二つの文章で大切だとされた内容は、問題意識を持って身近な不思議を解明したり、研究の優先順位をつけるために全体像をつかんだりする必要がある研究生活においても、非常に大事になることだと感じた。ふだんの勉強でも、与えられた問題を教科書どおりの方法で解くだけで満足するのではなく、別の解法を考えたり、その知識が日常生活ではどう応用できるかを考えたりすることで学びを深められるはずだ。そのように、じゅうなんなものの見方や考え方を養うことが、中学生にふさわしい「学び」のあり方だと考える。

中学校に入学したら、勉強をがんばるのはもちろん、部活動とも両立させることが私の目標だ。運動系の部活動で将来に向けての体力づくりをし、両立できるよう工夫することで時間管理も上手になりたい。何事からも学ぶ姿勢で、充実した生活を送りたいと思う。

適性検査ⅠB　＜適性検査型試験＞（45分）＜評定：A～Cの3段階＞

解　答

(1)　イ　(2)　**あ**　オ　**い**　エ　**う**　イ　(3)　**1**　ア　**2**　ウ　(4)　わずかな情報から，ある個人の特徴をすばやく判断することができる　(5)　**ア**　共通　**イ**　偏見(差別)　**ウ**　差別(偏見)　**エ**　個別　(6)　ア　(7)　(例)　新しく出会う人に対して，身近な人が悪い印象をある人にうえつければ，周囲には悪い評価の人が多くなること。　(8)　ウ　(9)　エ　(10)　右記の作文例を参照のこと。

(10)　(例)

本文Aには、他者を個別に見て偏見や差別を回避すべきであることが、本文Bには、先入観に必要以上に左右されるのをさけるべきであることが、本文Cには、物事には様々な見方ができるということが述べられている。

グローバル化が進み、日本も外国人居住者が増えるなど多様性がある社会になってきている。私の近所の中東系外国人は、ごみの分別方法を守らないので冷たい目で見られていたが、「中東＝危険」という偏見のせいか声をかける人はいなかった。だが、自治会長が話をしたところ、分別のきまりがあるとは知らなかったとおどろき、今後はきまりを守ると約束して深く謝罪してくれたと聞いた。

母国とはちがう日本のきまりに従うと決めてくれた外国人の人も、偏見にとらわれず話し合おうとした自治会長も立派だと思った。

多様性のある社会では、偏見を排して歩み寄り、異文化を尊重しつつ、自分たちの文化や習慣への理解を求める態度が大切だと思う。

適性検査Ⅱ　＜適性検査型試験＞（45分）＜満点：100点＞

解答

1　**問題1**　(1)　16g，4g，1g　(2)　64g，32g，4g　**問題2**　(1)　40g　(2)　一方の皿にはかりたいものと1gの分銅，もう一方の皿に9gの分銅をのせる。　(3)　一方の皿にはかりたいものと1gと9gの分銅，もう一方の皿に3gと27gの分銅をのせる。　**問題3**　（例）　3枚のうちの2枚を上皿天びんの両側にのせる。天びんがかたむいたら，軽い方が軽い金貨，天びんがつり合ったら，天びんにのせていない1枚が軽い金貨だとわかる。　**問題4**　（例）　まず，12枚の金貨を6枚ずつに分けて，天びんの左右にのせる。軽い方の6枚の中に軽い金貨があることがわかる。次に軽い金貨が入っているとわかったグループの金貨を3枚ずつに分けて天びんの左右にのせる。軽い方の3枚の中に軽い金貨があることがわかる。軽い方の3枚の金貨から2枚を取って1枚ずつ天びんの左右にのせる。かたむいたら，軽い方が軽い金貨，つり合ったら，天びんにのせなかった1枚が軽い金貨だとわかる。　**問題5**　およそ1匁9分

問題6　**松子**…43.65kg　**すみれ**…39kg

2　**問題1**　**日本**…(ア)，(イ)，(ウ)　**ヨーロッパ**…(ア)　**問題2**　（例）　日本では火力発電の割合が高く，火力発電は多くの二酸化炭素を出すから。　**問題3**　（例）　電池をつくるときに二酸化炭素が多く出る。EVはPHVの8倍の電池容量があり，EVをつくるときにPHVよりも多くの二酸化炭素が出るため。　**問題4**　（例）　路線バスやごみ収集車は走る場所と距離が決まっているので，途中で燃料が切れる心配がないため。　**問題5**　**発電方法①**…（例）　太陽光発電／その場所が晴れる日が多いかどうかのデータ。　**発電方法②**…（例）　風力発電／その場所にどれくらいの風がどの方向に吹くかのデータ。　**問題6**　(ウ)　**問題7**　(イ)

3　**問題1**　（例）　電子天びんを使い，薬包紙に薬さじで食塩を3gはかりとる。電子天びんにビーカーDを置き，目盛りを0にする。そこにはかり取った食塩を入れ，全体の重さが200gになるまで水を加える。最後にガラス棒でよくかき混ぜる。　**問題2**　（例）　ビーカーから水が蒸発して，食塩水の濃さが変わってしまうのを防ぐため。　**問題3**　**あ**　4.12　**い**　0.8

問題4　（例）　食塩水が濃くなると角柱はより軽くなる　**問題5**　**2**　うすく　**3**　濃い

問題6　(イ)　**問題7**　（例）　塩漬けにすることで食べ物の中の水分を少なくすることができ，細菌が増えるのをおさえることができるから。　**問題8**　（例）　梅干し

Dr.福井の
入試に勝つ！ 脳とからだのウルトラ科学

復習のタイミングに秘密あり！

算数の公式や漢字，歴史の年号や星座の名前……。勉強は覚えることだらけだが，脳は一発ですべてを記憶することができないので，一度がんばって覚えても，しばらく放っておくとすっかり忘れてしまう。したがって，覚えたことをしっかり頭の中に焼きつけるには，ときどき復習をしなければならない。

ここで問題なのは，復習をするタイミング。これは早すぎても遅すぎてもダメだ。たとえば，ほとんど忘れてしまってから復習しても，最初に勉強したときと同じくらい時間がかかってしまう。これはとっても時間のムダだ。かといって，よく覚えている時期に復習しても何の意味もない。

そもそも復習とは，忘れそうになっていることを見直し，記憶の定着をはかる作業であるから，忘れかかったころに復習するのがベストだ。そうすれば，復習にかかる時間が一番少なくてすむし，記憶の続く時間も最長になる。

では，どのタイミングがよいか？　さまざまな研究・発表を総合して考えると，1回目の復習は最初に覚えてから1週間後，2回目の復習は1か月後，3回目の復習は3か月後――これが医学的に正しい復習時期だ。復習をくり返すたびに知識が海馬《かいば》（脳の，知識をためる倉庫みたいな部分）にだんだん強くくっついていくので，復習する間かくものびていく。

この計画どおりに勉強するには，テキストに初めて勉強した日付と，その1週間後・1か月後・3か月後の日付を書いておくとよい。あるいは，復習用のスケジュール帳をつくってもよいだろう。もちろん，計画を立てたら，それをきちんと実行することが大切だ。

ちなみに，記憶量と時間の関係を初めて発表したのがドイツのエビングハウスという学者で，「エビングハウスの忘却《ぼうきゃく》曲線」として知られている。

えーと
あ，そうだった！
あ，思い出した！
もう，覚えてるよ

Dr.福井（福井一成《ふくいかずしげ》）…医学博士。開成中・高から東大・文Ⅱに入学後，再受験して翌年東大・理Ⅲに合格。同大医学部卒。さまざまな勉強法や脳科学に関する著書多数。

Memo

Memo

2021年度　トキワ松学園中学校

〔電　話〕　(03) 3713－8161
〔所在地〕　〒152－0003　東京都目黒区碑文谷４－17－16
〔交　通〕　東急東横線 ―「都立大学駅」より徒歩８分

【算　数】〈第１回一般試験〉（45分）〈満点：100点〉

（注意）計算はあいているところに書いて，消さないでおきなさい。
円周率を用いるときは3.14として計算しなさい。

1　次の □ にあてはまる数を入れなさい。

（１）$31 + 8 \times 6 =$ □

（２）$(79 - 9 \times 7) \div 8 =$ □

（３）$56.7 \times 7.4 + 56.7 \times 2.6 =$ □

（４）$1\frac{1}{3} \times 1.25 + \frac{1}{2} \div \frac{3}{5} =$ □

（５）$42 \div (14 -$ □ $) \times 5 = 35$

（６）定価 3000 円の商品を 20 ％引きで買うとき，消費税 10 ％を加えると，
□ 円です。

（７）時速 504 km は，秒速 □ m です。

（８）260 円，290 円，330 円，380 円の 4 種類のサンドイッチと，100 円，150 円，180 円の 3 種類の飲み物の中から，それぞれ 1 種類ずつ選んで 500 円以内で買える組み合わせは □ 通りあります。

(９) 30 人で 20 分かかる作業を 40 人で行うと □ 分かかります。

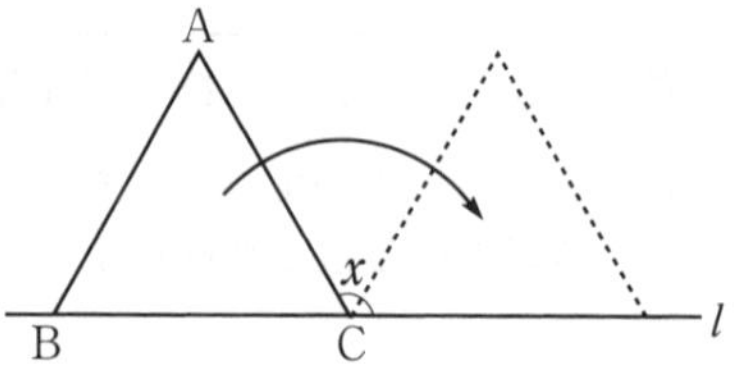

(10) 右の図のような，１辺の長さが 6 cm の正三角形 ABC を，頂点 C を中心に頂点 A が直線 l 上にくるように回転させました。

このとき角 x は □ °で，

頂点 A の動いたあとの長さは □ cm です。

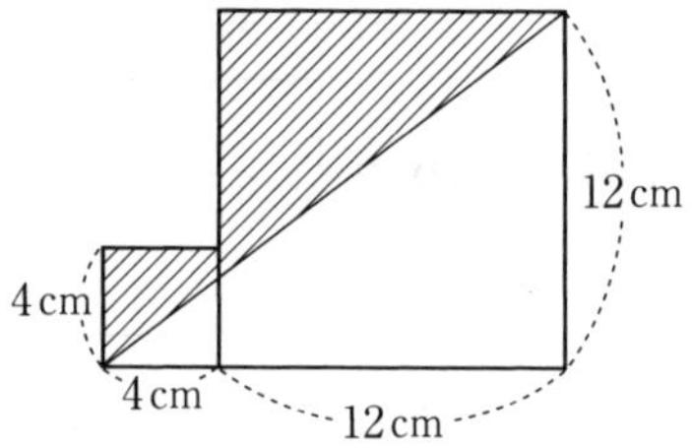

(11) 右の図は二つの正方形を組み合わせたものです。斜線《しゃせん》部分の面積は

□ cm^2 です。

2 底面の直径がそれぞれ 6 cm，8 cmの円柱の形のコップ A，B があります。高さはどちらも 12 cm です。コップ A に 8 cm の高さまで入っている水を，空《から》のコップ B へすべて移したとき，水の体積と水面までの高さを求めなさい。ただし，コップの厚さは考えないものとします。

(式と計算)

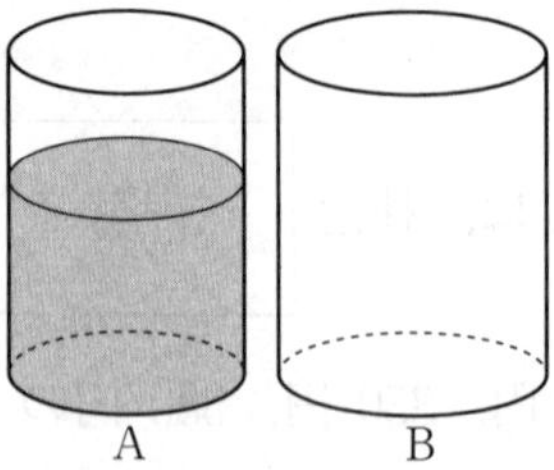

体積 □ cm^3　高さ □ cm

3 すみれさんは家から 1500 mはなれた駅で，お姉さんと 10 時に待ち合わせをしました。すみれさんは約束の時間の 5 分前に着くように家を出て，分速 60 mで歩いていました。歩き始めて 20 分後に友達とばったり会い，その場で 7 分間立ち話をしました。その後，走って駅へ向かったところ，約束の時間ちょうどに着きました。

（１）すみれさんが家を出たのは何時何分ですか。

（式と計算）

答 ＿＿ 時 ＿＿ 分

（２）友達と会った地点は駅から何 m 手前の地点ですか。

（式と計算）

答 ＿＿ m

（３）友達と会った後，すみれさんが走った速さは分速何 m ですか。

（式と計算）

答　分速 ＿＿ m

4 5 % の食塩水が 360 g あります。この食塩水から何 g かの水を蒸発《じょうはつ》させたところ，6 % の食塩水になりました。

（１）もとの食塩水に含まれる食塩の量は何 g ですか。

（式と計算）

答 ＿＿ g

（２）蒸発させた水は何 g ですか。

（式と計算）

答 ＿＿ g

5 次のグラフは，東京の 2020 年 8 月一か月間の日ごとの最高気温を表しています。

東京　2020 年8月　日ごとの最高気温

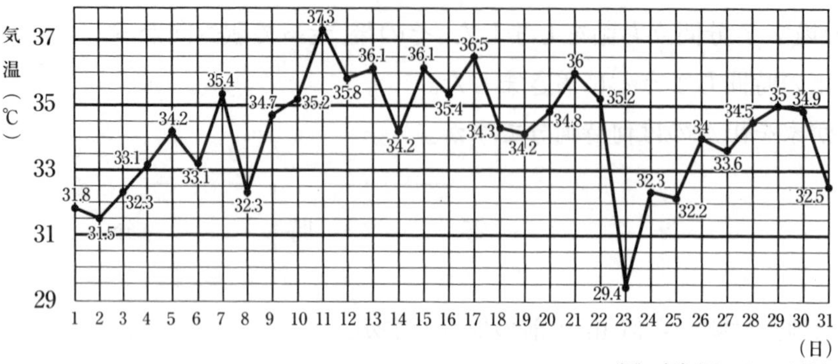

出典：気象庁ホームページより

（1）最高気温が 35 ℃ 以上の日を猛暑日《もうしょび》といいます。 8 月中に猛暑日は何日ありましたか。

答　　　　日

（2）最高気温がもっとも高かった日ともっとも低かった日の気温の差は何 ℃ ですか。

答　　　　℃

（3）2020 年 8 月 1 日は土曜日でした。8 月の日曜日の最高気温の平均は何 ℃ ですか。小数第 2 位を四捨五入して小数第 1 位まで求めなさい。
（式と計算）

答　　　　℃

【社　会】〈第１回一般試験〉（理科と合わせて60分）〈満点：50点〉

1　すみれさんと松子さんは世界遺産がある都道府県について話をしています。次の会話文を読み、以下の問いに答えなさい。

> すみれ：ここは一年を通してとても暖かい気候なのよね。
> 松　子：そうなの。だから、暖かい気候を生かして、①作物の成長・収穫《しゅうかく》・出荷を早くする栽培《さいばい》法が行われているんだ。また、強い日差しでも育つサトウキビ、ゴーヤー、パイナップルなどが栽培されているんだよ。
> すみれ：台風もたくさん来るから、降水量も多いのよね。
> 松　子：②この都道府県は、海がとてもきれいで、リゾート開発が進んでいて、観光産業が盛んなんだ。
> すみれ：そう。また、昔、ここは一つの王国としてまとまっていたんだって。その時のＡ国王の宮殿のあとが世界遺産に登録されているんだけど、2019年に宮殿を再現した建物が燃えてしまったんだよね。

問１　下線部①について、このような栽培法を何というか、答えなさい。

問２　下線部②について、この都道府県名を漢字で答えなさい。

> すみれ：ここは、太平洋に面していて、2011年３月に起きた震災で大きな被害《ひがい》にあった地域の一つなんだよね。
> 松　子：そうなの。特に地図中の③Ｘの海岸では、大きな津波が来たんだよ。震災の直後、世界遺産に登録されているＢお寺では、犠牲《ぎせい》者の追悼《ついとう》が行われていたって聞いたわ。
> すみれ：この地域の沖合は、④漁業が盛んなのよね。
> 松　子：そう。とくにＸの海岸では、漁業のなかでも養殖業《ようしょくぎょう》が盛んなんだよ。
> すみれ：また、⑤地図中の〔　あ　〕の都道府県では⑥伝統工芸品も作られているって聞いたよ。

問３　下線部③について、以下の１・２に答えなさい。

１．この海岸の名前を何というか答えなさい。

２．津波が大きくなったのは、この地形が原因と考えられます。この地形を何というか答えなさい。

問４　下線部④について、なぜ、漁業が盛んなのか海流に触《ふ》れて説明しなさい。

問５　下線部⑤について、この都道府県名を漢字で答えなさい。

問６　下線部⑥について、この都道府県の伝統工芸品の写真をア～エより選び、記号で答えなさい。また、伝統工芸品の名前も答えなさい。

ア

イ

ウ

エ

> 松　子：私は、この世界遺産に行ったことがあるんだ。
> すみれ：いいな。どうだったの。この世界遺産は⑦２つの県にまたがっているって聞いたよ。
> 松　子：Ｃ世界遺産に登録されているこの集落は、山奥にあって、橋を渡ってその集落へ入っていくんだ。ここにある家屋は合掌《がっしょう》づくりといって、⑧冬に多く降る雪から暮らしを守るつくりをしているんだ。
> すみれ：この集落の立地に加えて、冬になると雪深くなるから外部との交流が断たれるんだね。だから、この集落独自の文化が保存されてきたんだね。

問７　下線部⑦について、２つの県の組み合わせとして正しいものをア～エより選び、記号で答えなさい。

ア．新潟県・富山県　　　イ．岐阜県・福井県
ウ．岐阜県・富山県　　　エ．新潟県・福井県

問８　下の文は下線部⑧の理由を説明したものです。［　　］に当てはまる語句を答えなさい。

冬に［　　］が本州の中央部の山脈にぶつかり、日本海側に多くの雪を降らすから。

> すみれ：⑨北海道は、冬はとても寒くて、雪が多く降ることで有名だよね。
> 松　子：広大な土地で手つかずの自然が残っている場所もあるんだよ。Ｄ豊かな自然が評価されて世界遺産に登録されたところもあるんだ。
> すみれ：世界遺産に登録された場所は、⑩先住民の人たちの言葉で「シリエトク（突き出した地）」と呼ばれているんだって。
> 松　子：また、北海道では広大な土地をいかした産業が行われていて、酪農《らくのう》や⑪農業も盛んなんだよね。

問９　下線部⑨について、道庁所在地として正しいものをア～エより選び、記号で答えなさい。

ア．札幌《さっぽろ》　　イ．函館《はこだて》　　ウ．帯広《おびひろ》　　エ．旭川《あさひかわ》

問10　下線部⑩について、この先住民の名前を答えなさい。

問11　下線部⑪について、下の表の〔　あ　〕と〔　い　〕に当てはまる作物を表の下の文も参考にしながら答えなさい。

作物名	〔　あ　〕	〔　い　〕
全国（トン）	2260	211.3
生産量の多い都道府県（トン）	北海道　1742 鹿児島県　96.5 長崎県　92.1 茨城県　46.3 千葉県　32.2	北海道　82.3 宮城県　16.1 佐賀県　13.6 福岡県　12.9 長崎県　10.3

『日本のすがた2020―表とグラフでみる社会科資料集』より

〔　あ　〕は主食となりうる食物でもあり、一般の食用や加工品の原料として、使用される。また、〔　い　〕をしぼった食用油やしぼりかすからつくられた飼料は、世界中で需要《じゅよう》が高まっている。

問12　これまでの会話文の下線部Ａ～Ｄの写真として、ふさわしいものをア～カより選び、記号で答えなさい。

ア

イ

ウ

エ

オ

カ

2 次の会話文を読んで、以下の問いに答えなさい。

松　子：今日、学校の授業でSDGsについて勉強したよ。自分の身近なことで何かできることがないか考えるのは難しいなあ。

母　：持続可能な開発目標のことだね。ニュースやＣＭでも耳にすることが増えてきたね。

松　子：2016年から2030年の15年間で達成すべき国際社会全体の目標としているけど、あっという間だよね。私が大人になるまでに何ができるんだろう。

母　：でもね、私たちが住んでいる日本では昔から限られた資源で豊かな生活を送るための工夫がなされてきたんだよ。

松　子：例えば、どんなことがおこなわれていたの。

母　：①縄文時代には動物の肉は食べて、骨や皮は道具にして使っていたのよ。

松　子：あますところなく、資源を使っていたんだね。

母　：大陸から（　②　）が伝わると食料をとるだけでなく、自ら栽培《さいばい》するようにもなったのよ。

松　子：この（　②　）が広まって人と人の間に階級が生まれて、貧富の差も生まれたんだよね。そして、力を持った人は③古墳という大きなお墓にほうむられたんでしょう。

母　：そうね。でも、この古墳にほうむられた人がどんな仕事をしていたかは、時代によってちがうのよ。

問１　下線部①について、縄文時代の生活についての説明として正しいものをア～エより選び、記号で答えなさい。

ア．貝塚というごみ捨て場が使用されていた。

イ．うすくてもろい土器が使用された。

ウ．争いが多く、人々は高いところや攻《せ》めにくい場所に住んだ。

エ．決まった場所に定住し、クニが生まれた。

問２　（　②　）について、以下の　１・２に答えなさい。

１．（　②　）に当てはまる語句を答えなさい。

２．（　②　）に使用された道具を以下のア～エより選び、記号で答えなさい。

ア

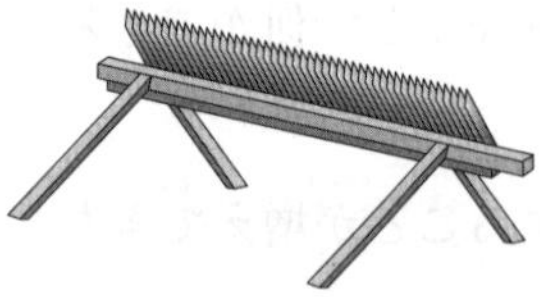

イ

ウ

エ

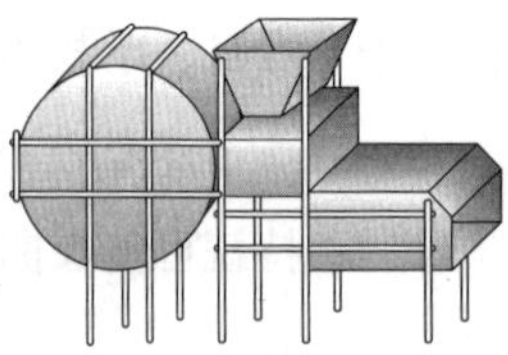

問３　下線部③について、以下の１・２に答えなさい。

１．日本最大の古墳の名前を答えなさい。

２．１の古墳はどの都道府県に位置するか、都道府県名を漢字で答えなさい。

母　：奈良時代になると国を治めるための法律である（　④　）も作られ、これによって天皇を中心とした全国を支配するしくみが整えられたの。

松　子：⑤税制度もできて、田んぼで作った稲《いね》を税として納めたりしたんだよね。

母　：人口が増えて田んぼが足りなくなると、山を切りくずして新しく田を作って対応したのよ。

松　子：たくさんの田んぼが作られたなら、奈良時代の人は食べ物には困らなかっただろうし安心して暮らせたんじゃないかな。

母　：そうでもないの。⑥奈良の都では、病気がはやってたくさんの人が亡くなってしまったし、事件や反乱も続いて、天皇はそんな社会を変えるために何回も都を移したんだよ。

松　子：今の時代のように、近くに病院があって薬がもらえるってすごいことなんだね。

母　：だから、SDGsの目標の１つには「すべての人に健康と福祉《ふくし》を」が設けられているんじゃないかしら。世界中の国の人びとが同じように医療《いりょう》を受けられるようになってほしいね。

問４　（　④　）に当てはまる語句を漢字２字で答えなさい。

問５　下線部⑤について、奈良時代の税制度に関する説明として正しいものをア～エより選び、記号で答えなさい。

ア．農民は税として稲の収穫《しゅうかく》の３割を納めることになっていた。
イ．『古今和歌集』には税に苦しめられた貧しい農民の気持ちをよんだ歌がおさめられた。
ウ．稲や特産品、布をおさめるだけでなく、都での土木工事や兵役も果たした。
エ．納税をおこたらないよう、妻と子が都で人質にとられた。

問６　下線部⑥について、710年から784年の間の都として正しいものをア～エより選び、記号で答えなさい。

ア．藤原京　　イ．長岡京　　ウ．平安京　　エ．平城京問７　次の写真のうち、奈良時代に作られたものをア～エより選び、記号で答えなさい。

ア

イ

ウ

エ

母　：⑦鎌倉時代以降、効率よく作物を作るために稲を刈《か》り取った後に麦を栽培する（　⑧　）が各地に広まったの。農業の技術や肥料も改良されて、作物の生産量が増えたのよ。

松　子：生産量が増えても、その分を残さずに食べきれたのかな。

母　：自分たちが食べる分を残して、あまった分は⑨定期市で売るようにしていたの。定期市は交通の便のよいところで月に数回開かれていたそうよ。これは生産者としての工夫《くふう》と言えるんじゃないかしら。

松　子：なるほどなあ。ここでは、お金で物を買うようになったんだよね、でもこのころの日本はお金を作ってはいなかったんでしょう。

母　：そうだね。鎌倉時代から中国より入ってきたお金を使用していたのよ。税をお金で納める人も出てきたけど、多くの農民は税を稲で納めていたの。この税の負担が大きいために農民たちは⑩一揆《いっき》という抵抗《ていこう》運動に出ることもあったらしいわ。

松　子：何かをうったえるために同じ意見の人たちで集まることは簡単だけど、行動にうつすのはすごく勇気がいることだよね。昔の人はどんな気持ちだったんだろう。

問８　下線部⑦について、鎌倉時代に関する説明として正しいものをア～エより選び、記号で答えなさい。

ア．武士たちは手がらを立てると将軍から新しく土地をもらう奉公を受けた。

イ．武士たちは土地をもらうため、将軍の命令が出ると命をかけて戦う御恩をはたした。

ウ．モンゴルが大軍をつれて、３度にわたって日本をおそった。

エ．源氏の将軍は３代で絶え、その後の政治は北条氏を中心に進められた。

問９　（　⑧　）に当てはまる語句をア～エより選び、記号で答えなさい。

ア．二毛作　　イ．四毛作　　ウ．二期作　　エ．四期作

問10　下線部⑨について、定期市の様子《ようす》を描《えが》いたものとして正しいものをア～エより選び、記号で答えなさい。

ア

イ

ウ

エ

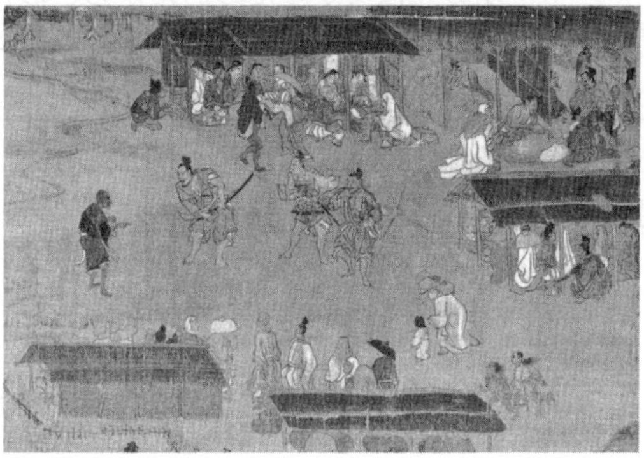

問11　下線部⑩について、日本で初めて農民が起こした一揆はどれか、ア～エより選び、記号で答えなさい。

ア．正長《しょうちょう》の土一揆《ど(つち)いっき》　　イ．加賀《かが》の一向一揆《いっこういっき》
ウ．山城《やましろ》の国一揆《くにいっき》　　エ．島原《しまばら》・天草一揆《あまくさいっき》

松　子：そういえば、SDGsの４つめの目標に「質の高い教育をみんなに」というものがあるけど、日本の学校はどのように生まれたのかな。

母　：⑪江戸時代に武士の子どもだけでなく、農民や商人の子どもも教育を受けられるようになったんだよ。（　A　）に通わせて、読み書きやそろばんなどの生活に必要な知識を学んだのよ。

松　子：日本は⑫鎖国をしていて、外国との交流は制限されていたけど、蘭学者といって外国語で学問を研究する人たちもいたんだよね。

母　：杉田玄白もその１人だったね。明治時代になると、全国には（　B　）が設置されて、６歳になった子どもは入学する義務教育の制度が作られたの。こうして、教育を受ける体制が本格的に整えられていったのよ。

松　子：今の住みやすい社会は、過去の積み重ねによってできたものなんだね。

母　：学校はできたけど、国民全員が平等な暮らしができたわけではないのよ。

松　子：だから、⑬厳しい環境で働く人びとが労働運動を起こしたり、平等な世界を実現するために社会運動が起きるようになったんだよね。

母　：生きている時代が違っても、今と同じようによりよい社会をめざしていたことに変わりはなかったの。だから、わたしたちも過去から学んで、住みやすい社会を実現していきたいね。

問12　下線部⑪について、18世紀の江戸の人口はどのくらいであったか、ア～エより選び、記号で答えなさい。

ア．30万人　　イ．50万人　　ウ．100万人　　エ．200万人

問13　（　A　）、（　B　）に当てはまる語句として、正しい組み合わせをア～エより選び、記号で答えなさい。

ア．A：寺子屋　B：藩校　　　イ．A：寺子屋　B：小学校
ウ．A：藩校　　B：寺子屋　　エ．A：藩校　　B：小学校

問14　下線部⑫について、以下の１・２に答えなさい。

１．鎖国中も日本との交流を許されていた国をア～エよりすべて選び、記号で答えなさい。

ア．清（中国）　　イ．スペイン　　ウ．ポルトガル　　エ．オランダ

２．鎖国の目的は何か、説明しなさい。

問15　下線部⑬について、労働運動・社会運動に関する説明として正しいものをア～エより選び、記号で答えなさい。

ア．田中正造は、全国水平社をつくり、自分たちの力で差別をなくす運動に取り組んだ。
イ．伊藤博文は、足尾銅山鉱毒事件の被害《ひがい》から地域の人々を救うために一生をささげた。
ウ．平塚らいてふは、女性の地位向上や参政権を求める運動を進めた。
エ．渋沢栄一は、明治天皇の暗殺事件を企てた大逆《たいぎゃく》事件の首謀者《しゅぼうしゃ》として処刑《しょけい》された。

3　次の文を読み、以下の問いに答えなさい。

①東京都の目黒区に住む松子さんたちは、去年の熊本県を襲《おそ》った豪雨《ごうう》について話しています。

松　子：2020年の九州豪雨は、記録的な大雨になったね。
トキ子：今までに経験したことのない大量の雨が降ったんだって。
先　生：熊本県では［　②　］の水があふれるなどして、多くの家が浸水《しんすい》の被害《ひがい》を受けたそうですね。

松子さんは、豪雨の後、③風水害を起こさないためにどのような取り組みが行われてきたかを調べることにしました。熊本県人吉《ひとよし》市のウェブサイトから、④市役所では防災安全課が風水害対策に取り組んでいることを知りました。

問１　下線部①について、現在の東京都知事の氏名を答えなさい。

問２　文中の　②　に当てはまる川の名前をア～エより選び、記号で答えなさい。

　ア．球磨《くま》川　　イ．筑後《ちくご》川　　ウ．最上《もがみ》川　　エ．四万十《しまんと》川

問３　下線部③について、風水害の対策として誤っているものをア～エより選び、記号で答えなさい。

　ア．インターネットやテレビで、今の天候の状況《じょうきょう》を知る。

　イ．大雨が降り続いたら、川の様子《ようす》を見に行ってから避難《ひなん》する。

　ウ．市内で浸水情報の看板を見て、風水害の対策を考える。

　エ．日常の防災訓練が大切なので、毎年訓練を行うようにする。

問４　下線部④について、以下の１・２に答えなさい。

１．市役所の働きについて誤っているものをア～エより選び、記号で答えなさい。

　ア．ゴミを集めて処理する。

　イ．市の人びとの健康を守る。

　ウ．小学校や中学校を設置する。

　エ．市長や市議会議員を選ぶ。

２．役所の防災計画にもとづいた、住民の行いとして正しいことを、ア～エよりすべて選び、記号で答えなさい。

　ア．災害時の連絡方法について、家族で話し合う。

　イ．災害に強い市にするために予算を立てる。

　ウ．万が一に備えて、飲料水や食料の用意をする。

　エ．防災に関する独自の条例を定める。

問５　災害から暮らしを守るために、役所や地域の人びとがおこなっている対策として、誤っているものをア～エより選び、記号で答えなさい。

　ア．学校と同じように、地域でも避難訓練をして日ごろから地域の人と関わる。

　イ．自主防災隊も役所と協力し、役所と地域が協力しながら災害に備える。

　ウ．役所で出す避難行動パンフレットは、外国人のために英語だけで作っている。

　エ．役所は避難情報をインターネットで伝えたり、避難ビルの指定をしている。

【理　科】〈第１回一般試験〉（社会と合わせて60分）〈満点：50点〉

1　水よう液について、次の問いに答えなさい。

【１】　次の会話文を読み、あとの問いに答えなさい。

とき子さん「ドラッグストアで、水に流せるティッシュを買ったんだ。」
まつ子さん「『水に流せる』ということは、水にとけるのかな。」
とき子さん「そうかもしれない。理科の先生に器具を借りて、実験してみよう。」

とき子さんと**まつ子さん**は、理科室で**図１**のような実験をしました。**図２**の写真は、そのときの結果を写したものです。

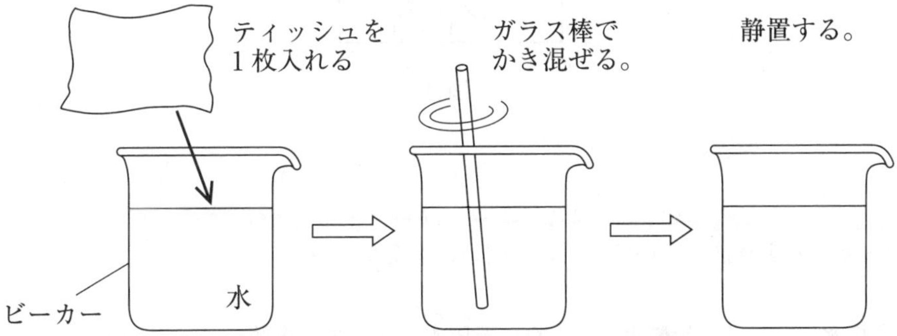

図１

かき混ぜた直後

静置した後

図２

とき子さん「ティッシュは水にとけてるのかな。」
まつ子さん「この結果を見ると、ティッシュは水にとけているとは言えないと思うわ。」
理科の先生「そうね。水に流せるといっても、水にとけるわけではないのね。」

(1) **まつ子さん**が、下線部「ティッシュは水にとけているとは言えない」と思ったのはなぜでしょうか。理由を答えなさい。

(2) ティッシュは水にとけませんが、砂糖は水にとけます。砂糖は目に見えないぐらいの小さいつぶが集まってできています。水に入れた直後の砂糖のつぶのようすを**図３**のように表したとき、砂糖が水にすべてとけたときのつぶのようすは、どのように表すことができますか。解答らんの図にかきなさい。ただし、砂糖のつぶを○で表しなさい。また、○の数は９個とします。

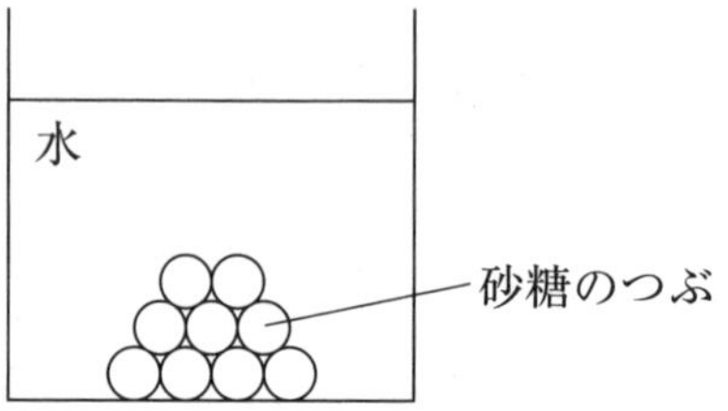

図３

【２】次のア～オの水よう液について、あとの問いに答えなさい。

ア．食塩水　　イ．炭酸水　　ウ．石灰水《せっかいすい》　　エ．塩酸　　オ．アンモニア水

(1) アとイの水よう液にとけているものは何ですか。それぞれの名前を答えなさい。

(2) ア～オの水よう液を熱して水を蒸発させたとき、何も残らない水よう液はどれですか。すべて選び、記号で答えなさい。

(3) ア～オの水よう液をリトマス紙につけたとき、どのように変化しますか。次の①～③にあてはまる水よう液を、それぞれすべて選び、記号で答えなさい。

① 赤色リトマス紙が青色になる。
② 青色リトマス紙が赤色になる。
③ 赤色リトマス紙も青色リトマス紙も変化しない。

(4) 次の①～④は、ア～オの水よう液のうちの３つの水よう液**A**～**C**について説明したものです。**A**～**C**にあてはまる水よう液を、ア～オの中からそれぞれ１つずつ選び、記号で答えなさい。

① **A**と**C**にBTBよう液を加えると黄色になる。
② **B**にBTBよう液を加えると青色になる。
③ **A**に**B**を加えると白くにごる。
④ **C**は鼻につんとくるにおいがあり、スチールウール（鉄）をとかす。

2　すみれさんは、クラスのお友達と動物の名前で「しりとりゲーム」をしました。ゲームで出てきた動物は次のとおりです。これらについて、あとの問いに答えなさい。

コイ⇒イルカ⇒カニ⇒ニワトリ⇒リス⇒スズメ⇒メダカ⇒カブトムシ⇒シカ⇒カエル

(1)　私たち人間のように背骨をもつ動物をまとめて何動物といいますか。

(2)　しりとりゲームで出てきた動物の中で、背骨をもたない動物をすべて選び、その名前を答えなさい。

(3)　からだが、頭部、胸部、腹部の３つに分けられ、外側が固いからでおおわれている動物をまとめて何といいますか。

(4)　(3)の動物のなかまを、しりとりゲームで出てきた動物から１つ選び、その名前を答えなさい。

(5)　右図は、すみれさんが(3)の動物のからだを途中《とちゅう》までかいたものです。「あし」のようすを解答らんの図にかき入れなさい。

(6)　(3)の動物のなかまの多くは、
卵　⇒　幼虫　⇒（　Ｘ　）⇒　成虫　と成長します。
（　Ｘ　）にあてはまる言葉を答えなさい。

(7)　しりとりゲームで出てきた動物の中で、子のときは水中でくらし、親になると陸上でくらす動物を１つ選び、その名前を答えなさい。

(8)　しりとりゲームで出てきた動物の中で、子が母親の子宮の中で育ち、親と同じようなすがたでうまれてくる動物を３つ選び、その名前を答えなさい。

3 ものの動きの特徴《とくちょう》について調べるため、実験を行いました。これについて、あとの問いに答えなさい。

【1】 **実験１**

図１のように、なめらかなレールの斜面《しゃめん》でおもりを転がし、水平面に置かれている積み木に衝突《しょうとつ》させ、積み木が動き出してから止まるまでの距離《きょり》を調べました。**図２**は**図１**を分かりやすく表したものです。ただし、おもりは積み木に衝突したあと、積み木から離《はな》れず触《ふ》れたまま転がり、止まるまで一緒《いっしょ》に動くものとします。

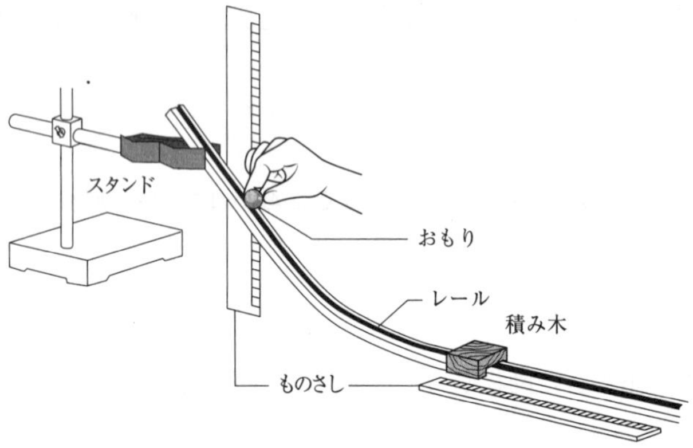

図１

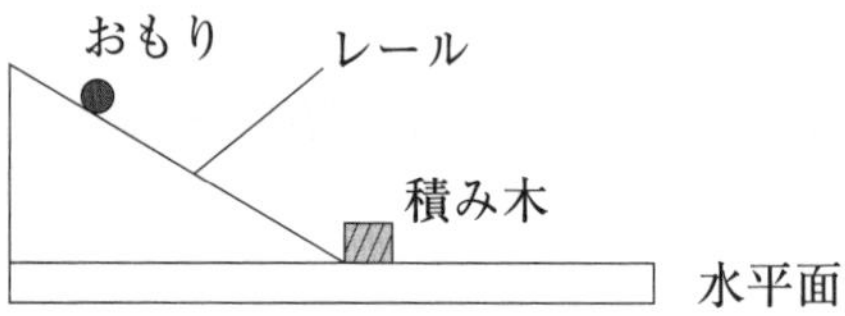

図２

(1) 斜面上をおもりが転がるときの速さについて正しいものを、次のア～ウの中から１つ選び、記号で答えなさい。

ア．変わらない。　　イ．だんだん速くなる。　　ウ．だんだん遅《おそ》くなる。

(2) 水平面の上を、積み木が動き出してから止まるまでの速さについて述べた文として正しいものを、次のア～ウの中から１つ選び、記号で答えなさい。

ア．おもりが衝突した直後の速さを一定に保ったまま進み、止まる。
イ．おもりが衝突した直後が最も遅く、その後だんだん速くなり止まる。
ウ．おもりが衝突した直後が最も速く、その後だんだん遅くなり止まる。

【２】 **実験２**

次のア～ケのように、「おもりを転がしはじめる高さ」「斜面の角度」「おもりの重さ」を変えながら、**実験１**と同じ実験を行いました。ただし、積み木の重さや、積み木の表面と水平面の表面のあらさは、すべて同じとします。

ア

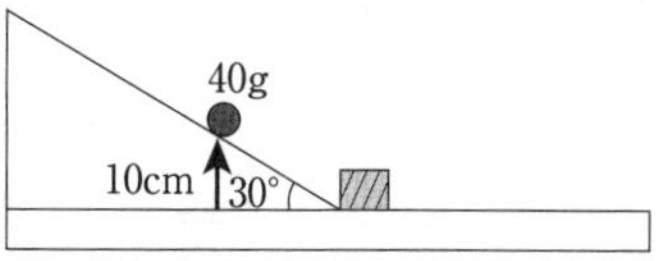

イ

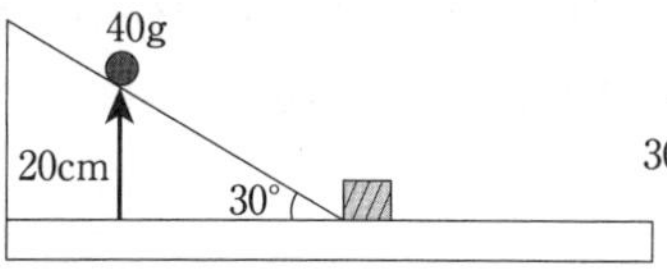

ウ

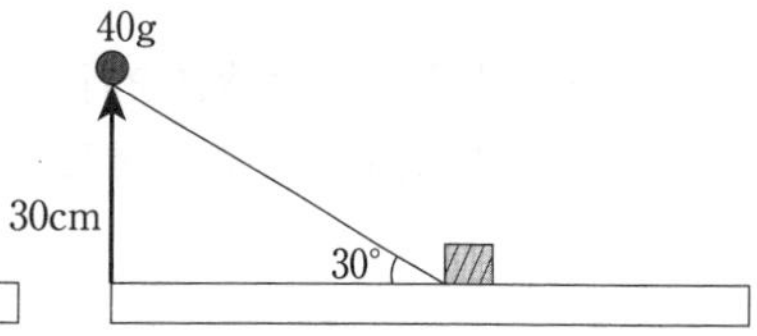

エ

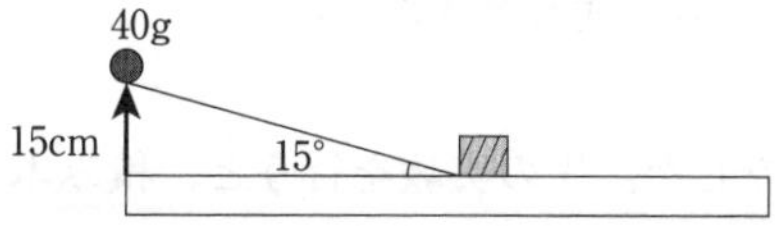

オ

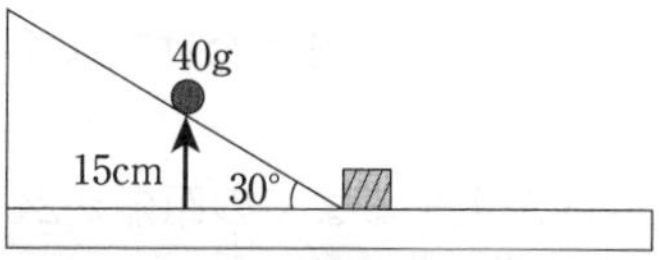

カ

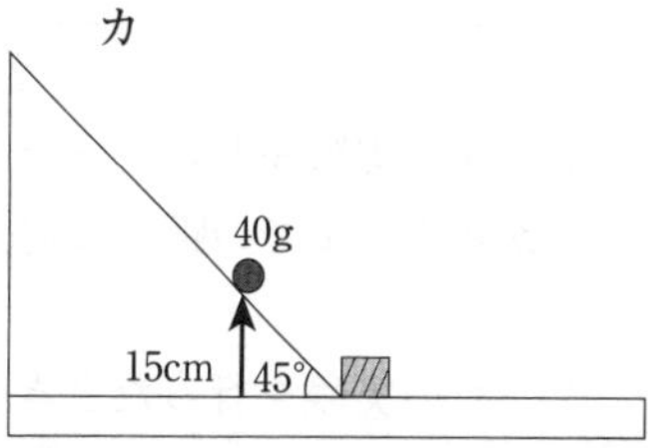

キ

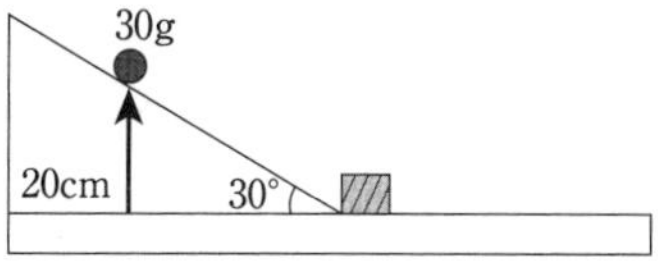

ク

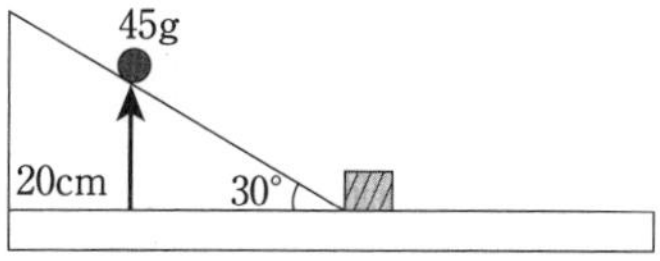

ケ

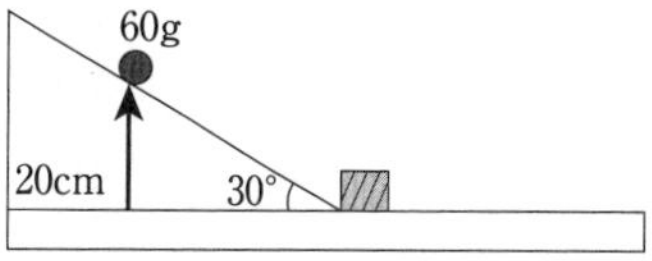

(1) ア、イ、ウの中で、おもりが水平面にたどり着いたときの速さが最も速いのはどれですか。１つ選び、記号で答えなさい。

(2) キ、ク、ケの中で、積み木が止まるまでの距離が最も短いのはどれですか。１つ選び、記号で答えなさい。

(3) おもりを転がしはじめる高さを２倍にすると、積み木が止まるまでの距離も２倍になることを確かめるためには、ア～ケのどれとどれの結果を比べればよいですか。次の①、②の場合について、比べる実験の記号をそれぞれ答えなさい。ただし、同じ記号をくり返し選ばないこと。

① … ア と ＿＿ の結果を比べればよい。

② … ＿＿ と ＿＿ の結果を比べればよい。

(4)　おもりの重さを1.5倍にすると、積み木が止まるまでの距離も1.5倍になることを確かめるためには、ア～ケのどれとどれの結果を比べればよいですか。次の①、②の場合について、比べる実験の記号をそれぞれ答えなさい。ただし、同じ記号をくり返し選ばないこと。

①　…　　キ　の結果と ＿＿ の結果を比べればよい。
②　…　＿＿ の結果と ＿＿ の結果を比べればよい。

(5)　次の文章は、**実験２**を行い、結果を比べることで分かったことについて述べています。２つの［　　　］に共通して入る言葉を漢字で答えなさい。

積み木が止まるまでの距離は、おもりを転がしはじめる高さに［　　　］します。 また、積み木が止まるまでの距離は、おもりの重さに［　　　］します。

(6)　アの実験を行ったとき、積み木が止まるまでの距離が８cmでした。ケの実験を行うと、積み木が止まるまでの距離は何cmになりますか。答えだけでなく、考え方や式も書きなさい。

(7)　ウの実験を行ったとき、積み木が止まるまでの距離が24 cmでした。キの実験を行うと、積み木が止まるまでの距離は何cmになりますか。答えだけでなく、考え方や式も書きなさい。

問十二　――線⑦「敬二郎さんは眉をくもらせた」とありますが、なぜ「眉をくもらせた」のですか。本文中の言葉を使って説明しなさい。(81)

問十三　――線⑧「敬二郎さんの目が大きくなった」とありますが、なぜ「目が大きくなったの」のですか。次のア～エの中から一つ選んで記号で答えなさい。(93)

ア　渉が四年生の時に自分が話した作り話を、今でも本気にしていることにおどろいたから。

イ　図書館がこわされることに、渉が予想以上にショックを受けていることにおどろいたから。

ウ　連休を本屋で過ごすことを嫌がって、渉が冒険しようとしていることにおどろいたから。

エ　渉が図書館に泊まって、こわされる前の記念にしようと考えていることにおどろいたから。

問十四　――線⑨「腕をくんで渉の目をのぞきこんだ」とありますが、敬二郎さんは何のために「渉の目をのぞきこんだ」のですか。説明しなさい。(101)

問十五　本文の内容と合うものを、次のア～オの中から一つ選んで記号で答えなさい。

ア　敬二郎さんはゆうれいが出るといううわさを聞いて、こわいのをがまんして双葉館をみはっていた。

イ　敬二郎さんは渉にいっぱい話をしてくれるが、河童や宇宙人のような作り話は好きではなかった。

ウ　渉は連休中に図書館にしのびこむ計画を立てて、わざわざ本屋の二階に居候することにした。

エ　双葉館は町の大切な文化遺産なので、町の人全員がこわすことに反対して運動をおこしていた。

オ　渉は二年前に聞いた敬二郎さんのゆうれいの話から、図書館にしのびこむことを思いついた。

問十　――線⑥「それは、どういう……？」とありますが、「……」の部分にはどのような言葉が入りますか。考えて答えなさい。(66)

問十一　本文の最初から79行目までを読んで、左の地図の①～④の中で「双葉館」はどの位置にありますか。番号で答えなさい。

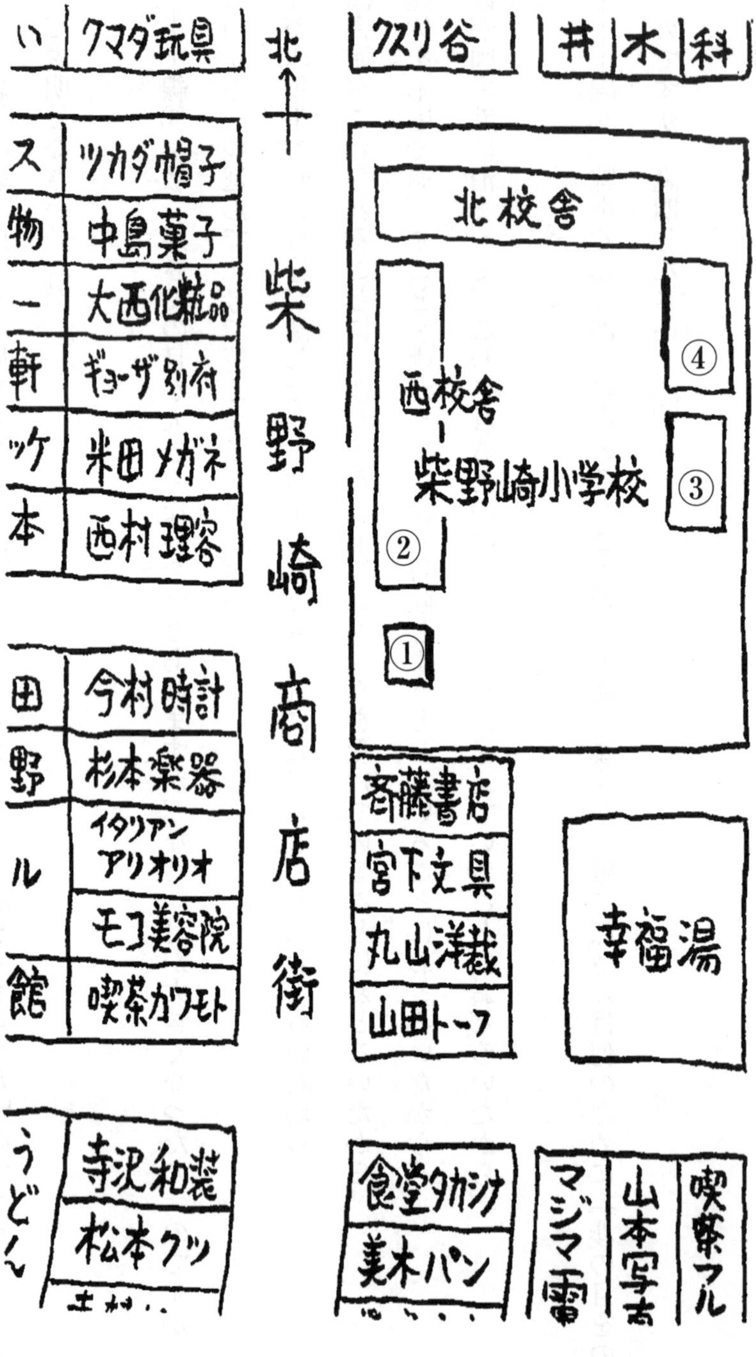

問五　――線②「けれどふしぎにこわいという感じはなかった」とありますが、それはなぜですか。次のア～エの中から一つ選んで、記号で答えなさい。(11)

ア　大人《おとな》だと思っていたゆうれいが、自分より少し年上ぐらいの少女だったから。
イ　ゆうれいが、ガウンのような西洋風の白い服を着ているのがおもしろかったから。
ウ　あかりで見えたゆうれいの顔が、目鼻立ちがはっきりして優しそうだったから。
エ　ゆうれいが自分と同じぐらいの年の少女で、その姿に見とれるくらいだったから。

問六　――線③「見ているぼくに気づいてほしい」とありますが、ゆうれいに気づいてもらうためにどのような工夫をしましたか。本文中の言葉を使って説明しなさい。(15)

問七　――線④「ぼくは思いきって双葉館にしのびこんだ」とありますが、何のために双葉館にしのびこんだのですか。本文中の言葉を使って説明しなさい。(20)

問八　［　ア　］に入る語句を、本文中の言葉を使って答えなさい。(26)

問九　――線⑤「ほんとうにあったことでなくても、渉はこの話がすきだった」ありますが、それはなぜですか。その理由を解答らんにあうようにぬき出して答えなさい。(33)

［　　　　　　　　］から。

５　顔をしかめた（86）
ア　表情をゆがめた
イ　表情をゆるめた
ウ　表情を固くした
エ　表情を暗くした

問二　（　あ　）～（　お　）に入れるのに最もふさわしい言葉を、それぞれ次のア～カの中から一つ選んで、記号で答えなさい。（4、11、12、59、77）

ア　ちょっと　イ　ふっと　ウ　じっと　エ　くらっと　オ　すうっと　カ　そっと

問三　最初の1～2行目の書き出しの表現にはどのような効果がありますか、もっとも当てはまるものを次のア～エの中から一つ選んで、記号で答えなさい。（1、2）

ア　登場人物の会話文から始めることによって、読者を物語の世界に興味をもたせる効果。
イ　六年生と具体的に書くことによって、わかりやすい物語だという印象を持たせる効果。
ウ　細かい説明を省くことで、読者があらすじを自由に想像することができるという効果。
エ　登場人物の名前を書くことによって、物語の人間関係を理解しやすくするという効果。

問四　――線①「双葉館にゆうれいが出るってうわさが立ったんだよ」とありますが、「ゆうれい」の正体は何だったのですか。本文中から十字以内でぬき出して答えなさい。（3）

2　うろたえた（17）

ア　おどろいて、こわくてたまらなくなった
イ　おどろいて、どうしていいかわからなくなった
ウ　おどろいて、にげ出したい気持ちになった
エ　おどろいて、気分が悪くなった

3　せがんで（30）

ア　ねだって
イ　好んで
ウ　喜んで
エ　決まって

4　唐突（56）

ア　きびしいこと
イ　興味深いこと
ウ　いきなりであること
エ　おどろくこと

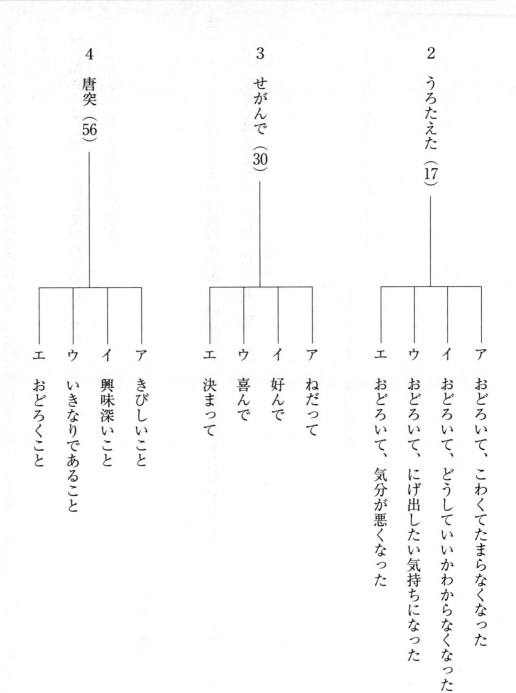

⑨腕《うで》をくんで渉の目をのぞきこんだ。「本気か?」
　渉はすぐにうなずいた。
「本気。だって、せっかくの五連休なのに本屋の二階に居候なんだよ。ひと晩くらい冒険《ぼうけん》っぽいことがあってもいいんじゃない?」
　敬二郎さんはしばらく渉を見つめてからいった。
「……じゃあ、たしかめてみるか」

（出典　岡田　淳『図書館からの冒険』）

問一　～～～線１～５の言葉の本文中での意味として最もふさわしいものを、それぞれ下のア～エの中から一つ選んで、記号で答えなさい。（14、17、30、56、86）

１　しょっちゅう（14）
　ア　たまに
　イ　はっきりと
　ウ　たびたび
　エ　なんとか

いるな……。」

「連休明けに……。」

いよいよこわされるんだ、と渉は5顔をしかめた。

「連休明けに。」

敬二郎さんも顔をしかめた。渉は気をとりなおしてつづけた。

「で、まえに敬二郎さんがしてくれた話のなかに、図書館にしのびこむ話があったことを思いだしたんだ。もしもあの話がほんとうだったら、ぼくにもしのびこめるでしょ？　こわされるまえに、あそこにひと晩泊《と》まって記念にしたいなっておもったんだ。」

「泊まる？」

⑧敬二郎さんの目が大きくなった。

「泊まる。」

渉はうなずいた。

「ひと晩？」

「ひと晩。」

「ひとりで？」

「ひとりで。」

敬二郎さんは渉の顔を見たまま「うーん」とうなった。「二十年間行っていないから、しのびこめるかどうか……」と、背《せ》もたれのない丸椅子《まるいす》をひきよせて渉は腰《こし》をおろした。

「ぼくは柴野崎小学校がすきだったんだ。」

「ぼくもすきだった。」敬二郎さんはうなずいた。

「なかでも、図書館がだいすきだった。」

「ぼくもだいすきだった」敬二郎さんはうなずいた。

　柴野崎小学校は斉藤書店の北どなりにある。ターミナル駅近くの、アーケード商店街に正門がある小学校として有名だった。むかしは商店街にもまわりの住宅《じゅうたく》にもたくさんのひとが住んでいたが、どんどんビルが建《た》ち、ビジネス街にかわっていき、居住者《きょじゅうしゃ》が少なくなった。そして柴野崎小学校はこの三月、廃校《はいこう》になった。あとには百メートルをこす超《ちょう》高層複合《こうそうふくごう》ビルというのが建つらしい。渉も父さんも、おじいさんや敬二郎さんもこの小学校にかよっていたのだ。

　その小学校の敷地内《しきちない》に、図書館が独立した建物としてある。九十年ほどまえ、まだ小学校が敷地の中心だったころに出身者が寄贈《きぞう》したのだ。鉄筋《てっきん》二階建ての（　お　）外国ふうの建物で、一階が低学年、二階が高学年の図書室だった。本来の名前は双葉館という。本を読んで双葉から大樹《たいじゅ》にそだってほしい、という命名らしい。でも、いつのまにかみんなは、単に図書館と呼ぶようになっていた。

「その図書館もこわされるんでしょ？」

　渉がいうと、⑦敬二郎さんは眉をくもらせた。

「商店街でも反対運動をしているんだけどね。双葉館は町の文化遺産《いさん》だからさ。できることはやっているんだ……。あきらめてはいないけれど、まず無理だろうという感触《かんしょく》だね、残念ながら。この連休明けにはこわされるという話が出て

ように母さんにいわれた。

「あんまりせわもできないけどな。」

といってから、敬二郎さんはこうつづけた。

「それにしても、小学校最後のゴールデンウィークが本屋の二階で居候《いそうろう》とはね。」

「そのことなんだけど」と渉は敬二郎さんの机の横に立ち、近くに客がいないかたしかめ、小声でいった。「まえに敬二郎さんは、柴野崎小学校の図書館にしのびこめるっていっていたよね。」

「おお、双葉館に。4唐突《とうとつ》にして、なつかしい話だな」と、敬二郎さんは眉《まゆ》をあげた。「たしか二年前あたりに話したおぼえがあるな……。それが、なにか？」

「あれは敬二郎さんのつくったホラ話？」

　敬二郎さんは、（　え　）わらった。

「きみも知っているとおり、ぼくの話にはホラ話の部分もあるが、ホントの部分もある。で、それについてはホントの部分だな。」

「いま小学校の出入り口は封鎖《ふうさ》されているけど、いまでもしのびこめる？」

「ぼくには学校の出入り口は関係ない。」

「やった！」渉の顔が明るくなった。「じゃあ、ぼくが図書館にしのびこむこともできる？」

　敬二郎さんは椅子《いす》の座面《ざめん》を回転させて、からだごと渉のほうにむきなおった。そして渉の期待に満ちた顔をしばらく見てから、「⑥それは、どういう……？」といった。

とではないだろう。⑤ほんとうにあったことでなくても、渉はこの話がすきだった。自分もそんな体験ができればどんなにいいだろうと思った。

敬二郎さんは渉のおじいさんの弟、つまり大叔父《おおおじ》さんで、いま六十二歳だ。斉藤《さいとう》書店の店主をしている。そこの二階に住んでいるから、斉藤書店は敬二郎さんの家でもある。

五月二日《ふつか》、小学校の授業がおわったあと、六年生の渉はいつものように柴野崎《しばのざき》商店街にある斉藤書店にかえってきた。

机《つくえ》の前にすわっていた敬二郎さんは、店にはいってきた渉を見て、

「よぉ。」

と片手をあげた。

渉の両親はいつも帰宅がおそい。両親がもどったというしらせをうけてから、渉は自宅のマンションにかえる。それまでの時間は斉藤書店ですごすことになっている。斉藤書店の二階には渉の机があって、宿題はここでする。渉が斉藤書店にもどってくると、敬二郎さんはいつも「おかえり」とはいわずに「よぉ」と手をあげる。

「おせわになります。」

渉は、かるく頭をさげた。

外国雑貨《ざっか》をあつかう仕事をしている母さんと父さんは、外国にでかけるときいつも渉を斉藤書店にあずける。この五連休もそうなった。なにもゴールデンウィークに行くことはないじゃないか、と渉は口をとがらせたが、取引先の国でその時期にフェアだか市《いち》だかがあるのでしかたがないのだそうだ。五日間《いつかかん》もせわになるので、そういうあいさつをする

あいかわらずあかりはつけなかったけど、窓は大きくあけて、かくれずにながめるようになった。するとある夜、ゆうれいがぼくに気づいてくれた。最初は2うろたえたように見えた。けれど何日かすると、むこうも見られていることに慣れてきたように見えた。そこで、ぼくはある夜、ゆうれいに手をふってみた。すると、なんとむこうも手をふってくれたんだ。そうやってぼくとゆうれいは毎晩手をふりあっていた。

で、そろそろ夏休みがおわろうかというある夜、④ぼくは思いきって双葉館にしのびこんだ。しのびこむ方法をしっていたんだ。双葉館の二階は高学年の図書室だ。夜の図書室はまっ暗だった。なにも見えない。そこでぼくはいつもゆうれいがあけるカーテンをあけておいた。商店街のあかりがほのかにはいってくる。ぼくはだれもいない夜の双葉館で、本棚《ほんだな》にもたれてゆうれいを待った。

いったいゆうれいはどこからどのようにあらわれるのだろう。と思っていると、とつぜん扉《とびら》から白い服を着た女の子があらわれた。ぼくもびっくりしたけど、女の子はもっとびっくりした。ぼくを見て『ぎゃっ』といったんだ。ぼくはいつものように［ア］。」

敬二郎さんは渉にいっぱい話をしてくれた。その話のなかで、これがいちばん好きな話だった。この話にはつづきがあって、敬二郎さんはその女の子とふしぎな世界にいくのだが、渉はなんといってもこの最初の場面がすきだった。だから3せがんで、なんどもこの場面を話してもらった。二年まえ、渉が四年生のころのことだ。

敬二郎さんはほんとうに自分が体験したことみたいに話した。けれど敬二郎さんの話は、ほんとうのこともあるが、作り話もある。なにしろ河童《かっぱ》や宇宙人にであった話もしてくれたのだ。だから残念ながらこの話もほんとうにあったこ

二　次の文章を読んで、後の問いに答えなさい。（問いの下の数字は本文での行数を示します。）

「それはね、ぼくが六年生のときのことだったんだ。」

と、敬二郎《けいじろう》さんは渉《わたる》に語った。

「夏休みにはいってすぐだったな。①双葉館《ふたばかん》にゆうれいが出るってうわさが立ったんだよ。この商店街の子どもたちの間でさ。夜の九時ごろ、双葉館二階で窓《まど》のカーテンが（　あ　）開く。すると白いすがたが浮かぶっていうんだ。

双葉館っていうと、うちのおとなりみたいなもんだろ？　ほっとけないじゃないか。ぼくは毎晩《まいばん》見はることにした。うちの二階の窓から双葉館の窓は十数メートルさき、さえぎるものはなにもない。見はっていることをゆうれいに気づかれたくなかったから、こちらのあかりは消してね。窓のすきまに顔をおしつけるようにして、じいっと待ったな。

毎晩そうやって見はっていると、三日目の夜、ついに二階の窓のカーテンがすうっと開いたんだよ。そしてあらわれた。その白いすがた。その白いすがたが窓にちかよると、商店街のあかりで顔が見えた。それはぼくとおなじか、少し年上ぐらいの女の子だった。目鼻立ちのはっきりした子で、ガウンというのか、西洋ふうの白い服を着ていて、黒い髪《かみ》が長い。

すごいものを見ているって思った。②けれどふしぎにこわいという感じはなかった。その子がカーテンを（　い　）もどして消えるまで、ぼくは（　う　）見つめた。見とれていた、といったほうがいいかもしれないな。そしてこのことはだれにもいわないでおこうと思った。なんだか秘密にしておきたかったんだ。

いちど見てしまうと、1しょっちゅう見ることができるようになった。

ぼくは見ることがたのしみになった。そのうちに、③見ているぼくに気づいてほしい、という気分がわきあがってきた。

二〇二一年度 トキワ松学園中学校

【国　語】〈第一回一般試験〉（四五分）〈満点：一〇〇点〉

一　――線①～⑩の漢字は読み方をひらがなで答え、カタカナは漢字に直しなさい。

①　全国大会出場を祝賀する。

②　この行事は慣例となっている。

③　内容は前述のとおりです。

④　護身のために空手を習う。

⑤　これまでの功績がみとめられる。

⑥　定期ヨキンを活用する。

⑦　動物のシイク係になる。

⑧　知らない土地で道にマヨう。

⑨　一部だけ文をショウリャクする。

⑩　わたしにとってはヤサしい問題だ。

2021年度

トキワ松学園中学校　▶解説と解答

算　数　＜第１回一般試験＞（45分）＜満点：100点＞

解　答

[1] (1)　79　(2)　2　(3)　567　(4)　$2\frac{1}{2}$　(5)　8　(6)　2640円　(7)　秒速140m　(8)　９通り　(9)　15分　(10)　**角 x** …120度，**頂点Aの動いたあとの長さ**…12.56cm　(11)　64cm²　[2] **体積**…226.08cm³，**高さ**…4.5cm　[3] (1)　９時30分　(2)　300m　(3)　分速100m　[4] (1)　18ｇ　(2)　60ｇ　[5] (1)　11日　(2)　7.9℃　(3)　33.2℃

解　説

[1] 四則計算，計算のくふう，逆算，割合，速さ，場合の数，仕事算，図形の移動，角度，長さ，面積

(1)　$31+8\times6=31+48=79$

(2)　$(79-9\times7)\div8=(79-63)\div8=16\div8=2$

(3)　$56.7\times7.4+56.7\times2.6=56.7\times(7.4+2.6)=56.7\times10=567$

(4)　$1\frac{1}{3}\times1.25+\frac{1}{2}\div\frac{3}{5}=\frac{4}{3}\times\frac{5}{4}+\frac{1}{2}\times\frac{5}{3}=\frac{5}{3}+\frac{5}{6}=\frac{10}{6}+\frac{5}{6}=\frac{15}{6}=\frac{5}{2}=2\frac{1}{2}$

(5)　42÷(14−□)×５＝35より，42÷(14−□)＝35÷５＝７，14−□＝42÷７＝６　よって，□＝14−６＝８

(6)　定価3000円の商品を20％引きで買うとき，消費税10％を加えると，3000×（１−0.2）×（１＋0.1）＝3000×0.8×1.1＝2640(円)となる。

(7)　時速504kmは，秒速，504×1000÷60÷60＝140(m)となる。

(8)　サンドイッチと飲み物の組み合わせとその合計金額は右の図１のようになるので，500円以内で買える組み合わせは○印をつけた９通りある。

図１

サンドイッチ	飲み物	合計金額	
260円	100円	360円	○
290円	100円	390円	○
330円	100円	430円	○
380円	100円	480円	○
260円	150円	410円	○
290円	150円	440円	○
330円	150円	480円	○
380円	150円	530円	
260円	180円	440円	○
290円	180円	470円	○
330円	180円	510円	
380円	180円	560円	

(9)　１人が１分でできる仕事量を[1]とすると，作業全体の仕事量は，[30]×20＝[600]となる。よって，この作業を40人で行うと，かかる時間は，[600]÷[40]＝15(分)と求められる。

(10)　正三角形の１つの角の大きさは60度だから，角 x の大きさは，180−60＝120(度)となる。また，頂点Aが動いたあとは右の図２のようになり，その長さは半径が６cm，中心角が120度のおうぎ形の弧《こ》の長さとなるので，$6\times2\times3.14\times\frac{120}{360}=4\times3.14=12.56$(cm)と求められる。

図２

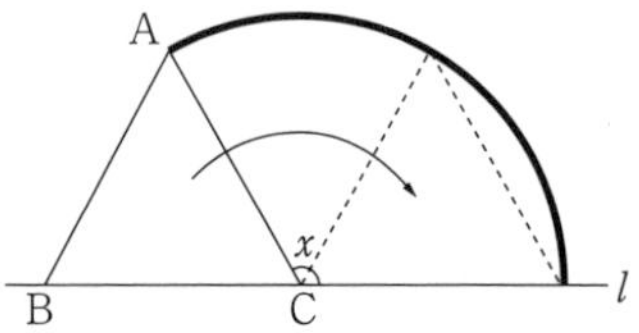

(11)　斜線《しゃせん》部分の面積は，２つの正方形の面積の和から，直角をはさむ２辺の長さが，４＋12＝16(cm)と12cmの三角形の面積を引けば求められるので，４×４＋12×12−16×12÷２＝16＋144−

96＝64(cm²)となる。

2 水の深さと体積

コップＡの底面の半径は，６÷２＝３(cm)なので，水の体積は，３×３×3.14×８＝72×3.14＝226.08(cm³)とわかる。また，コップＢの底面の半径は，８÷２＝４(cm)であり，底面積は，４×４×3.14＝16×3.14＝50.24(cm²)なので，水をコップＢへすべて移したときの水面の高さは，226.08÷50.24＝4.5(cm)と求められる。なお，水の体積は(72×3.14)cm³，コップＢの底面積は(16×3.14)cm²なので，水面の高さを，(72×3.14)÷(16×3.14)＝72÷16＝4.5(cm)と求めることもできる。

3 速さ

⑴ すみれさんが家を出てから駅に着くまでにかかる時間は，1500÷60＝25(分)である。また，すみれさんは待ち合わせ時間である10時の５分前に駅に着くように家を出たので，すみれさんが家を出た時刻は，10時－５分－25分＝９時30分とわかる。

⑵ 友達と会ったのは歩き始めてから20分後なので，友達と会った地点は家から，60×20＝1200(m)の地点である。よって，駅からは，1500－1200＝300(m)の地点とわかる。

⑶ すみれさんが友達と話し終えたのは，９時30分＋20分＋７分＝９時57分なので，あと，60－57＝３(分)で駅に着いたことがわかる。よって，友達と会った後，すみれさんが走った速さは，分速，300÷３＝100(m)と求められる。

4 濃度《のうど》

⑴ もとの食塩水の量は360ｇで，濃度は５％だから，含《ふく》まれる食塩の量は，360×0.05＝18(ｇ)と求められる。

⑵ 水を蒸発させた後も含まれる食塩の量は18ｇで変わらないので，水を蒸発させて濃度が６％になったときの食塩水の量は，18÷0.06＝300(ｇ)とわかる。よって，蒸発させた水は，360－300＝60(ｇ)と求められる。

5 グラフ―平均

図１　東京　2020年８月　日ごとの最高気温

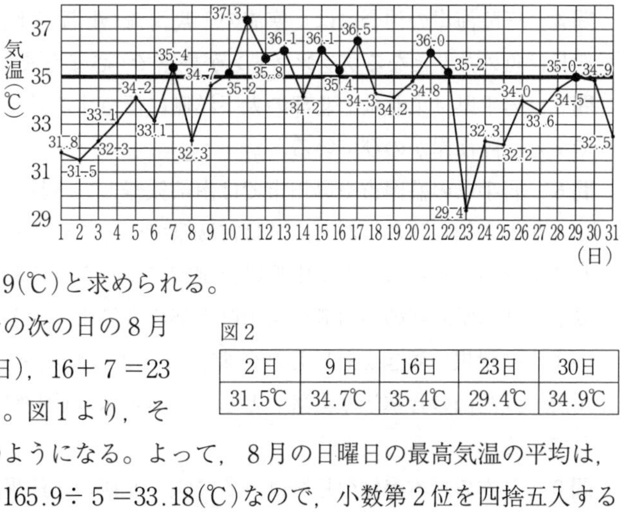

⑴ 最高気温が35℃以上の日は，右の図１において太線より上か太線上にある点の個数を数えればよいので，全部で11日あることがわかる。

⑵ 図１より，最高気温が最も高かったのは11日の37.3℃，最高気温が最も低かったのは23日の29.4℃である。よって，その差は，37.3－29.4＝7.9(℃)と求められる。

⑶ 2020年８月１日が土曜日なので，その次の日の８月２日と，２＋７＝９(日)，９＋７＝16(日)，16＋７＝23(日)，23＋７＝30(日)は日曜日とわかる。図１より，それぞれの日の最高気温は，右上の図２のようになる。よって，８月の日曜日の最高気温の平均は，(31.5＋34.7＋35.4＋29.4＋34.9)÷５＝165.9÷５＝33.18(℃)なので，小数第２位を四捨五入すると，33.2℃となる。

図２

２日	９日	16日	23日	30日
31.5℃	34.7℃	35.4℃	29.4℃	34.9℃

社 会 ＜第１回一般試験＞（理科と合わせて60分）＜満点：50点＞

解 答

[1] **問１** 促成栽培 **問２** 沖縄県 **問３** １ 三陸海岸 ２ リアス(式)海岸 **問４** (例) 寒流と暖流がぶつかる潮目があるから。 **問５** 岩手県 **問６** **記号**…エ **名前**…南部鉄器 **問７** ウ **問８** 季節風 **問９** ア **問10** アイヌ **問11** **あ** じゃがいも **い** 大豆 **問12** **A** イ **B** ウ **C** カ **D** オ [2] **問１** ア **問２** １ 稲作(米づくり) ２ イ **問３** １ 大山(大仙)古墳(仁徳天皇陵) ２ 大阪府 **問４** 律令 **問５** ウ **問６** エ **問７** イ **問８** エ **問９** ア **問10** エ **問11** ア **問12** ウ **問13** イ **問14** １ ア，エ ２ (例) キリスト教を国内に持ちこませないため。 **問15** ウ [3] **問１** 小池百合子 **問２** ア **問３** イ **問４** １ エ ２ ア，ウ **問５** ウ

解 説

[1] 各都道府県の産業や地形，特色などについての問題

問１ 暖かい気候を利用して作物の生育を早め，ほかの産地より早い時期に出荷する栽培法を，促成栽培という。ほかの産地が出荷できない時期に出荷できるため，利益が大きくなる。

問２ 沖縄県は南西諸島の気候に属しており，温暖な気候を利用してサトウキビやパイナップルなど，熱帯や亜《あ》熱帯で育つ作物がさかんに栽培されている。

問３ １，２ 東北地方の太平洋側には，三陸海岸がのびている。三陸海岸の南部は，山地が沈《しず》みこみ，谷だったところに海水が入りこんでできた出入りの複雑なリアス(式)海岸になっている。リアス海岸は，波がおだやかで水深の深い入り江が陸地の奥まで入りこんでいるため，天然の良港となるほか，海面養殖などを行うのにも適している。しかし，入り江が海に向かってＶ字形に開いていることから，津波の被害を受けやすい。2011年３月11日に東北地方太平洋沖地震が発生し，この揺れにともなう巨大津波が発生したさい，三陸海岸の沿岸地域は特に大きな被害を受けた。

問４ 三陸海岸の沖合には，寒流の千島海流(親潮)と暖流の日本海流(黒潮)がぶつかる潮目がある。潮目は魚のエサとなるプランクトンが豊富で，さまざまな種類の魚が多く集まる好漁場となる。

問５ 岩手県は東北地方北部の太平洋側に位置する県で，東部の太平洋沿岸には，リアス(式)海岸である三陸海岸がのびている。

問６ 岩手県の盛岡市や奥州市では南部鉄器という鉄器の生産が受けつがれており，エのような鉄びんがよく知られる。なお，アは宮城県でつくられる宮城伝統こけし，イは秋田県大館《おおだて》市でつくられる大館曲げわっぱ，ウは山形県天童市でつくられる将棋《しょうぎ》の駒《こま》。

問７ 岐阜県北部の白川郷と富山県南部の五箇《ごか》山では冬に雪が多く降るため，雪がすべり落ちやすいように屋根の傾《かたむ》きを急にした合掌《がっしょう》造りとよばれる家屋が多く見られる。この２つの集落は，「白川郷・五箇山の合掌造り集落」として，ユネスコ(国連教育科学文化機関)の世界文化遺産に登録されている。

問８ 日本の日本海側の地域は，冬に吹《ふ》く北西の季節風の影響を強く受ける。この風は日本海を吹き渡るさいに多くの水分をふくんで雲をつくり，この雲が本州の中央部に連なる山地や山脈にぶつ

かって雨や雪を降らせる。そのため，日本海側の地域では冬の降水(雪)量が多くなる。

問９　北海道の道庁所在地は札幌市で，人口は約190万人を超え，北海道の人口のおよそ３分の１が札幌市に集中している。

問10　アイヌは，北海道・千島列島・樺太《からふと》に古くから住む先住民族で，狩《か》りや漁，採集をして暮らし，独自の生活習慣や文化を築きあげていた。明治時代に蝦夷地が北海道とされて以降，政策によって住むところや文化が失われてきたが，近年になってようやく，アイヌの人々や文化を守る法律がつくられるなど，先住民であるアイヌを尊重し，受けついでいく動きが活発になった。

問11　「主食となりうる食物」で，「一般の食用や加工品の原料」として使われており，北海道の生産量が最も多い「あ」はじゃがいもと判断できる。北海道の生産量が飛びぬけて多く，食用油や飼料になるとあることから，「い」には大豆があてはまる。

問12　**A**　沖縄県にある「国王の宮殿のあと」とは，首里城である。首里城は15世紀に建国された琉球《りゅうきゅう》王国の王城で，イが首里城の正殿である。首里城をふくむ琉球王国の遺産は，「琉球王国のグスクおよび関連遺跡群」として世界文化遺産に登録されているが，2019年に火災が発生し，正殿などが焼失した。　**B**　東北地方にあり，「世界遺産に登録されているお寺」なので，岩手県平泉にある中尊寺金色堂の内部を写したウがあてはまる。中尊寺とその周辺の寺院などは，「平泉―仏国土(浄土)を表す建築・庭園及び考古学的遺跡群―」として，世界文化遺産に登録されている。　**C**　合掌造り集落を写したものとして，カが正しい。問７の解説も参照のこと。　**D**　北海道東部の知床半島は，多様な生態系とそれらのつながりが見られることなどから，「知床」として世界自然遺産に登録されている。オが，知床半島を写したものである。　なお，アは復元された竪穴《たてあな》住居，エは平等院鳳凰《ほうおう》堂(京都府)。

2　各時代の歴史的なことがらについての問題

問１　ア　貝塚は，縄文時代の人々がごみ捨て場として貝類などを捨てていた場所と考えられているので，正しい。　イ　縄文土器は，厚いがもろいという特徴がある。　ウ，エ　定住生活が中心となり，ムラやクニという共同体が形成されるようになったのは，弥生時代のことである。また，この時代には，土地などをめぐるムラやクニの争いが起こるようになった。

問２　**１**　縄文時代後期に稲作が伝わり，これが広がるのにともなって，社会に変化が起こった。収穫量の差は貧富の差を生み，農作業を指導するものが現れることで身分の差も生まれた。
２　弥生時代には，イの石包丁とよばれる石器が，稲の穂をつみ取るのに用いられた。なお，アは千歯こき，ウは備中《びっちゅう》ぐわ，エは唐箕《とうみ》で，いずれも江戸時代に使われるようになった農具。

問３　**１**，**２**　大阪府堺《さかい》市にある大山古墳は日本最大の古墳で，墳丘《ふんきゅう》の全長が486ｍある前方後円墳である。仁徳《にんとく》天皇陵《りょう》と伝えられており，2019年に「百舌鳥《もず》・古市古墳群」の１つとして世界文化遺産に登録された。

問４　飛鳥時代末の701年に大宝律令がつくられ，710年から始まった奈良時代には，律令にもとづいた政治が行われた。律は現在の刑法，令は行政法・民法などにあたる。奈良時代には，これをもとに養老律令などがつくられた。

問５　ア　「３割」ではなく「(約)３％」が正しい。　イ　『古今和歌集』ではなく『万葉集』が正しい。　ウ　奈良時代の税制度について，正しく説明している。なお，稲をおさめる税を租，特産品をおさめる税を調，労役の代わりに布などを収める税を庸《よう》という。　エ　このような事実は確認されていない。

問６　710年，元明天皇は藤原京から平城京に都を移した。このあと，740～45年に一時的に都が移された時期があったものの，784年に京都の長岡京に都が移されるまで，平城京は日本の都として栄えた。なお，藤原京に都が移されたのは694年，平安京に都が移されたのは794年のこと。

問７　アは鎌倉時代に運慶・快慶らがつくった東大寺南大門の金剛《こんごう》力士像(阿形《あぎょう》)，イは奈良時代に東大寺につくられた大仏，ウは鎌倉時代につくられた空也像(空也の活躍《かつやく》は平安時代のこと)，エは鎌倉時代につくられた鎌倉大仏である。

問８　ア，イ　「御恩」と「奉公」が逆である。　　ウ　モンゴル軍は，1274年の文永の役と1281年の弘安の役の２度，日本に攻めてきた。　　エ　鎌倉幕府の源氏の将軍は３代で絶え，その後は，将軍を補佐する役職である執権《しっけん》の地位を代々ついでいた北条氏が，実際の政治を行った(執権政治)。よって，正しい。

問９　同じ耕地で１年のうちに２種類の作物を栽培することを二毛作といい，鎌倉時代には稲を刈《か》り取ったあとに麦などを栽培する二毛作が，西日本を中心に広がった。なお，１年のうちに同じ作物を同じ耕地で２回つくることを，二期作という。

問10　鎌倉時代には，寺社の門前や交通の要地に，月３回の定期市(三斎市)が立つようになった。エは，鎌倉時代に備前国(岡山県)福岡で行われた定期市のようすをえがいた，「一遍上人《いっぺんしょうにん》絵《え》伝《でん》」という作品の一部である。なお，アは長崎の出島(江戸時代)，イは南蛮《なんばん》船の来航(安土桃山時代)，ウは繁盛《はんじょう》する越後屋のようすをえがいたもの(江戸時代)。

問11　1428年，近江《おうみ》(滋賀県)の馬借(運送業者)が借金の帳消しを求めて土倉や酒屋などの高利貸しをおそうと，この動きが畿内一帯に広がった。これを正長の土一揆《いっき》といい，日本で最初の農民らによる一揆として記録されている。なお，イは1488年，ウは1485年，エは1637年に起こった一揆。

問12　江戸時代，将軍の暮らす江戸は，政治の中心地として武士や町人が多く集まり，人口が100万人を超えるほどに成長した。

問13　江戸時代には，町人や農民の子どもを教育する民間の教育機関として，各地に寺子屋がつくられた。明治時代になって1872年に学制が出されると，６歳以上の子どもを小学校に通わせることが義務づけられた。なお，藩校とは，江戸時代に各藩が，武士の子どもを対象とする教育機関として設置したものである。

問14　１，２　江戸幕府はキリスト教の禁止を徹底《てってい》し，そのうえ貿易の利益を独占するため，キリスト教の布教を行わない清(中国)とオランダに限り，長崎を唯一《ゆいいつ》の貿易港として貿易を行った。

問15　ア，イ　田中正造は，明治時代後半に起こった足尾銅山鉱毒事件の解決に，一生をかけて取り組んだ。なお，全国水平社は，西光万吉らが1922年につくった組織である。　　ウ　平塚らいてふについて，正しく説明している。　　エ　1910年の大逆事件では，社会主義者の幸徳秋水らが処刑された。渋沢栄一は，日本初の銀行である第一国立銀行や数多くの会社の設立・経営にたずさわった実業家である。

３　災害対策と地方自治に関する問題

問１　2021年２月時点で，東京都知事は小池百合子《ゆりこ》が務めている。

問２　球磨《くま》川は九州山地を水源として熊本県内をＵ字型に流れ，八代海に注ぐ。最上川，富士川とともに日本三大急流に数えられ，2020年の九州豪雨では氾濫《はんらん》して大きな被害を出した。なお，筑後《ちくご》川は九州地方北部を，最上川は山形県を，四万十《しまんと》川は高知県を流れる川。

問３　大雨が続いたときには，川の水があふれるおそれがあるため，川のようすを見に行くのは危険なので，やってはいけない。

問４　**１**　市長や市議会議員は，住民が直接選挙で選ぶので，エが誤っている。　**２**　アとウは住民ができる防災への備えとして正しいが，イやエは市長や市議会の仕事である。

問５　避難行動パンフレットはすべての住民に必要となるものなので，英語だけでなく，日本語や，英語以外の外国語でもつくられている。

理　科　＜第１回一般試験＞（社会と合わせて60分）＜満点：50点＞

解　答

1【１】(1)（例）かき混ぜて静置した後，ビーカーの底にティッシュがしずんでいるから。　(2)　解説の図を参照のこと。　【２】(1)　**ア**　食塩　**イ**　二酸化炭素　(2)　イ，エ，オ　(3)　①　ウ，オ　②　イ，エ　③　ア　(4)　**A**　イ　**B**　ウ　**C**　エ　**2**　(1)　せきつい動物　(2)　カニ，カブトムシ　(3)　こん虫　(4)　カブトムシ　(5)　解説の図を参照のこと。　(6)　さなぎ　(7)　カエル　(8)　イルカ，リス，シカ　**3**【１】(1)　イ　(2)　ウ　【２】(1)　ウ　(2)　キ　(3)　①　アとイの結果を比べればよい。　②　ウとオの結果を比べればよい。　(4)　①　キとクの結果を比べればよい。　②　イとケの結果を比べればよい。　(5)　比例　(6)　24cm　(7)　12cm

解　説

1　水よう液の特徴《とくちょう》や性質についての問題

【１】(1)　ものが水にとけた水よう液は，時間がたっても水の量や温度が変わらなければ，とけたものが底にしずむことはなく，どの部分もこさが同じになっている。図２の静置した後の写真ではビーカーの底にティッシュがしずんでいるので，ティッシュが水にとけて水よう液になっているとはいえない。

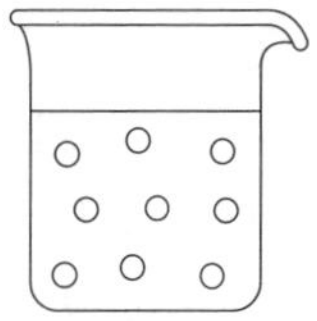

(2)　水よう液中では，とけているものは目に見えないくらい小さなつぶに分かれ，水よう液全体に均一に広がっているので，右の図のように９個の○を容器内に均一に広げてかけばよい。

【２】(1)　アの食塩水には食塩(塩化ナトリウム)，イの炭酸水には二酸化炭素がとけている。

(2)　気体がとけている水よう液を熱して水を蒸発させると，とけていた気体も水蒸気といっしょに空気中に出ていくので，あとには何も残らない。炭酸水は二酸化炭素，塩酸は塩化水素，アンモニア水はアンモニアという気体がとけているため，これらの水よう液を熱して水を蒸発させると何も残らない。

(3)　石灰水，アンモニア水のようなアルカリ性の水よう液を赤色リトマス紙につけると青色に変化し，炭酸水，塩酸のような酸性の水よう液を青色リトマス紙につけると赤色に変化する。また，食塩水のような中性の水よう液は，赤色リトマス紙，青色リトマス紙のどちらにつけても変化しない。

(4)　BTBよう液は酸性のときに黄色，中性のときに緑色，アルカリ性のときに青色になる。①より，

ＡとＣは酸性の水よう液である炭酸水か塩酸のいずれかであり，②より，Ｂはアルカリ性の水よう液である石灰水かアンモニア水のいずれかとなる。③より，ＡにＢを加えると白くにごることから，Ａ，Ｂは炭酸水か石灰水のどちらかで，炭酸水にとけている二酸化炭素と石灰水が反応して白くにごったと考えられる。したがって，Ａは炭酸水，Ｂは石灰水，Ｃは塩酸とわかる。なお，Ｃの塩酸は鼻につんとくるにおいがあり，スチールウール(鉄)をとかすので，④にもあてはまる。

2　動物の分類についての問題

⑴，⑵　コイ，イルカ，ニワトリ，リス，スズメ，メダカ，シカ，カエルのように，背骨をもつ動物をせきつい動物といい，カニ，カブトムシのように，背骨をもたない動物を無せきつい動物という。

⑶～⑸　カブトムシのようなこん虫(類)のからだは，頭部，胸部，腹部の３つに分かれており，右の図のように，胸部にあしが３対(６本)ついている。

⑹　カブトムシは，卵→幼虫→さなぎ→成虫の順に成長し，このような育ち方を完全変態という。なお，さなぎの時期がなく，卵→幼虫→成虫の順に成長する育ち方を不完全変態という。

⑺　両生類であるカエルは，子(オタマジャクシ)のときは水中でくらしてえらで呼吸し，親になると陸上でくらし，肺と皮ふで呼吸する。

⑻　イルカ，リス，シカのような，ほとんどのホニュウ類は，子が母親の子宮の中で育ち，ある程度成長してから親と同じようなすがたでうまれてくる。このようなうまれ方をたい生という。

3　斜面《しゃめん》を転がるおもりの運動についての問題

【１】 ⑴　斜面上にあるおもりには下向きの力などがかかり続けて，おもりが転がるときの速さはだんだん速くなる。

⑵　積み木はおもりが衝突《しょうとつ》した直後に最も速く動いており，その後，積み木とレールとの間にまさつがはたらくので，だんだん速度が遅《おそ》くなって止まる。

【２】 ⑴　水平面にたどりついたときのおもりの速さは，斜面の角度やおもりの重さには関係なく，おもりを転がしはじめる高さによって決まる。おもりを転がしはじめる高さが高いほど，水平面にたどりついたときのおもりの速さは速くなる。

⑵　キ，ク，ケを比べると，おもりを転がしはじめる高さはすべて同じなので，水平面にたどりついたときのおもりの速さはすべて等しい。おもりが同じ速さで動いているとき，軽いおもりほど，おもりがもっているエネルギーが小さいので，積み木が止まるまでの距離《きょり》は，おもりの重さが最も軽いキが最も短くなる。

⑶　おもりを転がしはじめる高さが２倍になっていて，おもりを転がしはじめる高さ以外はすべて同じ条件になっているものを選ぶ。よって，ア(高さ10cm)とイ(高さ20cm)の結果を比べるか，ウ(高さ30cm)とオ(高さ15cm)の結果を比べればよい。

⑷　おもりの重さが1.5倍になっていて，おもりの重さ以外はすべて同じ条件になっているものを選ぶ。よって，キ(重さ30ｇ)とク(重さ45ｇ)の結果を比べるか，イ(重さ40ｇ)とケ(重さ60ｇ)の結果を比べればよい。

⑸　⑶より，おもりを転がしはじめる高さを２倍にすると，積み木が止まるまでの距離も２倍になるので，積み木が止まるまでの距離は，おもりを転がしはじめる高さに比例することがわかる。また，⑷より，おもりの重さを1.5倍にすると，積み木が止まるまでの距離も1.5倍になるので，積み

木が止まるまでの距離も，おもりの重さに比例することがわかる。

(6)　アと比べると，ケのおもりを転がしはじめる高さは，20÷10＝２(倍)になっており，ケのおもりの重さは，60÷40＝1.5(倍)になっている。よって，積み木が止まるまでの距離は，２×1.5＝３(倍)になるから，８×３＝24(cm)となる。

(7)　ウと比べると，キのおもりを転がしはじめる高さは，20÷30＝$\frac{2}{3}$(倍)になっており，キのおもりの重さは，30÷40＝$\frac{3}{4}$(倍)になっている。よって，積み木が止まるまでの距離は，$\frac{2}{3}\times\frac{3}{4}=\frac{1}{2}$(倍)になるから，24×$\frac{1}{2}$＝12(cm)となる。

国　語　＜第１回一般試験＞（50分）＜満点：100点＞

解　答

一　①　しゅくが　②　かんれい　③　ぜんじゅつ　④　ごしん　⑤　こうせき　⑥～⑩　下記を参照のこと。　二　**問１**　**１**　ウ　**２**　イ　**３**　ア　**４**　ウ　**５**　ア　**問２**　**あ**　オ　**い**　カ　**う**　ウ　**え**　イ　**お**　ア　**問３**　ア　**問４**　白い服を着た女の子　**問５**　エ　**問６**　(例)　あかりはつけないで，窓は大きくあけて，かくれずにながめるようにした。　**問７**　(例)　ゆうれいの女の子に会うため。　**問８**　(例)　手をふった　**問９**　自分もそんな体験ができればどんなにいいだろうと思った(から。)　**問10**　(例)　ことをしようとしているの　**問11**　①　**問12**　(例)　双葉館が連休明けにこわされそうだから。　**問13**　エ　**問14**　(例)　渉が図書館にしのびこんでひと晩泊まるという考えが本気かどうか確かめるため。　**問15**　オ

●漢字の書き取り

一　⑥　預金　⑦　飼育　⑧　迷(う)　⑨　省略　⑩　易(しい)

解　説

一　漢字の読みと書き取り

①　めでたいこととして，祝い喜ぶこと。　②　繰《く》り返し行われてきて，習慣のようになったことがら。　③　まえに述べた内容。　④　危険から身を守ること。　⑤　すぐれた成果や働き。　⑥　銀行などに金銭を預けること。　⑦　動物などを飼い，育てること。　⑧　音読みは「メイ」で，「迷路」などの熟語がある。　⑨　一部を取り除《のぞ》いて簡単にすること。　⑩　音読みは「イ」「エキ」で，「容易」「易者」などの熟語がある。

二　出典は岡田淳《おかだじゅん》の『図書館からの冒険《ぼうけん》』による。小学六年生の渉《わたる》は，二年まえにきいた，双葉《ふたば》館でゆうれいの女の子に会ったことがあるという敬二郎《けいじろう》さんの話から，小学校生活最後のゴールデンウィークに，双葉館にしのびこみ，こわされるまえの記念にすることを思いつく。

問１　**１**　“いつも”という意味。　**２**　“思いがけないことに，あわてたり驚《おどろ》いたりして取り乱す”という意味。　**３**　“無理にたのむ”“しつこくねだる”という意味。　**４**　“だしぬけに”という意味。　**５**　“不快な気持ちになるなどして顔をゆがめる”という意味。

問２　**あ**　続く部分に，「三日目の夜，ついに二階の窓のカーテンがすうっと開いたんだよ」とあ

ることから，ここでもカーテンは同じように静かに開いたものと想像できる。よって，「すうっと」があてはまる。　**い**　カーテンをもどすところなので，音を立てないように物事を行うようすを表す「そっと」があてはまる。　**う**　敬二郎さんは女の子に見とれていたのだから，動かずにそのままの状態でいることを表す「じっと」があてはまる。　**え**　敬二郎さんは急にわらったものと想像できるので，まえぶれもなく物事が行われるさまを表す「ふっと」があてはまる。　**お**　双葉館は，少し「外国」らしさを感じさせる建物だったのだから，「ちょっと」があてはまる。

問３　「それはね，ぼくが六年生のときのことだったんだ」とすることで，続きが気になるよう工《く》夫《ふう》されている。よって，アが選べる。

問４　空らんアの少しまえに，双葉館にしのびこみ，「ゆうれい」を待っていた敬二郎さんは，とつぜん扉《とびら》から「白い服を着た女の子」が現れたことに驚いている。

問５　敬二郎さんが見たゆうれいは，自分と「おなじか，少し年上ぐらいの女の子」であり，目鼻立ちがはっきりしていて黒い髪《かみ》が長く，その姿に「見とれていた」と書かれている。

問６　直後に，「あいかわらずあかりはつけなかったけど，窓は大きくあけて，かくれずにながめるように」したと書かれているので，この部分をまとめる。

問７　敬二郎さんは「ゆうれい」の女の子と毎晩手をふりあっていたのだから，双葉館にしのびこんだのは，この女の子に会うためだと考えられる。

問８　「いつものように」とあることに注目する。おたがいに「びっくり」したものの，敬二郎さんは女の子にふだんどおり「手をふった」ものと想像できる。

問９　続く部分に注目する。渉は「自分もそんな体験ができればどんなにいいだろうと思った」から，たとえ「ほんとうにあったことでなくても」，敬二郎さんの「この話がすきだった」のである。

問10　渉に「ぼくが図書館にしのびこむこともできる？」とたずねられているので，敬二郎さんは渉がどういうことをしようとしているのか，きこうとしているのだろうと考えられる。

問11　双葉館は柴《しば》野《の》崎《ざき》小学校の敷地《しきち》内にある独立した建物であり，敬二郎さんの話の中では，「うちの二階の窓から双葉館の窓は十数メートルさき，さえぎるものはなにもない」とあるので，斉藤《さいとう》書店と向かい合った建物である①だと考えられる。

問12　「眉《まゆ》をくもらす」は，不快な思いや心配事があって顔をしかめること。双葉館について渉から「その図書館もこわされるんでしょ？」ときかれた敬二郎さんは，「眉をくもらせ」て「この連休明けにはこわされるという話が出ているな……」と答えたので，この部分をまとめる。

問13　直前で，敬二郎さんが渉に「泊《と》まる？」とききかえしていることをおさえる。つまり，双葉館が連休明けにこわされると知った渉が「こわされるまえに，あそこにひと晩泊まって記念にしたいなっておもったんだ」と話したことに，敬二郎さんは驚いたのだとわかる。

問14　問13で見たように，渉は双葉館にしのびこんでひと晩泊まると言っているのだが，それに対して「本気か？」と問いかけているので，敬二郎さんは渉が本気で言っているのかどうか確かめようとしているのだと考えられる。

問15　渉が「ぼくが図書館にしのびこむこともできる？」と敬二郎さんにたずねる直前，「敬二郎さんは，柴野崎小学校の図書館にしのびこめるっていっていたよね」と確認《かくにん》しているので，二年まえにきいた，敬二郎さんがゆうれいの女の子に会ったという話から，渉は図書館にしのびこむことを思いついたのだと推測できるので，オが選べる。

2021年度　トキワ松学園中学校

〔電　話〕　(03) 3713－8161
〔所在地〕　〒152－0003　東京都目黒区碑文谷４－17－16
〔交　通〕　東急東横線 ―「都立大学駅」より徒歩８分

＊**【適性検査Ⅰ】**は国語ですので、最後に収録してあります。

【適性検査Ⅱ】　〈適性検査型試験〉　(45分)　〈満点：100点〉

（注意）問題用紙，解答用紙は折ったり切ったりしてはいけません。

1　**すみれさんのクラスでは、３月のお別れ会にむけて、教室の飾《かざ》りつけの準備をしています。**

先　生：江戸時代から親しまれてきた遊びに「紋《もん》切り遊び」というものがあります。折りたたんだ紙を型紙どおりに切り抜き、開いた形を楽しむ切り紙遊びです。みなさんもやってみましょう。

すみれ：お手本の通りにやってみたら、こんなにきれいな模様ができたわ。

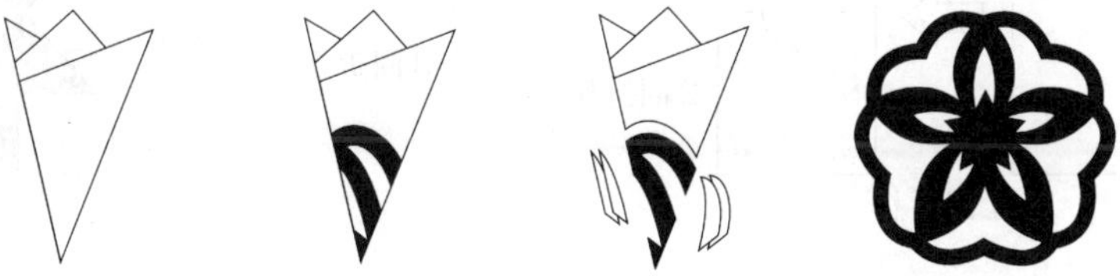

松　子：１辺が20cm の正方形の折り紙がたくさんあるから、私たちもやってみましょう。

すみれ：折り方や切り方を変えると、どんな形ができるかしら。

（問題１）この折り紙を図１のように３回折りしてから、図２のように切って、白い部分を取り除いて開いたときの図形について考えましょう。図２の切り取った部分は半径２cm の円の半分の形と、半径１cm の円の４分の１の形です。

【図１】

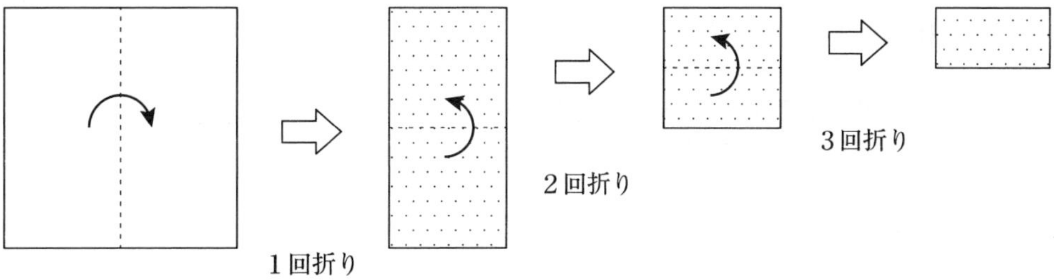

【図２】

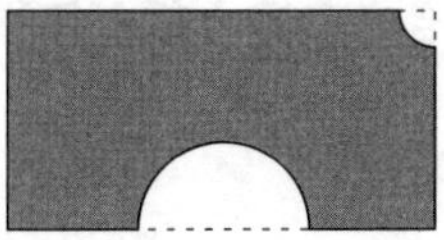

⑴　解答用紙の正方形に、できた図形をかきなさい。
この問題は、コンパスや定規は使わずにかきなさい。

⑵　できた図形の面積を答えなさい。
この問題は途中の計算式も書きなさい。

松　子：折り紙を**図3**のように3回折りしてから、2ヶ所の部分を切り落として開いたら、**図4**のような図形ができたわ。

すみれ：どのように切ってつくったのかしら。

【図3】

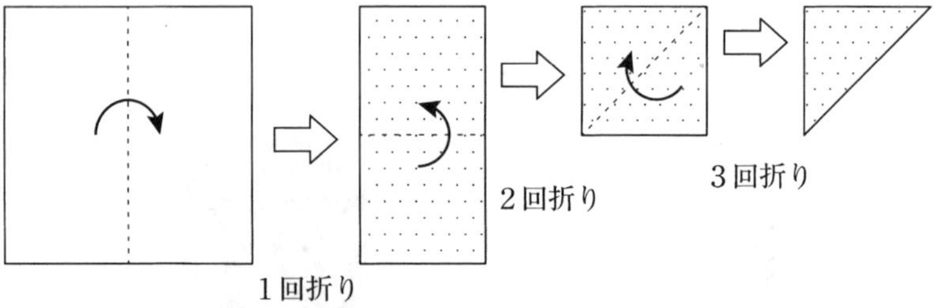

【図4】

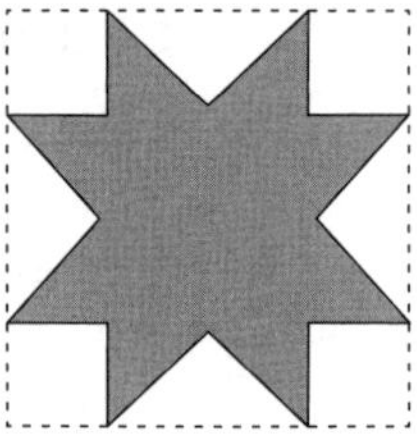

（問題2）⑴　図4の図形は、図3の3回折りした紙をどのように切ってつくったものでしょうか。解答用紙の3回折りした紙の図に，はさみで切った線をかき入れなさい。
⑵　図4の図形の面積を答えなさい。

すみれ：**図3**で3回折りした紙を、**図5**のように、もう一度折ってから半分に切ったら、どんな形ができるかしら。

松　子：切りはなした紙をそれぞれ開いてみましょう。

【図5】

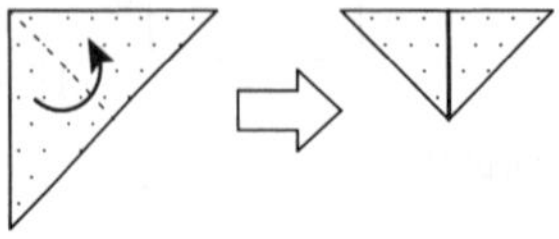

（問題3）⑴　すみれさんが、図3で3回折りした紙を、図5のように、もう一度折ってから半分に切った紙をそれぞれ開くと、形や大きさの違う紙が何種類できるか答えなさい。

(2) (1)で答えた紙について、［答え方　例］のように説明しなさい。

［答え方　例1］　1辺が４cm の正三角形の紙が４枚

［答え方　例2］　たてと横の長さが２cm と４cm の長方形の紙が２枚

先　生：１回だけ折った紙を切ってつくる形でも、工夫をするといろいろな模様がつくれますよ。

すみれ：そうね。１回折りの紙からも面白い模様ができるわ。

（問題４）次の【図６】の模様の中から、１回折りした紙を切ってつくれるものをすべて選びなさい。

【図６】

ア　イ　ウ　エ　オ

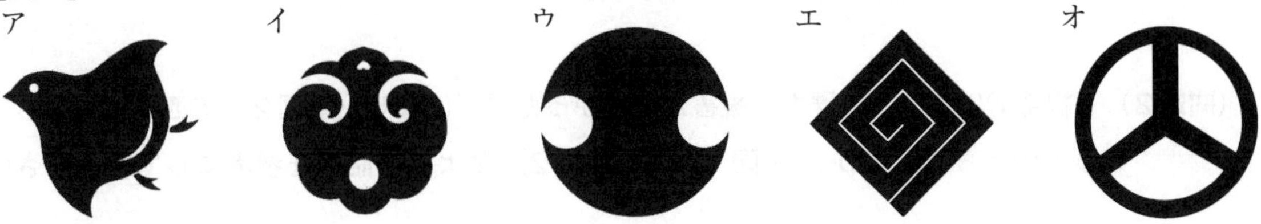

2　松子さんとすみれさんは昨年７月の豪雨《ごうう》について話をしています。

松　子：７月の豪雨は日本の広い範囲《はんい》で被害《ひがい》が出たけれど、とくに熊本県では多くの被害が出たわね。

すみれ：ええ。〈**地図１**〉の①球磨川《くまがわ》の流域では過去最大規模の水害が発生して、球磨村《くまむら》や人吉《ひとよし》市《し》を中心に多くの被害が出たわ。

松　子：〈**地図２**〉では、浸水《しんすい》の被害の大きかった場所が表されているわ。

すみれ：②浸水の被害が大きかった場所は〈**地図２**〉の西側に集中しているわね。なぜなのかしら。

松　子：川が流れている場所の地形に関係がありそうね。平野を流れている川と、山に囲まれた谷を流れる川は、水のあふれやすさにちがいがあると思うわ。

〈地図１〉球磨川を示した地図

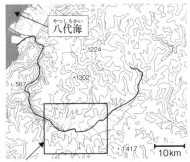

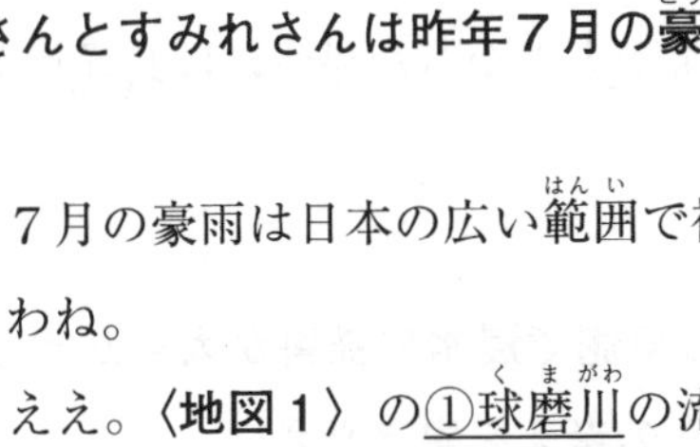

地図２で拡大されている部分

〈地図２〉７月の豪雨で浸水の被害が大きかった地域を▨で表した地図

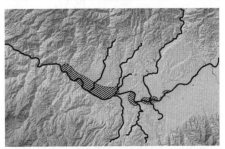

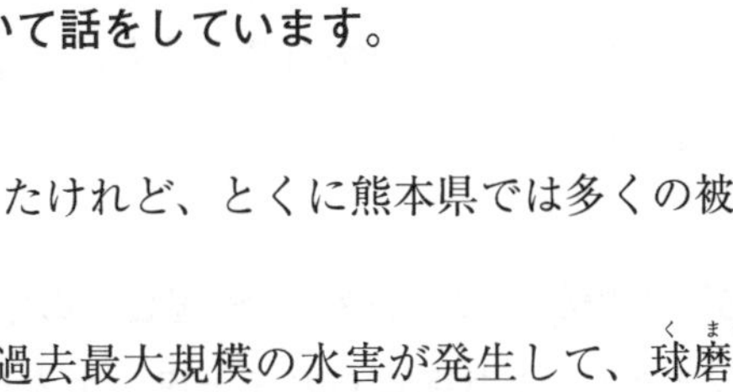

国土地理院の地図を一部改変

(問題1) 下線部①について、前のページの〈地図1〉は球磨川の地図です。次のうち球磨川の河口からの距離《きょり》と、その地点の標高を正しく示しているのはどれですか。ア〜エより選び、記号で答えなさい。

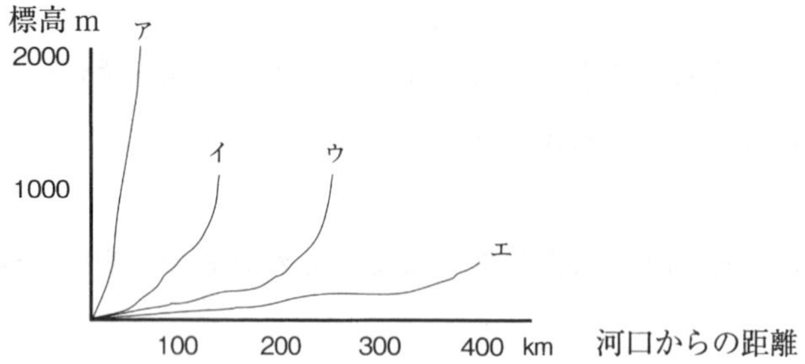

(問題2) 下線部②について、浸水の被害が大きかった場所はなぜ〈地図2〉の西側に集中していると考えられますか。〈地図1〉と〈地図2〉および会話文を参考にして答えなさい。

すみれ：**〈地図2〉**では地図の西側だけでなく、中央部から東側にも浸水の被害が大きかった場所があるわ。

松　子：これも地形に理由がありそうね。③浸水の被害が大きかった場所には共通点があるように思うの。

(問題3) 下線部③について、〈地図2〉の中央部から東側で浸水の被害が大きかった場所にはどのような共通点があると思いますか。あなたの考えを書きなさい。

松　子：④今回の豪雨で避難《ひなん》する人たちの写真を見たら、前に見た東日本大震災《だいしんさい》のときの避難所とは様子《ようす》が違ったわ。

すみれ：東日本大震災といえば、そのときの⑤津波で壊《こわ》されてしまった町を新しく作り直すときに「多重防御《ぼうぎょ》」という考え方を取り入れていると聞いたわ。7月の豪雨も被害をきちんと調べて、次にくる災害にそなえることは大切ね。

松　子：そうね。東日本大震災などの反省から、災害にそなえた「⑥特別警報」のしくみも作られているわ。私たちもしっかりと情報を集めて行動できるようにしないとね。

（問題４） 下線部④について、次の〈写真１〉は2011年の東日本大震災の時の避難所のものであり、〈写真２〉は2020年７月の熊本県内の避難所のものです。〈写真１〉と比べて〈写真２〉の避難所にはどのような変化があるか答えなさい。また、その変化による利点（良いこと）を２つ答えなさい。

〈写真１〉

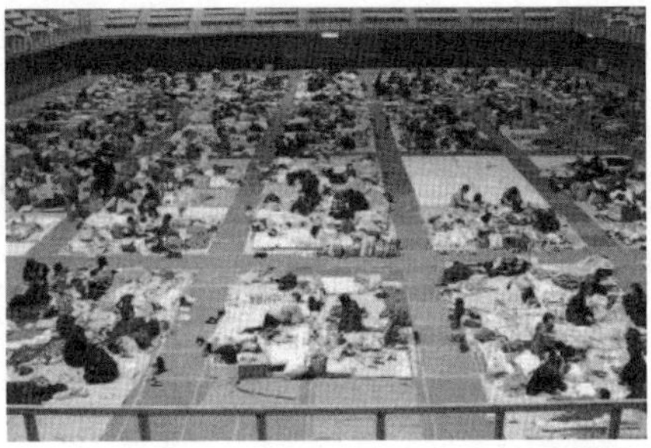

2011年３月19日　朝日新聞

〈写真２〉

2020年８月20日　東京新聞

（問題５）下線部⑤について、次の〈図１〉は東日本大震災の津波で壊された町をつくり直すときに「多重防御」という考え方を取り入れた町のイラストです。「多重防御」とは、いくつもの方法を組み合わせて災害をふせぐ考え方ですが、このイラストの町が津波の被害にあわないようにしている工夫を３つ探して答えなさい。

〈図１〉

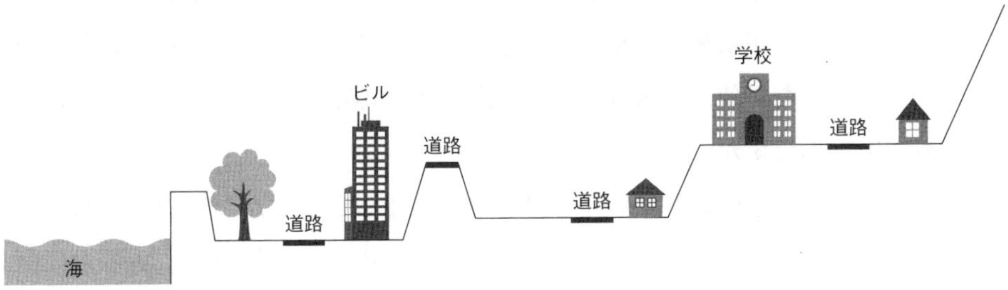

（問題６）下線部⑥について、特別警報が出された場合は「命を守る行動」をとる必要があります。大雨に関する特別警報が出たあとの「命を守る行動」としてもっともふさわしいものをア～エより選び、記号で答えなさい。

ア　等高線のある地図を参考に、避難所までの水たまりができにくい道を調べる。

イ　非常持ち出し袋《ぶくろ》の中身を点検し、不足するものがあれば買い足す。

ウ　家のまわりが浸水している場合は、浸水している中を歩くのは危険なので、避難所には行かずに家の中のできるだけ高い階に避難する。

エ　川の近くに住んでいる場合は、川がどのくらい増水しているかによって避難するかどうかが変わるので、安全に気をつけながら川の水位を見に行く。

3　**すみれさんは、学校の授業で聞いた「使える水が限られている」ということについて興味を持ち、先生に話を聞きながら友人のトキ子さんとさらに調べを進めることにしました。**

すみれ：自分の周りでは、あまり水に困ったことがなかったから、世界には深刻な水不足に悩む地域もあるほどだと聞いておどろいたわ。

先　生：地球上には約14億 km^3という大量の水があるのだけれど、そのうちの97.5 ％が海水、つまり塩辛くて生活に使えない水なんだ。残りの2.5 ％が淡水《たんすい》（真水）ですが、これもほとんどが南極や北極の雪や氷で、実はこちらもすぐに使うことはできないから、実際に私たちが使える水は、地球全体の水の0.01 ％だと言われているんだよ。

すみれ：0.01 ％ですか。

トキ子：とても少ないことはわかるけれど、ちょっと想像がつかないわね。

先　生：身近なもの、例えば家のお風呂いっぱいの水を、地球上にある水に例えて考えてみると、少し想像がつくかもしれないよ。

（問題１）地球上にある水を、家庭用のお風呂いっぱいの水とすると、私たちが使える水は何 mL になるか、計算しなさい。ただし、お風呂には200 L の水が入ることとします。この問題は途中の計算も書きなさい。

すみれ：うわあ、計算してみたら、使える水の少なさに改めておどろいてしまったわ。

トキ子：こんなに少ない水を、世界中のみんなで分け合っているなんて。

先　生：使える水は、川やダムの水のことを指すのだけれど、そのまま使うわけにはいかないんだ。現在の日本で、どこでも安全に水が飲めるのは、そういった川の水などを適切に処理する設備が整っているからだね。

すみれ：浄水場ね。

先　生：浄水場では、川やダムの水を取り入れたあと、汚れを取り除くためにいくつかの段階に分けて処理しているんだ。身近な材料を使ったろ過装置で汚れを取り除く実験ができるけれど、２人もやってみるかい。

トキ子：ぜひやってみたいです。やり方を教えてください。

先　生：ペットボトルに、石や砂などの材料をつめて層にするんだ。その層の上から泥《どろ》水を流すと、泥水の汚れが取れるんだよ。

すみれ：よし、さっそくやってみよう。

トキ子：どうせなら、どんな風に材料をつめたら一番水がきれいになるか試してみよう。

すみれさんとトキ子さんは、先生から聞いた方法で、次のように泥水をろ過する実験を行うことにしました。

〈準備するもの〉

・空のペットボトル２本

・泥水

・大きな粒の材料：軽石　　小石

・小さな粒の材料：砂　　　くだいた炭

・それぞれの材料が混じらないようにするための材料（★）：そのままの脱脂綿《だっしめん》
押し固めた脱脂綿
ティッシュペーパー

〔手順〕

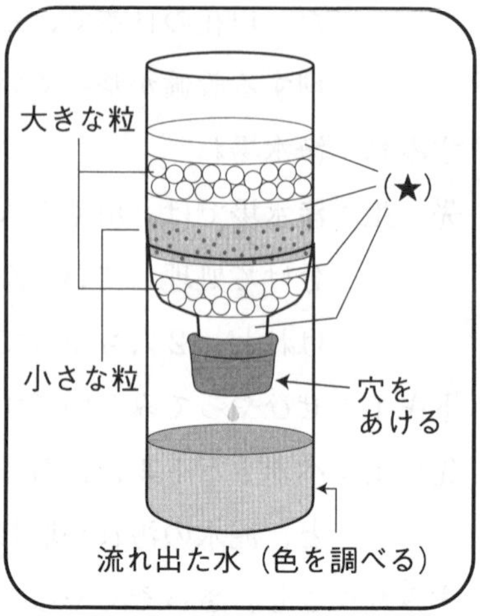

① ペットボトルを切り出し、図のような装置を作る。ろ過した水が流れ出る部分は、キャップに穴をあけておく。

② （★）の材料から１つ選び、まず水が流れ出る部分につめる。

③ ②の上に、大きな粒の材料を１つ選んでつめる。

④ ③の上に（★）の材料をつめ、小さな粒の材料をつめる。

⑤ ④の上に（★）の材料をつめ、大きな粒の材料をつめ、最後に（★）の材料をつめる。

⑥ 装置に200 mLの泥水を流し、ろ過後の水の色の濃さ、ろ過にかかった時間を記録する。

＊ただし、どのつめ方も、（★）の材料、大きな粒の材料、小さな粒の材料は、それぞれ１種類のみを使うこととし、下から必ず「（★）→大きな粒→（★）→小さな粒→（★）→大きな粒→（★）」と材料をつめることにします。

＊また、各層の厚さは１cmまたは３cmのどちらかを選ぶことにします。

すみれ：まずはためしに、校庭の砂と小石とティッシュペーパーを使って装置を作ってみたわ。

トキ子：泥水を流してみるわね。

ためしに作ったろ過装置を使って実験をしてみましたが、泥水はきれいにならず、逆に元の泥水よりも泥の色が濃い泥水が流れ出てきました。

すみれ：おかしいわね。全然きれいにならないわ。

トキ子：もしかして、装置を作る前、材料を準備する段階でやるべきことがあったのではないかしら。

すみれ：そうね。次は、しっかり準備してから実験をやってみよう。

（問題２）下線部の「材料を準備する段階でやるべきこと」とはどんなことですか。あなたの考えを書きなさい。

すみれさんとトキ子さんは、**（問題２）**で考えた準備をきちんと行い、手順の②～⑤でつめる材料をそれぞれ変えて、**A～F**の６通りの実験を行いました。次のページは、そのつめ方と結果を表しています。

〈つめ方と結果〉

	A	B	C
装置図	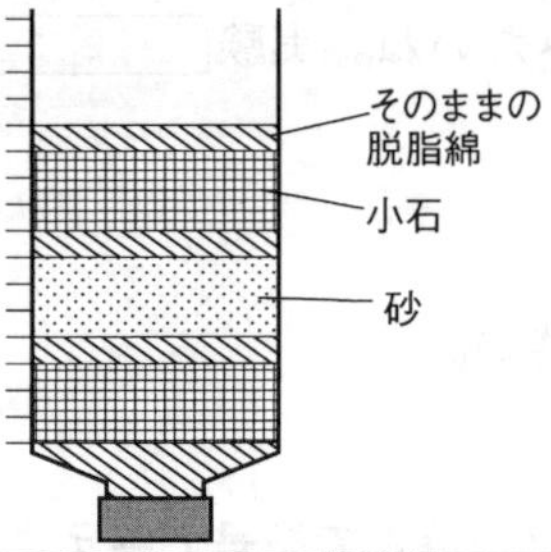	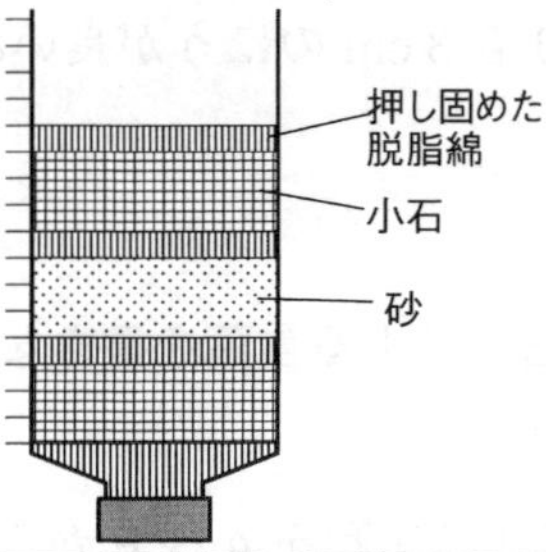	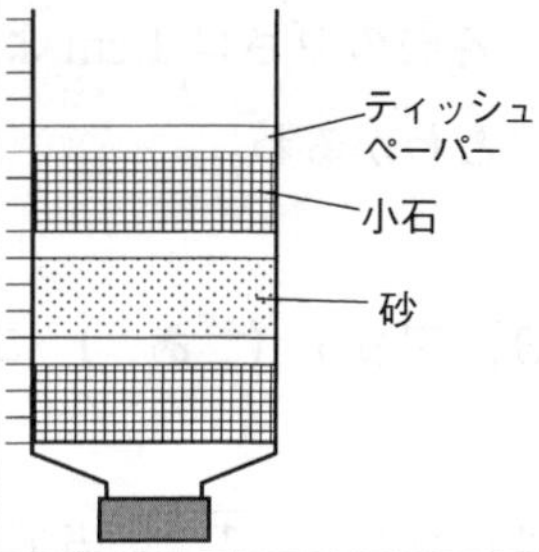
かかった時間	5分30秒	12分20秒	10分
流れ出た液の色	5	3	4

	D	E	F
装置図	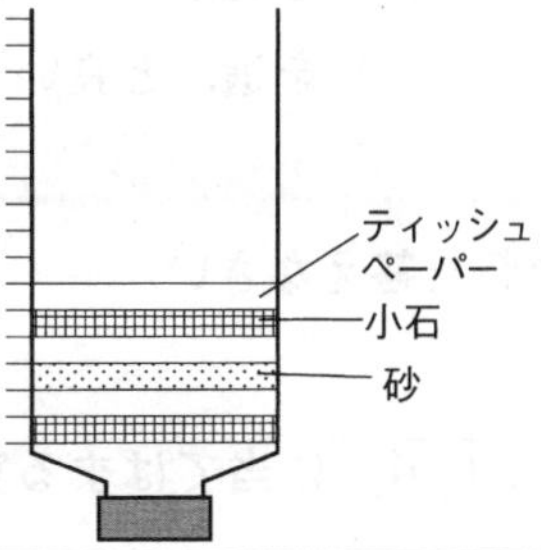	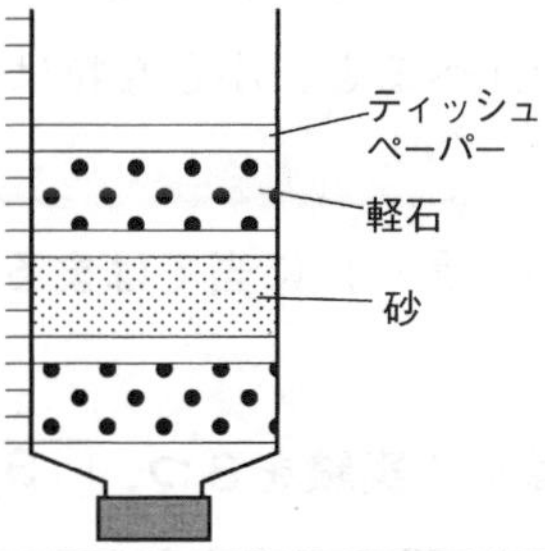	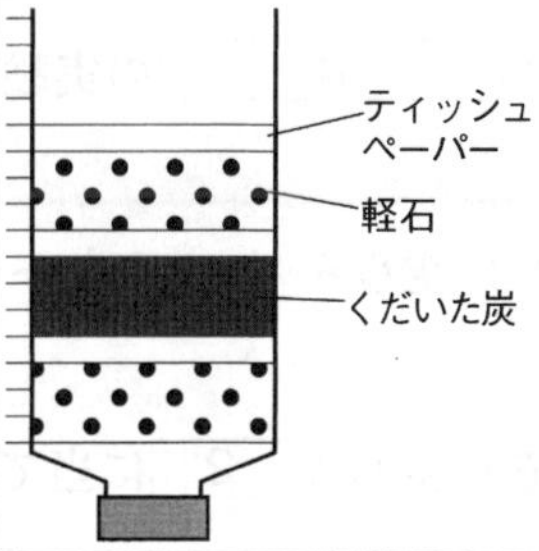
かかった時間	5分	12分	13分40秒
流れ出た液の色	5	3	2

※1目もりは1cmとする。

＊材料の凡例《はんれい》

そのままの脱脂綿		小石		砂	
押し固めた脱脂綿		軽石		くだいた炭	
ティッシュペーパー					

＊流れ出た液の色は、色の濃さを目で確認して、最も水道水に近いものを0、もとの泥水の色を6として、7段階で表しました。

段階	水道水	0	1	2	3	4	5	6	もとの泥水
色									

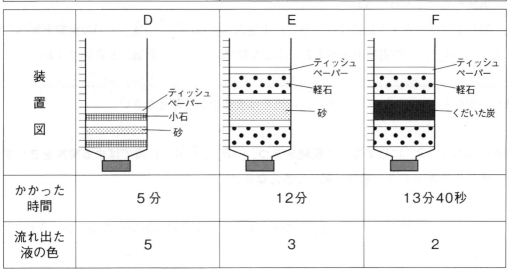

すみれ：結果を見ると、まずはろ過にかかった時間が（　あ　）ほうが、汚れが取れることがわかるわね。

トキ子：各層の厚さは1cmよりも3cmのほうが良いみたいね。実験［　1　］を比べるとわかるわ。

（問題3）空らん（　あ　）に当てはまる言葉を書きなさい。

（問題4）空らん［　1　］に当てはまる実験をＡ～Ｆから２つ選んで記号で答えなさい。

トキ子：材料はそれぞれどれを選ぶと良いのかしら。一つずつ検討してみましょう。

すみれ：そうね、まず、(★) の材料は（　い　）が良いのではないかしら。［　2　］の実験を比べるとわかるわ。

トキ子：同じように、大きな粒には（　う　）を選ぶべきね。［　3　］の実験を比べたわ。

すみれ：［　4　］の実験を比べると、小さな粒は（　え　）を選ぶと良いようね。

（問題5）空らん（　い　）～（　え　）に当てはまる材料を答えなさい。

（問題6）空らん［　2　］に当てはまる実験を３つ、［　3　］、［　4　］に当てはまる実験を２つずつそれぞれＡ～Ｆから選び、記号で答えなさい。

すみれ：実験Ａ～Ｆを比べてわかったことをまとめると、より良いろ過装置が作れそうね。

（問題7）Ａ～Ｆのろ過装置よりも、泥水をよりきれいにするには、どのようなろ過装置が作れると思いますか。あなたの考えを書きなさい。

先　生：浄水場のような施設がない地域では、井戸を使って地下水をくみ出し、生活のための水にしているよ。浄水場のなかった頃の日本でも同じように井戸を使っていたんだ。

すみれ：川の水やダムの水を直接使うより、地下水は安全に使えるということですか？

先　生：そうだね。ろ過実験をやってみた２人なら、どうして地下水が川の水より安全に使えるのか、わかるんじゃないかな。

（問題8）川やダムの水より、地下水のほうが安全に使える理由を考え、説明しなさい。

(9) C の話し合いの様子をあらわすものはどれですか。次の1～4の中から最も適切なものを一つ選び、番号で答えましょう。

1 何人かに意見を聞いて、反対意見がなかったので、それをクラス全体の意見として多数決をとろうとしていたが、より多くの意見や情報を集めて客観視することが必要だという結論に至《いた》った。

2 調査し、データを収集したはずなのに、強い人の意見に全体が流されてしまいそうになったが、しっかりと多数決をとって、民主的に決定するということになった。

3 自分がどう思っているかよりも人がどう思うかを優先させてしまって自分の意見をはっきりと言えないで終わってしまった人がいたが、そういう人たちの考えもくむために、無記名で投票することになった。

4 観光客の意見はないがしろにされ、地域の人の意見のみを考えてしまっていたが、その地域を訪れる外国の方々と交流して、意見を聞こうという方向に決定した。

(10) 正解が一つとは限らない問いについてみんなで考えるとき、どのようなことが大切だと考えますか。具体例をあげながら、次の[注意事項《じこう》]に合うように書きましょう。

[注意事項]

○解答用紙に三百字以上四百字以内で書きましょう。

○原稿《げんこう》用紙の正しい用法で書きましょう。また漢字を適切に使いましょう。

○題名や自分の名前は書かずに、一行目、一マス下げたところから書きましょう。

○三段落以上の構成で書きましょう。

○句読点（、。）やかっこなども一文字に数え、一マスに一字ずつ書きましょう。また、段落を変えた時の残りのマス目も字数として数えます。

(7) ――線⑤「逐次勝ち抜き方式」とありますが、次の問いに答えましょう。

問一 「逐次勝ち抜き方式」とはどの図をあらわしますか。次の1～4の中から最も適切なものを一つ選び、番号で答えましょう。

1

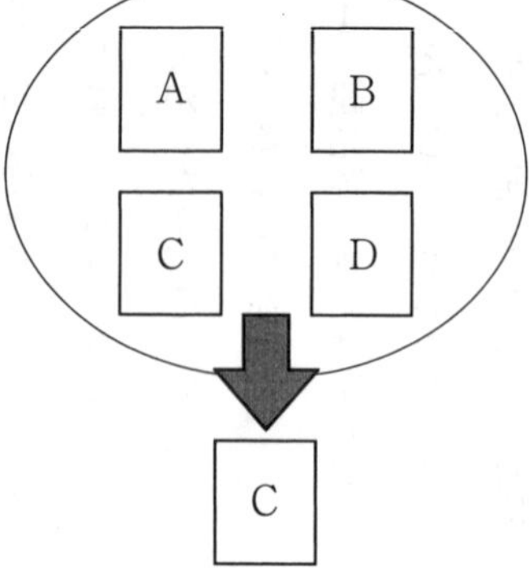

2

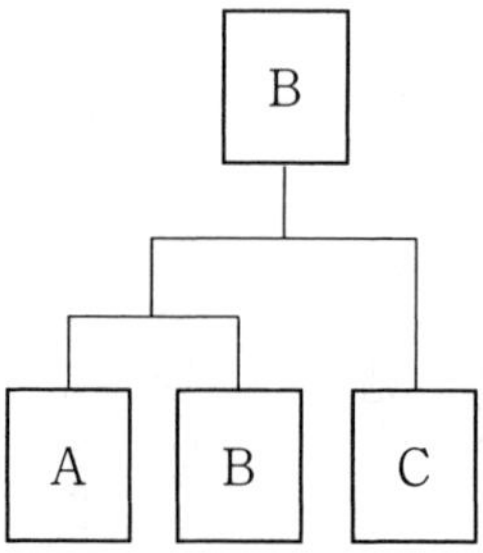

3

＼	A	B	C
A	＼	○	
B		＼	
C		×	＼

4

回＼位	1	2	3
1	A	C	B
2	B	B	C
3	C	A	A

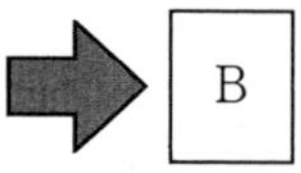

問二 ――線⑤「逐次勝ち抜き方式」がよくない理由として考えられるものは何ですか。次の1～4の中から最も適切なものを一つ選び、番号で答えましょう。

1 投票を行う順序によって結果が変わるから
2 勝敗は毎回変動するから
3 理論上のもので、机上の空論に過ぎないから
4 出てしまった結論に関心が向き、先入観を持つから

(8)(い)に当てはまる言葉は何ですか。次の1～4の中から最も適切なものを一つ選び、番号で答えましょう。

1 他地域に住む人々
2 外国籍《こくせき》の人々
3 低年齢《ねんれい》の人々
4 多くの世代の人々

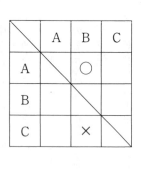

(1) ――線㈠「評カ」の「カ」と同じ漢字を使う熟語を次の1～4の中から一つ選び、番号で答えましょう。

1 カ題が多い　2 よい結カが出る

3 カ値が高い　4 カ不足なし

(2) ――線①「ちがった感じ」とありますが、それはどのような意味ですか。次の1～4の中から最も適切なものを一つ選び、番号で答えましょう。

1 間違った方法であること

2 別のやり方であること

3 正当な手順をふんでいないこと

4 なんとなく違和《いわ》感があること

(3) ――線②「かならずしも楽なものではありません」とありますが、それはなぜですか。本文中の言葉を使って説明しましょう。

(4) （ あ ）にあてはまる言葉を次の1～4の中から一つ選び、番号で答えましょう。

1 でも　2 はて　3 なお　4 さて

(5) ――線③「多数決投票のもつ意外性」とありますが、多数決投票のどのようなところが「意外」なのですか。次の1～4の中から最も適切なものを一つ選び、番号で答えましょう。

1 多数決による決定に納得できない人が必ず出てきてしまうということ

2 多数決の理論的研究は全くと言っていいほど進んでいないこと

3 すべての人が、必ずしも理性的に投票できるとは限らないところ

4 公平のはずの多数決なのに非合理的な結果をもたらすことがあるところ

(6) ――線④「いずれ」について、本文と同じ意味で使っているものを次の1～4の中から一つ選び、番号で答えましょう。

1 わたしとあなたのうち、いずれかが行かなければなるまい。

2 彼はいずれ音を上げるだろう。

3 くわしい内容はいずれお目にかかってご説明します。

4 いずれの年からこのようなことが始まったのでしょうか。

を削《けず》り、自然が失われるのが、少し心配です。

さとし　それでも多少の犠牲《ぎせい》は仕方がないので、地域の人と観光客が楽しめる場所を作るべきだと私も考えます。先日もテレビでそのような番組をやっていました。

司会　それでは、レジャー開発に対する意見が多いようですので、クラス全体の意見としてその方向でよいか、多数決を取ってみましょう。

さとし　そうですね、多数決は民主的でいいと思います。

たくや　ちょっと待ってください。一つの意見が正しいと決めつけて、それをみんなの意見として通すというのは、間違っていると思います。そして、テレビなどで植え付けられた先入観は危険だと思います。

かおり　確かに、多数決は先入観や周囲の意見に流されてしまう可能性もありますし、何より少数派の意見は届《とど》くことはありません。一つの意見にとらわれないで、色々な可能性を自分たちで模索《もさく》して、研究してから考えても遅くないと思います。

たくや　ソクラテス[注4]も「無知の知」と言っているように、自分は何も知らないということを知っているということが大切だと思います。だからこそ、もっともっと地域についてよく知る必要があると思います。

はるか　お年寄りの意見も聞いてみたいしね。

りさ　わたしは、つい自分がどう思うかよりも、人がどう思うかを気にしてしまって、いつも流されてしまうのですが、今回は自分の住んでいる場所のことだし、きちんと調べてみたいと思います。

はるか　そうそう、正解なんてないんだから、一＋一が二になるっていう話とはちがうと思うんです。

司会　誰かの主観ではなくて、客観的なデータや情報を集める必要があるということですね。

ななみ　その点についてはわたしもその通りだと思いました。（　い　）にアンケートを取ることも必要です。

司会　それでは、各グループでこの夏休みにアンケートを含《ふく》めて情報収集することを宿題にしたいと思います。

【注】
※1　デカルト…フランスの哲学者・数学者・自然学者
※2　コンドルセー…フランスの数学者・哲学者・政治家
※3　ディスコ…音楽を流して自由な踊りを楽しむところ
※4　ソクラテス…古代ギリシアの哲学者

面とがあります。ですから、哲学の勉強はかならずしもやさしくはないのです。

しかし、その初歩を実習してみようとするのは、それほどむずかしいことではないかもしれません。

たとえば、自然科学で正しいとされていることの根拠《こんきょ》はどこにあるのだろうか、ということをつっこんで考えてみることは、哲学のよい訓練になると思います。

そのとき、おなじ関心を持っている友人がいたら、その点についていろいろ議論してみれば、（　あ　）おもしろいでしょう。

（出典　吉田夏彦《よしだなつひこ》『なぜと問うのはなぜだろう』）

B

③多数決投票のもつ意外性についての理論的研究は、一七八五年コンドルセー[注2]によって発見された。いわゆる「投票のパラドックス」が有名である。それは、ひとりひとりの投票者が全く理性的に投票を行ったとしても、多数決による決定が解消不可能な、非合理的結果を導くことを示したものである。

いま仮に、太郎、次郎、花子の三人がそろってどこかへ遊びに行こうかと相談しているとしよう。太郎は映画を、次郎はロック・コンサートを、花子はディスコ[注3]を提案した。そこで三人はこれらの三つの行き先についての選考順序をそれぞれ全く独立に定めた。

さてここで、まず映画とロックを比較《ひかく》して、④いずれの方がより好ましいかを決めるために多数決をとったとすると、明らかに、二対一で「映画はロックより好ましい」という結論が出る。そこで今度はロックとディスコを比較したとすると、やはり二対一で「ロックはディスコより好ましい」という結論が出る。それでは映画とディスコを比較するとどうなるだろうか。今までの二つの判断からすれば、当然「映画はディスコより好ましい」という結論が出て当然であろう。ところがここであらためて多数決をとると、実は「ディスコは映画よりも好ましい」という矛盾《むじゅん》した結論が出てしまうのである。右の場合はすべての可能な対に対して多数決を行った「総当り方式」による投票で生じる矛盾だが、同じことが「⑤逐次《ちくじ》勝ち抜き方式」でも生じる。その場合は、どこからはじめるかによって結論が変わるという矛盾に至《いた》る。

（出典　佐伯《さえき》　胖《ゆたか》『「きめ方」の論理～社会的決定理論への招待』）

C

司会　それでは、今回は「地域の活性化」について、自分たちに何ができるか考えて行きたいと思います。

ななみ　この地域はレジャースポットが少ないので、もっと若い人が楽しめるような場所を開発していくべきだと私は考えます。それが多くの意見で、正しい考えだと思います。

かおり　私も基本的には賛成です。ただ、場所を作るために野山

【適性検査ⅠB】〈適性検査型試験〉（四五分）

〈評定：A～Cの3段階〉

〈編集部注：適性検査ⅠはA・Bのいずれかを選択します。〉

問題　次のA、Bの文章、C会話文を読んであとの（1）～（10）の各問いに答えましょう。なお、問題作成のため、一部文章を省略してあります。

A

哲学《てつがく》は、じぶんで考えながら、問題をみつけ、解いて行く学問です。もう少しくわしくいえば、大多数の人があまり気にしないことが気になって根ほり葉ほり考えて行く人が、哲学的な人なのです。そうして、その、気になることは、哲学者によってもちがってきます。

また、その解決の仕方も、人によってちがってくることがあるのです。

その点、自然科学が安定しているときに、一つの問題を、大ぜいの科学者が、共通の方法でせめて行くのとは、①ちがった感じがします。

しかし、自然科学でも、大きな変化があるときには、かなり哲学的になる科学者が出てくることがあるのです。

そのときには、問題のたて方、解き方について一定の基準があるわけではありませんから、そういう科学者はたいへん苦しむことになるのです。

哲学的になることは、だれにでもできることではありませんし、また、そうなるから偉《えら》いといったものではありません。

しかし、哲学的になるきっかけがどこにあるかを知っておくことは、だれにとっても、だいじなことだと思います。そのうえで、そのきっかけをつかむかどうかは、人によってちがうことですから、ここでは、きっかけになる問題だけをならべておいたのです。

さて、かりに、きっかけをつかんだとしましょう。

それからさきの勉強は、②かならずしも楽なものではありません。たとえば、存在論をやろうと思えば、少なくとも科学や数学のことをかなり知らなくてはならなくなります。

場合によっては、宗教のこともしらべなくてはなりません。

つまり、ほかの学問をする人よりも、余計に、多くのものごとを知らなくてはいけなくなる場合があるのです。

もっとも、なかにはデカルト[注1]のように、ほかの学問のことを気にせずにじぶんひとりで考えつめるだけで、哲学上のしごとをなしとげたといっている哲学者もいます。

そうして、デカルトの哲学には、いまでも高く㊀評カされている面があるのです。

しかし、じつはデカルトにしても少年時代、ひじょうに多くのことを勉強しているのです。また、哲学を始めてから、じぶんひとりの考え方にこだわりすぎたところでは、失敗もしています。

このように、哲学には、じぶんで問題をたて、解いて行かなくてはならない面と、ほかの学問の成果をくわしくしらべなければならない

○ 読点《とうてん》↓ 、 や 句点↓ 。 かぎ↓ 「 などはそれぞれ一ますに書きましょう。ただし、句点とかぎ↓ 。」 は、同じますに書きましょう。

○ 読点や句点が行の一番上にきてしまうときは、前の行の一番最後の字といっしょに同じますに書きましょう。

○ 書き出しや、段落をかえて空いたますも字数として数えます。

○ 最後の段落の残りのますは、字数として数えません。

○ 文章を直すときは、消しゴムでていねいに消してから書き直しましょう。

〈言葉の説明〉
定石…囲碁や将棋で、最善とされる決まった打ち方、指し方。そこから、物事を処理する時の、決まった方法、手順。
相対化…他との関係の上に存在、あるいは成立していること。

問題

　この二つの文章は、それぞれどのようなことを言いたかったのだとあなたは考えますか。解答らん①には、**文章A**について百字以内、解答らん②には、**文章B**について百四十字以内で、それぞれあなたの考えを分かりやすく書きましょう。なお、**文章A**については「定石では太刀打ちできない問題とは」という書き出しで、また、**文章B**については「自分を見る新しい視線とは」という書き出しで書きましょう。（それぞれの解答らんには、あらかじめ書き出しの語句が印刷されています。）

　また、この二つの文章を読んで、あなたは「未来の社会を創造する」ためには何が必要だと考えますか。解答らん③に、あなたの考えを、自分の体験や経験などを交えながら、いくつかの段落に分けて、四百字以上、五百字以内で分かりやすく書きましょう。

（書き方のきまり）

○　題名、名前は書かずに一行めから書き始めましょう。

○　書き出しや、段落《だんらく》をかえるときは、一ます空けて書きましょう。ただし、解答らん①と②については、あらかじめ印刷されている語句に続けて書き出すこととし、段落をかえてはいけません。

○　行をかえるのは段落をかえるときだけとします。会話などを入れる場合は、行をかえてはいけません。

二〇二一年度 トキワ松学園中学校

【適性検査ⅠA】〈適性検査型試験〉（四五分）〈評定：A～Cの3段階〉

〈編集部注：適性検査ⅠはA・Bのいずれかを選択します。〉

次の**文章A**・**文章B**は、細胞生物学者・歌人の永田《ながた》和宏《かずひろ》が「知」について書いた文章の一部である。**文章A**は受験勉強について「定石にあてはまるものは、定石通りに打っておけばいいのである。時間を無駄《むだ》にすることはない。」と述べた後に続くものです。**文章B**は、読書をすることが「〈自己〉の相対化であると言ってもいい。」と述べた後に続くものです。この二つの文章を読んで、あとの**問題**に答えなさい。

文章A しかし、碁《ご》でも将棋《しょうぎ》でも、実際の勝負ということになると、定石（定跡）にあてはまらないところでこそ、勝負が決するのである。定石を基本としながらも、定石で打ちかえせば負けるような打ち方を、相手は当然考えてくる。知っていなければ負けるが、定石通りに打っていては負ける、というのが実際の勝負の場であるはずである。大学を卒業して、たちまちに出会う社会での問題は、このような定石では太刀《たち》打ちできない問題であることのほうが圧倒《あっとう》的に多い。

文章B こんなことを考えている人がいたのかと思う。こんなひたすらな愛があったのか、こんな辛《つら》い別れがあるのかと、小説に涙《なみだ》ぐむ。それらは「読む」という行為《こうい》の以前には、知らなかった世界ばかりである。それを知るということは、すなわち「それを知らなかった自分」を知るということである。一冊の書物を読めば、その分、自分を見る新しい視線が自分のなかに生まれる。〈自己〉の相対化とはそういうことである。

（永田和宏『知の体力』新潮新書刊による）

2021年度

トキワ松学園中学校 ▶解答

※　編集上の都合により，適性検査型試験の解説は省略させていただきました。

適性検査ⅠA ＜適性検査型試験＞（45分）＜評定：A～Cの３段階＞

解答

解答らん①…（例）（定石では太刀打ちできない問題とは）社会に出るとすぐに出会う，場面に応じた対処が求められるものである。筆者はふだんから自分で考え，臨機応変に行動できる力を養っておくべきだと言いたかったのだろうと思う。　**解答らん②**…（例）（自分を見る新しい視線とは）小説などに描かれたさまざまな「世界」にふれ，「それを知らなかった自分」に気づくことで生まれる，自分を外側から見つめることのできる立場をいう。筆者は読書を通じ，主観におちいらず，自己を客観視できる姿勢を身につけることが大切だと言いたかったのだろうと思う。　**解答らん③**…右記の作文例を参照のこと。

解答らん③（例）

　文章Aで述べられているとおり、「社会」に出ると決まりきった答えのあるものは少なく、その場で自ら考え、答えを導き出さなくてはならない。「学校の勉強ができても社会で成功するとは限らない」とはよく聞くが、状況に応じ、適切な判断ができる力を身につけることが大事である。また、読書により自分を客観視できるようになると文章Bにはあるが、ちがう角度から見ると新しい自分を発見できて、自分の可能性を広げたり、望ましい方向に修正したりできるだろう。

　現代社会の変化は目まぐるしく、例えば対面授業からオンライン授業への移行など、私自身その変化を当然のものとして受け入れている。年月は常識すら変えていくので、未来の社会は今とは様変わりしているだろう。

　そう考えると、「未来の社会を創造する」ためには、常に社会や世界の動向を注視し、豊富な読書を通じて新しい自分の可能性を開くほか、さまざまな経験を積み、はば広くじゅうなんな思考力や判断力、さらには想像力を養って未来の社会の望ましい姿をイメージし、自分はどのような形でそれに対応し、創造にかかわるべきかを考え、その力をのばすために努力することが必要だと考える。

適性検査ⅠB ＜適性検査型試験＞（45分）＜評定：A～Cの３段階＞

解答

(1)　3　　(2)　2　　(3)（例）哲学には，じぶんで問題をたて，解いて行かなくてはならない面と，ほかの学問の成果をくわしくしらべなければならない面とがあるから。

(4)　3　　(5)　4　　(6)　1　　(7)　**問1**　2　　**問2**　1　　(8)　4

(9)　1　　(10)　右記の作文例を参照のこと。

(10)（例）

　Aでは、考える学問である哲学にも多くの勉強が必要で、自分の考えにこだわるのは危険であることが、Bでは、多数決や逐次勝ち抜き方式は必ずしも合理的ではないことが、Cでは、多数の意見や情報を集めて問題を客観視する必要性が述べられている。

　A～Cでも客観的な情報や意見をもとにいろいろな可能性を探る重要性が指てきされているが、正解が一つとは限らない問いについてみんなで考えるさいは、じゅうなんな姿勢で多くの意見に耳をかたむけ、情報収集に努め、先々までを視野に入れて多角的に検討しながら話し合うことが大切になると思う。

　学級新聞の内容をクラスで話し合った時、学校と地域のつながりに関する連さいを提案した級友がいた。学級内の話題しか考えていなかった私は目新しい切り口に驚いたが、おかげでよい記事ができたし、自分自身、新たな気づきもあった。物事を多様な視点から見ることには意義深いものがあると感じた。

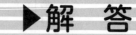

適性検査Ⅱ　＜適性検査型試験＞（45分）＜満点：100点＞

解　答

図1

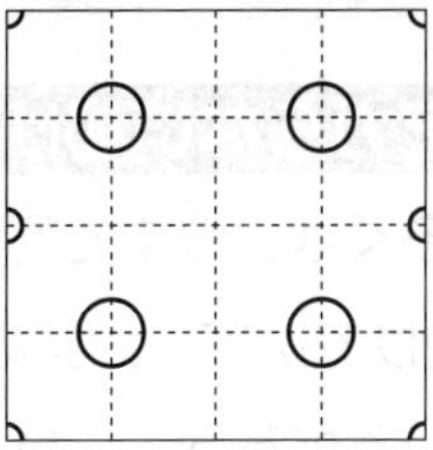

図2

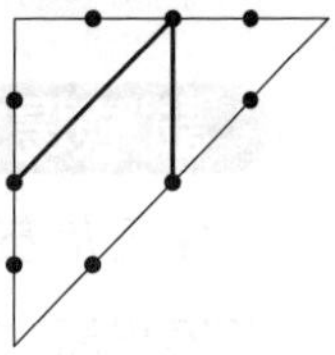

1 **問題1**　⑴　右の図1　⑵　343.48cm^2　**問題2**　⑴　右の図2　⑵　200cm^2　**問題3**　⑴　3種類　⑵　1辺が10cmの正方形の紙が1枚，1辺が5cmの正方形の紙が4枚，たてと横の長さが5cmと10cmの長方形の紙が4枚　**問題4**　イ，ウ，オ

2 **問題1**　イ　**問題2**　（例）　2つの地図より，川は谷である西側に向かって流れていることがわかる。また，水があふれたとき，平野を流れる川では水がまわりに広がることができるが，谷を流れる川は広がることができないために，水位が上がりやすい。そのため，西側に浸水の被害が大きい場所が集中したと考えられる。　**問題3**　（例）　川が合流する場所であるという点。　**問題4**　**変化**…（例）　カーテンで仕切られていること。　**利点1つ目**…（例）　避難している人のプライバシーが守られる。　**利点2つ目**…（例）　感染症対策となっている。　**問題5**　**1つ目**…（例）　津波を防ぐための堤防がある。（津波を防ぐための防潮林がある。）　**2つ目**…（例）　津波から避難するためのビルが建っている。（道路がかさ上げされて堤防となっている。）　**3つ目**…（例）　家や学校が高台にある。
問題6　ウ

3 **問題1**　20mL　**問題2**　（例）　校庭の砂と小石をよく洗う。　**問題3**　長い　**問題4**　C，D　**問題5**　**い**　押し固めた脱脂綿　**う**　軽石　**え**　くだいた炭　**問題6**　**2**　A，B，C　**3**　C，E　**4**　E，F　**問題7**　（例）　（★）の材料に押し固めた脱脂綿，大きな粒に軽石，小さな粒にくだいた炭を選び，層の厚さを3cmにして作ったろ過装置。
問題8　（例）　地下水は雨などで地上に降った水が地下にしみこみ，いくつもの地層を通過したものだから。

Dr.福井の入試に勝つ！脳とからだのウルトラ科学

試験場でアガらない秘けつ

キミたちの多くは，今まで何度か模擬試験（たとえば合不合判定テストや首都圏模試）を受けていて，大勢のライバルに囲まれながらテストを受ける雰囲気を味わっているだろう。しかし，模擬試験と本番とでは雰囲気がまったくちがう。そういうところでも緊張しない性格ならば問題ないが，入試独特の雰囲気に飲みこまれてアガってしまうと，実力を出せなくなってしまう。

試験場でアガらないためには，試験を突破するぞという意気ごみを持つこと。つまり，気合いを入れることだ。たとえば，中学の校門前にはあちこちの塾の先生が激励《げきれい》のために立っている。もし，キミが通った塾の先生を見つけたら，「がんばります！」とあいさつをしよう。そうすれば先生は必ずはげましてくれる。これだけでもかなり気合いが入るはずだ。ちなみに，ヤル気が出るのは，TRHホルモンという物質の作用によるもので，十分な睡眠をとる，運動する（特に歩く），ガムをかむことなどで出されやすい。

試験開始の直前になってもアガっているときは，腹式呼吸が効果的だ。目を閉じ，おなかをふくらませるようにしながら，ゆっくりと大きく息を吸う。ここでは「ゆっくり」「大きく」がポイントだ。そして，ゆっくりと息をはく。これをくり返し何回も行うと，ノルアドレナリンという悪いホルモンが減っていくので，アガりを解消することができる。

よく「手のひらに“人”の字を書いて飲みこむことを3回行う」とアガらないというが，そのようなおまじないを信じて実行し，自分に暗示をかけてもいいだろう。要は，入試に対するさまざまな不安な気持ちを消し去って，試験に集中できるようなくふうをこらせばいいのだ。

Dr.福井（福井《ふくい》一成《かずしげ》）…医学博士。開成中・高から東大・文Ⅱに入学後，再受験して翌年東大・理Ⅲに合格。同大医学部卒。さまざまな勉強法や脳科学に関する著書多数。

Memo

Memo

2020年度　トキワ松学園中学校

〔電　話〕　(03) 3713－8161
〔所在地〕　〒152－0003　東京都目黒区碑文谷４－17－16
〔交　通〕　東急東横線 —「都立大学駅」より徒歩８分

【算　数】〈第１回一般試験〉（45分）〈満点：100点〉

（注意）計算はあいているところに書いて，消さないでおきなさい。
円周率を用いるときは3.14として計算しなさい。

1　次の □ にあてはまる数を入れなさい。

（１）$127 - 27 \times 2 =$ □

（２）$257 \times 1.5 + 143 \times 1.5 =$ □

（３）$\frac{1}{5} \times 2\frac{1}{2} + \frac{1}{3} =$ □

（４）$0.25 \times 124 \div \frac{1}{8} =$ □

（５）$3 \times (20 - 48 \div$ □ $) = 12$

（６）消費税 10 ％込みで 3850 円の商品の消費税は □ 円です。

（７）時速 6 kmの速さで 35 分間歩くと □ m 進むことができます。

（８）1 Lのガソリンで 12 km 走ることができる車で，300 km 走行するには，□ Lのガソリンが必要です。

（９）[1]，[2]，[3]，[4]の４枚のカードのうち，２枚を使ってできる２けたの整数は □ 個あり，そのうち３の倍数は □ 個あります。

(10) 縮尺 1 : 2000 の地図上で，5 cm の長さで表される距離は，実際には □ m です。

(11) 右の図で，角 x は □ °，角 y は □ °です。

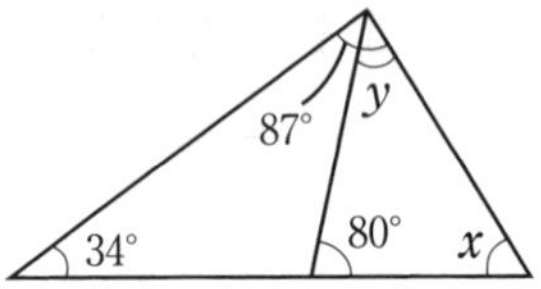

(12) 右の図の，四角形 ABCD の面積は □ cm^2 です。

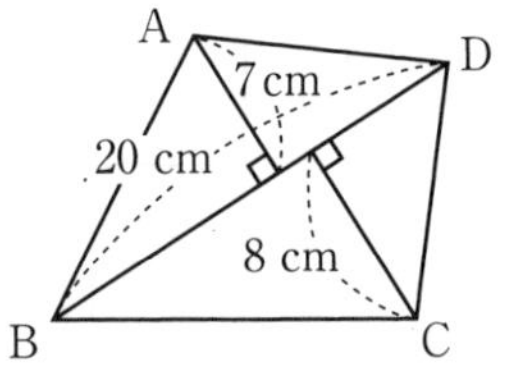

(13) 底面の半径が 5 cm，高さが 10 cm の円柱の体積は □ cm^3 です。

2 ある遊園地の入園料は，大人３人と子ども４人では 4440円，大人２人と子ども２人では 2640 円でした。

（１）大人１人と子ども１人の入園料は，それぞれいくらですか。

（式と計算）

答　大人 □ 円，子ども □ 円

（２）大人４人と子ども３人の入園料はいくらですか。

（式と計算）

答 □ 円

3　A 地点から B 地点まで 5380 m のランニングコースがあります。すみれさんは午前 10 時に毎分 180 m で，A 地点から走り始めました。その 3 分後に，まつ子さんは同じ地点から毎分 210 m ですみれさんを追いかけました。追いついたところから 2 人は毎分 160 m の速さで一緒に B 地点まで走りました。

（１）まつ子さんが走り始めたとき，2 人は何 m はなれていましたか。

（式と計算）

答 ［　　　］ m

（２）まつ子さんは走り始めてから何分後にすみれさんに追いつきましたか。

（式と計算）

答 ［　　　］ 分後

（３）2 人が B 地点に着いたのは何時何分ですか。

（式と計算）

答　午前 ［　　　］ 時 ［　　　］ 分

4　50 g の食塩があります。その一部を水に溶かして，8 % の食塩水を 400 g つくりました。次の問いに答えなさい。

（１）8 % の食塩水を 400 g つくるのに，何 g の食塩を使いましたか。

（式と計算）

答 ［　　　］ g

（２）残った食塩をすべて使って 5 % の食塩水をつくると，何 g の食塩水ができますか。

（式と計算）

答 ［　　　］ g

5　次の表は日本の人口の移り変わりを表したものです。以下の問いに答えなさい。

表　年齢《ねんれい》別人口とその割合の移り変わり（1950 ～ 2018 年）

年	総人口（万人）	年齢別人口（万人）		総人口に対する割合（%）	
		15 歳未満	65 歳以上	15 歳未満	65 歳以上
1950	8320	2943	411	35.4	㋐
1960	9342	2807	535	30.0	5.7
1970	10372	2482	733	23.9	7.1
1980	11706	2752	1065	23.5	9.1
1990	12361	2254	1493	18.2	12.1
2000	12693	1851	2204	14.6	17.4
2010	12806	1684	2948	13.2	23.0
2018	12642	1543	3557	12.2	28.1

総務省《そうむしょう》　国勢調査《こくせいちょうさ》・人口推計《すいけい》　より

（1）表の中の㋐に入る数を，小数第二位を四捨五入して，小数第一位まで求めなさい。

（式と計算）

答

（2）2018 年の総人口は 1950 年の総人口のおよそ何倍といえますか。小数第二位を四捨五入して，小数第一位まで求めなさい。

（式と計算）

答　　　　倍

（3）65 歳以上の人口の方が 15 歳未満の人口よりも多くなるのは，何年から何年の間と推定《すいてい》できますか。表の中から読み取りなさい。

答　　　　年から　　　　年の間

（4）総人口について，気がつくことを簡単な文章で答えなさい。

【社　会】〈第１回一般試験〉（理科と合わせて60分）〈満点：50点〉

1　文章を読み問いに答えなさい。文中に出てくる地図Ａ、Ｂ、Ｃは次の６ページと７ページにあります。

神奈川県に住んでいるすみれさんは毎朝東急東横線《とうきゅうとうよこ》に乗ってトキワ松学園中学校に通っています。電車から見える多摩《たま》川は川幅《かわはば》が広くゆったりと流れています。すみれさんは家で地図を見ながらお父さんと話しました。

すみれ：「多摩川は一級河川」ときいたことがあるけれど、一級河川って広い川のことをいうの？

お父さん：ちがうよ。国が管理する川として国土交通大臣が指定する川のことだよ。もちろん流量が多くて広い川であることが多いけれどね。この地図を見てごらん（地図Ａ）。東急東横線の橋がかかっているのは、下流の平野部だ。川幅は広くてゆったり流れているけれど、多摩川だって上流の青梅《おうめ》市のあたりに行けば川幅は狭《せま》くなるし、傾斜《けいしゃ》も急になって流れが速くなる。

すみれ：本当だ、①上流の青梅市のあたりの多摩川の川幅は狭いね（地図Ｂ）。東急東横線の橋がかかっているところは広いのに（地図Ｃ）。電車に乗っていると橋を渡って10分くらいで学校の最寄《もよ》りの都立大学駅に着くわね。②東急東横線の橋と青梅市のあたりってどれくらい標高差があるのかしら。

お父さん：等高線や標高が描《か》かれている地形図だったら土地の高さや傾斜を読み取ることができるよ。③土地利用や建物の地図記号から土地のようすもわかる。

すみれ：

お父さん：ところで④多摩川水系からひいた水は、東京都の上水道の２割くらいで、８割は利根川・荒川水系の水だと知っていたかい？

すみれ：多摩川の割合がもっと多いかと思っていたわ。

お父さん：これらの河川の水は飲み水だけでなく、工業や農業にも利用される。

すみれ：⑤河川は私たちの生活と深くかかわっているのね。

問１　下線部①について、地図Ｂにおいて万年橋の長さはおよそ１cm、地図Ｃにおいて東急東横線の橋の長さはおよそ２cmでした。これは実際にはどれくらいの長さですか。正しい組み合わせをア～エより選び記号で答えなさい。

	ア	イ	ウ	エ
万年橋	10 m	100 m	250 m	500 m
東急東横線の橋	20 m	250 m	500 m	1000 m

問２　下線部②について、地図Ｂ、Ｃにおいて○で囲まれている数値は土地の高さを表しています。地図Ｂの青梅駅と地図Ｃの多摩川駅の標高の差はおよそどれくらいですか。ア～エより選び、記号で答えなさい。

ア．およそ50ｍ　　イ．およそ150ｍ　　ウ．およそ250ｍ　　エ．およそ400ｍ

地図Ａ

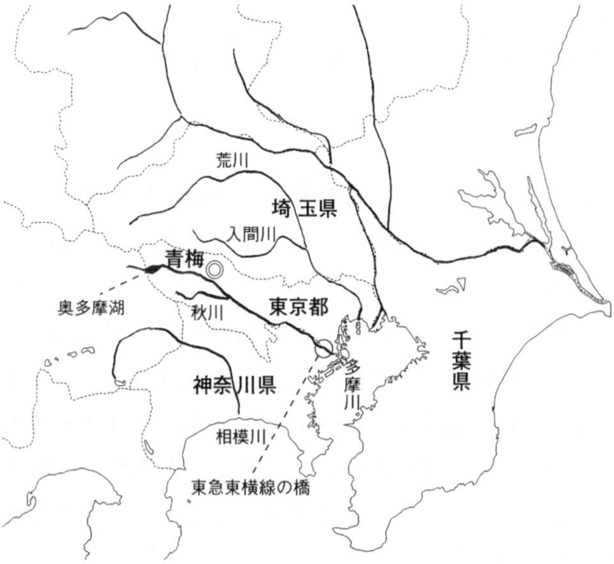

地図Ｂ

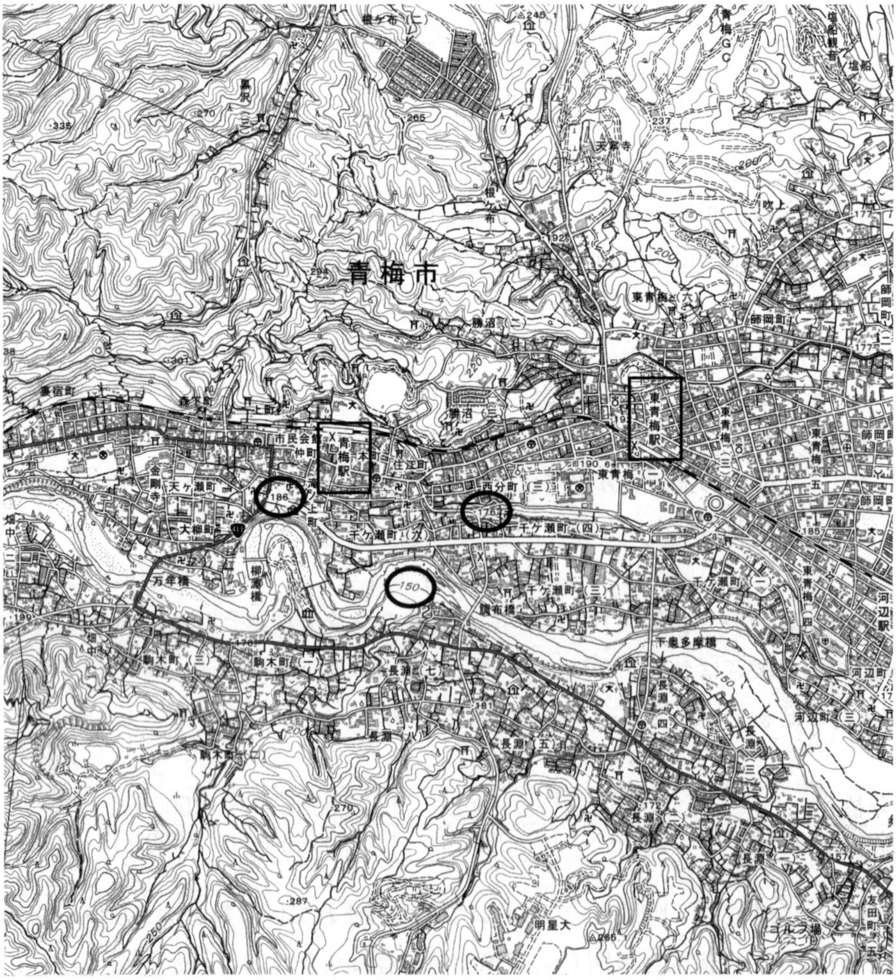

国土地理院発行　２万５千分の１地形図「青梅」より一部改変

〈編集部注：編集上の都合により実際の入試問題の80%に縮小してあります。〉

地図C

国土地理院発行　２万５千分の１地形図「東京西南部」より一部改変

〈編集部注：編集上の都合により実際の入試問題の80%に縮小してあります。〉

問３　下線部③について、１と２に答えなさい。

１．地図Ｂから読みとれることをア～エより２つ選び、記号で答えなさい。

ア．青梅駅と東青梅駅のうち、青梅市役所に近いのは東青梅駅である。

イ．青梅駅の南側には山が迫っていて駅と北側の川の間に市街地が開けている。

ウ．青梅駅の前にも東青梅駅の前にも交番がある。

エ．青梅市に老人ホームは１つだけある。

２．文中の［　　　　］には地図Ｂと地図Ｃを見て話しているすみれさんの言葉が入ります。すみれさんが正しく地図を読みとっているとして、［　　　　］に入る語句をア～エより１つ選び、記号で答えなさい。

ア．青梅駅の周辺は一面の水田ね。多摩川の水を利用しているのかしら。

イ．青梅駅は山と多摩川にはさまれた場所にあるけれど周辺は建物の密集した市街地ね。

ウ．青梅駅周辺地域は標高が高い山の中のせいか、市街地は見当たらないのね。

エ．東急東横線の近くを流れている多摩川のほうが、青梅市を流れている多摩川よりも激しく曲がりくねっているわ。

問４　下線部④について、１つの流れを中心にして、それにつながる支流、沼、湖などをふくめて水系といいます。地図Ａを参考にして、多摩川水系に属するものをア～エより２つ選び、記号で答えなさい。

ア．秋川《あき》　　イ．入間川《いるま》　　ウ．相模川《さがみ》　　エ．奥多摩湖《おくたま》

問５　下線部⑤について、１と２に答えなさい。

１．次の表の（１）～（４）に入る河川の名前を、表の下のア～エより選び、記号で答えなさい。次のページの地図Ｄを参考にすること。

水系名	流域の総面積	流域の中で、洪水で浸水する可能性のある範囲の人口	その水系の特色
（１）水系	14,330 km^2	1,678,150人	中～下流域は、泥炭《でいたん》地の土地改良が進められ、豊かな水田地帯となっている。
（２）水系	16,840 km^2	8,489,826人	流域には農業生産額が全国５位以内に入る都道府県が複数ある。
（３）水系	682 km^2	55,793人	日本屈指《くっし》の急流。水力発電のため大規模なダムが建設されている。
（４）水系	2,860 km^2	682,753人	下流域に広がる平野の海岸部では昔から干潟《ひがた》の干拓《かんたく》が行われてきた。

国土交通省ホームページより

ア．利根川《とね》　　イ．石狩川《いしかり》　　ウ．筑後川《ちくご》　　エ．黒部川《くろべ》

２．上の表の（３）水系の本流の河口がある都道府県名を漢字で答えなさい。

地図Ｄ

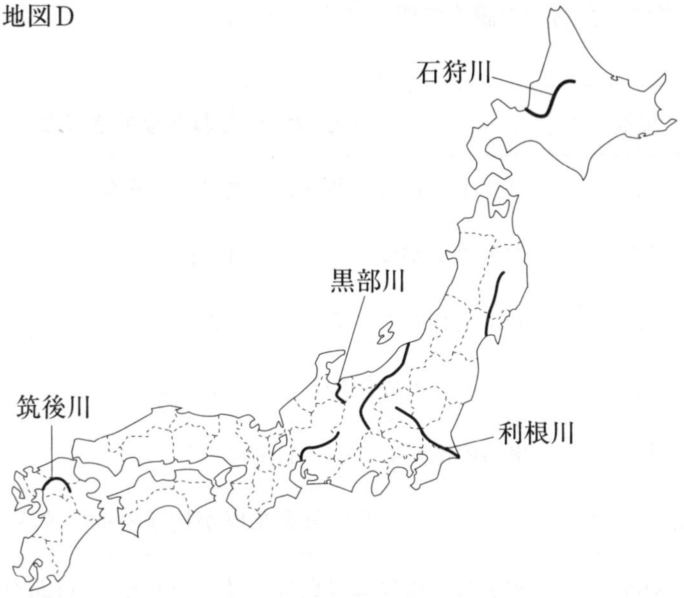

すみれ：昨年の台風のときもそうだけれど、近ごろは激しい降雨《こうう》により河川が氾濫《はんらん》して深刻な水害をひきおこす例が多くなっているね。

お父さん：大雨で急に河川の流量が増えても氾濫がおこらないようにいろいろなことが行われているね。⑥川に沿《そ》って高くて頑丈《がんじょう》な（　Ａ　）をつくったり、（　Ｂ　）をつくって川をせき止め、水をためておく大きな湖を山奥につくるということなどだね。でも近ごろはそれでも防げないほどの雨が降ることが増えている。被害を最小限に食い止められるように日ごろから備えなければいけない。個人で備えることはもちろん、⑦河川の流域全体での環境《かんきょう》保全をみんなで考えることが必要だ。また、河川の水は地球の水の一部。地球全体で水を考える視点も大切だ。⑧国連も2030年までに達成すべき目標の１つに「すべての人に水と衛生へのアクセスと持続可能な管理を確保する」を掲《かか》げている。

問６　下線部⑥について、（　Ａ　）に入る語句を漢字２字で、（　Ｂ　）に入る語句をカタカナで答えなさい。

問７　下線部⑦について、「平野部での河川の氾濫を減らすために、上流部の山林を保全することが大切である」とよく言われます。上流部の山林の伐採《ばっさい》が進むと、なぜ平野部で河川が氾濫する危険が増えるのですか。解答らんに合わせて説明しなさい。必ず＿直接＿という語句を入れて答えること。

問８　下線部⑧を何といいますか。ア～エより選び、記号で答えなさい。

ア．パリ条約　　イ．ラムサール条約　　ウ．SDGs　　エ．GAFA

2 つぎの表を参考に、会話文を読んで問いに答えなさい。

時代	元号	元号のついたおもなできごと
飛鳥時代	（　１　）	（　１　）の改新がはじまる（645年〜）
	大宝《たいほう》	大宝律令がつくられる（701年）
奈良時代	天平《てんぴょう》	天平文化がさかえる（８世紀）
平安時代	（　２　）	（　２　）の乱がおこる（1156年）
	平治《へいじ》	平治の乱がおこる（1159年）
鎌倉時代	（　３　）	（　３　）の乱で鎌倉幕府が朝廷の軍を破る（1221年）
	貞永《じょうえい》	武家初の法令集『貞永式目』ができる（1232年）
室町時代	（　４　）	京都を中心に（　４　）の乱がおこる（1467 〜 77年）
江戸時代	元禄《げんろく》	町人を中心とした元禄文化がさかえる（17世紀末〜）
	天明《てんめい》	天明のききんがおこる（1782 〜 87年）

先生：昨年の話題といえば、元号がかわったことだね。歴史を勉強していると、いろいろなできごとや事件に元号がついていることがわかるね。何か思い出せるかな。

松子：そうですね。①縄文時代や弥生時代にはまだ日本には元号がなかったけど、思いつくのは日本で最初に定められた元号がつく「（　１　）」かな。天皇を中心とする国づくりを始めた②「（　１　）の改新」という政治の改革が有名ですよね。

先生：そうだね。その後、貴族が政治・文化をになう時代になっていくよね。奈良時代の元号③「天平」の時期には仏教文化がさかんになるけど、政治の面でも仏教の力によって国を治めようとした。このような考えを何というか覚えているかい。

松子：ええと…「鎮護《ちんご》国家」の思想だったかな。

先生：その通り。よく覚えていたね。この後、貴族による政治が続くけど、貴族から武士の時代に移り変わっていくなかで、大きな役割を果たした武士はだれかな。

松子：平清盛ですよね。清盛は「（　２　）の乱」と「平治の乱」の２つの戦乱を勝ち抜いて、武士として初めて太政大臣になるんですよね。

先生：平家が滅んだあと、④本格的な武士政権である鎌倉幕府ができて、つづいて室町幕府が成立する。この時代、戦乱がおきたときの元号として有名なのは、鎌倉時代なら「（　３　）」、室町時代なら「（　４　）」だろう。

松子：朝廷が鎌倉幕府をたおす命令を全国に出した「(　３　)の乱」ですね。尼《あま》将軍といわれた北条政子が、御家人を前に幕府の結束をうったえた話を教科書で読みました。室町時代の「(　４　)の乱」は、８代将軍のあとつぎをめぐる対立と大名たちの権力争いによって京都を中心におきた戦乱だったと思うけど、だれだったかな…。

先生：⑤銀閣を建てた人物としても知られているよ。調べてみよう。つづいて江戸時代の元号では何があるだろう。「元禄」って元号を聞いたことあるかな。

松子：知っています。町人を中心とした「元禄文化」ですよね。⑥文学とか舞台芸能、浮世絵《うきよえ》などがさかんになった時代って勉強しました。

先生：江戸時代が終わると、その後は⑦明治・大正・昭和・平成と天皇一代につき元号は１つになったんだ。この時代をふり返ると、大きな戦争や震災が何度も起こっているね。

松子：⑧令和の時代が平和であることを願いたいです。

問１　表と会話文の(　１　)と(　２　)、(　３　)と(　４　)に当てはまる元号の組み合わせとして正しいものをア～クより選び、記号で答えなさい。

ア.（１）壬申《じんしん》　（２）建武《けんむ》　　イ.（１）保元《ほうげん》　（２）大化《たいか》

ウ.（１）建武　（２）壬申　　エ.（１）大化　（２）保元

オ.（３）文永《ぶんえい》　（４）弘安《こうあん》　　カ.（３）応仁《おうにん》　（４）承久《じょうきゅう》

キ.（３）承久　（４）応仁　　ク.（３）弘安　（４）文永

問２　会話文の下線部①について、以下の文章《１》・《２》は縄文時代から弥生時代にかけて使用された道具について説明したものです。文章《１》・《２》が説明している道具を図ア～エ、道具の名前をＡ～Ｅより選び、記号で答えなさい。

《１》青銅製で、祭りの際に鳴らすなどして使われたと考えられる。

《２》小型の土製品で、まじないなどに使われたと考えられる。

《図》　ア　イ　ウ　エ

《名前》　A．土器　B．埴輪《はにわ》　C．銅鐸《どうたく》　D．土偶《どぐう》　E．石包丁《いしぼうちょう》

問３　会話文の下線部②について、この政治改革を中心となって行った人物をア～エより選び、記号で答えなさい。

ア．中臣鎌足《なかとみのかまたり》　　イ．聖徳太子《しょうとくたいし》　　ウ．蘇我入鹿《そがのいるか》　　エ．聖武天皇《しょうむてんのう》

問４　会話文の下線部③について、右図の建物は、さまざまな宝物（文化財）がおさめられている建物です。この建物はどこにありますか。
都道府県名を漢字で答えなさい。

問５　会話文の下線部④について、鎌倉幕府を開いた将軍と幕府に従う武士（御家人《ごけにん》）は「御《ご》恩《おん》」と「奉公《ほうこう》」という関係で結びついていました。「奉公」とは、戦いがおきたときに御家人が一族を率いて将軍のもとにかけつけて、命がけで働くことです。これに対して「御恩」とはどのようなことをいいますか。「将軍」「領地《りょうち》」という言葉を使って説明しなさい。

問６　表の鎌倉時代に『貞永式目』とありますが、この法令集の正式な呼び方を答えなさい。

問７　会話文の下線部⑤について、この室町幕府８代将軍とはだれか答えなさい。

問８　会話文の下線部⑥について、次の説明文は元禄時代に活躍した文学者ア～ウのうち、だれを説明したものですか。記号で答えなさい。

説明文「歌舞伎や浄瑠璃《じょうるり》の脚本家《きゃくほんか》として、町人のいきいきとしたようすを描《えが》いた。」

ア．井原西鶴《いはらさいかく》　　イ．松尾芭蕉《まつおばしょう》　　ウ．近松門左衛門《ちかまつもんざえもん》

問９　会話文の下線部⑦について、下の表は明治・大正・昭和・平成のできごとや災害・戦争についてまとめたものです。表を見て１～６に答えなさい。

元号	できごと	災害・戦争
明治	1874年　自由民権運動がはじまる ……………… [A] 1889年　大日本帝国憲法発布される ………… [B]	1894年～ 日清戦争 1904年～〔 １ 〕
大正	1913年　鉱毒事件を訴えた田中正造《たなかしょうぞう》が死去 … [C] 1925年　普通選挙法が制定される	1914年～〔 ２ 〕 1923年　[X] 大震災
昭和	1946年　日本国憲法が公布される 1956年　日本が国際連合に加盟する 1978年　中華人民共和国と条約を結ぶ ……… [D]	1937年～ 日中戦争 1941年～〔 ３ 〕
平成	1998年　冬季オリンピック長野大会が開かれる 2012年　日本人がノーベル賞を受賞する …… [E]	1995年　[Y] 大震災 2011年　東日本大震災

１．表の [A] と [B] について、このできごとに関係の深い人物の組み合わせとして正しいものをア～エより選び、記号で答えなさい。

ア．[A] 板垣退助《いたがきたいすけ》　[B] 伊藤博文《いとうひろぶみ》　イ．[A] 伊藤博文　[B] 板垣退助

ウ．[A] 西郷隆盛《さいごうたかもり》　[B] 陸奥宗光《むつむねみつ》　エ．[A] 陸奥宗光　[B] 西郷隆盛

２．表の [C] について、この鉱毒事件がおきた足尾銅山はどこにありますか。都道府県名を漢字で答えなさい。

３．表の [D] について、このとき日本と中国との間に結ばれた条約を答えなさい。

４．表の [E] について、この日本人はｉＰＳ細胞《アイピーエスさいぼう》の研究を評価されてノーベル生理学・医学賞を受賞しました。この人物はだれですか。ア～エより選び、記号で答えなさい。

ア．湯川秀樹《ゆかわひでき》　イ．山中伸弥《やまなかしんや》　ウ．野口英世《のぐちひでよ》　エ．川端康成《かわばたやすなり》

５．表の〔 １ 〕～〔 ３ 〕に当てはまる戦争として、正しい組み合わせをア～エより選び、記号で答えなさい。

ア．〔1〕日露戦争　〔2〕太平洋戦争　〔3〕第一次世界大戦

イ．〔1〕日露戦争　〔2〕第一次世界大戦　〔3〕太平洋戦争

ウ．〔1〕太平洋戦争　〔2〕日露戦争　〔3〕第一次世界大戦

エ．〔1〕太平洋戦争　〔2〕第一次世界大戦　〔3〕日露戦争

6．表の［　X　］と［　Y　］に当てはまる言葉の組み合わせとして、正しいものをア～エより選び、記号で答えなさい。

ア．［X］― 関東　　［Y］― 熊本　　イ．［X］― 阪神・淡路　　［Y］― 関東

ウ．［X］― 熊本　　［Y］― 関東　　エ．［X］― 関東　　［Y］― 阪神・淡路

問10　会話文の下線部⑧について、新しい元号「令和」の由来は、「初春の令月《れいげつ》にして、氣淑《きよ》く風和《やわら》ぎ、梅は鏡前《けいぜん》の粉《ふん》を披《ひら》き、蘭《らん》は珮後《はいご》の香《こう》を薫《くゆら》す。」という和歌集の言葉からきています。この奈良時代の和歌集を何というか答えなさい。

3　次の会話文を読み、問いに答えなさい。

松子さんは、市の仕事には国の政治が大きく影響《えいきょう》していることに気がつきました。

松　子：市が公共的な事業を行うのに、国から補助《ほじょ》のお金が出ていました。

トキ子：そのために予算を決めるのが国会ですよね。国会では他にも［　＊　］をつくったり、政治の方向を話し合ったりしているそうです。

松　子：［　＊　］をつくることができるのは国会だけです。とても大切な機関ですね。

先　生：国会には、衆議院と①参議院という２つの話し合いの場があり、国の政治の方向について多数決で決めます。２つの議院で話し合うことで、政治の方向を慎重《しんちょう》に決めていきます。国会での話し合いは、国民の代表として選挙で選ばれた②国会議員によって進められます。

トキ子：③市区町村でも、選挙を行っています。みんなが直接議会に出席することはできないから、代わりに議員を選ぶのです。

松　子：最近では、選挙に行かない人もたくさんいるそうです。それでは、④政治に参加する権利が十分に生かされないですね。

トキ子：私たちの願いを実現するためにも、まずは⑤選挙に行くことが大切です。私も早く選挙に行きたいです。

問１　文中の［　＊　］に当てはまる語句を、漢字２字で答えなさい。

問２　下線部①について、参議院議員の任期と立候補できる年齢《ねんれい》の組み合わせで正しいものをア～エより選び、記号で答えなさい。

ア．４年・25歳《さい》以上　　イ．４年・30歳以上

ウ．６年・25歳以上　　エ．６年・30歳以上

問３　下線部②について、参議院議員の定数《ていすう》として正しいものをア～エより選び、記号で答えなさい。

ア．242議席　　イ．248議席　　ウ．465議席　　エ．480議席

問４　下線部③について、議員を通して市や区で進める政治の内容として誤っているものをア～エより選び、記号で答えなさい。

ア．教育の費用を決めること

イ．福祉《ふくし》や防災を充実《じゅうじつ》させること

ウ．政令を制定すること

エ．まちの整備をすること

問５　下線部④について、政治に参加する権利の制度として誤っているものをア～エより選び、記号で答えなさい。

ア．条例を改正する請求《せいきゅう》の制度

イ．プライバシーを守る制度

ウ．議員をやめさせる請求の制度

エ．国民投票の制度

問６　下線部⑤について、下の表は平成元年（1989年）から令和元年（2019年）までに行われた参議院議員通常選挙の年代別投票率の移り変わりを示しています。表の ア は何を示しているか答えなさい。

参議院議員通常選挙における年代別投票率（抽出《ちゅうしゅつ》）の推移

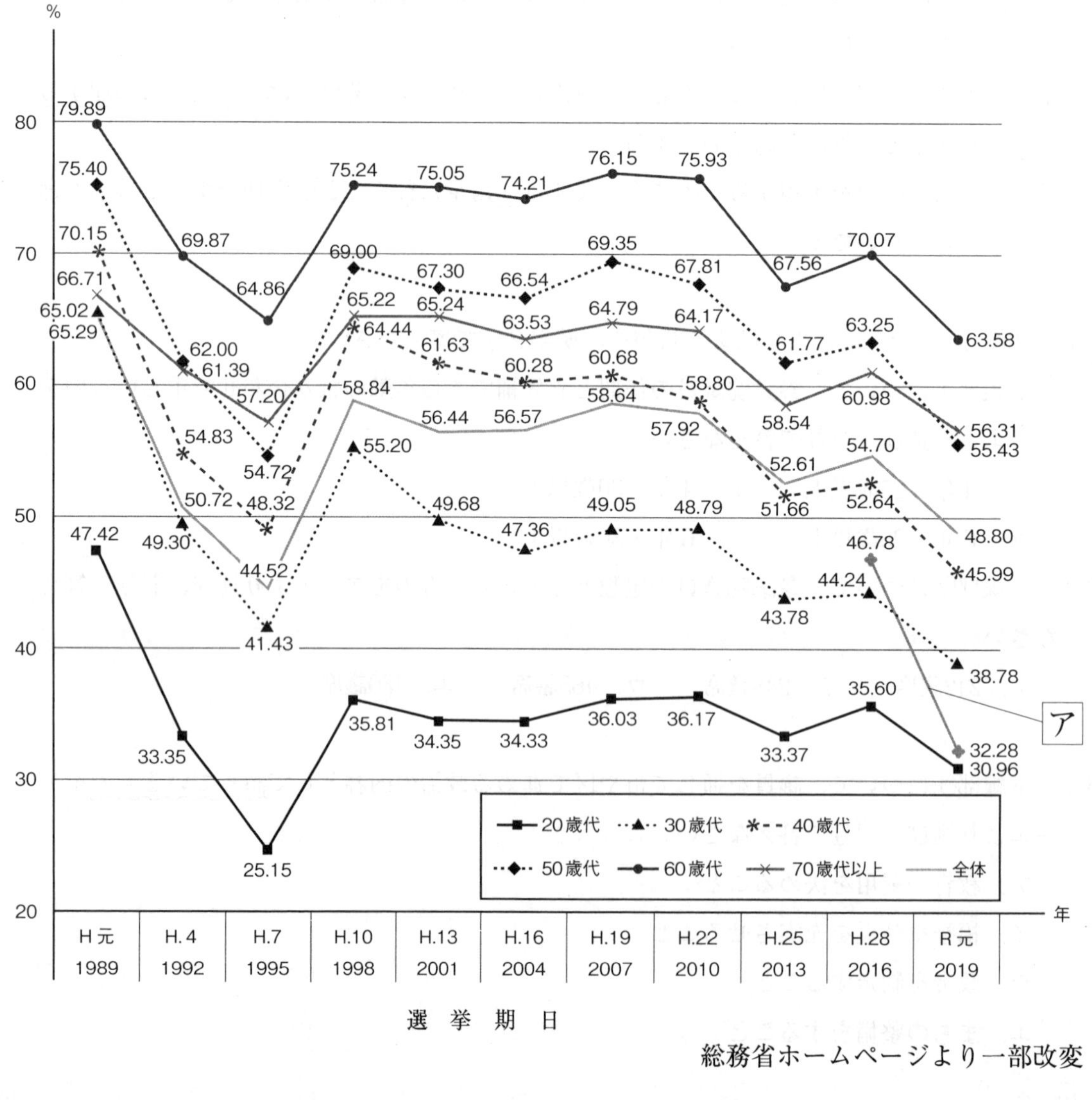

総務省ホームページより一部改変

【理　科】〈第１回一般試験〉（社会と合わせて60分）〈満点：50点〉

1　ヒトや他の動物や植物の体には、多くの水が含《ふく》まれていて、水によって体の働きを保ち、生きています。植物と水の関係について、あとの問いに答えなさい。

植物は、水を与《あた》えないままでいると、土が乾《かわ》いて、やがてしおれてしまう。しかし、水を与えてしばらくすると、植物はもとに戻《もど》る。このことについて、**実験１～４**を行った。

水が不足しているとき

水を与えたあと

実験１　水が植物の体のどこを通るのかを調べる。
①　葉をつけたままのホウセンカのくきを用意する。
②　フラスコに赤インクをとかした水を用意し、①のくきをさす。(**図１**)
③　数時間後、葉が染まったら、くきの中心を通るように縦に２つに切って、くきの中のようすを観察する。

図１

実験２　水が葉などから出ているかを調べる。
①　ア（葉がついた植物）と、イ（葉を取った植物）にふくろをかぶせて、日当たりのよいところに置く。(**図２**)
②　10～20分ぐらいたってから、ふくろの内部のようすを観察する。

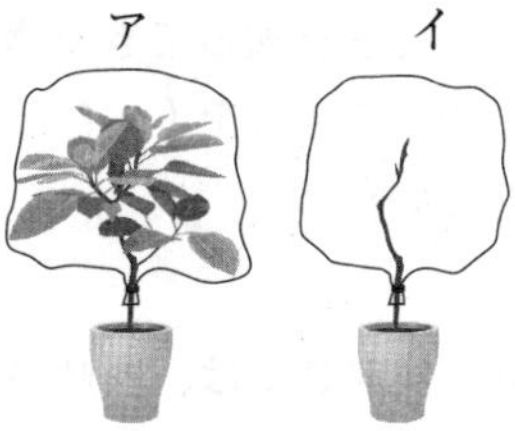

図２

実験３
①　ある植物の葉の表側と裏側から、半球状の透明《とうめい》な同じ容器ではさむ。(**図３**)
②　１時間後に、それぞれの容器の内部のようすを観察する。

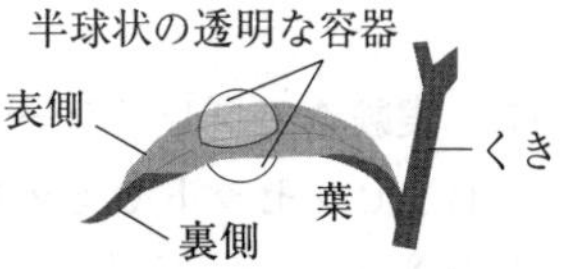

図３

実験４　ツユクサの葉の表面をけんび鏡で観察する。
①　葉をちぎって、うすい皮をはがす。
②　はがした皮を用いてプレパラートをつくり、けんび鏡で観察する。(**図４**)

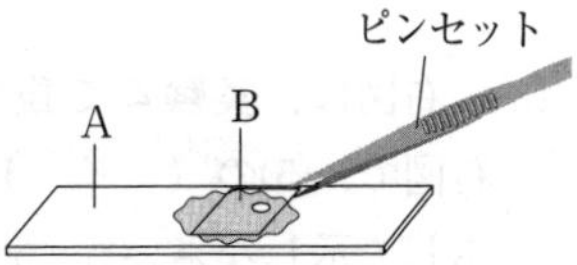

図４

(1)　生き物の体をつくる成分で最も多いのは何ですか。次のア～オの中から１つ選び、記号で答えなさい。

ア．デンプン　　イ．タンパク質　　ウ．脂肪《しぼう》　　エ．水　　オ．塩分

(2)　植物は体のどこの部分を使って、主に水を得ていますか。

(3)　次のア～エは、**実験１**のくきで赤く染まった部分を示しています。最もふさわしいものをア～エの中から１つ選び、記号で答えなさい。

ア．

イ．

ウ．
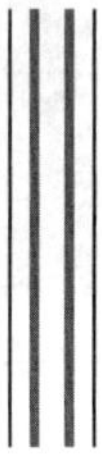
エ．

(4)　**実験２**で、かぶせたふくろの内側に、水てきが多くついたのは、**図２**のアとイのどちらのふくろですか。記号で答えなさい。

(5)　次の文中の（　　）にあてはまる言葉を答えなさい。ただし、同じ記号の（　　）には同じ言葉が入ります。

くきを通ってきた水の大部分は、葉から（　ア　）になって出ていく。（　ア　）が出ていく葉の小さなあなを（　イ　）という。植物の体の中の水が、（　ア　）になってでていくことを（　ウ　）という。

(6)　**実験３**では、表側の容器はほとんど変化していませんでしたが、裏側の容器は内側がくもり、水てきがついていました。このことから、(5)の（　イ　）が多くあるのは、葉の表側と裏側のどちらですか。

(7)　**実験４**でプレパラートを観察するときに用いた**図４**のガラスＡを何といいますか。また、ガラスＢをピンセットで支えながらゆっくりおろすのは、どのようなことを防ぐためですか。理由を答えなさい。

(8)　右図は、**実験４**で観察された葉の表面をスケッチしたものです。右図で、(5)の（　イ　）はどこですか。解答用紙の図を黒くぬりつぶして示しなさい。

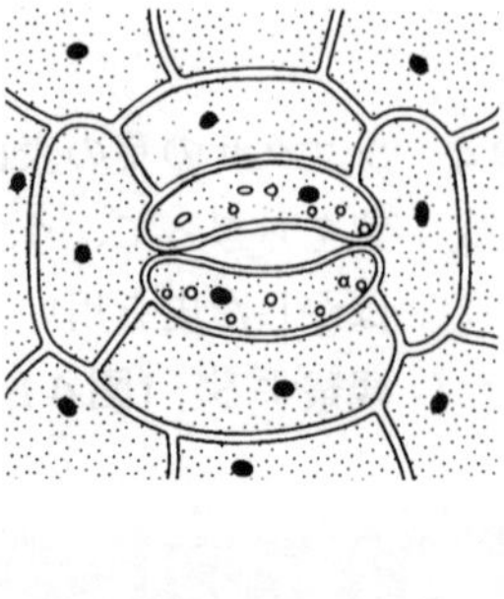

2 水のすがたについて、次の問いに答えなさい。

【1】 冷蔵庫で冷やしておいたジュースのペットボトルを冷蔵庫の外に出して、表面のようすを観察しました。

(1) しばらくすると、ペットボトルの表面がぬれてきました。**図１**は、そのようすをあらわしています。ペットボトルの表面についたAは何ですか。名前を答えなさい。

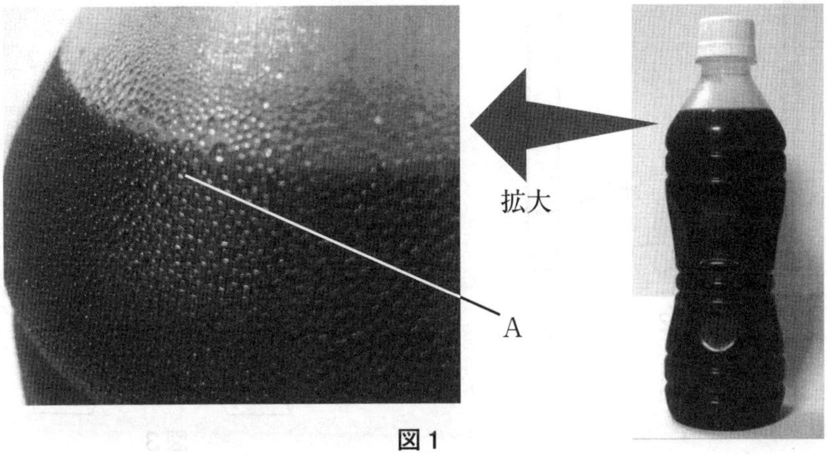

図１

(2) ペットボトルの表面がぬれる前の重さをはかると 530 g でした。ぬれた後で重さをはかると、どのようになりますか。次のア～ウの中から１つ選び、記号で答えなさい。

ア．530 g より軽くなる。　　イ．530 g より重くなる。　　ウ．530 g になる。

(3) 次の文は、**図１**のAについて説明しています。文中の（　　）にあてはまる言葉を、あとの語群からそれぞれ選び、答えなさい。

図１のペットボトルの表面についたAは、空気中にふくまれている（ ① ）がペットボトルで（ ② ）て、すがたを変えたものである。

語群〔 酸素　　二酸化炭素　　水蒸気　　温められ　　冷やされ 〕

(4) (1)と同じような現象を、次のア～ウの中から１つ選び、記号で答えなさい。

ア．天気の良い日に、洗濯物《せんたくもの》をほしておいたら、やがてかわいた。
イ．水を加熱していると、わきたってきた。
ウ．寒い日に、部屋で暖房《だんぼう》を使うと、窓ガラスの内側がぬれてきた。

【２】 **図２**のように、２本の試験管それぞれに水を 10 g 入れ、Ａの試験管には温度計を入れ、Ｂの試験管には水面に印をつけました。そして、**図３**のように、２本の試験管を寒剤《かんざい》につけて冷やし、水の温度変化と、水の体積の変化を調べました。

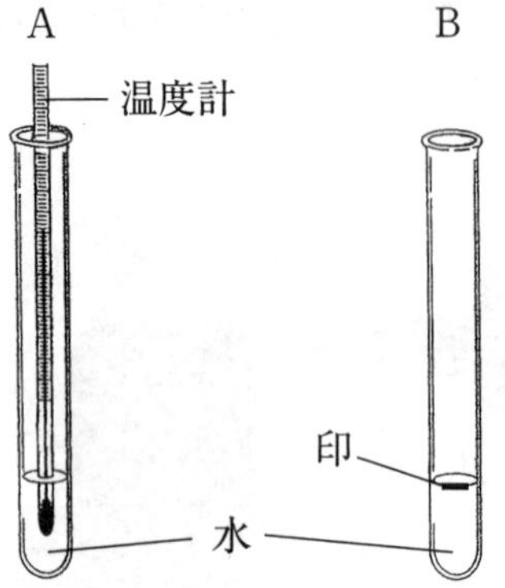

図２

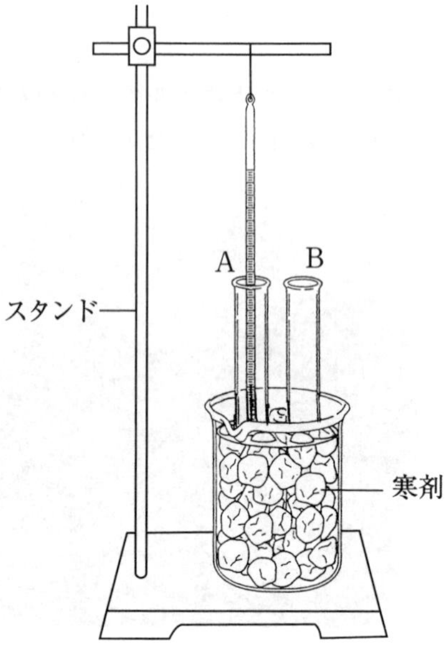

図３

⑴ 文中の下線部「寒剤」とは、氷に何を混ぜたものですか。名前を答えなさい。

⑵ **図４**は、Ａの試験管の温度計で調べた結果をもとに、冷やした時間と温度との関係を表したものです。

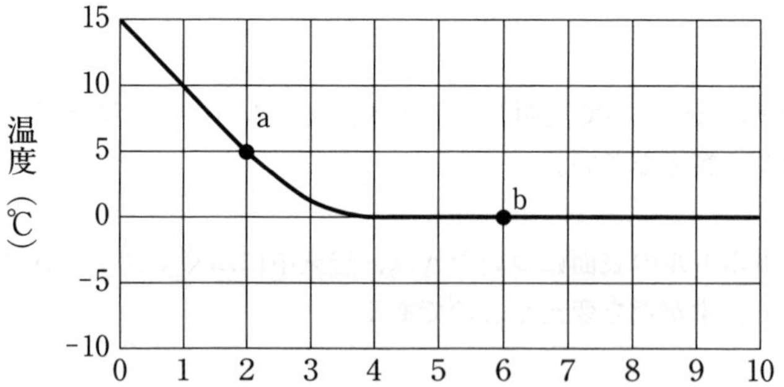

図４

① **図４**の点ａ、点ｂでの状態として正しいものを、次のア～オの中からそれぞれ１つずつ選び、記号で答えなさい。

ア．氷のみ　　イ．水のみ　　ウ．水蒸気のみ　　エ．氷と水　　オ．水と水蒸気

② 水がこおり始めた温度は何 ℃ ですか。

③ 冷やし始めてから 10 分後に水がすべて氷に変わりました。その後、温度計の目盛りはどのようになりますか。次のア～ウの中から１つ選び、記号で答えなさい。

ア．0℃より下がっていく。　　イ．0℃より上がっていく。　　ウ．0℃ のまま変化しない。

④ 試験管に入れる水の量を 20 g にして、**図３**と同じように冷やしたとき、冷やした時間と温度との関係を表したグラフとして最もふさわしいものを、次のア～エの中から１つ選び、記号で答えなさい。ただし、点線は水の量が 10 g のときのグラフを表しています。

ア．

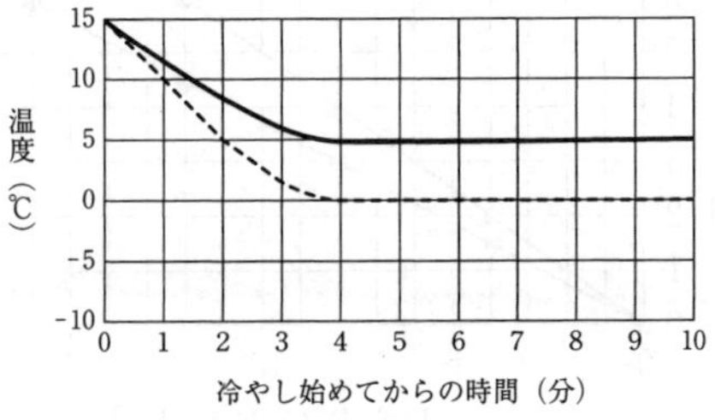

イ．

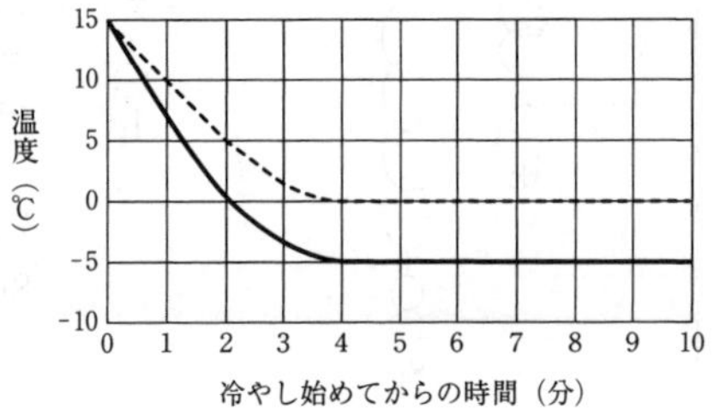

ウ．

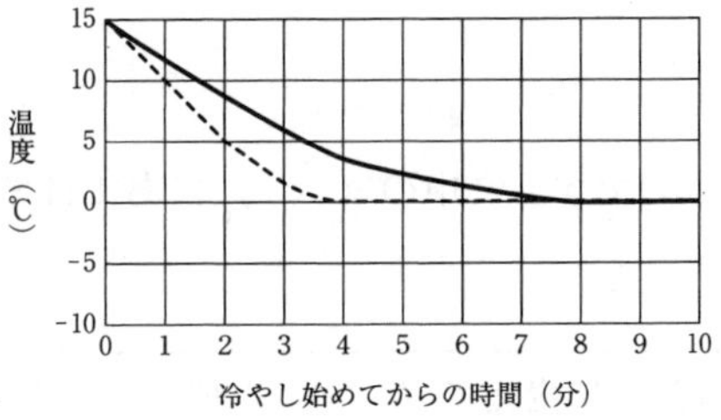

エ．

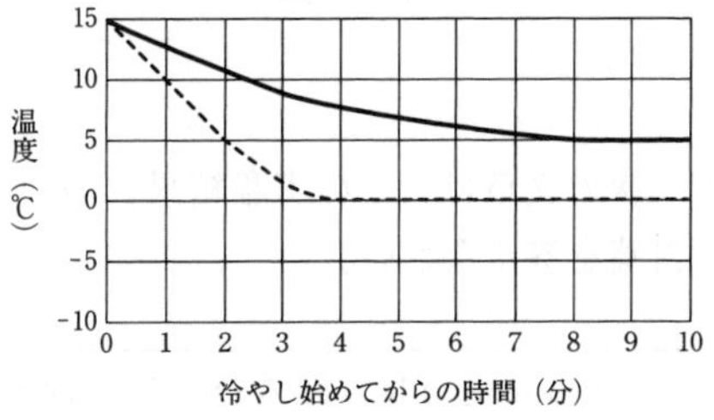

(3) 水がすべて氷に変わったとき、体積はどのようになりますか。Bの試験管の結果として最もふさわしいものを次のア～ウの中から１つ選び、記号で答えなさい。

ア．

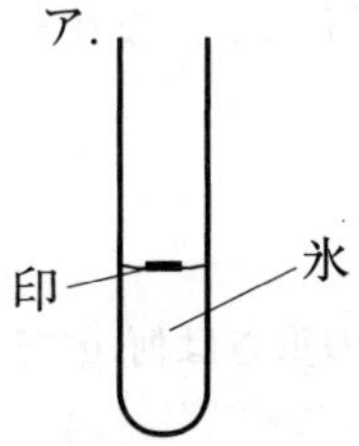

イ．

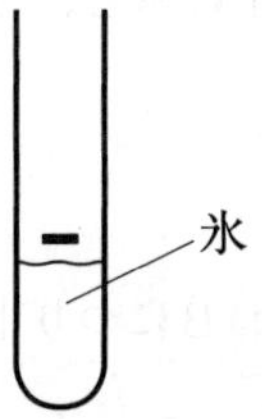

ウ．

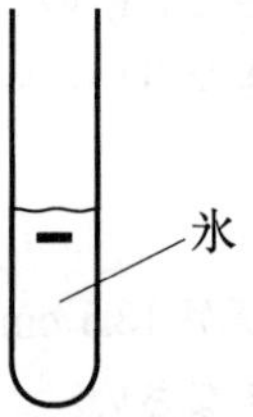

3　ばねの伸《の》びや、ばねがつくり出す力について、次の問いに答えなさい。

【１】 **図１**のように、ばねＡを天井《てんじょう》からつり下げて、その下につけるおもりの重さを、４ｇ、８ｇ、12ｇ、16ｇ、20ｇと増やしていきました。ばねＢも同様に、つり下げるおもりの重さを、４ｇ、８ｇ、12ｇ、16ｇ、20ｇと増やしていきました。グラフはそのときのばねＡ、Ｂの伸びを表したものです。ばねＡ、Ｂはともに軽く、ばね自体の重さは考えなくてよいものとします。

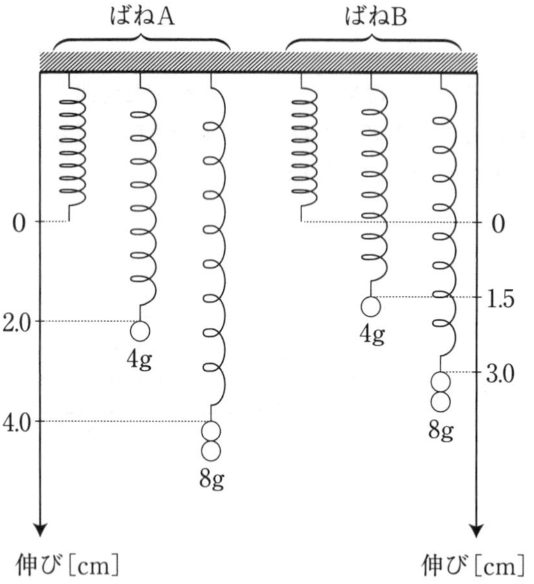

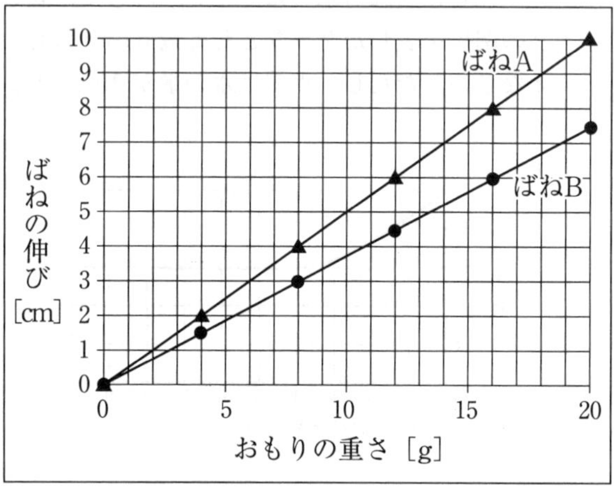

図１

⑴　次の文章は、この実験結果について述べているものです。文中の（　　）にあてはまる数字や言葉を答えなさい。

> ばねＡにつり下げるおもりの重さを ８ ｇ から 16 ｇ に変えて（　①　）倍にすると、ばねＡの伸びは４cm から（　②　）cmに変わり（　③　）倍になります。
> また、ばねＢにつり下げるおもりの重さを ４ ｇ から（　④　）ｇ に変えて３倍にすると、ばねＢの伸びは 1.5 cm から（　⑤　）cmに変わり３倍になります。このとき、ばねの伸びはおもりの重さに（　⑥　）するといいます。

⑵　ばねＡに重さ 24 ｇ のおもりをつり下げると、ばねの伸びは何 cm になりますか。答えだけでなく、式も書きなさい。

⑶　ばねＢの伸びが 13.5 cm のとき、ばねＢにつり下げたおもりの重さは何 ｇ ですか。答えだけでなく、式も書きなさい。

(4) **図２**のように壁《かべ》と木材を 30 cm の間隔《かんかく》をあけて置き、その間にばねAとばねＢをつないで置き、つないだ点には目印としてリボンを結びました。ばねAの左端《ひだりはし》は壁に、ばねＢの右端は木材に付けられています。ばねAとＢは長さが等しく 15 cm で、**図２**のときはAとＢは伸びたり縮んだりはしていません。

① **図２**の状態から木材を右側へ移動していくと、よりたくさん伸びるのは、「ばねA」と「ばねＢ」のどちらですか。

② **図２**の状態から木材を右側へ７cm 移動して、**図３**のように壁と木材の間隔を 37 cm にすると、リボンは何 cm の位置に移動しますか。

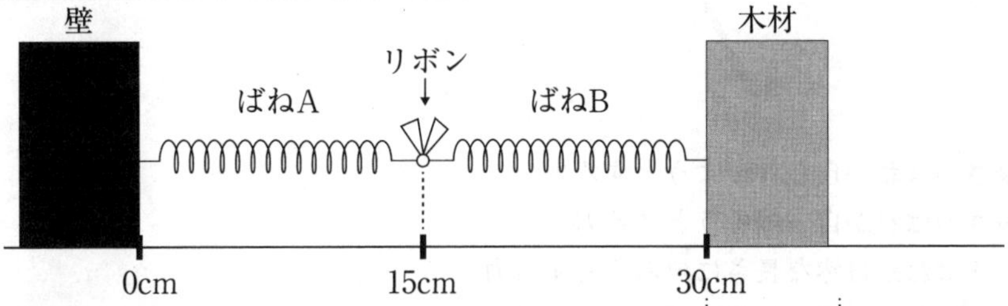

図２

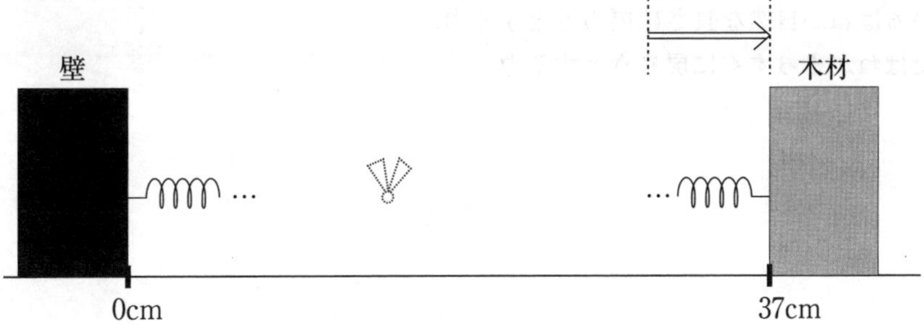

図３

【2】　次の(1)および(2)は、生活の中でばねが利用されている道具です。それぞれの道具は、ばねのどのような力を利用していますか。ア～オの中からそれぞれ1つずつ選び、記号で答えなさい。
ただし、選択肢《せんたくし》の中にある「自然な長さ」とは、ばねに何も力を加えていないときの、元々の長さのことを表しています。

(1)　ワンタッチ傘《かさ》を開くとき

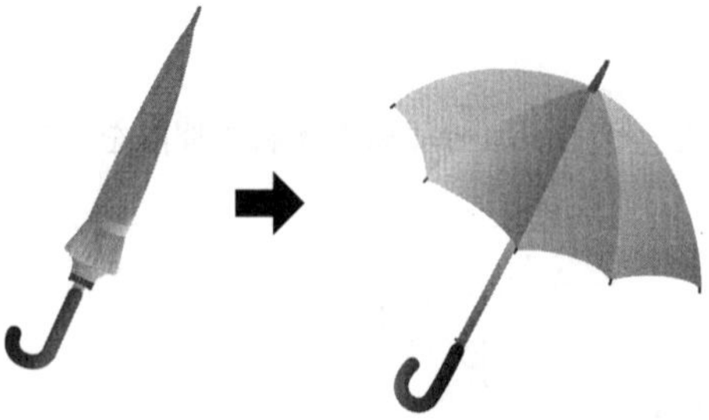

(2)　マットレスの上に寝《ね》ているとき

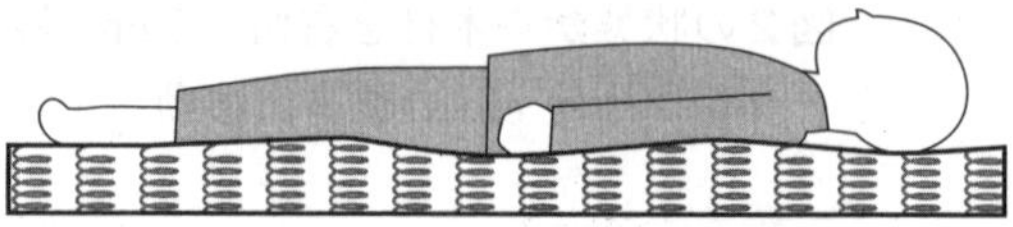

ア．自然な長さのばねが自ら伸びようとする力
イ．自然な長さのばねが自ら縮もうとする力
ウ．伸びているばねが自然な長さに戻《もど》ろうとする力
エ．縮んでいるばねが自然な長さに戻ろうとする力
オ．曲がったばねがまっすぐに戻ろうとする力

問十一　――部⑦「煉瓦のような暖かみがある」とありますが、同じ表現を用いているものを次のア～エから一つ選んで、記号で答えなさい。(60)

ア　友だちと再会して花が咲《さ》くように彼女《かのじょ》が笑顔になった。

イ　彼女のほほには真珠《しんじゅ》のなみだがキラキラとかがやいていた。

ウ　今朝の手紙の内容はどうやらよい知らせだったようだ。

エ　窓からのうららかな風が、花のあまい香《かお》りを運んでくる。

問十二　――部⑧「なんとなくこの家にも愛着がわいてきた」とありますが、それはなぜですか。その理由を説明しなさい。(78)

問十三　――部⑨「それ」とは何を指し示していますか。本文中の言葉を用いて答えなさい。(78)

問十四　――部⑩「文哉は照れくさくなって」とありますが、その理由を本文中の言葉を用いて三十五字以内で説明しなさい。(「、」「。」をふくみます。)(83)

問十五　――部⑪「文哉はうなだれた」とありますが、文哉はそれまでの自分の様子をどのように思ったのですか。本文中の言葉を用いて説明しなさい。(94)

問八　空らん［1］から［4］に入る言葉として最もふさわしいものを、次のア～オから選んで、それぞれ記号で答えなさい。(46、48、49、50)

ア　かえって　　イ　すぐに　　ウ　淡々《たんたん》と　　エ　ようやく　　オ　しばらく

問九　――部⑤「我慢」とありますが、同じ意味の言葉を本文中から二字で探し、ぬき出して答えなさい。(47)

問十　――部⑥「どこか自分に似ているような気がした」とありますが、どういう点が似ている気がしたのですか。最もふさわしいものを、次のア～エから一つ選んで、記号で答えなさい。(55)

ア　仕事をやめてしまい、気ままにその日その日を暮らしている点。

イ　口下手で説明が上手にできずに、仕事もうまくいかない点。

ウ　お金にならない仕事でも、真面目に取り組んで満足してしまう点。

エ　仕事もうまくいかずに、不器用に生きてきた点。

問五　空らん［　　　　］には、次の会話が入ります。正しい順番に並べ直して、記号で答えなさい。（12・13・14・15）

ア「ああ」

イ「そう、夕陽の色」

ウ「父の？」

エ「これってオレンジ色ですよね」

問六　――部③「へらへらと笑ってしまった」とありますが、これはどのような気持ちを表していますか。最もふさわしいものを、次のア～エの中から一つ選んで、記号で答えなさい。（29）

ア　和海の横暴な言動に、内心では納得していないが、本心を言い出せない気持ち。

イ　心の内では、和海の意見に賛成できなかったが、今となっては仕方がないという気持ち。

ウ　自分の気持ちをうまく和海に伝えることができず、どうしたらよいかと悩《なや》む気持ち。

エ　この場から逃《に》げ出したい思いをおさえて、相手に心の内を知られないようにする気持ち。

問七　――部④「そうか、そいつはよかった」と、言ったのはなぜですか。その理由を説明しなさい。（36）

5　朝飯前だ（102）

ア　得意だ
イ　簡単だ
ウ　単純だ
エ　軽快だ

問二　――部①「昨日は考え事をして遅くまで眠れなかった」とありますが、どのようなことを考えていたのですか。十五字以内で答えなさい。（「、」「。」をふくみます。）（2）

問三　空らん（　あ　）～（　う　）には体の一部が入ります。それにふさわしい体の部位を漢字一字でそれぞれ答えなさい。（6、81、91）

問四　――部②「その色を間近で見てギョッとした」とありますが、その理由を本文中の言葉を用いて四十字以内で説明しなさい。（「、」「。」をふくみます。）（6）

2　すこぶる（59）

ア　多少
イ　とても
ウ　適度に
エ　そこそこ

3　あか抜けてる（65）

ア　明るくなっている
イ　改善されている
ウ　きれいになっている
エ　洗練されている

4　うながされ（96）

ア　早く行動するように言われ
イ　気をつけるように注意され
ウ　安心できるように確認され
エ　念のためにくり返し言われ

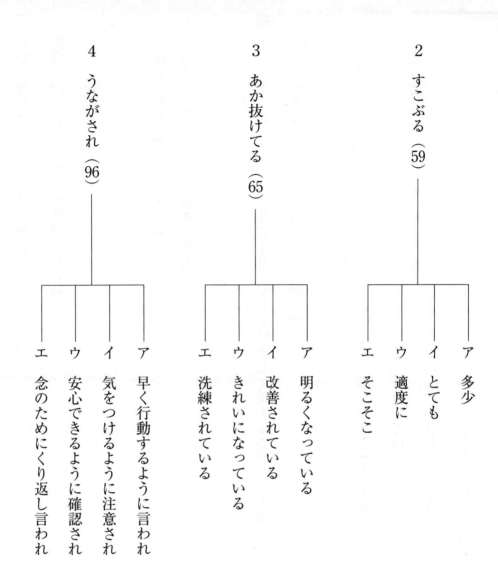

「あれはおれが作った。余った建材を使ったから材料費はタダ。おれと芳雄さんで儲《もう》けは山分けにした。あれくらいなら[5]朝飯前だ」

「そうか、カズさんだったのか」

「でもな、おれは犬の散歩はご免《めん》だよ」

和海は〝いそだま〟を爪楊枝《つまようじ》でほじくった。

（出典　はらだ みずき『海が見える家』）

注１　宏美（20）……文哉の姉。
注２　卓袱台（91）…中国風の食卓。

問一　～～～線１～５の言葉の本文中での意味として最もふさわしいものを、それぞれ下のア～エの中から一つ選んで、記号で答えなさい。（54、59、65、96、102）

１　したたか（54）

ア　不安のなさそうな様子
イ　苦労している様子
ウ　しっかりしている様子
エ　困ったことのない様子

「あんた、今なにかしたいことがあるのか？」

「特には、見つかってません」

「だったら、目の前にあることをやるしかないだろ。難しく考えることはない。芳雄さんだって、最初からうまくできたわけじゃないはずだ。やる気があるなら、やればいいさ。ただ、お客さんには説明したほうがいいだろうな。芳雄さんのことや、あんたの立場を。いつまで仕事を請《う》け負うつもりなのか」

「そのとおりだと思います」

「なにか困ったことがあれば、いつでも相談しろ」

文哉は姿勢を正し、注2卓袱台《しっぽく》に当たるくらいまで（　う　）を下げた。

「仕事があることは、たとえそれがどんな仕事であろうと、ありがたいもんさ。仕事がなくなって、初めてそのことに気づく」

和海の言葉に、⑪文哉はうなだれた。

「さ、食え」

和海に4うながされ、文哉は青く光るアオリイカの刺身《さしみ》に箸《はし》をのばした。

「うまいか？」

「甘《あま》いっす」

文哉はにんまりとした。

寺島さんの庭にあるクーラーの室外機カバーの話を持ち出すと、和海は笑った。

文哉の口元がゆるんだ。

「けど、カズさんはすごい。いろんなことができちゃうんだから」

「なーに、大抵のことは、めんどうくさがらず調べればわかるし、根気よくやればできるもんだ」

「そういうものですか？」

「そういうもんさ」

その日、和海と夕食を共にした。文哉はひとりで海へ行き、〝いそだま〟を捕《と》ってきて茹《ゆ》でた。いったん家に帰った和海は、缶ビールとアオリイカを持参してくれた。

「お疲《つか》れ」

「お疲れさまでした」

無事に家のペンキを塗り終えた祝杯《しゅくはい》を挙げた。

⑧なんとなくこの家にも愛着がわいてきた。そして一緒《いっしょ》に働いた和海にも一歩近づけた気がした。⑨それもあって、文哉は昨夜考えたことを思い切って口にすることにした。

「父の仕事なんですけど、おれにもできますかね？」

少し間があってから、「さあな、おれにはわからん」と和海は（　い　）をひねった。「ただ、一緒に仕事をして感じたことがある。あんたは暑いなか、サボらずに最後まで仕事をやった。それに芳雄さんよりも器用だ」

⑩文哉は照れくさくなって缶ビールを呷《あお》った。うれしかった。初めて自分の仕事を認められた気がした。

和海は　4　話した。

「それでこっちにもどってきたわけですか」

「まあ、そんなところだ」

和海は黙《だま》って刷毛を使った。

もう少し和海の話を聞きたかったが、それっきり口を開かない。1したたかにこの土地で生きてきたように見えるが、⑥どこか自分に似ているような気がした。

昼食をはさんで、午後からも二人でペンキを塗った。道路に面した南側、小屋のある東側、家の裏に当たる北側、そして海に面した西側と、梯子《はしご》を移動させていく。二人がかりとはいえ、外壁の全面にペンキを塗り終えるのに、夕方近くまでかかった。金を稼《かせ》ぐためではなかったが、会社を辞めて以来、はじめて働いたという実感がわいてきた。

道路まで出て、振り返り、新しくなった家を眺《なが》めた。自分でペンキを塗ったせいか、出来映えには2すこぶる満足した。下地の色のせいで、オレンジ色のペンキは少しくすんだ色合いに沈《しず》み、⑦明るい煉瓦《れんが》のような暖かみがある。青い屋根瓦《がわら》ともさほど違和感《いわかん》はない。停まっているオレンジ色のステーションワゴンとはかなり相性がいい。

「どうだ？」

隣《となり》に立った和海が腕《うで》を組んだ。

「意外にいい感じですね」

「前よりは、3かなりあか抜《ぬ》けてるぞ」

「たしかに」

「下地はじゅうぶん整えたから、あとは厚塗りしないことだな」

「なかなかおもしろいですね」

最初は抵抗《ていこう》のあった色にも、徐々に目が慣れてくるから不思議だ。

「④そうか、そいつはよかった」

和海は壁に笑顔を向けた。

「カズさんは、もともとは、なにをやってたんですか?」

「おれか、ペンキ屋だよ」

「そうなんですか?」

驚《おどろ》くと、「冗談《じょうだん》だよ」と笑われた。

「こっちの学校を出て、東京でしばらく働いた。最初の職場には五年くらい勤めたかな。同じ仕事をしていても、高卒と大卒では給料がちがった。おれより仕事ができないやつが出世して、自分の上司になった。おもしろくなくて辞めた」

「へえー」

文哉はローラーを転がしながら聞いた。

「当時は今のように就職が難しい時代じゃなかったから、次の仕事は［ 1 ］見つかった。でも長続きしなかった。理由は単純だ。⑤我慢《がまん》が足りなかった。処世術に長《た》けたタイプじゃない。サラリーマンの世界では常識だと言われることが、自分には当てはまらなかった。三十歳《さい》を過ぎて［ 2 ］わかった。人と同じようにするのは、自分には［ 3 ］難しいことなんだって」

「知らなかった」

文哉《ふみや》は笑ってしまった。

たしかに車もサーフボードもオレンジ色だ。

しかし、笑っている場合ではなかった。ペンキの色を選んだのは芳雄だとしても、今後この家で暮らすのはまちがいなく芳雄ではない。外壁《がいへき》の色が原因で家が売れなくなったら、それこそ一大事だ。[注1]宏美《ひろみ》になにを言われるかわかったもんじゃない。

和海がまずローラーを使って壁にペンキを塗ってみせた。

「うっ」

文哉は思わず声を漏《も》らした。

「どうした? そんなに変かい」

「いや、かなりなイメチェンだなと思って」

「けど、まちがいなく明るい家になるぞ」

「ですかね?」

③へらへらと笑ってしまった。

ここまで来たら、もうあとへは退《ひ》けない。やり方を教えてもらい、文哉はローラーでペンキを塗っていく。和海はローラーではペンキが乗らない部分を丁寧《ていねい》に刷毛《はけ》で塗っていく。

「こんな感じですかね?」

二　次の文章を読んで、後の問いに答えなさい。(問いの下の数字は本文での行数を示します。)

翌朝七時、車のエンジンの音で目を覚ました。窓の向こうで、額にタオルを巻いた和海《かずみ》がペンキの缶《かん》を降ろしている。夜型の生活は徐々《じょじょ》に解消されつつあったが、①昨日は考え事をして遅《おそ》くまで眠《ねむ》れなかった。慌《あわ》てて準備をした。用意してくれと言われた新聞紙がなく、去年のカレンダーを持ち出し、ペンキが垂れたら困る場所に敷《し》いた。ペンキを塗《ぬ》りたくない部分には、マスキングテープで保護をした。

そしていよいよ今回使うペンキのお出ましだ。和海がよく振《ふ》ったペンキの缶の蓋《ふた》をドライバーでこじ開けた。中身をのぞき込《こ》むと、においが（　あ　）につく。と同時に、②その色を間近で見てギョッとした。どうみても今までの壁《かべ》の色とはちがう。

「いい色だろ?」

和海がペンキをトレイに注ぐ。

「この色、父が選んだんですよね」と確認した。

「もちろん。芳雄《よしお》さんの好きな色だからな」

二〇二〇年度 トキワ松学園中学校

【国 語】〈第一回一般試験〉（四五分）〈満点：一〇〇点〉

一 次の①～⑤の――線のカタカナを漢字に直し、⑥～⑩の――線の漢字は読み方をひらがなで答えなさい。

① キビしい練習を乗り越える。

② コキョウの友人と再会する。

③ 就職に有利なシカクを取る。

④ 先生に状況をホウコクする。

⑤ 右折をキンシする。

⑥ おばさんに犬を預ける。

⑦ 能率を考えて勉強をする。

⑧ 各国の世界遺産を見物する。

⑨ 人命救助を優先する。

⑩ 首脳会談の場を設ける。

2020年度

トキワ松学園中学校　▶解説と解答

算　数　＜第１回一般試験＞（45分）＜満点：100点＞

解　答

[1] (1) 73　(2) 600　(3) $\frac{5}{6}$　(4) 248　(5) 3　(6) 350円　(7) 3500m　(8) 25L　(9) **2けたの整数**…12個，**3の倍数**…4個　(10) 100m　(11) **角 *x***…59度，**角 *y***…41度　(12) 150cm^2　(13) 785cm^3　[2] (1) **大人**…840円，**子ども**…480円　(2) 4800円　[3] (1) 540m　(2) 18分後　(3) 午前10時31分　[4] (1) 32g　(2) 360g　[5] (1) 4.9　(2) 1.5倍　(3) 1990年から2000年の間　(4) （例）2010年までは増加し続けているが，2010年から2018年の間にかけて減少に転じている。

解　説

[1] 四則計算，計算のくふう，逆算，割合，速さ，正比例，場合の数，相似，角度，面積，体積

(1) 127－27×２＝127－54＝73

(2) $A\times C+B\times C=(A+B)\times C$となることを利用すると，257×1.5＋143×1.5＝(257＋143)×1.5＝400×1.5＝600

(3) $\frac{1}{5}\times 2\frac{1}{2}+\frac{1}{3}=\frac{1}{5}\times\frac{5}{2}+\frac{1}{3}=\frac{1}{2}+\frac{1}{3}=\frac{3}{6}+\frac{2}{6}=\frac{5}{6}$

(4) $0.25\times 124\div\frac{1}{8}=\frac{1}{4}\times 124\times 8=248$

(5) ３×(20－48÷□)＝12より，20－48÷□＝12÷３＝４，48÷□＝20－４＝16　よって，□＝48÷16＝３

(6) 消費税抜《ぬ》きの値段を□円とすると，消費税が10％なので，消費税込《こ》みの値段は，□×(１＋0.1)＝□×1.1(円)と表せる。これが3850円だから，消費税抜きの値段は，3850÷1.1＝3500(円)となる。よって，消費税は，3850－3500＝350(円)とわかる。

(7) 時速６kmは分速に直すと，６×1000÷60＝100(m)となる。よって，35分間歩くと，100×35＝3500(m)進むことができる。

(8) 300km走行するのに必要なガソリンは，300÷12＝25(L)である。

(9) 十の位には４通り，一の位には，十の位で使った以外の３通りのカードを使うことができるから，２けたの整数は，４×３＝12(個)できる。このうち３の倍数は12，21，24，42の４個ある。

(10) 縮尺が１：2000なので，実際の距離《きょり》は地図上の距離の2000倍となる。よって，求める長さは，５×2000＝10000(cm)＝100(m)となる。

(11) 右の図で，三角形ABCの内角の和は180度なので，角 x は，180－(34＋87)＝59(度)とわかる。また，三角形ADCで，角 y は，180－(80＋x)＝180－(80＋59)＝180－139＝41(度)と求められる。

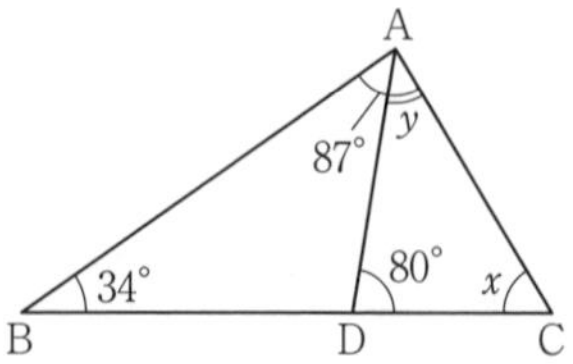

(12) 四角形ABCDの面積は，三角形ABDと三角形CBDの面積の和

となるので，20×７÷２＋20×８÷２＝20×（７＋８）÷２＝20×15÷２＝150（cm^2）と求められる。

⒀　底面積は（５×５×3.14）cm^{2}で，高さは10cmだから，体積は，５×５×3.14×10＝785（cm^3）と求められる。

2　消去算

⑴　大人２人と子ども２人の入園料は2640円なので，２倍ずつにすると，大人４人と子ども４人の入園料は，2640×２＝5280（円）である。すると，右の図のア，イのように表せるので，アとイの差より，5280－4440＝840（円）が，大人１人の入園料とわかる。また，大人２人と子ども２人の入園料は2640円なので，大人１人と子ども１人の入園料は，2640÷２＝1320（円）である。よって，子ども１人の入園料は，1320－840＝480（円）と求められる。

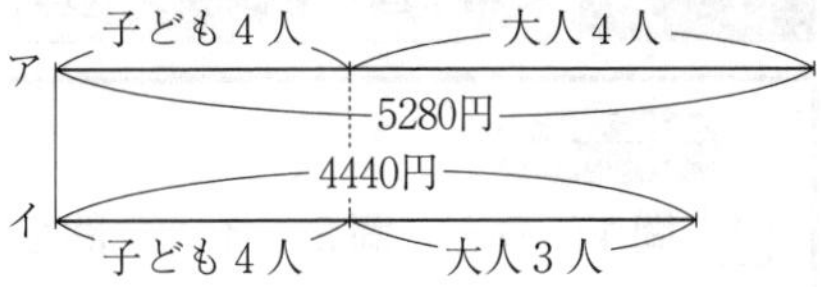

⑵　大人４人と子ども３人の入園料は，840×４＋480×３＝3360＋1440＝4800（円）である。

3　速さ，旅人算

⑴　まつ子さんが走り始めたのは，すみれさんが毎分180mで走り始めてから３分後なので，２人は，180×３＝540（m）はなれていたとわかる。

⑵　まつ子さんはすみれさんに追いつくまで，すみれさんよりも毎分，210－180＝30（m）速く走っているので，まつ子さんは走り始めてから，540÷30＝18（分後）にすみれさんに追いつく。

⑶　まつ子さんはすみれさんに追いつくまでに，210×18＝3780（m）走ったので，Ｂ地点まではあと，5380－3780＝1600（m）ある。追いついたところから２人は毎分160mの速さで走るので，追いついたところからＢ地点まで，1600÷160＝10（分）かかる。よって，すみれさんが走り始めてから，２人がＢ地点に着くまで，３＋18＋10＝31（分）かかったとわかる。すみれさんは午前10時に走り始めたので，２人がＢ地点に着いたのは，午前10時＋31分＝午前10時31分である。

4　濃度《のうど》

⑴　（食塩の重さ）＝（食塩水の重さ）×（濃度）より，濃度が８％の食塩水400ｇにふくまれる食塩の重さは，400×0.08＝32（ｇ）とわかる。

⑵　残った食塩の重さは，50－32＝18（ｇ）である。できた食塩水の重さを□ｇとすると，□×0.05＝18（ｇ）となるから，□＝18÷0.05＝360（ｇ）と求められる。

5　表―割合

⑴　求める値は，1950年の総人口に対する65歳《さい》以上の割合（％）である。問題文中の表を読み取ると，1950年の総人口は8320万人で，65歳以上の人口は411万人なので，求める割合は，411÷8320×100＝4.93…（％）となる。よって，小数第二位を四捨五入すると，4.9％である。

⑵　2018年の総人口は12642万人で，1950年の総人口は8320万人である。よって，2018年の総人口は1950年の総人口の，12642÷8320＝1.51…（倍）とわかる。したがって，小数第二位を四捨五入すると，1.5倍である。

⑶　表の年齢《ねんれい》別人口のところを読み取ると，1990年までは，15歳未満の人口の方が65歳以上の人口よりも多い。しかし2000年からは，65歳以上の人口の方が15歳未満の人口よりも多くなっている。このことから，65歳以上の人口の方が15歳未満の人口よりも多くなるのは，1990年から2000年の間と推定できる。

(4)　たとえば，総人口は2010年が12806万人で一番多いので，2010年までは増加し続けてきたが，2010年から2018年の間にかけて減少していると考えられる。

社　会　＜第１回一般試験＞（理科と合わせて60分）＜満点：50点＞

解　答

1　**問１**　ウ　**問２**　イ　**問３**　**１**　ア(と)ウ　**２**　イ　**問４**　ア(と)エ　**問５**　**１**　(1)　イ　(2)　ア　(3)　エ　(4)　ウ　**２**　富山県　**問６**　**A**　堤防　**B**　ダム　**問７**　(例)　(山林の伐採が進むと)雨水が山林にたくわえられず，直接川に流れこむので急に川の水量が増える(から。)　**問８**　ウ　**2**　**問１**　**１と２**　エ　**３と４**　キ　**問２**　**《１》**　ウ，C　**《２》**　イ，D　**問３**　ア　**問４**　奈良県　**問５**　(例)　御家人が開発した領地の支配を将軍がみとめること。(戦いで手がらを立てた御家人に将軍が新しい領地をあたえること。)　**問６**　御成敗式目　**問７**　足利義政　**問８**　ウ　**問９**　**１**　ア　**２**　栃木県　**３**　日中平和友好条約　**４**　イ　**５**　イ　**６**　エ　**問10**　万葉集　**3**　**問１**　法律　**問２**　エ　**問３**　イ　**問４**　ウ　**問５**　イ　**問６**　(例)　10歳代の投票率

解　説

1　河川を題材とした地理の問題

問１　実際の距離は，(地形図上の長さ)×(縮尺の分母)で求められる。地図Bと地図Cはいずれも縮尺が２万５千分の１なので，地図上でおよそ１cmの万年橋の実際の距離は，１×25000＝25000(cm)＝250(m)，地図上でおよそ２cmの東急東横線の橋の実際の距離は，２×25000＝50000(cm)＝500(m)となる。

問２　地図Bの青梅《おうめ》駅の左下には186という数字が，地図Cの多摩《たま》川駅の右上には26という数字がみられ，これらの数字は土地の高さを表している。よって，青梅駅と多摩川駅の標高の差はおよそ160mとわかるので，これに最も近いイが選べる。

問３　**１**　地図Bで市役所(◎)は東青梅駅の右下に位置しており，青梅駅よりも東青梅駅のほうが市役所に近い。また，青梅駅の前にも東青梅駅の前にも交番(X)がみられる。よって，アとウは地図から読みとることができる。なお，イについて，青梅駅の北側には山が迫《せま》っているが，南側には市街地がみられる。エについて，地図中に老人ホーム(⌂)は２つ以上あるうえ，地図Bは青梅市の全域を示しているわけではないので，青梅市に老人ホームがいくつあるかはわからない。　**２**　ア　青梅駅の周辺には水田(॥)はみられない。　イ　青梅駅は山と多摩川にはさまれた場所にあり，青梅駅の周辺には建物の密集した市街地がみられるので，正しい。　ウ　青梅駅の南側には市街地がみられる。　エ　青梅市を示している地図Bの多摩川のほうが，東急東横線の近くを示している地図Cの多摩川よりも曲がりくねっている。

問４　問題文から，川の１つの流れにつながっている支流，沼，湖などを「水系」ということがわかる。地図Aより，アの秋川は多摩川に流れこむ支流である。また，エの奥多摩湖は多摩川につながっているので，多摩川水系に属する。これに対して，埼玉県内を流れる入間《いるま》川と，神奈川県を流れる相模《さがみ》川は多摩川とつながっていないので，多摩川水系ではない。

問５　**１**　アの利根川は流域面積が日本で最も広い河川なので，表の中で流域の総面積が最も広い(2)にあてはまる。利根川の流域には，2018年の農業生産額が全国第３位の茨城県と，第４位の千葉県がある。イの石狩《いしかり》川は流域面積が日本第２位で，流域にある石狩平野は泥炭《でいたん》地の土地改良(客土)が行われて豊かな水田地帯になったことから，(1)にあてはまる。ウの筑後《ちくご》川は，干拓によって陸地を広げたことで知られる有明海に注いでいるので，(4)にあてはまる。エの黒部川の流域には，黒部川第四発電所などの大規模な水力発電所や，ダムがあるので，(3)にあてはまる。　**２**　黒部川水系の本流である黒部川の河口は富山県にあり，富山湾に注いでいる。

問６　**Ａ**　河川の氾濫《はんらん》を防ぐために川に沿ってつくられるものは，堤防《ていぼう》である。　**Ｂ**　河川の氾濫を防ぐため，上流にダムをつくって川の水をせき止め，大きな湖をつくって水をためている。

問７　山林(森林)には，雨水を地面にしみこませて地下にたくわえ，ゆっくりと川に流すはたらきがある。そのため，河川の上流部において山林が減少すると，雨水が山林にたくわえられる量が減り，川に流れこむ量が増えるので，川の水量が急に増え，平野部で氾濫する危険が高まる。

問８　国連(国際連合)は，人類が将来的にも豊かなくらしを送れることを目指し，2030年までに達成するべき目標として，ウのSDGs(持続可能な開発目標)を掲《かか》げている。目標は全部で17あり，その中の目標６で，「安全な水とトイレを世界中に」というスローガンのもと，「すべての人に水と衛生へのアクセスと持続可能な管理を確保する」を掲げている。

2　各時代の歴史的なことがらについての問題

問１　**１**　645年，中大兄《なかのおおえの》皇子と中臣鎌足《なかとみのかまたり》は，皇室をしのぐほどの権力をふるっていた蘇我《そがの》蝦夷《えみし》・入鹿《いるか》父子を滅《ほろ》ぼし，天皇中心の国づくりを目指して一連の政治改革を始めた。この政治改革は，当時定められた初めての元号である大化にちなんで，大化の改新とよばれる。　**２**　1156年，天皇家の後継者《こうけいしゃ》争いに藤原氏，源氏，平氏の勢力争いなどがからんで保元の乱が起こった。保元の乱では，平清盛と源義朝《よしとも》(頼朝の父)を味方につけた後白河天皇方が勝利した。　**３**　1221年，後《ご》鳥羽《とば》上皇は政権を鎌倉幕府から朝廷の手に取りもどそうと考え，全国の武士に鎌倉幕府打倒をよびかけて承久《じょうきゅう》の乱を起こしたが，幕府の大軍の前にわずか１か月ほどでやぶれ，上皇は隠岐《おき》(島根県)に流された。　**４**　1467年，室町幕府の第９代将軍の座をめぐる争いに，有力守護大名の勢力争いなどがからみ，応仁の乱が起こった。1477年まで続いた戦いで主戦場となった京都は焼け野原となり，幕府の権威は失われて戦国時代が始まるきっかけとなった。

問２　**《１》**　青銅製で，祭りのさいに鳴らすなど，弥生時代に祭器として使われたと考えられるのはウの銅鐸《どうたく》である。　**《２》**　イの土偶《どぐう》は縄文時代につくられた土製の人形で，子孫繁栄《はんえい》や獲物が多いことなどを祈るまじないなどに使われたと考えられている。　なお，アは石包丁，エは金印。

問３　問１の１の解説を参照のこと。

問４　東大寺は総国分寺として，平城京につくられた寺院で，奈良県奈良市にある。写真は，角材を井桁《いげた》に組んで壁とした校倉造《あぜくらづくり》で知られる東大寺の正倉院で，聖武天皇の遺品や遣唐使が持ち帰った品など，さまざまな宝物がおさめられた。

問５　鎌倉時代，将軍と御家人は御恩《ごおん》と奉公《ほうこう》という土地を仲立ちとした主従関係で結ばれていた。将軍は，先祖伝来の領地を保障したり，手がらに応じて新しい領地や役職をあたえたりすることで御恩を示した。これに対して，御家人は，幕府や将軍の一大事には一族を率いて命がけで戦うことで，奉公をはたした。

問６　1232年，鎌倉幕府の第３代執権《しっけん》北条泰時《やすとき》は，源頼朝以来の武家社会の慣習や先例などをもとに，御成敗式目(貞永式目)を定めた。御成敗式目は51か条からなる初めての武家法で，その後の武家法の手本となった。

問７　室町幕府の第８代将軍は足利義政で，後継者争いから応仁の乱を引き起こした。また，京都東山に山荘を営み，そこに書院造を取り入れた銀閣(慈照寺)を建てたことでも知られる。

問８　近松門左衛門《もんざえもん》は江戸時代初めの元禄《げんろく》文化のころに活躍《かつやく》した歌舞伎《かぶき》・(人形) 浄瑠璃《じょうるり》の脚本《きゃくほん》家で，代表作には『曽根崎心中《そねざきしんじゅう》』などがある。なお，アの井原西鶴《さいかく》は浮世草子《うきよぞうし》(小説)作家，イの松尾芭蕉《ばしょう》は俳人《はいじん》で，いずれも元禄文化のころに活躍した。

問９　**１**　Ⓐの自由民権運動は，1874年に板垣退助が国会開設を政府に要求する「民撰議院設立の建白書」を出したことから始まった。Ⓑの大日本帝国憲法は，伊藤博文《ひろぶみ》らがドイツの憲法をもとに作成し，1889年２月11日に発布された。よって，アが正しい。　**２**　足尾銅山は栃木県北西部にあった銅山で，ここから流された鉱毒が渡良瀬《わたらせ》川を汚染したことで，足尾銅山鉱毒事件が起こった。　**３**　日本は1972年に日中共同声明を発表して中華人民共和国との国交を正常化し，1978年には日中平和友好条約を結んだ。　**４**　山中伸弥《しんや》は京都大学の教授で，2012年にiPS細胞の研究を評価されてノーベル生理学・医学賞を受賞した。なお，アの湯川秀樹はノーベル物理学賞を，エの川端康《やす》成《なり》はノーベル文学賞を受賞しているが，ウの野口英世《ひでよ》はノーベル賞を受賞していない。　**５**　明治時代後半の1904年，東アジアにおける勢力争いから日露戦争が始まり，翌05年にポーツマス条約が結ばれた。大正時代の1914年，ヨーロッパで第一次世界大戦が始まると，日本は日英同盟を理由として連合国側でこれに参戦し，中国などにあったドイツ領を占領した。昭和時代なかばの1941年，日本はハワイの真珠湾にあったアメリカ海軍基地を奇襲《きしゅう》攻撃するとともに，イギリス領のマレー半島に軍を進めて太平洋戦争に突入した。　**６**　1923年９月１日，相模湾を震源とする大地震が起き，火災も発生して大きな被害が出た。これを関東大震災という。また，1995年１月17日，兵庫県南部を震源とする大地震が起き，建物が倒壊するなど都市機能がマヒして大きな被害が出た。これを阪神・淡路大震災という。

問10　『万葉集』は現存する日本最古の和歌集で，天皇から貴族，農民までさまざまな身分の人の歌約4500首がおさめられており，奈良時代後半に大伴家持《おおとものやかもち》によって編さんされたといわれている。「令和」の元号は，『万葉集』の中の大伴旅人《たびと》の歌からとられたものである。

３　選挙や政治のしくみについての問題

問１　日本国憲法第41条は国会を「国の唯一《ゆいいつ》の立法機関」と規定し，法律をつくる権限である立法権を国会のみにあたえている。

問２　参議院議員の任期は６年で，３年ごとに半数ずつ改選される。また，参議院議員に立候補できる年齢は満30歳以上である。よって，エが正しい。なお，衆議院議員の任期は４年だが，任期途中の解散がある。また，衆議院議員に立候補できる年齢は満25歳以上である。

問３　2018年に公職選挙法が改正され，参議院の議員定数がそれまでの242名から６名増やされ，248名とされた。なお，衆議院の議員定数は465名である(2020年２月時点)。

問４　政令は，法律にもとづいて政治を行ううえでのきまりで，内閣が定める。よって，ウが誤っている。

問５　プライバシーとは個人の私的な情報のことで，これを自分で管理できるというプライバシーの権利が，新しい人権として認められるようになってきた。これを守るために個人情報保護法などが整備されたが，政治に参加する権利と直接の関係はないので，イが誤っている。

問６　2015年に公職選挙法が改正され，それまで満20歳以上とされていた選挙権年齢が，満18歳以上へと引き下げられた。この法律は翌16年に施行され，国政選挙としてはその年の７月に行われた参議院選挙で初めて適用された。そのため，10歳代(18～19歳)の投票率を示すグラフは2016年から始まっているのである。

理　科　＜第１回一般試験＞（社会と合わせて60分）＜満点：50点＞

解　答

1　(1)　エ　(2)　根　(3)　ウ　(4)　ア　(5)　**ア**　水蒸気　**イ**　気こう　**ウ**　蒸散　(6)　裏側　(7)　**名前**…スライドガラス　**理由**…(例)　空気のあわが入らないようにするため。　(8)　右の図　2　**【１】**　(1)　水　(2)　イ　(3)　①　水蒸気　②　冷やされ　(4)　ウ　**【２】**　(1)　食塩　(2)　①　**点a**…イ　**点b**…エ　②　0℃　③　ア　④　ウ　(3)　ウ　3　**【１】**　(1)　①　2倍　②　8cm　③　2倍　④　12g　⑤　4.5cm　⑥　比例　(2)　12cm　(3)　36g　(4)　①　ばねA　②　19cm　**【２】**　(1)　エ　(2)　エ

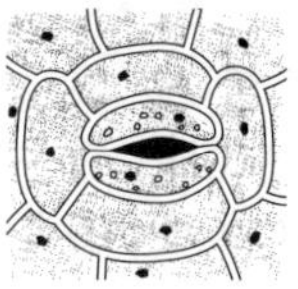

解　説

1　植物の蒸散についての問題

(1)　生き物の体の中では，呼吸などの化学反応や物質のやりとりのために十分な水が必要で，その割合は平均70％ほどと最も大きい。ついでしめる割合が大きいのは，動物ではタンパク質，植物ではデンプンやセルロースなどの炭水化物である。

(2)　根は，くきや葉などを支えることのほか，おもに表皮から出た根毛で，水分や水にとけている養分を吸収するはたらきをしている。

(3)　くきの切り口から赤インクをとかした水が吸い上げられ，その水はくきを通って葉に送られる。ホウセンカは双《そう》子葉類で，水や養分の通り道である道管と葉でつくられた養分の通り道である師管がたばになったもの(維管束《いかんそく》)は，くきを横に切ったときには輪状に並んでいるため，くきの中心を通るように縦に切ったときには，ウのように赤く染《そ》まった部分が２本見られる。

(4)　根で吸い上げられた水は，気こうから水蒸気となって出て，ふくろの中で冷やされて水てきにもどる。多くの気こうが葉になるため，アの葉のついた植物の方が，水てきが多くつく。

(5)　くきを通ってきた水の大部分は，葉から水蒸気になって出ていく。このはたらきを蒸散といい，体内の水分量を調節するとともに，根からの水や養分の吸収をさかんにし，体の温度の上昇《じょうしょう》を防ぐなどの役割がある。

(6)　葉の表側ではなく，裏側につけた容器の内側がくもり，水てきがついていたことから，気こうは葉の裏側に多くあることがわかる。

(7)　Ａのガラスをスライドガラス，Ｂのガラスをカバーガラスという。カバーガラスをピンセットで支えながら，ゆっくりとかぶせていくと，カバーガラスとスライドガラスの間に空気のあわが入

らないようにすることができる。

(8)　気こうは，向かい合った三日月型の１対の細胞《さいぼう》に囲まれたすきまで，この２つの細胞が形を変えることで開閉するしくみになっている。

2　水の状態変化についての問題

【１】 (1)，(3)　空気中の水蒸気が冷たいペットボトルの表面にふれて冷やされると，水蒸気が水てきとなり，ペットボトルの表面につく。

(2)　ペットボトルの表面についた水は，空気中にふくまれていた水蒸気なので，その分だけぬれる前より重くなる。

(4)　寒い日に，部屋で暖房《だんぼう》を使うと窓ガラスの内側がぬれるのは，部屋の空気が窓ガラスにふれて冷やされ，ふくまれている水蒸気が水てきになるためである。よって，ウが正しい。アは水が水蒸気になる変化，イは水がふっとうするようすなので，あてはまらない。

【２】 (1)　低い温度にするために２種類以上の物質を混ぜ合わせたものを寒剤《かんざい》という。氷と食塩を重さの比で，(氷)：(食塩)＝３：１で混ぜると，マイナス20℃くらいまで温度を下げることができる。

(2)　①　**点ａ**…水の温度が下がり，温度が０℃になるまでは，水のみの状態である。　**点ｂ**…水の温度が０℃になってから，水が全部こおるまでは，水と氷が混じった状態で，温度は０℃のまま変化しない。　②　水がこおり始める温度は０℃である。　③　水がすべて氷に変わると，氷の温度は再び下がり始める。　④　試験管に入れる水の量を10ｇの２倍の20ｇにすると，冷やし始めてから０℃になるまでにかかる時間も２倍になる。水の量が変わっても，０℃まで下がるとしばらく０℃のままになるのは変わらないので，ウが適切とわかる。

(3)　水は氷になると体積が約10％増える。なお，水は４℃のときに体積が最も小さくなり，それより温度が高くても低くても体積は増える。

3　ばねの伸《の》び縮みについての問題

【１】 (1)　グラフより，ばねＡにつり下げるおもりの重さを８ｇから16ｇに変えて，16÷８＝２(倍)にすると，ばねＡの伸びは４cmから８cmに変わり，８÷４＝２(倍)になる。また，ばねＢにつり下げるおもりの重さを４ｇから３倍の，４×３＝12(ｇ)にすると，ばねＢの伸びは1.5cmから4.5cmに変わり，4.5÷1.5＝３(倍)になる。したがって，おもりの重さが２倍，３倍になると，ばねの伸びも２倍，３倍になっているから，ばねの伸びはおもりの重さに比例するといえる。

(2)　ばねＡに４ｇのおもりをつり下げると２cm伸びる。ばねの伸びはおもりの重さに比例するので，24ｇのおもりをつり下げたときの伸びは，２÷４×24＝12(cm)となる。

(3)　ばねＢに４ｇのおもりをつり下げると1.5cm伸びる。おもりの重さはばねの伸びに比例するので，伸びが13.5cmのとき，ばねＢにつり下げたおもりの重さは，４÷1.5×13.5＝36(ｇ)である。

(4)　①　グラフから，ばねＡとばねＢに同じ重さのおもりをつり下げたとき，ばねＡの伸びの方が大きいことがわかる。図２で，木材を右側へ移動していったとき，ばねＡとばねＢには同じ大きさの力がかかっているので，ばねＡの伸びの方が大きい。　②　グラフで，ばねＡとばねＢに同じ８ｇのおもりをつけたときの伸びから，伸びの比は，(ばねＡ)：(ばねＢ)＝４：３となることがわかる。図３で，ばねＡとばねＢは合わせて７cm伸びるので，このうち，ばねＡの伸びは，$7\times\frac{4}{4+3}=4$ (cm)とわかる。よって，リボンは，15＋４＝19(cm)の位置に移動する。

【2】 (1) ワンタッチ傘《かさ》を閉じたとき，中棒に組みこまれたばねが縮んだ状態で固定される。傘の柄《え》のボタンをおすと，固定していたストッパーがはずれ，縮んでいたばねが自然な長さに戻《もど》ろうとする力で開く。

(2) マットレスの中にはコイル状のばねがしきつめられている。この上に人が寝《ね》ると，その重さでばねが縮み，自然な長さに戻ろうとする力で体を支える。

国　語　＜第１回一般試験＞（45分）＜満点：100点＞

解　答

一 ①～⑤ 下記を参照のこと。 ⑥ あず(ける) ⑦ のうりつ ⑧ いさん ⑨ きゅうじょ ⑩ もう(ける)　二 問１ １ ウ ２ イ ３ エ ４ ア ５ イ　問２ (例) 父の仕事を引きつぐこと。　問３ あ 鼻 い 首 う 頭　問４ (例) 使うペンキの色がオレンジと知り，その色が原因で家が売れなくなると困るから。　問５ ウ→ア→エ→イ　問６ イ　問７ (例) 初めはオレンジ色に抵抗のあった文哉が，父が選んだその色を受け入れてくれたようだから。　問８ １ イ ２ エ ３ ア ４ ウ　問９ 根気　問10 エ　問11 ア　問12 (例) 自分で家のペンキを塗り終えたから。　問13 (例) 和海にも一歩近づけた気がしたこと。　問14 (例) 和海から仕事をほめられて，初めて自分の仕事を認められた気がしたから。　問15 (例) どんな仕事でも目の前にあることをやるという和海の言葉に，これまでの自分の生き方を反省する思い。

●漢字の書き取り

一 ① 厳(しい) ② 故郷 ③ 資格 ④ 報告 ⑤ 禁止

解　説

一 漢字の書き取りと読み

① 音読みは「ゲン」「ゴン」で，「厳格」「荘厳《そうごん》」などの熟語がある。訓読みにはほかに「おごそ(か)」がある。 ② ふるさと。 ③ ある役目・身分などにつくために必要なこと。 ④ 知らせること。 ⑤ してはいけないと止めること。 ⑥ 音読みは「ヨ」で，「預金」などの熟語がある。 ⑦ 仕事の進み具合。 ⑧ 前の時代から残された業績。 ⑨ 危険な状態から救い助けること。 ⑩ 音読みは「セツ」で，「設備」などの熟語がある。

二 出典ははらだみずきの『海が見える家』による。家の壁《かべ》のペンキを和海《かずみ》といっしょに塗《ぬ》り，夕食も共にした文哉《ふみや》は，父の仕事を引きつぐことを相談したり，和海の言葉に考えさせられたりする。

問１ １ しぶといようす。強く，しっかりしているようす。 **２** ひじょうに。たいへん。 **３** 「あか抜《ぬ》ける」は，やぼったくなく，すっきりしているさま。 **４** 「うながす」は，さいそくすること。 **５** 「朝飯前」は，簡単なこと。

問２ ぼう線部⑨の後に描《えが》かれた，文哉が「昨夜考えたこと」を口にする場面に注目する。「父の仕事なんですけど，おれにもできますかね？」と言っていることから，文哉は父の仕事を引きつぐことを考えているものとわかる。

問３ あ 「鼻につく」は，いやなにおいが鼻をしげきすること。 **い** 「首をひねる」は，わからずに考えこむようす。　**う**　「頭を下げる」は，おじぎをすること。「いつでも相談しろ」と言ってくれた和海に，文哉が感謝の気持ちを表すしぐさである。

問4　壁に塗るペンキの色がオレンジ色だと知った文哉が，外壁《がいへき》の色が原因で家が売れなくなったら大変だと思っているようすが，少し後に描かれている。

問5　ペンキの色は「芳雄《よしお》さんの好きな色」だと和海が言うのを聞いて，「父の」好きな色なのかと文哉が聞き返すウが最初に来る。それを和海は肯定《こうてい》したのだからアが続き，思いがけないその色を文哉が「オレンジ色ですよね」と確認《かくにん》したエが次になる。そして，和海が「オレンジ色」を「夕陽の色」だとつけ加えたイが最後に来る。よって，ウ→ア→エ→イの順である。

問6　和海が壁にオレンジ色のペンキを塗ったのを見て，文哉は思わず「うっ」と声をもらしているので，その色に納得《なっとく》していないことは明らかである。しかし，直後に「ここまで来たら，もうあとへは退《ひ》けない」とあるように，今となってはしかたがないと覚悟《かくご》を決めたのだから，イが合う。

問7　最初はオレンジ色で壁を塗ることに抵抗《ていこう》感を抱《いだ》いていた文哉だったが，塗っているうちに目も慣れ，塗ることを「おもしろい」と口にするようになっている。父が選んだその色を文哉が受け入れてくれたように感じたので，和海は「そいつはよかった」と言ったものと推測できる。

問8　**1**　「当時は今のように就職が難しい時代じゃなかった」のだから，「次の仕事」を見つけるのは簡単だったということになる。よって，「すぐに」が合う。　**2**　「サラリーマンの世界では常識だと言われることが，自分には当てはまら」ず，「人と同じようにするのは，自分には」難しいのだと「三十歳《さい》を過ぎて」やっとわかったという文脈なので，「ようやく」が入る。　**3**　人と同じようにするのは，まねをすればすむと考えれば易しいことともいえる。だが，和海にとってはそれが難しかったのだから，“逆に”という意味の「かえって」がよい。　**4**　特に感情を高ぶらせることもなく，落ち着いて話したものと想像できるので，「淡々《たんたん》と」が入る。

問9　仕事が長続きしなかったのは「我慢《がまん》が足りなかった」からだと和海は話しているので，ここでの「我慢」は，“物事を続けていく力”という意味になる。後で「根気よくやればできる」と和海は言っているが，ねばり強く続けていく気力をいう「根気」が，「我慢」と同じ意味にあたる。

問10　「したたかにこの土地で生きてきたように見えるが」とあるので，ぼう線部⑥は，うまく生き抜いてこられたわけではないという内容になる。和海自身が前で話してくれたとおり，仕事もうまくいかず，不器用に生きてきたのである。

問11　「煉瓦《れんが》のような暖かみがある」という文には，「ようだ(な)」「みたい」などを用いた比喩《ひゆ》の表現である「直喩(明喩)」が用いられている。よって，アが同じ。

問12　「家のペンキを塗り終えた祝杯《しゅくはい》」をあげる場面での，文哉の気持ちを考えればよい。自分自身の手で家のペンキを塗り終えたので，愛着がわいてきたのだろうと考えられる。

問13　「それ」は，文哉が一緒《いっしょ》に働いた和海に一歩近づけた気がしたと思ったことを指す。そのため，今後の仕事にもかかわる，父の仕事を引きつぐことはできるだろうかという相談を持ちかけたのである。

問14　前後から読み取る。和海から，仕事をさぼらなかったし父親より器用だと仕事をほめられた文哉は，初めて自分の仕事を認められた気がしたので「照れくさくなっ」たのである。「照れくさい」は，なんとなく恥《は》ずかしく感じられるようす。

問15　「うなだれる」は，落胆《らくたん》や恥ずかしさなどから力なく首を前に垂《た》れるようす。特にしたいことがないなら目の前にある仕事をやるべきだし，どんな仕事でもありがたいという和海の言葉を聞いた文哉は，これまでの自分の生き方を反省する気持ちになったのだろうと考えられる。

2020年度　トキワ松学園中学校

〔電　話〕　(03) 3713－8161
〔所在地〕　〒152－0003　東京都目黒区碑文谷４－17－16
〔交　通〕　東急東横線 ―「都立大学駅」より徒歩８分

＊**【適性検査Ⅰ】**は国語ですので、最後に収録してあります。

【適性検査Ⅱ】　〈適性検査型試験〉　(45分)　〈満点：100点〉

1　**すみれさんとお母さんは、節分の日に行われる風習について話をしています。**

すみれ：節分の日には、昔から豆まきをする風習があるけれど、どうしてかしら。

母　：節分は季節の節目である立春の前日（２月３日ごろ）のことをいうのよ。昔は季節の変わり目には邪気《じゃき》が入りやすいと言われていて、厄払《やくばら》いをして福を招き入れるために豆まきをするようになったそうよ。

すみれ：最近では、恵方巻《えほうま》きを食べる家も増えてきたね。

母　：スーパーやコンビニエンスストアにもたくさんの恵方巻きが並ぶようになったわ。

すみれ：でも、売れ残った恵方巻きが大量に廃棄《はいき》されることが問題になっているね。

母　：昨年は、農林水産省が小売業者の団体に対して、恵方巻きの廃棄を削減《さくげん》するように呼びかけを行ったわ。ある教授は、2019年の恵方巻きの販売額と、売れ残って廃棄される恵方巻きの金額を推定《すいてい》して発表したのよ。

すみれ：いくらと推定されたのかしら。計算してみよう。

（問題１）3213万本の恵方巻きを、1本800円で販売するとします。次の金額を答えましょう。ただし、この問題は途中の計算式も書いてください。

①　販売される恵方巻きの総額

②　４％の恵方巻きが売れ残って廃棄されたときの、廃棄分の金額

母　：野菜くずなど、製品をつくる際に残ったもののうち、処理費用を支払って引き渡したものに*[1]有価物を含めたもののことを、食品廃棄物というのよ。そのうち、廃棄される恵方巻きのように、まだ食べられるのに捨てられている食べ物のことを「食品ロス」というのよ。2016年度の日本における食品ロスの状況は、次の**〈表１〉**のようになっているわ。

〈表１〉 食品廃棄物等の発生状況

	食品廃棄物等	食品ロス
*[2]事業系廃棄物＋有価物	1970万トン	352万トン
*[3]家庭系廃棄物	789万トン	291万トン

＊1　有価物 …… 大豆の搾《しぼ》りかすなど、製品をつくる際に残ったもののうち、売れるもの
＊2　事業系廃棄物 …… 食品製造業やレストランなどによる廃棄物
＊3　家庭系廃棄物 …… 一般家庭から出る廃棄物

資料：農林水産省　食品ロス及びリサイクルをめぐる情勢　平成28年度（2016年度）推計　より作成

（問題２）2016年度推計では、日本の食品ロスは年間何万トンか答えましょう。

（問題３）2016年度の日本の総人口を、１億2700万人とすると国民1人あたりの食品ロスの量はおよそ何 kg になるでしょうか。小数第１位を四捨五入して、一の位まで求めましょう。ただし、この問題は途中の計算式も書いてください。

すみれ：ところで、恵方はどうやって決めているのかしら。
母　：恵方とは、その年の福の神（歳徳神《としとくじん》）がいるとされる方角のことをいい、その年の*4十干《じっかん》によって**〈表２〉**のように決められているのよ。
すみれ：今年は2020年で、西暦《せいれき》の一の位が０だから、恵方は西南西やや西だね。

〈表２〉

年の十干	西暦の一の位	恵方		
		方位角	24方位	16方位
甲・己	4・9	75°	甲	東北東やや東
乙・庚	5・0	255°	庚	西南西やや西
丙・辛 戊・癸	6・1 8・3	165°	丙	南南東やや南
丁・壬	7・2	345°	壬	北北西やや北

＊4　十干…十二支《じゅうにし》と組み合わせて干支《えと》という。古代の中国で暦《こよみ》として誕生《たんじょう》し、後《のち》に時間や方位を表すものとしても使われるようになった。

〈恵方の方位〉

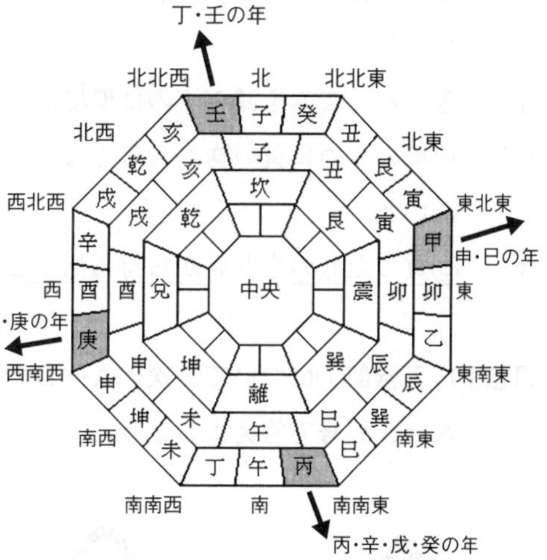

（問題４）右上の図は、恵方の方位をあらわしています。24方位の「辰」は、方位角が何度になるかを答えましょう。ただし、方位角は北を０°としています。

（問題５）今年から数えて、恵方が15回目の南南東やや南となるのは、西暦何年かを答えましょう。

すみれ：節分の日には、各地の神社でも豆まきが行われているわね。
母　：神社にお参りに行ったときには、おみくじを引く人も多いわね。

（問題6）100本のくじのうち7本が当たりであるくじを1本引いたときに、当たりが出る確率は$\frac{7}{100}$です。300本のうち48本が大吉であるおみくじを1本引いたとき、大吉が出る確率を分数で答えましょう。ただし、約分できるときは約分して答えてください。

（問題7）ある神社で昨日1日で400本のおみくじが引かれ、そのうち吉は140本でした。このおみくじに最初に入っていたおみくじが1000本だったとすると、そのうち吉は何本入っていたと考えられるか答えましょう。ただし、吉の出方にかたよりはないものとします。

2 すみれさんはおばあさんの家で料理を作ることになりました。

すみれ：今日は私が料理をつくりたいな。

母　：あら、おばあちゃんも喜ぶわ。どんな料理を作ってくれるの。

すみれ：あんまり難しいのはできないから、ご飯をたいて、みそ汁《しる》と、炒《いた》め物にサラダにしようかな。

母　：デザートもつければ完璧《かんぺき》ね。作るときに気をつけることはあるかな。

すみれ：手をきれいにしたり、清潔には気をつけるわ。あと、できるだけごみを減らすようにしたいわ。

母　：そうね。ごみを減らすのは環境《かんきょう》にとっても良いことね。

すみれ：環境のために買い物から考えないと。①容器にマークがついているものを買うようにしたいわ。

母　：②買ったものをお店から持ち帰るときのことも考えてね。

（問題1）下線部①について、次のA～Dのマークがついている容器はどれですか。ア～エより選び、記号で答えましょう。

A

B

C

D

ア
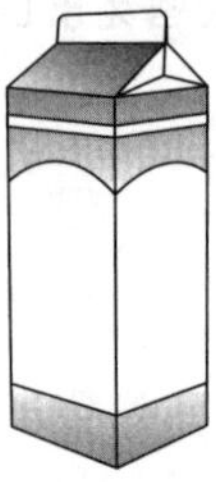

イ
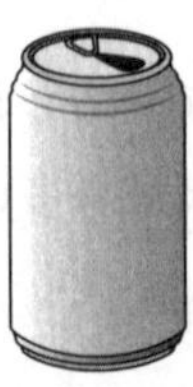

ウ
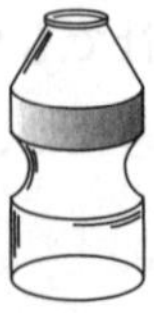

エ
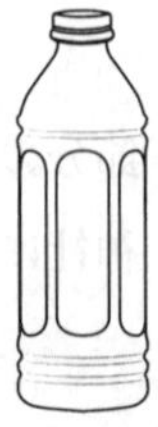

（問題2）問題1の4つのマークは、すべて矢印がついていますが、これはどのようなことを意味していると思いますか。あなたの考えを書きましょう。

（問題3）下線部②のように言われた場合、あなたはどのようなことを考えますか。また、それはどのようにごみを減らすことができますか。あなたの考えを書きましょう。

母　：スーパーに着いたわよ。何を作るか決めたかしら。
すみれ：チンジャオロースに決めたわ。必要なものは豚《ぶた》肉・たけのこ・ピーマンね。小麦粉や調味料はおばあちゃんの家のものを使わせていただくわ。
母　：さて、材料選びね。豚肉はどれを選ぼうかしら。国産品と輸入品があるけれど。
すみれ：③私は環境のことを考えて国産品を選ぶわ。この間、学校の授業で海外から食べ物を運ぶときには船や飛行機を使うというのを習ったから、国産品のほうが環境に良いと思うの。

（問題4）下線部③について、なぜすみれさんは国産品のほうが環境に良いと思ったのでしょうか。あなたの考えたことを書きましょう。

すみれ：④豚肉の入っているトレーと、たけのことピーマンが入っている袋《ふくろ》はマークのついているものを選んだわ。
母　：豚肉やたけのこは全部使うけれど、ピーマンはどうしても捨てるところが出てしまうわね。
すみれ：おばあちゃんの家には生ごみを肥料にすることができる「生ごみ処理機」があるから大丈夫よ。
母　：そうね。でも、私たちの家には生ごみ処理機がないから、家で出る生ごみはどうしていると思うかな。
すみれ：⑤どうしているのだろう…。

（問題5）下線部④について、下の表は2014年度から2018年度にかけて目黒区が回収した「プラスチック製容器包装」の量です。2014年度の量と比べて、2018年度の量はどうなっていますか。「何パーセント増えている」または「何パーセント減っている」の形で、小数第2位を四捨五入して小数第1位まで答えましょう。ただし、この問題は途中の計算式も書いてください。

2014年度	2015年度	2016年度	2017年度	2018年度
1699トン	1696トン	1609トン	1540トン	1544トン

目黒区のホームページより作成

（問題６）下線部⑤について、ごみについて調べたすみれさんは、生ごみは水分をよく切ってから出すのが良いということを学びました。これは水分をよく切ることでごみの容量を減らすことができるほかにも、清掃《せいそう》工場でごみを処理するときに環境にとって良いことがあります。それはどのようなことでしょうか。あなたの考えを書きましょう。

3 **すみれさんは、学校で、ごみや資源について学習しています。いろいろな種類の中でも、特にプラスチックごみに興味を持ったすみれさんは、プラスチックについてさらに調べてみることにしました。**

すみれ：ごみについて調べていたら、私たちの生活には、プラスチックがあふれていることに気付きました。そこで、プラスチックについて詳《くわ》しく知りたいと思ったのですが、何かいい方法はありませんか。

先　生：面白いところに目をつけましたね。すみれさんは、プラスチックといっても、たくさんの種類のプラスチックがあることを知っていますか。

すみれ：例えば、ペットボトルに使われているプラスチックと、コンビニのレジ袋に使われているプラスチックは、違《ちが》う種類のものだとかそういったことですか。

先　生：そうですね。いろいろなプラスチックがあることを知るために、こんな実験をしてみてはどうですか。

すみれさんは、先生に提案された実験を、実際に行うことにしました。実験の手順は次のとおりです。

【実験】

〔**手順１**〕身近でよく使われているプラスチック製品５種類を用意した。（**図１**）

図１

表１

製品	洗たくバサミ	食品の容器	食品の容器	消しゴム	ボタン
材質 (プラスチックの名称)	ポリエチレン	ポリスチレン	ポリエチレン テレフタラート	ポリ塩化ビニル	フェノール樹脂《じゅし》
上の製品以外の使い道	レジ袋	CDのケース	ペットボトル	水道管	コンセントの プラグ

〔手順2〕 それぞれの製品の重さと体積をはかった。

〔手順3〕 それぞれのプラスチック製品を1cm角程度に切り出したものを、3個作った。

〔手順4〕 **図2**のように、メスシリンダーにガムシロップを入れ、さらに水を静かに注ぐと2層に分かれた。このメスシリンダーに**〔手順3〕**で作ったプラスチックのチップの1個目をそれぞれ静かにしずめ、どこまでしずむかを観察した。

図2

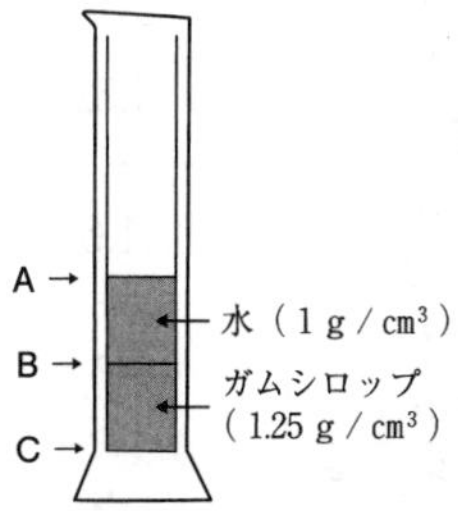

＊（　）内はそれぞれの液体の密度を表す。

〔手順5〕 **〔手順3〕**で作ったプラスチックのチップの2個目を**図3**のようにアルミカップに入れ、ホットプレートの上に置いて熱し、様子を観察した。

図3

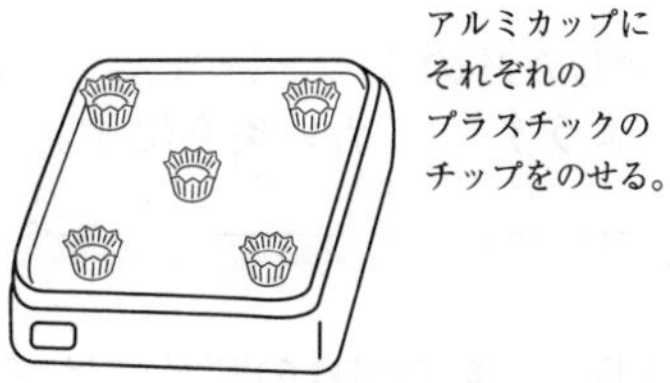

〔手順6〕 **〔手順3〕**で作ったプラスチックのチップの3個目を、**図4**のようにして燃やし、様子を観察した。

図4

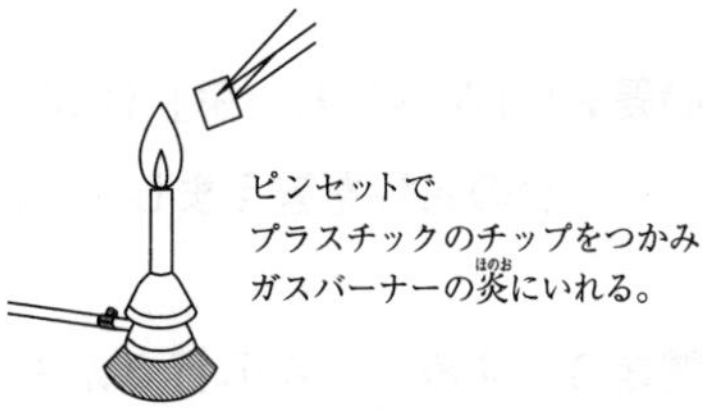

下の表は、すみれさんの行った実験の結果を示しています。

表２

	いろいろなプラスチック				
製品	洗たくバサミ	食品の容器	食品の容器	消しゴム	ボタン
プラスチックの名称	ポリエチレン	ポリスチレン	ポリエチレンテレフタラート	ポリ塩化ビニル	フェノール樹脂
重さ〔g〕	1.52	2.06	3.45	16.68	1.95
体積〔cm^3〕	1.6	2	2.5	12	1.5
密度〔g/cm^3〕	ア	1.03	1.38	イ	1.3
図２のどこまでしずむか	ウ	B	エ	C	オ
ホットプレートで熱した時のようす	やわらかくなるが、熱するのをやめるとまた硬《かた》くなる。				見た目は変化しないが硬くなる。
燃やした時のようす	とける。 青い炎を出す。	とける。 青い炎を出す。 大量にすすが出る。	とけてしたたる。 大量にすすが出る。	とけて 少しこげる。	こげる。 燃えにくい。

（問題１）身の回りの製品にはプラスチックがたくさん使われています。他の材質と比べて、プラスチックがたくさん使われているのはなぜですか。あなたの考えを書きましょう。

（問題２）「なべの取っ手」は表２中のどのプラスチックの使い道だと考えますか。プラスチックの名称を答えましょう。

（問題３）すみれさんの行った実験の〔手順２〕の下線部に、「体積をはかった」とありますが、今回用いたプラスチックは、どれも計算で体積を求めるには難しい形をしていたので、次のような実験を行って体積をはかりました。

下の図５に示された器具は、消しゴムの体積をはかったときに使ったものです。どのようにすると消しゴムの体積をはかることができますか。はかり方を説明しましょう。ただし、下の図５には使わない器具も描《えが》かれています。また、使う器具自体の体積は考えないものとします。

図５

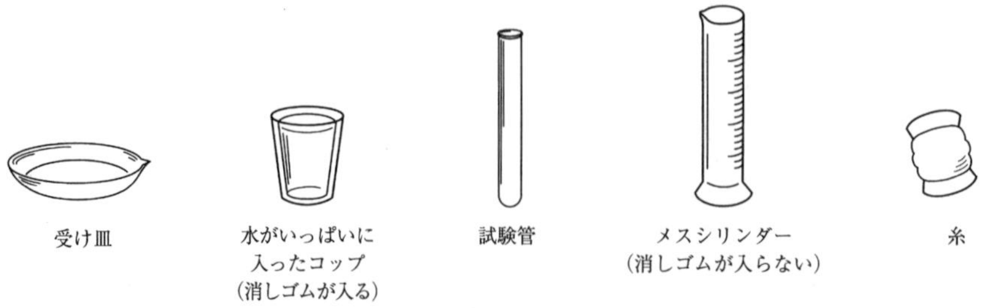

(問題４)表２中の下線部「密度」とは、もののつまり具合のことで、ここではその物体１cm^3あたりの重さのことを指します。(例えば表よりポリスチレンは１cm^3あたりの重さが1.03gであることが分かり、これを密度が1.03 g/cm^3であると表します。)表中のア、イに当てはまる値を計算しましょう。ただし、この問題は途中の計算式も書いてください。

(問題５)〔手順４〕で使った２つの液体、水、ガムシロップの密度はそれぞれ１g/cm^3、1.25 g/cm^3です。ポリエチレン、ポリエチレンテレフタラート、フェノール樹脂はそれぞれＡ～Ｃのどこまでしずみますか。表２のウ～オにあてはまる記号を答えましょう。

先　生：すみれさんは、ごみを調べていて、プラスチックに興味を持ったようですが、世界では今、プラスチックごみの問題が話題になっていますね。

すみれ：はい。海洋プラスチックごみが話題になっているという記事を読みました。プラスチックは自然には分解されないから海に流れ込んでも残り続ける、ということが問題のようですね。毎年800万トンというものすごい量の海洋プラスチックごみがでていると書いてありました。

先　生：プラスチックは、例えば紫外線《しがいせん》を浴びたりすると、ボロボロになっていくのだけれども、そうやってやがて５mm以下の大きさになったマイクロプラスチックごみを、海の魚や鳥が食べてしまうことも大きな問題になっていますね。

すみれ：マイクロプラスチックごみを食べた魚や鳥はどうなってしまうのかしら。

先　生：もちろん、プラスチックが大きければのどにつまらせるということもありますね。小さなプラスチックは、そのものは生物のからだに吸収されることはないけれども、それよりも、プラスチックが海の中にある有害な物質を引き付けてしまっていることの方が問題のようですね。

すみれ：便利なプラスチックだけれど、これからは少し使い方を考えなければいけないですね。

(問題６)私たちは直接マイクロプラスチックを食べているわけではありません。しかし、海のマイクロプラスチックが人間のからだにも影響《えいきょう》するといわれているのはなぜだと考えますか。あなたの考えを書きましょう。

回避《かいひ》

4　自分にとってこの文化祭の案は興味がないからやらないという放任

問二　本文 A において、本来、「働かないアリ」にはどのような意義があると述べられていますか。簡単にまとめましょう。

(9)　人が協力・協働することにはどのような意味があると思いますか。これまでの経験にふれながら、次の［注意事項］に合うように書きましょう。

［注意事項］

○解答用紙に三百字以上四百字以内で書きましょう。

○原稿《げんこう》用紙の正しい用法で書きましょう。また漢字を適切に使いましょう。

○題名や自分の名前は書かずに、一行目、一マス下げたところから書きましょう。

○三段落以上の構成で書きましょう。

○句読点（、。）やかっこなども一文字に数え、一マスに一字ずつ書きましょう。また、段落を変えた時の残りのマス目も字数として数えます。

(4)（　い　）にあてはまる言葉を次の中から一つ選び、記号で答えましょう。

1　模造品《もぞうひん》　2　切《き》り札《ふだ》　3　捨《す》て駒《ごま》　4　にせ物《もの》　5　舵《かじ》取《と》り

(5) B において、さとしさんの意見――線①とたろうさんの意見――線②に共通している役割として、最もふさわしいものを次の中から一つ選び、記号で答えましょう。

1　他者の意見の改善点を述べたうえで、本来の話の趣旨《しゅし》にもどるように努力していく。

2　自分の意見のよい部分を認めるように周囲を説得しつつ、他者の悪い部分を指摘《してき》していく。

3　他者の意見でよかったところはどこか述べた上で、さらに新しい案もつけ加えていく。

4　自分の意見のまずかったところを述べた上で、他者の意見の中で取り上げられるものを吸収しようとしていく。

(6)（　う　）にあてはまる案として、最もふさわしいものを次の中から一つ選び、記号で答えましょう。

1　当日の教室での受付

2　会場をこまめに清掃《せいそう》する仕事

3　お客さんに呼び込みのチラシを配る係

4　前日までのポスター作り

(7) B の話し合いの良かった点は何ですか。最もふさわしいものを次の中から一つ選び、記号で答えましょう。

1　できないことがあっても別の仕事を割り振ることでみんなが活躍《かつやく》できるようにしたこと

2　はるかさんのわがままな点や悪い所を指摘して、直すようにみんなで言えたこと。

3　たろうさんが中心になってリーダーシップを発揮し、司会をすることで、みんなの意見をまとめることができたこと

4　さとしさんが自分の意見をまとめて、やりたいテーマの理由をしっかりと述べることができたこと

(8) みきさんが――線③『働かないアリに意義がある』という著書の例を出していますが、次の問いに答えましょう。

問一　みきさんはどのような意味で――線③『働かないアリに意義がある』という著書を例示していますか。最もふさわしいものを次の中から一つ選び、記号で答えましょう。

1　自分が働かないことで別の人が活躍できる環境を作るという目的

2　自分のしたいことをするためにクラスの仕事をしないという理由づけ

3　自分には能力がないので大きな仕事はできそうにないという

んどうですか。

たろうさん　②それもいい案だと思います。わたしの考えていることもしっかりできますし、テーマに広がりが出ると思います。それにつけ足して、中学生の自分達でもできる環境対策を実際にやってみて、その体験なども発表できればよいと思いました。

はるかさん　自分達の体験を発表するのは良いと思うのですが、わたしは当日用事があって協力できないのですが、それでもいいですか。

みきさん　テーマは良いと思うのですが、当日わたしも他の発表で楽しみなものがあるので当日は参加できないのですが。『③働かないアリに意義がある』っていう本もあるくらいなので、仕事をしない人がいてもだいじょうぶだと思うのですが。

松子さん　みんなで作り上げるのが文化祭なので、最初から協力できないという意見は少し困りますが…。

さとしさん　では、二人には（　　う　　）をお願いするというのでどうですか。

松子さん　はるかさん、みきさんいかがですか。

はるかさん　わかりました。それならやれます。

みきさん　それは得意なのでがんばれそうです。

【注】

※1　搾取…不当に働かせて利益の大部分をひとりじめすること。

※2　バイオマス発電…動植物などから生まれた生物資源を直接燃焼《ねんしょう》したりガス化するなどして発電すること。

(1)　[1]エイ にあてはまる漢字と同じ漢字を使う熟語を次の中から一つ選び、記号で答えましょう。

1　店のケイエイを担う　　2　宇宙空間にあるエイセイ

3　エイキュウにもどらない　　4　キョウエイの選手

(2)　ア ・ イ にあてはまるつなぎの言葉として最もふさわしいものの組み合わせを次の中から一つ選び、記号で答えましょう。

1　ア　しかも　　イ　さらに

2　ア　しかも　　イ　そして

3　ア　しかし　　イ　では

4　ア　しかし　　イ　したがって

(3)　（　あ　）にあてはまる言葉を次の中から一つ選び、記号で答えましょう。

1　司令塔《しれいとう》　　2　処方箋《しょほうせん》　　3　対処法《たいしょほう》　　4　一筋縄《ひとすじなわ》

態《たい》に対応するための待機要員だといいます。アリの社会では、仕事と人員を割り振《ふ》る（　あ　）がいません。それぞれの働きアリが自分で判断して仕事をしています。そういう（　あ　）がいない社会では、全員が全力で働いてしまっては、どこかで全員が疲《つか》れて動けなくなってしまいます。そんなときでも毎日の卵や子供の世話をしないといけませんし、そんなときを外敵に狙《ねら》われたらイチコロです。普段は怠けているアリは実は裏切り者ではなく、いざという時に備えている（　い　）の様です。

（出典　市橋伯一《いちはしのりかず》『協力と裏切りの生命進化史』）

B

松子さん　では今年の文化祭のテーマを決めたいと思います。司会は学級委員のわたしが務めます。今までのホームルームで出ていた案は、一つ目は環境問題、二つ目は日本の祭り、三つ目は発電、でした。これらの中からテーマをしぼろうと思いますが、どれがいいか、話し合います。

たろうさん　はい、わたしは環境問題をテーマにしたものがいいと思います。

松子さん　では、他の人はどう思いますか。

さとしさん　たろうさんは、どうして環境問題をやりたいのですか。その理由を教えてください。

たろうさん　わたしは近年、温暖化が進む中で地球環境が悪化している問題に焦点《しょうてん》をあてて、様々な国で環境のために工夫していることなどを調べてみたいと思ったからです。

さとしさん　①それは、すばらしい企画《きかく》ですね。なぜそうしたいと考えたのか、その理由もよく伝わりました。では、たとえば、発電というテーマについても、環境に配慮《はいりょ》した発電方法などを研究するということで、同じテーマとしてまとめることができるのではないですか。自転車発電を作ってお客さんに体験してもらってもいいですよね。

松子さん　良い案ですね。たしかに、※2バイオマス発電や、今までにない発電方法など考えてみるのもいいですね。たろうさ

【適性検査ⅠＢ】〈適性検査型試験〉（四五分）

〈評定：Ａ～Ｃの３段階〉

〈編集部注：適性検査ⅠはＡ・Ｂのいずれかを選択します。〉

［問題］次の［Ａ］の文章、［Ｂ］の会話文を読んであとの（１）～（９）の各問いに答えましょう。なお、問題作成のため、一部文章を省略してあります。

［Ａ］

私たちヒトの心には、怠《なま》け者や利己的な者を憎《にく》み、公平さを尊ぶような心があるように見えます。そしてその心が、社会における裏切り者の出現を抑《おさ》えているようです。（中略）

アリの社会も協力関係でできています。女王アリが生殖《せいしょく》を担当し、働きアリが子育てと餌《えさ》の採集や巣の防1［エイ］などを分担し、みんなで協力して一族全体として生存競争を勝ち抜《ぬ》こうとしています。このアリの社会の裏切り行為《こうい》としては、どんなものがあるでしょうか？

ひとつには女王ではない働きアリが卵を産むという行為です。アリの社会では本来働きアリは卵を産めず、自分が直接の子孫を残すことが許されていません。しかし、もしなんらかの間違いで卵を産むような働きアリが生まれると、それはその働きアリにとって大きなチャンスとなります。女王の子供（自分の兄弟にあたる）ではなく、自分自身の子を増やすことができるからです。さらに女王の子に混ぜてしまえば、一族みんなのサポートも得られます。一族の協力を搾取《さくしゅ》※1しながら、自分の子孫を増やすことができるようになるのです。働きアリにとっては魅力的《みりょくてき》なことでしょう。

［ア］、もちろんこれはアリの社会では、とんでもない裏切り行為です。こんなことを許せば一族の分業と協力が崩壊《ほうかい》してしまいますので、なんとか防がないといけません。

他のタイプの裏切り者として、人間社会と同じような怠け者もいます。アリの社会では働きアリの１匹くらいサボって巣の中で休んでいても、他のアリたちが働いているかぎり、なんの問題もありません。アリにとっても働くことはきっとつらいことなので、サボるアリが出現しても仕方ありません。巣の中には他のアリがとってきた餌がありますので、怠け者のアリでも生きて行くことができます。むしろ、ずっと巣の中にいるので安全で死ににくく、他のアリよりも長生きすることができるでしょう。［イ］、働きアリが怠けることは、そのアリ本人にとっては得になります。ただ、怠けるようになったアリが増えれば増えるほどその一族全体の競争力が下がっていき、最終的には他のアリの一族との生存競争に負けてしまうでしょう。（中略）

長谷川英祐《はせがわえいすけ》博士の著書『働かないアリに意義がある』で有名になったように、働きアリの中には2割ほど働かないものが含《ふく》まれています。このアリたちは、他のアリが餌をとりに出かけたり、卵の世話をしているあいだにも働かずに、巣の中をうろうろしています。一生のうち一度も働かない個体もいるようです。

この者たちは働きたくなくて働いていないわけではなく、緊急事《きんきゅうじ》

問題

前の文章Aは日本画家の千住博が著書の中で、芸術家にとり、保守と革新とどちらが大切かという質問に対して、答えた文章の一部です。文章Bは将棋棋士《しょうぎきし》の羽生善治が著書の中で、将棋に関連しながら情報化社会における知識について、その考えを述べている文章の一部です。

このニつの文章は、同じようなことを述べていますが、その中には、ちがいもあります。あなたはこの二つの文章の共通する点と、異《こと》なる点をどのように読み取りましたか。解答らん①には、物事を創造するときの心構えとして共通する点を、二十字以上、四十字以内で分かりやすく書きましょう。解答らん②には、それぞれの筆者が伝えたいことについて異なる点を、「Aは……。」、段落《だんらく》をかえて「Bは……。」という構成で全体で百四十字以上、百六十字以内で分かりやすく書きましょう。

また、この二つの文章を読んで、あなたはどのようなことを考えましたか。解答らん③に、あなたの考えを、いくつかの段落に分けて、四百字以上、五百字以内で分かりやすく書きましょう。

(書き方のきまり)

○ 題名、名前は書かずに一行めから書き始めましょう。
○ 書き出しや、段落《だんらく》をかえるときは、一ます空けて書きましょう。ただし、解答らん①については、一ますめから書き始めましょう。
○ 行をかえるのは段落をかえるときだけとします。会話などを入れる場合は、行をかえてはいけません。
○ 読点《とうてん》↓ 、や 句点↓ 。 かぎ↓「 などはそれぞれ一ますに書きましょう。ただし、句点とかぎ↓ 。」は、同じますに書きましょう。
○ 読点や句点が行の一番上にきてしまうときは、前の行の一番最後の字といっしょに同じますに書きましょう。
○ 書き出しや、段落をかえて空いたますも字数として数えます。
○ 最後の段落の残りのますは、字数として数えません。
○ 文章を直すときは、消しゴムでていねいに消してから書き直しましょう。

二〇二〇年度 トキワ松学園中学校

【適性検査ⅠA】〈適性検査型試験〉（四五分）〈評定：A～Cの3段階〉

〈編集部注：適性検査ⅠはA・Bのいずれかを選択します。〉

次の**文章A**・**文章B**を読んで、あとの**問題**に答えなさい。

文章A

保守として物事を学ぶことは、時としておもしろいことばかりではありません。忍耐《にんたい》が必要な場合も多いものです。しかし、芸術にはそのようなことも必要なのです。そうすることによって、ベースが築かれ、問題点が浮《う》かび上がり、それが個性的な革新的作品を生んでいきます。

（千住博『芸術とは何か―千住博が答える147の質問』による）

文章B

拾い上げた情報を基本に新たな創造をして、供給側に回るわけである。一つ気をつけなくてはいけないのは、情報や知識はしばしば創造に干渉《かんしょう》するということだ。情報や知識が先入観や思い込《こ》みを作ってしまい、アイデアが浮かばなくなってしまうのである。

（羽生善治『大局観―自分と闘って負けない心』による）

2020年度 トキワ松学園中学校 ▶解　答

※　編集上の都合により，適性検査型試験の解説は省略させていただきました。

適性検査ⅠA ＜適性検査型試験＞（45分）＜評定：A～Cの３段階＞

解　答

解答らん①　（例）　すでに確立している知識や情報を学び，新たな創造のためのベースを築くこと。

解答らん②　（例）

Aは、物事を学ぶことで問題点が浮かび上がり、それが個性的な革新的作品を生むことにつながるとして、保守としてじっくりと学ぶことこそが革新には必要だと述べている。

Bは、得た情報や知識はしばしば先入観や思いこみをつくってしまい、新たな創造のアイデアに干渉するとして、情報や知識にとらわれすぎないよう注意をうながしている。

解答らん③　（例）

この二つの文章を読んで私の頭に思い浮かんだ言葉は「温故知新」だ。昔のことを知って、新しい知識や考えを得ることという意味だが、文章Aでも文章Bでも、すでにある知識や情報を学ぶことが新しい創造のベースになると述べられている。小説家は文章修行として、有名な作家の作品を書き写し、作家の息づかいを体感したり、文章の間合いを体得したりすると聞いたことがあるが、これも似たような考え方にもとづくものだろう。すでに評価を得ているものは、それ自体が創造のヒントをふくんでいると思う。

一方で、文章Aでは学んだ対象から問題点を見つけ出すことで個性的な作品が生まれるとし、文章Bは学んだものにとらわれすぎては新たな創造ができないと警告している。それぞれの筆者の意見は異なるが、どちらにもうなずける。すでに確立したものに問題点を見いだすことも、まったく新しいアイデアをひねりだすことも、深い知識や見識、やわらかな感性、確かな実力がなければできないことだという認識は共通していると思う。

保守と革新の一方が大切なのではなく、けんきょに学び、新しい知見を開く心意気が大事なのだと思う。

適性検査ⅠB ＜適性検査型試験＞（45分）＜評定：A～Cの３段階＞

解　答

⑴　2　　⑵　4　　⑶　1

⑷　2　　⑸　3　　⑹　4

⑺　1　　⑻　**問1**　2　　**問2**　（例）　待機要員として，緊急事態や，いざというときに対応し，働くために備えるという意義。

⑼　右記を参照のこと。

⑼　（例）

人が協力・協働することには、それぞれの人が得意・不得意に応じた仕事を担当することで効率的に仕事が進められ、それを通じて自分や他者を尊重する気持ちが育ったり、他者にしげきを受けて各人が成長できたりするという意味があると思う。

私は、クラス代表の一員として、グループ発表をした経験がある。発表する内容のしぼりこみは全員で話し合って決めたが、自分にはないものの見方を知ることができたし、さまざまな方向から考え、意見を出し合ったからこそ、最善の案にたどり着けたと思う。発表内容は模造紙にまとめたが、字がきれいな人やイラストがうまい人がリーダーシップをとって進めてくれたおかげで、見やすい資料になった。

中学生になると、これまで以上にさまざまな人と協力・協働する場面が増えると思う。これを自分の成長の機会ととらえ、積極的にいろいろなことに参加したい。

適性検査Ⅱ ＜適性検査型試験＞（45分）＜満点：100点＞

解　答

1 **問題1**　①　257億400万円／**式**…(例)　(3213万)×800＝(2570400万)＝(257億400万)　②　10億2816万円／**式**…(例)　(2570400万)×0.04＝(102816万)＝(10億2816万)　**問題2**　643万トン　**問題3**　51kg／**式**…(例)　(643万)÷(1億2700万)＝0.0506…(トン)，0.0506(トン)＝0.0506×1000(kg)＝50.6(kg)より，小数第1位を四捨五入すると，51(kg)となる。　**問題4**　120度　**問題5**　2056年　**問題6**　$\frac{4}{25}$　**問題7**　350本

2 **問題1**　**A**　イ　**B**　エ　**C**　ウ　**D**　ア　**問題2**　(例)　リサイクルできるということ。　**問題3**　(例)　買い物袋を持っていくこと。これにより，レジ袋分のごみを減らすことができる。　**問題4**　(例)　輸入品よりも国産品のほうが移動距離が少なく，運ぶときに出る温室効果ガスが少ないと思ったから。　**問題5**　(例)　9.1パーセント減っている／**式**…(例)　(1699－1544)÷1699×100＝9.12…より，小数第2位を四捨五入すると9.1になる。　**問題6**　(例)　水分をよく切ることで，清掃工場でごみを燃やすときに使う燃料を減らすことができること。

3 **問題1**　(例)　簡単にいろいろな形の製品をつくることができるから。　**問題2**　フェノール樹脂　**問題3**　(例)　受け皿の上に水がいっぱいに入ったコップを置く。消しゴムに糸を結びつけて，その糸を持ちながら消しゴムをコップに静かにしずめる。そのときに受け皿にこぼれた水をメスシリンダーに入れ，目盛りを読む。読んだ体積が消しゴムの体積である。　**問題4**　**ア**　0.95／**式**…1.52÷1.6＝0.95　**イ**　1.39／**式**…16.68÷12＝1.39　**問題5**　**ウ**　A　**エ**　C　**オ**　C　**問題6**　(例)　マイクロプラスチックを食べた魚などの海洋生物を人間が食べることで，プラスチックに引き付けられた有害な物質が人間の身体にも取り込まれてしまうかもしれないから。

Memo

Memo

2025年度用
中学スーパー過去問

■編集人　声の教育社・編集部
■発行所　株式会社　声の教育社
〒162-0814　東京都新宿区新小川町8-15
☎03-5261-5061(代)　FAX03-5261-5062
https://www.koenokyoikusha.co.jp

※本書の内容についての一切の責任は当社にあります。内容・解説・解答・その他は当社ホームページよりお問い合わせ下さい。

カコを追いかけ
ミライをつかめ

ストリーミング配信による入試問題の解説動画

2025年度用web過去問　ラインナップ

■ **男子・女子・共学（全動画）見放題**
36,080円（税込）

■ **男子・共学　見放題**
29,480円（税込）

■ **女子・共学　見放題**
28,490円（税込）

● 中学受験「声教web過去問（過去問プラス・過去問ライブ）」（算数・社会・理科・国語）

3〜5年間　24校

過去問プラス

麻布中学校	桜蔭中学校	開成中学校	慶應義塾中等部	渋谷教育学園渋谷中学校
女子学院中学校	筑波大学附属駒場中学校	豊島岡女子学園中学校	広尾学園中学校	三田国際学園中学校
早稲田中学校	浅野中学校	慶應義塾普通部	聖光学院中学校	市川中学校
渋谷教育学園幕張中学校	栄東中学校			

過去問ライブ

栄光学園中学校	サレジオ学院中学校	中央大学附属横浜中学校	桐蔭学園中等教育学校	東京都市大学付属中学校
フェリス女学院中学校	法政大学第二中学校			

● 中学受験「オンライン過去問塾」（算数・社会・理科）

3〜5年間　50校以上

東京	青山学院中等部	東京	国学院大学久我山中学校	東京	明治大学付属明治中学校	千葉	芝浦工業大学柏中学校	埼玉	栄東中学校
	麻布中学校		渋谷教育学園渋谷中学校		早稲田中学校		渋谷教育学園幕張中学校		淑徳与野中学校
	跡見学園中学校		城北中学校		都立中高一貫校 共同作成問題		昭和学院秀英中学校		西武学園文理中学校
	江戸川女子中学校		女子学院中学校		都立大泉高校附属中学校		専修大学松戸中学校		獨協埼玉中学校
	桜蔭中学校		巣鴨中学校		都立白鷗高校附属中学校		東邦大学付属東邦中学校		立教新座中学校
	鷗友学園女子中学校		桐朋中学校		都立両国高校附属中学校		千葉日本大学第一中学校	茨城	江戸川学園取手中学校
	大妻中学校		豊島岡女子学園中学校	神奈川	神奈川大学附属中学校		東海大学付属浦安中等部		土浦日本大学中等教育学校
	海城中学校		日本大学第三中学校		桐光学園中学校		麗澤中学校		茗渓学園中学校
	開成中学校		雙葉中学校		県立相模原・平塚中等教育学校		県立千葉・東葛飾中学校		
	開智日本橋中学校		本郷中学校		市立南高校附属中学校		市立稲毛国際中等教育学校		
	吉祥女子中学校		三輪田学園中学校	千葉	市川中学校	埼玉	浦和明の星女子中学校		
	共立女子中学校		武蔵中学校		国府台女子学院中学部		開智中学校		

web過去問 Q&A

過去問が動画化！
声の教育社の編集者や中高受験のプロ講師など、
過去問を知りつくしたスタッフが動画で解説します。

Q　どこで購入できますか？
A　声の教育社のHPでお買い求めいただけます。

Q　受講にあたり、テキストは必要ですか？
A　基本的には過去問題集がお手元にあることを前提としたコンテンツとなっております。

Q　全問解説ですか？
A　「オンライン過去問塾」シリーズは基本的に全問解説ですが、国語の解説はございません。「声教web過去問」シリーズは合格のカギとなる問題をピックアップして解説するもので、全問解説ではございません。なお、「声教web過去問」と「オンライン過去問塾」のいずれでも取り上げられている学校がありますが、授業は別の講師によるもので、同一のコンテンツではございません。

Q　動画はいつまで視聴できますか？
A　ご購入年度２月末までご視聴いただけます。
複数年視聴するためには年度が変わるたびに購入が必要となります。

よくある解答用紙のご質問

01

実物のサイズにできない

拡大率にしたがってコピーすると，「解答欄」が実物大になります。配点などを含むため，用紙は実物よりも大きくなることがあります。

02

A3用紙に収まらない

拡大率164％以上の解答用紙は実物のサイズ（「出題傾向＆対策」をご覧ください）が大きいために，Ａ３に収まらない場合があります。

03

拡大率が書かれていない

複数ページにわたる解答用紙は，いずれかのページに拡大率を記載しています。どこにも表記がない場合は，正確な拡大率が不明です。

04

１ページに２つある

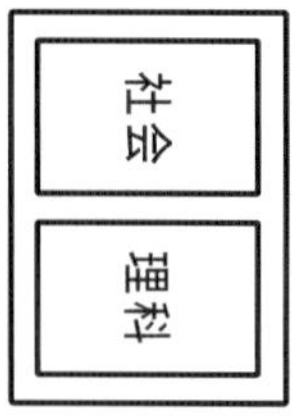

１ページに２つ解答用紙が掲載されている場合は，正確な拡大率が不明です。ほかの試験回の同じ教科をご参考になさってください。

トキワ松学園中学校

【別冊】入試問題解答用紙編

解答用紙は本体からていねいに抜きとり、別冊としてご使用ください。

※　実際の解答欄の大きさで練習するには、指定の倍率で拡大コピーしてください。なお、ページの上下に小社作成の見出しや配点を記載しているため、コピー後の用紙サイズが実物の解答用紙と異なる場合があります。

●入試結果表

— は非公表

年度	回	項目	国語	算数	社会	理科	2科合計	4科合計	2科合格	4科合格
2024	第1回一般	配点(満点)	100	100	50	50	200	300	最高点	最高点
		合格者平均点	—	—	—	—	—	—	—	—
		受験者平均点	63.9	59.7	27.2	36.4	123.6	187.2	最低点	最低点
		キミの得点							94	142
	※ 適性検査型試験の受験者平均点や合格者最低点などは非公表です。									
2023	第1回一般	配点(満点)	100	100	50	50	200	300	最高点	最高点
		合格者平均点	—	—	—	—	—	—	—	—
		受験者平均点	65.1	65.7	24.9	28.1	130.8	183.8	最低点	最低点
		キミの得点							90	131
	※ 適性検査型試験の受験者平均点や合格者最低点などは非公表です。									
2022	第1回一般	配点(満点)	100	100	50	50	200	300	最高点	最高点
		合格者平均点	—	—	—	—	—	—	—	—
		受験者平均点	63.2	59.7	26.2	30.8	122.9	179.9	最低点	最低点
		キミの得点							90	160
	※ 適性検査型試験の受験者平均点や合格者最低点などは非公表です。									
2021	第1回一般	配点(満点)	100	100	50	50	200	300	最高点	最高点
		合格者平均点	—	—	—	—	—	—	—	—
		受験者平均点	67.7	60.4	28.6	29.5	128.1	186.2	最低点	最低点
		キミの得点							88	147
	※ 適性検査型試験の受験者平均点や合格者最低点などは非公表です。									
2020	第1回一般	配点(満点)	100	100	50	50	200	300	最高点	最高点
		合格者平均点	—	—	—	—	—	—	—	—
		受験者平均点	52.4	48.9	24.4	25.6	101.3	151.3	最低点	最低点
		キミの得点							74	133
	※ 適性検査型試験の受験者平均点や合格者最低点などは非公表です。									

※　表中のデータは学校公表のものです。ただし、２科合計・４科合計は各教科の平均点を合計したものなので、目安としてご覧ください。

声の教育社

２０２４年度　トキワ松学園中学校

算数解答用紙　第１回一般

番号		氏名	

評点	／100

1

(1)		(2)		(3)		(4)		(5)	
(6) ①		②		(7)		(8) ①		②		③	

2

(1)	(式と計算) 答え　　cm,　　cm,　　cm	(2)	(式と計算) 答え　　cm^2

3

(1)	(式と計算) 答え　みかん１個　　円，箱代　　円	(2)	(式と計算) 答え　大人１人　　円，子ども１人　　円

4

(1)	(式と計算) 答え　　分後	(2)	(式と計算) 答え　　分後

5

(1)	本	(2)	個	(3)	段の図

6

(1) (式と計算)

答え　　kg

(2)

階級（kg）	度数（人）
37 以上40 未満	
40　～　43	
43　～　46	
46　～　49	
49　～　52	
52　～　55	
55　～　58	
計	15

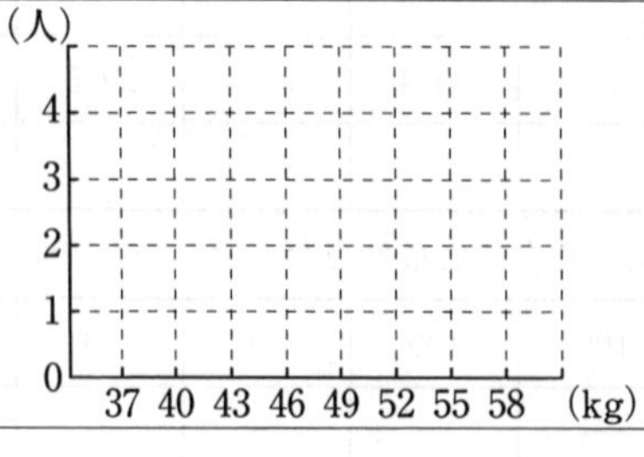

(3) (式と計算)

答え　　%

（注）この解答用紙は実物を縮小してあります。Ｂ５→Ａ３(163%)に拡大コピーすると，ほぼ実物大の解答欄になります。

〔算　数〕100点(推定配点)

1～6　各５点×20＜1の(6)，(8)，6の(2)は完答＞

２０２４年度　トキワ松学園中学校

社会解答用紙　第１回一般

番号		氏名		評点	／50

1

問1	1	2	問2				
問3	1	2	問4		問5		
問6							
問7		問8		問9		問10	1　→　→
問10	2						

2

問1	1	2	3	問2	
問3	1	2	3		
問4	1	2	問5	1	2
問6	1				
	2	3			
	4				
問7		問8	1	2	

3

問1		問2		問3		問4	
問5		問6					
問7							
問8							

（注）この解答用紙は実物を縮小してあります。Ｂ５→Ｂ４（141％）に拡大コピーすると、ほぼ実物大の解答欄になります。

〔社　会〕50点（推定配点）

1　問1～問5　各1点×7　問6　2点　問7～問9　各1点×3　問10　1　2点＜完答＞　2　3点　2　問1～問5　各1点×11　問6　1　2点　2，3　各1点×2　4　3点　問7，問8　各1点×3　3　問1，問2　各2点×2　問3～問6　各1点×4　問7　3点　問8　1点

２０２４年度　トキワ松学園中学校

理科解答用紙　第１回一般

番号		氏名		評点	／50

1

(1)	①	②	③
	④	⑤	(2)
(3)	① ② ③	(4)	
(5)	①	②	③（　　）（　　）
(6)			
(7)			

2

【1】

(1)	（　　）（　　）	(2)（　　）（　　）	(3)
(4)		(5) 酸性	アルカリ性
(6)	（　　）（　　）		

【2】

(1)					
(2)	①	②	③	④	⑤

3

【1】

(1)		
(2)	①（　　）（　　）	②
(3)	①	②

【2】

(1)	①　個	②　個	
(2)	①　cm	②	
(3)	①　cm	②　倍	
	③　倍	④	(4)

（注）この解答用紙は実物を縮小してあります。Ｂ５→Ｂ４(141%)に拡大コピーすると、ほぼ実物大の解答欄になります。

〔理　科〕50点(推定配点)

1　(1)～(6)　各１点×14＜(5)の③は完答＞　(7)　２点　2　【1】　各２点×6＜(1)，(2)，(5)，(6)は完答＞　【2】　各１点×6　3　【1】　(1)　２点　(2)，(3)　各１点×4＜(2)の①は完答＞　【2】　(1)～(3)　各１点×8　(4)　２点

２０２４年度　トキワ松学園中学校

国語解答用紙　第一回一般

番号　　氏名　　評点　／100

一

① シュウシュウ	② セイサン	③ キョウミ	④ サバき	⑤ ヤシナう
⑥ 有意義	⑦ 風潮	⑧ 豊作	⑨ 正念場	⑩ 著しい

二
問一　1　2
問二　あ　い　う　え　お

三
問一　1　2　3　4
問二
問三
問四　10
問五
問六
問七
問八
問九
問十

（注）この解答用紙は実物を縮小してあります。172％拡大コピーをすると、ほぼ実物大の解答欄になります。

〔国　語〕100点（推定配点）

一，二　各２点×17　三　問１　各２点×４　問２，問３　各４点×２　問４，問５　各５点×２　問６　各３点×２　問７，問８　各10点×２　問９　各５点×２　問10　４点

２０２４年度　トキワ松学園中学校　適性検査型

適性検査Ⅱ解答用紙

番号		氏名		評点	／100

1

問題1	(1)	ア		イ		ウ	(2)
問題2	(式と計算)						答え
問題3	(1)		(2)	89	番目	144	番目
問題4	(イ)	秒	(ウ)	秒			

問題5

(1)

最短

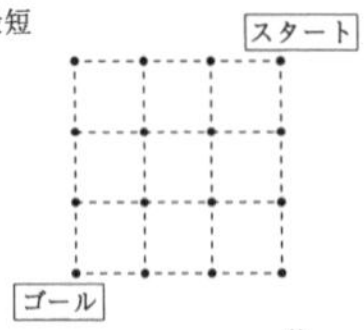

＿＿＿＿秒

最長

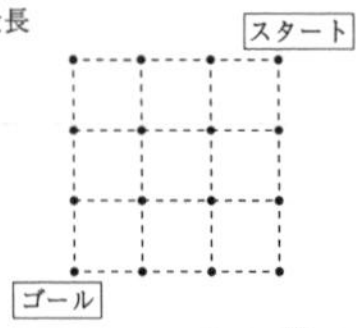

＿＿＿＿秒

(2)

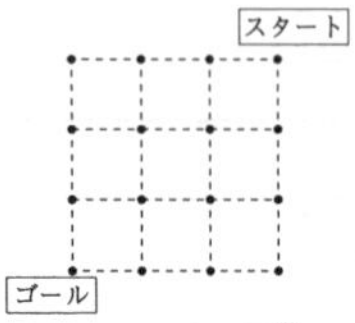

＿＿＿＿秒

2

問題1	① 燃料費、人件費など □	②電力会社の利益 □	③電力会社が他社へ売った電力収入など	＝	電気料金の収入額（私たちが支払う電気料金の合計）
問題2	1　加算されているもの…		値引きされているもの…		
	2　円	3　円	問題3	100以上の数値の都道府県の数	最も高い数値と最も低い数値の差
問題4	(1)	(2)	(3)		
問題5					
問題6	理由1				
	理由2				

3

問題1	①	②	問題2	A	B	
問題2	C	D	問題3	あ	い	う
問題4	(考え方)					答え
問題5						
問題6	アイデア1					
	アイデア2					

（注）この解答用紙は実物を縮小してあります。204％拡大コピーをすると、ほぼ実物大の解答欄になります。

〔適性検査Ⅱ〕100点（推定配点）

1　問題1　各2点×4　問題2　式と計算…2点，答え…2点　問題3〜問題5　各3点×8＜問題5の(1)は各々完答，(2)は完答＞　2　問題1〜問題5　各3点×10＜問題2の1は完答＞　問題6　各2点×2　3　問題1　3点＜完答＞　問題2，問題3　各2点×7　問題4　考え方…2点，答え…2点　問題5，問題6　各3点×3

２０２４年度　トキワ松学園中学校　適性検査型

適性検査ⅠＡ解答用紙

番号

氏名

評定

〔問題１〕

70

〔問題２〕

70

〔問題３〕

100

200

300

400

500

（注）この解答用紙は実物を縮小してあります。179％拡大コピーをすると、ほぼ実物大の解答欄になります。

〔適性検査ⅠＡ〕

評定：Ａ～Ｃの３段階

２０２４年度　トキワ松学園中学校　適性検査型

適性検査ＩＢ解答用紙

番号		氏名	

評定	

①
ア
イ
②
③
④
⑤
1
2
⑥
⑦
⑧
⑨

20
100
200
300
400

（注）この解答用紙は実物を縮小してあります。189%拡大コピーすると、ほぼ実物大の解答欄になります。

〔適性検査ＩＢ〕

評定：Ａ～Ｃの３段階

２０２３年度　トキワ松学園中学校

算数解答用紙　第１回一般

番号		氏名		評点	／100

1

(1)		(2)		(3)		(4)		(5)	
(6)		(7)		(8) ①		②		(9)		(10)	

2

(1)（式と計算）

答え ＿＿＿＿ cm^2

(2)（式と計算）

答え ＿＿＿＿ cm^3

(3)（式と計算）

答え ＿＿＿＿ cm^2

3

(1)（式と計算）

答え ＿＿＿＿ 分後

(2)（式と計算）

答え ＿＿＿＿ 分後

4

(1)（式と計算）

答え ＿＿＿＿ %

(2)（式と計算）

答え ＿＿＿＿ g

5

(1)（式と計算）

答え ＿＿＿＿ 人

(2)（式と計算）

答え ＿＿＿＿ %

(3)（式と計算）

答え　算数：＿＿＿人　理科：＿＿＿人　その他：＿＿＿人

（注）この解答用紙は実物を縮小してあります。Ｂ５→Ａ３（163%）に拡大コピーすると、ほぼ実物大の解答欄になります。

〔算　数〕100点（推定配点）

1～5　各５点×20<1の(8)，5の(3)は完答>

2023年度　　トキワ松学園中学校

社会解答用紙　第1回一般

番号		氏名	

評点	／50

1

問1		問2	1	2		
問3		問4				
問5						
問6		問7		問8		
問9		問10		問11		
問12		問13				
問14	B	C				

2

問1	A	B	C	問2	1	2
問3		問4		問5		
問6						
問7		問8				
問9		問10				
問11						
問12	1	2	問13			
問14	→ → →					

3

問1		問2		問3		問4	
問5		問6		問7			
問8							

（注）この解答用紙は実物を縮小してあります。Ｂ５→Ｂ４（141%）に拡大コピーすると、ほぼ実物大の解答欄になります。

〔社　会〕50点（推定配点）

1　問1～問4　各1点×5　問5　2点　問6，問7　各1点×2　問8　2点　問9～問14　各1点×7　2　問1～問5　各1点×8　問6，問7　各2点×2　問8～問10　各1点×3　問11　2点　問12，問13　各1点×3　問14　2点<完答>　3　問1～問4　各1点×4　問5　2点　問6，問7　各1点×2　問8　2点

２０２３年度　　トキワ松学園中学校

理科解答用紙　第１回一般

番号		氏名		評点	／50

1

【1】 (1)　(2) 名前　記号

(3) ① X　Y

② 式　答　L

(4) 口→　(5)

【2】 (1) ①　②　(2)

2

【1】 (1) (　　　　)(　　　　)　(2)

【2】 (1)　(2)　(3)　時　分

(4)　(5)　cm

【3】 (1)　cm　(2) ①　cm　②　③　cm

3

【1】 (1)　(2) ①　②

(3)

(4) ①　②　③

(5) ①　② X　Y

【2】 (1)　(2)

【3】

(注) この解答用紙は実物を縮小してあります。Ｂ５→Ｂ４(141%)に拡大コピーすると、ほぼ実物大の解答欄になります。

〔理　科〕50点(推定配点)

1 【1】 (1)　1点　(2)　各2点×2　(3)　①　2点＜完答＞　②　式…1点, 答…1点　(4), (5)　各2点×2＜(4)は完答＞　【2】　(1)　各1点×2　(2)　2点　2　【1】,【2】　各1点×8　【3】　各2点×4　3　【1】　(1), (2)　各1点×3　(3)　2点　(4)　各1点×3　(5)　各2点×2＜②は完答＞　【2】　(1)　1点　(2)　2点　【3】　2点

二〇二三年度　トキワ松学園中学校

国語解答用紙　第一回一般

番号　　氏名　　評点 /100

一

①	②	③	④	⑤
収録	署名	就任	回覧	補修

⑥	⑦	⑧	⑨	⑩
ユウコウ	タイソウ	テンジ	トド　く	キビ　しい

二

問一　1　2　3　4　5

問二　あ　い　う　え　お

問三

問四

問五

問六

問七

問八

問九

問十

問十一

問十二

問十三

問十四

問十五

（注）この解答用紙は実物を縮小してあります。172%拡大コピーをすると、ほぼ実物大の解答欄になります。

〔国　語〕100点(推定配点)

一　各2点×10　二　問1，問2　各2点×10　問3　4点　問4　6点　問5～問7　各4点×3　問8　6点　問9～問12　各4点×4　問13，問14　各6点×2　問15　4点

２０２３年度　トキワ松学園中学校　適性検査型

適性検査Ⅱ解答用紙

番号		氏名		評点	／100

1

問題1	花だんA	(式と計算)	(答)　m²
	花だんB	(式と計算)	(答)　m²
問題2		問題3	【図6】
		問題4	【図7】
問題5	(1)	(2) (式と計算)	(答)　m²
問題6	(式と計算)		(答)　m²

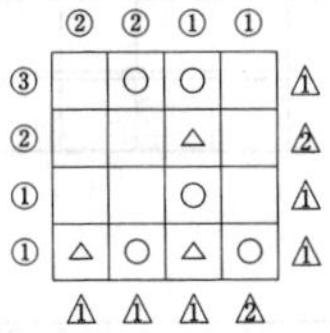

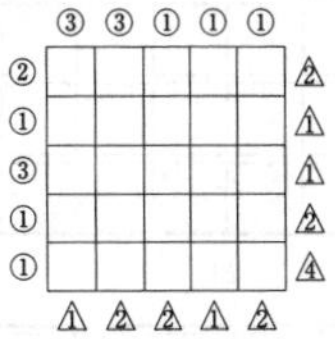

2

問題1		
問題2	乗り換え方法	理由1
		理由2
問題3	①	②　(50)　(60)　(70)
問題4		
問題5		
問題6	①	[1]
		[2]
		[3]
	②	

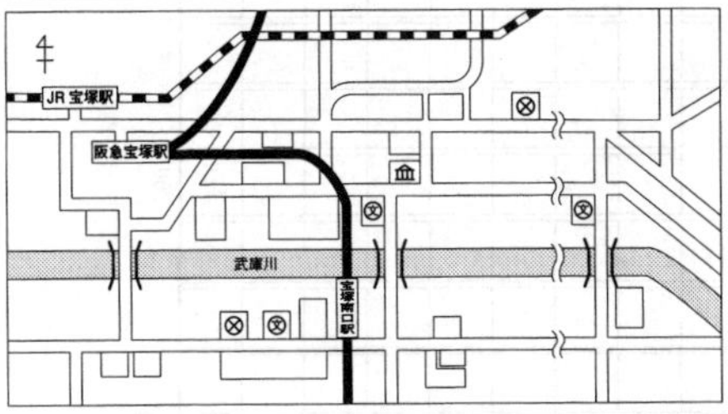

3

問題1		問題2					
問題3	(式)					(答) 水：　g 過酸化水素水：　g	
問題4	あ	い	う	え	お	か	き
問題5							
問題6	mL	問題7					
問題8							

（注）この解答用紙は実物を縮小してあります。204%拡大コピーすると、ほぼ実物大の解答欄になります。

〔適性検査Ⅱ〕100点(推定配点)

1　問題1，問題2　各3点×3　問題3，問題4　各4点×2　問題5，問題6　各3点×3　2　問題1　3点　問題2　4点　問題3　①　3点　②　5点　問題4　6点　問題5　3点　問題6　①　各2点×3　②　3点＜完答＞　3　問題1　3点　問題2　4点　問題3　3点＜完答＞　問題4　あ〜う　3点　え〜き　各3点×4　問題5〜問題8　各4点×4

二〇二三年度　トキワ松学園中学校　適性検査型

適性検査ⅠA解答用紙

番号		氏名	

評定	

〔問題１〕

〔問題２〕

〔問題３〕

（注）この解答用紙は実物を縮小してあります。185％拡大コピーをすると、ほぼ実物大の解答欄になります。

〔適性検査ⅠA〕

評定：A〜Cの３段階

二〇二三年度　トキワ松学園中学校　適性検査型

適性検査ＩＢ解答用紙

番号		氏名		評定	

1
2
3
4
5 【ア】 【イ】
6 ① ②
7
8
9

20　100　200　300　400

（注）この解答用紙は実物を縮小してあります。189％拡大コピーすると、ほぼ実物大の解答欄になります。

〔適性検査ＩＢ〕

評定：Ａ～Ｃの３段階

２０２２年度　トキワ松学園中学校

算数解答用紙　第１回一般

番号		氏名		評点	／100

(注意)　計算はあいているところに書いて消さないでおきなさい。
円周率は 3.14 として計算しなさい。

1 次の　　にあてはまる数を入れなさい。

(1) 13 ＋ 7 × 6 ＝

(2) (66 － 6 × 5) ÷ 4 ＝

(3) 34.3 × 2.9 ＋ 34.3 × 7.1 ＝

(4) $\frac{3}{8}$ ÷ 1.75 ＋ $\frac{3}{7}$ ÷ $\frac{1}{3}$ ＝

(5) 21 ÷ (17 －　　) × 5 ＝ 35

(6) 3 m^3 は　　cm^3 です。

(7) 六角形の対角線の本数は　　本です。

(8) 1，2，3 の 3 種類の数字を，あるきまりにしたがって下のようにならべました。
3，2，1，3，2，1，3，2，1，3，2，……
このとき，はじめからかぞえて 25 番目の数は　　です。
また，はじめから順に 25 番目の数まで加えた数は　　です。

(9) A，B，C の 3 人が算数のテストを受けたところ，A の得点は B より 7 点低く，B の得点は C より 4 点低くなりました。C の得点が 80 点のとき，A の得点は　　点で，3 人の得点の平均は　　点です。

(10) 右の図は，直径 2 cm，8 cm，10 cm の円を組み合わせたものです。斜線《しゃせん》部分の面積は，　　cm^2 です。

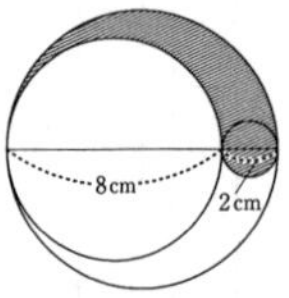

2 右の図は，面㋐を底面とする四角柱の展開図です。この展開図を組み立てたところ，体積は 84 cm^3 でした。
このとき面㋐の面積と，この展開図の面積を求めなさい。
(式と計算)

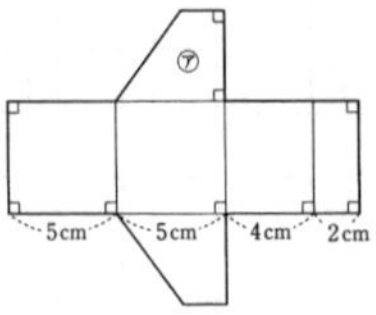

㋐の面積　　cm^2，展開図の面積　　cm^2

3 家から駅までの道のりは 800 m です。すみれさんは駅に午前 10 時に着くように家を出ました。しかし，すみれさんは出発してから 6 分後に忘れ物に気づいたので，お母さんに連絡し届けてもらうことにし，すみれさんも家に引き返しました。その後，すみれさんはお母さんから忘れ物を受け取り，また駅へ向かいました。すみれさんの速さは分速 50 m，お母さんの速さは分速 100 m です。お母さんに連絡するのにかかる時間は考えないものとします。

(1) お母さんが家を出たとき，すみれさんは家から何 m の地点にいましたか。
(式と計算)
答　　m

(2) すみれさんとお母さんが出会ったのは，すみれさんが家を出てから何分後ですか。
(式と計算)
答　　分後

(3) すみれさんが駅に着いたのは何時何分ですか。
(式と計算)
答　　時　　分

4 食塩水Aと，濃さが 12 ％ の食塩水Bが 300 g あります。この 2 つの食塩水を混ぜると 8 ％ の食塩水が 700 g できました。

(1) 食塩水Bに含まれる食塩の量は何 g ですか。
(式と計算)
答　　g

(2) 食塩水Aの濃さは何 ％ ですか。
(式と計算)
答　　％

5 ある小学校で一番好きな教科は何か調べました。次の円グラフは，小学校全体の人数をもとにして，算数・社会が好きと答えた人の割合を表したものです。

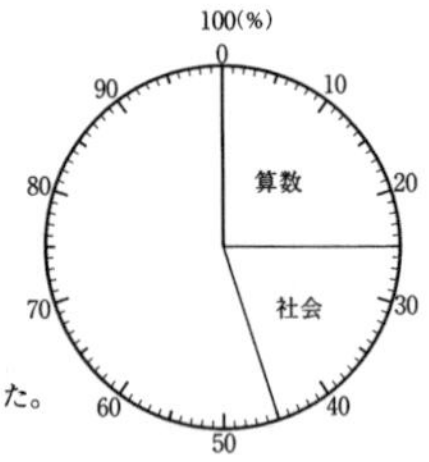

(1) 社会が好きと答えた人は小学校全体の何 ％ ですか。
答　　％

(2) 算数が好きと答えた人は 50 人でした。小学校全体の人数は何人ですか。
(式と計算)
答　　人

(3) 下の表は，調べた結果を途《と》中までまとめたものです。表の空らんをうめなさい。また，上の円グラフを完成させなさい。

	算数	社会	国語	英語	理科	その他
人数（人）	50			28	26	24
割合（％）						

(注) この解答用紙は実物を縮小してあります。200％拡大コピーをすると，ほぼ実物大の解答欄になります。

〔算　数〕100点(推定配点)

1 (1)～(7)　各５点×7　(8)，(9)　各３点×4　(10)　５点　**2**　各３点×2　**3**，**4**　各５点×5　**5** (1)，(2)　各５点×2　(3)　７点＜完答＞

2022年度　　トキワ松学園中学校

社会解答用紙　第1回一般

番号		氏名		評点	／50

1

問1			問2		問3	
問4	東京	札幌				
問5	①	②	③	④	⑤	⑥
問6		問7		問8	県	
問9		問10		問11		
問12	(1)	(2)				

2

問1		問2		問3		
問4		問5			問6	
問7		問8	1	2	問9	
問10						
問11		問12		問13		
問14		問15		問16		
問17						

3

問1		問2			
問3	1.	2.	3.	問4	
問5					

（注）この解答用紙は実物を縮小してあります。Ｂ５→Ｂ４(141%)に拡大コピーすると、ほぼ実物大の解答欄になります。

〔社　会〕50点(推定配点)

1　各１点×20　2　問１～問９　各１点×11　問10　２点　問11～問17　各１点×７　3　問１，問２　各２点×２　問３，問４　各１点×４　問５　２点

２０２２年度　　トキワ松学園中学校

理科解答用紙　第１回一般

番号		氏名		評点	／50

1

【1】 (1)

(2)

(3) ①　②　③ □□□

(4)

【2】 (1) ①　色　②　(2)　図

【3】 記号　理由

2

【1】 (1)　(2)

(3) ①

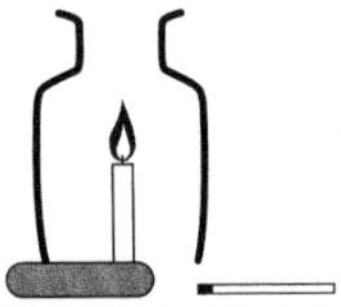

②

③

(4)

【2】

【3】 (1)　(2)　(3)

3

【1】 (1)　(2)　端子　(3)　mA

(4)

(5) 式　答

【2】 (1) ①　倍　②　倍　③　秒

(2) ①　倍　②　℃　③　倍　④　秒

(3)

（注）この解答用紙は実物を縮小してあります。Ｂ５→Ｂ４（141％）に拡大コピーすると、ほぼ実物大の解答欄になります。

〔理　科〕50点（推定配点）

1 【1】 各２点×4＜(3)は完答＞ 【2】，【3】 各１点×5 2 【1】 (1)，(2) 各１点×2 (3)，(4) 各２点×4 【2】，【3】 各２点×4 3 【1】 各２点×5 【2】 (1)，(2) 各１点×7 (3) ２点

二〇二二年度 トキワ松学園中学校

国語解答用紙 第一回一般

番号		氏名	

評点	/100

一

① 補った	② 熟知	③ 設ける	④ 裁き	⑤ 風潮
⑥ ソンケイ	⑦ キチョウ	⑧ ジュウダン	⑨ ホウコ	⑩ オサめる

二

問一 1 2 3 4 5

問二 あ い う え お

問三

問四

問五

問六

問七

問八

問九

問十

問十一 はじめ 終わり

問十二

問十三

問十四

問十五

（注）この解答用紙は実物を縮小してあります。172%拡大コピーをすると、ほぼ実物大の解答欄になります。

〔国　語〕100点(推定配点)

一 各2点×10 二 問1，問2 各2点×10 問3，問4 各4点×2 問5 5点 問6 4点 問7 6点 問8 4点 問9 5点 問10 6点 問11 4点 問12 6点 問13〜問15 各4点×3

２０２２年度　　トキワ松学園中学校　適性検査型

適性検査Ⅱ解答用紙

番号		氏名	

評点	／100

1				
問題1	(1)		(2)	
問題2	(1)			
	(2)			
	(3)			
問題3				
問題4				
問題5	(式と計算)		(答)	
問題6	松子	(式と計算)	(答)	
	すみれ	(式と計算)	(答)	

2				
問題1	日本		ヨーロッパ	
問題2				
問題3				
問題4				
問題5	発電方法①		データ①	
	発電方法②		データ②	
問題6		問題7		

3					
問題1					
問題2					
問題3	あ		い		
問題4					
問題5	2		3	問題6	
問題7					
問題8					

（注）この解答用紙は実物を縮小してあります。196％拡大コピーをすると、ほぼ実物大の解答欄になります。

〔適性検査Ⅱ〕100点(推定配点)

1　問題1　各2点×2　問題2　(1)　2点　(2)，(3)　各4点×2　問題3　4点　問題4　5点　問題5，問題6　各4点×3　2　問題1　各2点×2＜各々完答＞　問題2～問題4　各4点×3　問題5～問題7　各3点×4＜問題5は各々完答＞　3　問題1　5点　問題2～問題8　各4点×8＜問題5は完答＞

二〇二二年度　トキワ松学園中学校　適性検査型

適性検査ⅠＡ解答用紙

番号　　氏名　　評定

問題1

80

問題2

80

問題3

100

200

300

400

500

（注）この解答用紙は実物を縮小してあります。175%拡大コピーをすると、ほぼ実物大の解答欄になります。

〔適性検査ⅠＡ〕

評定：Ａ～Ｃの３段階

二〇二二年度　トキワ松学園中学校　適性検査型

適性検査ⅠＢ解答用紙

番号		氏名		評定	

①

②
あ
い
う

③
1
2

④

⑤
ア
イ
ウ
エ

⑥

⑦

⑧

⑨

⑩

20　100　200　300　360　400

（注）この解答用紙は実物を縮小してあります。192％拡大コピーすると、ほぼ実物大の解答欄になります。

〔適性検査ⅠＢ〕

評定：Ａ～Ｃの３段階

２０２１年度　　トキワ松学園中学校

算数解答用紙　第１回一般

番号		氏名		評点	／100

（注意）計算はあいているところに書いて消さないでおきなさい。
円周率は 3.14 として計算しなさい。

1 次の □ にあてはまる数を入れなさい。

（1）31 + 8 × 6 = □

（2）(79 − 9 × 7) ÷ 8 = □

（3）56.7 × 7.4 + 56.7 × 2.6 = □

（4）$1\frac{1}{3} \times 1.25 + \frac{1}{2} \div \frac{3}{5} =$ □

（5）42 ÷ (14 − □) × 5 = 35

（6）定価 3000 円の商品を 20 %引きで買うとき，消費税 10 %を加えると，
□ 円です。

（7）時速 504 km は，秒速 □ m です。

（8）260 円，290 円，330 円，380 円の 4 種類のサンドイッチと，100 円，150 円，180 円の 3 種類の飲み物の中から，それぞれ 1 種類ずつ選んで 500 円以内で買える組み合わせは □ 通りあります。

（9）30 人で 20 分かかる作業を 40 人で行うと □ 分かかります。

（10）右の図のような，1 辺の長さが 6 cm の正三角形 ABC を，頂点 C を中心に頂点 A が直線 l 上にくるように回転させました。

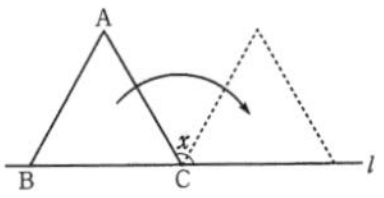

このとき角 x は □ °で，

頂点 A の動いたあとの長さは □ cm です。

（11）右の図は二つの正方形を組み合わせたものです。斜線《しゃせん》部分の面積は

□ cm^2 です。

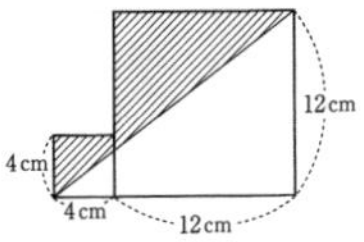

2 底面の直径がそれぞれ 6 cm，8 cmの円柱の形のコップ A，B があります。高さはどちらも 12 cm です。コップ A に 8 cm の高さまで入っている水を，空《から》のコップ B へすべて移したとき，水の体積と水面までの高さを求めなさい。ただし，コップの厚さは考えないものとします。
（式と計算）

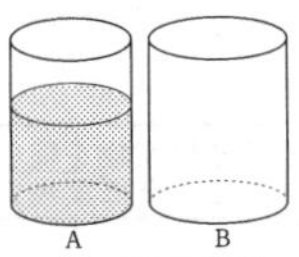

体積 □ cm^3　高さ □ cm

3 すみれさんは家から 1500 mはなれた駅で，お姉さんと 10 時に待ち合わせをしました。すみれさんは約束の時間の 5 分前に着くように家を出て，分速 60 mで歩いていました。歩き始めて 20 分後に友達とばったり会い，その場で 7 分間立ち話をしました。その後，走って駅へ向かったところ，約束の時間ちょうどに着きました。

（1）すみれさんが家を出たのは何時何分ですか。
（式と計算）

答 □ 時 □ 分

（2）友達と会った地点は駅から何 m 手前の地点ですか。
（式と計算）

答 □ m

（3）友達と会った後，すみれさんが走った速さは分速何 m ですか。
（式と計算）

答　分速 □ m

4 5 % の食塩水が 360 g あります。この食塩水から何 g かの水を蒸発《じょうはつ》させたところ，6 % の食塩水になりました。

（1）もとの食塩水に含まれる食塩の量は何 g ですか。
（式と計算）

答 □ g

（2）蒸発させた水は何 g ですか。
（式と計算）

答 □ g

5 次のグラフは，東京の 2020 年 8 月一か月間の日ごとの最高気温を表しています。

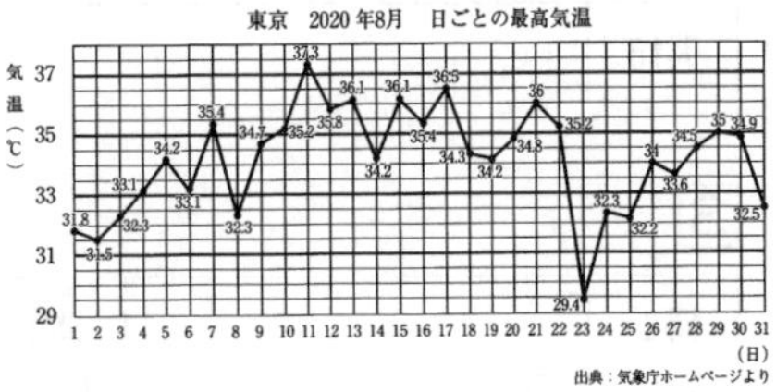

（1）最高気温が 35 ℃ 以上の日を猛暑日《もうしょび》といいます。 8 月中に猛暑日は何日ありましたか。

答 □ 日

（2）最高気温がもっとも高かった日ともっとも低かった日の気温の差は何 ℃ ですか。

答 □ ℃

（3）2020 年 8 月 1 日は土曜日でした。8 月の日曜日の最高気温の平均は何 ℃ ですか。小数第 2 位を四捨五入して小数第 1 位まで求めなさい。
（式と計算）

答 □ ℃

（注）この解答用紙は実物を縮小してあります。196％拡大コピーをすると、ほぼ実物大の解答欄になります。

〔算　数〕100点（推定配点）

1　(1)～(5)　各 4 点×5　(6)～(11)　各 5 点×6＜(10)は完答＞　**2**～**5**　各 5 点×10

2021年度　トキワ松学園中学校

社会解答用紙　第1回一般

番号		氏名	

評点	／50

1

問1		問2					
問3	1	2					
問4							
問5		問6	記号	名前	問7		
問8		問9		問10			
問11	あ	い	問12	A	B	C	D

2

問1		問2	1	2							
問3	1	2	問4		問5						
問6		問7		問8		問9		問10		問11	
問12		問13									
問14	1										
	2										
問15											

3

問1		問2		問3	
問4	1	2	問5		

（注）この解答用紙は実物を縮小してあります。Ｂ５→Ｂ４（141％）に拡大コピーすると、ほぼ実物大の解答欄になります。

〔社　会〕50点(推定配点)

1　問1～問3　各1点×4　問4　2点　問5～問10　各1点×7　問11　各2点×2　問12　各1点×4
2　問1，問2　各1点×3　問3　各2点×2　問4～問13　各1点×10　問14　各2点×2<1は完答>
問15　1点　3　問1　2点　問2～問5　各1点×5<問4の2は完答>

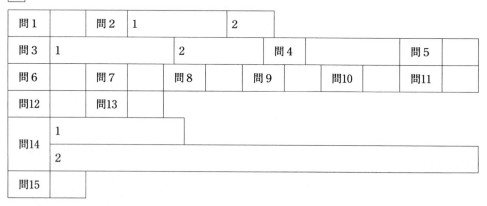

２０２１年度　　トキワ松学園中学校

理科解答用紙　第１回一般

番号		氏名		評点	／50

1

【1】

(1)	(2) 

【2】

(1) ア	イ	
(2)		
(3) ①	②	③
(4) A	B	C

2

(1)　　動物	(2)	
(3)	(4)	(5) 
(6)	(7)	
(8)		

3

【1】

(1)	(2)

【2】

(1)	(2)
(3) ① アと＿＿の結果を比べればよい。	② ＿＿と＿＿の結果を比べればよい。
(4) ① キと＿＿の結果を比べればよい。	② ＿＿と＿＿の結果を比べればよい。
(5)	
(6)【式】	【答】
(7)【式】	【答】

（注）この解答用紙は実物を縮小してあります。Ｂ５→Ｂ４（141%）に拡大コピーすると、ほぼ実物大の解答欄になります。

〔理　科〕50点（推定配点）

1，2　各２点×15＜1の【２】の(2)，(3)，(4)，2の(2)，(8)は完答＞　3　【１】　各２点×２　【２】　(1)～(5)　各２点×５＜(3)，(4)は完答＞　(6)，(7)　各３点×２

二〇二二年度　トキワ松学園中学校

国語解答用紙　第一回一般

番号		氏名		評点	/100

一

① 祝賀	② 慣例	③ 前述	④ 護身	⑤ 功績
⑥ ヨキン	⑦ シイク	⑧ マヨ　う	⑨ ショウリャク	⑩ ヤサ　しい

二

問一　1　2　3　4　5

問二　あ　い　う　え　お

問三

問四

問五

問六

問七

問八

問九　から。

問十

問十一

問十二

問十三

問十四

問十五

（注）この解答用紙は実物を縮小してあります。169%拡大コピーをすると、ほぼ実物大の解答欄になります。

〔国　語〕100点(推定配点)

一　各2点×10　二　問1，問2　各2点×10　問3　4点　問4　5点　問5　4点　問6〜問10　各5点×5　問11　4点　問12　5点　問13　4点　問14　5点　問15　4点

2021年度　トキワ松学園中学校　適性検査型

適性検査Ⅱ解答用紙

番号		氏名		評点	／100

1

問題1	(1) 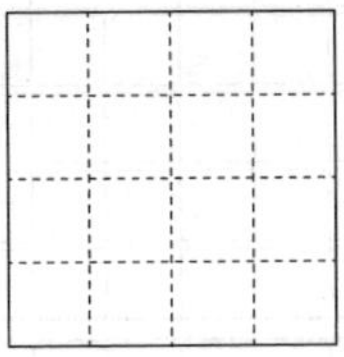	(2) 式と計算 (2) 答　　cm²
問題2	(1) （図の・は各辺を4等分した点です）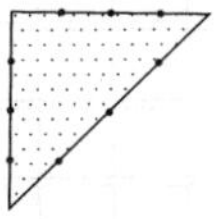	(2) 答　　cm²
問題3	(1)　　種類	(2)
問題4		

2

問題1	
問題2	
問題3	
問題4	変化　／　利点1つ目　／　利点2つ目
問題5	1つ目　／　2つ目　／　3つ目
問題6	

3

問題1	mL　式と計算
問題2	
問題3	問題4　　　問題5 (い)　(う)　(え)
問題6	2　　　3　　　4
問題7	
問題8	

（注）この解答用紙は実物を縮小してあります。204%拡大コピーをすると、ほぼ実物大の解答欄になります。

〔適性検査Ⅱ〕100点（推定配点）

1　問題1　(1)　4点　(2)　式と計算…3点，答…3点　問題2　各3点×2　問題3　(1)　3点　(2)　4点＜完答＞　問題4　3点＜完答＞　2　問題1　3点　問題2　4点　問題3　3点　問題4　変化…3点，利点…各4点×2　問題5，問題6　各3点×4　3　問題1　式と計算…3点，答…3点　問題2～問題6　各3点×9　問題7，問題8　各4点×2

二〇二二年度 トキワ松学園中学校 適性検査型

適性検査ⅠA解答用紙

番号	氏名	評定

解答らん①

定石では太刀打ちできない問題とは

100

解答らん②

自分を見る新しい視線とは

100

140

解答らん③

100

200

300

400

500

（注）この解答用紙は実物を縮小してあります。189％拡大コピーをすると、ほぼ実物大の解答欄になります。

〔適性検査ⅠA〕

評定：A～Cの3段階

二〇二一年度　トキワ松学園中学校　適性検査型

適性検査ⅠB解答用紙

番号		氏名		評定	

①

②

③

④

⑤

⑥

⑦ 問一

問二

⑧

⑨

⑩

20　100　200　300　360　400

（注）この解答用紙は実物を縮小してあります。200%拡大コピーすると、ほぼ実物大の解答欄になります。

〔適性検査ⅠB〕

評定：A〜Cの3段階

２０２０年度　トキワ松学園中学校

算数解答用紙　第１回一般

番号		氏名		評点	／100

（注意）　計算はあいているところに書いて消さないでおきなさい。
円周率は 3.14 として計算しなさい。

1　次の□にあてはまる数を入れなさい。

（1）127 － 27 × 2 ＝ □

（2）257 × 1.5 ＋ 143 × 1.5 ＝ □

（3）$\frac{1}{5} \times 2\frac{1}{2} + \frac{1}{3}$ ＝ □

（4）$0.25 \times 124 \div \frac{1}{8}$ ＝ □

（5）3 ×（20 － 48 ÷ □）＝ 12

（6）消費税 10 ％込みで 3850 円の商品の消費税は □ 円です。

（7）時速 6 kmの速さで 35 分間歩くと □ m 進むことができます。

（8）1 Lのガソリンで 12 km 走ることができる車で，300 km 走行するには，□ Lのガソリンが必要です。

（9）1，2，3，4の 4 枚のカードのうち，2 枚を使ってできる 2 けたの整数は □ 個あり，そのうち 3 の倍数は □ 個あります。

（10）縮尺 1：2000 の地図上で，5 cm の長さで表される距離は，実際には □ m です。

（11）右の図で，角 x は □°，角 y は □°です。

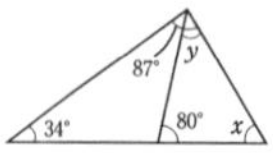

（12）右の図の，四角形 ABCD の面積は □ cm² です。

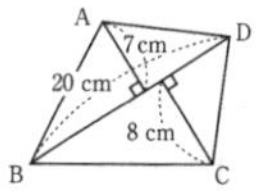

（13）底面の半径が 5 cm，高さが 10 cm の円柱の体積は □ cm³ です。

2　ある遊園地の入園料は，大人 3 人と子ども 4 人では 4440円，大人 2 人と子ども 2 人では 2640 円でした。

（1）大人 1 人と子ども 1 人の入園料は，それぞれいくらですか。
（式と計算）

答　大人 □ 円，子ども □ 円

（2）大人 4 人と子ども 3 人の入園料はいくらですか。
（式と計算）

答 □ 円

3　A 地点から B 地点まで 5380 m のランニングコースがあります。すみれさんは午前 10 時に毎分 180 m で，A 地点から走り始めました。その 3 分後に，まつ子さんは同じ地点から毎分 210 m ですみれさんを追いかけました。追いついたところから 2 人は毎分 160 m の速さで一緒に B 地点まで走りました。

（1）まつ子さんが走り始めたとき，2 人は何 m はなれていましたか。
（式と計算）

答 □ m

（2）まつ子さんは走り始めてから何分後にすみれさんに追いつきましたか。
（式と計算）

答 □ 分後

（3）2 人が B 地点に着いたのは何時何分ですか。
（式と計算）

答　午前 □ 時 □ 分

4　50 g の食塩があります。その一部を水に溶かして，8 ％ の食塩水を 400 g つくりました。次の問いに答えなさい。

（1）8 ％ の食塩水を 400 g つくるのに，何 g の食塩を使いましたか。
（式と計算）

答 □ g

（2）残った食塩をすべて使って 5 ％ の食塩水をつくると，何 g の食塩水ができますか。
（式と計算）

答 □ g

5　次の表は日本の人口の移り変わりを表したものです。以下の問いに答えなさい。

表　年齢《ねんれい》別人口とその割合の移り変わり（1950 ～ 2018 年）

年	総人口（万人）	年齢別人口（万人）		総人口に対する割合（%）	
		15 歳未満	65 歳以上	15 歳未満	65 歳以上
1950	8320	2943	411	35.4	㋐
1960	9342	2807	535	30.0	5.7
1970	10372	2482	733	23.9	7.1
1980	11706	2752	1065	23.5	9.1
1990	12361	2254	1493	18.2	12.1
2000	12693	1851	2204	14.6	17.4
2010	12806	1684	2948	13.2	23.0
2018	12642	1543	3557	12.2	28.1

総務省《そうむしょう》　国勢調査《こくせいちょうさ》・人口推計《すいけい》　より

（1）表の中の㋐に入る数を，小数第二位を四捨五入して，小数第一位まで求めなさい。
（式と計算）

答 □

（2）2018 年の総人口は 1950 年の総人口のおよそ何倍といえますか。
小数第二位を四捨五入して，小数第一位まで求めなさい。
（式と計算）

答 □ 倍

（3）65 歳以上の人口の方が 15 歳未満の人口よりも多くなるのは，何年から何年の間と推定《すいてい》できますか。表の中から読み取りなさい。

答 □ 年から □ 年の間

（4）総人口について，気がつくことを簡単な文章で答えなさい。

□

（注）この解答用紙は実物を縮小してあります。200％拡大コピーすると，ほぼ実物大で使用できます。（タイトルと配点表は含みません）

〔算　数〕100点（推定配点）

1　(1)～(8)　各 4 点×8　(9)　各 3 点×2　(10)　4 点　(11)　各 3 点×2　(12)，(13)　各 4 点×2　2～5　各 4 点×11＜2の (1)，5の (3) は完答＞

2020年度　トキワ松学園中学校

社会解答用紙　第1回一般

番号		氏名	

評点	／50

1

問1		問2		問3	1　　と　　2
問4	と				
問5	1（1）　（2）　（3）　（4）　2				
問6	A　B				
問7	山林の伐採が進むと から。				
問8					

2

問1	（1）と（2）	（3）と（4）	問2	《1》 図(　　)・名前(　　)	《2》 図(　　)・名前(　　)
問3		問4			
問5					
問6		問7		問8	
問9	1.	2.	3.		
	4.	5.	6.	問10	

3

問1		問2		問3		問4		問5	
問6									

(注) この解答用紙は実物を縮小してあります。A４用紙に116%拡大コピーすると、ほぼ実物大で使用できます。(タイトルと配点表は含みません)

〔社　会〕50点(推定配点)

1　問1，問2　各1点×2　問3，問4　各2点×3＜問3の1，問4は完答＞　問5　1　各1点×4　2　2点　問6　A　2点　B　1点　問7　2点　問8　1点　2　問1～問3　各1点×5＜問2は各々完答＞　問4～問7　各2点×4　問8，問9　各1点×7　問10　2点　3　問1　2点　問2～問5　各1点×4　問6　2点

２０２０年度　　トキワ松学園中学校

理科解答用紙　第１回一般

番号		氏名		評点	／50

1

(1)	(2)	(3)	(4)

(5) ア	イ	ウ

(6)　側	(7) 名前	(8) 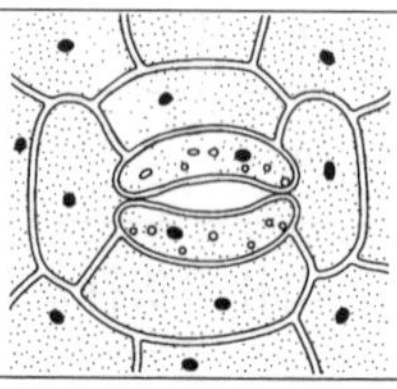
(7) 理由		

2

【1】

(1)	(2)

(3) ①	②	(4)

【2】

(1)	(2) ①　点a（　　）　点b（　　）	②　℃

(2) ③	④	(3)

3

【1】

(1) ①　倍	②　cm	③　倍
④　g	⑤　cm	⑥

(2) 式	答

(3) 式	答

(4) ①　ばね	②　cm

【2】

(1)	(2)

(注) この解答用紙は実物を縮小してあります。Ｂ４用紙に123%拡大コピーすると、ほぼ実物大で使用できます。(タイトルと配点表は含みません)

〔理　科〕50点(推定配点)

1　(1)～(4)　各１点×4　(5)～(8)　各２点×7　2　【1】　(1)，(2)　各２点×2　(3)，(4)　各１点×3　【2】　(1)　２点　(2)　各１点×5　(3)　２点　3　【1】　(1)　各１点×6　(2)～(4)　各２点×4　【2】　各１点×2

二〇二〇年度　トキワ松学園中学校

国語解答用紙　第一回一般

番号　　氏名　　評点　／100

一

①キビしい　②コキョウ　③シカク　④ホウコク　⑤キンシ

⑥預ける　⑦能率　⑧遺産　⑨救助　⑩設ける

二

問一　1　2　3　4　5

問二

問三　あ　い　う

問四

問五　→　→　→

問六

問七

問八　1　2　3　4

問九

問十

問十一

問十二

問十三

問十四

問十五

（注）この解答用紙は実物を縮小してあります。172％拡大コピーすると、ほぼ実物大で使用できます。（タイトルと配点表は含みません）

〔国　語〕100点（推定配点）

一　各２点×10　二　問１　各３点×５　問２　４点　問３　各３点×３　問４　５点　問５，問６　各３点×２＜問５は完答＞　問７　４点　問８～問13　各３点×９　問14，問15　各５点×２

2020年度　トキワ松学園中学校　適性検査型

適性検査Ⅱ解答用紙

番号		氏名		評点	／100

1	問題1	①　億　万円	（式）				
		②　億　万円	（式）				
	問題2	万トン	問題3	kg	（式）		
	問題4	度	問題5	年	問題6	問題7	本
2	問題1	A　B　C　D	問題2				
	問題3						
	問題4						
	問題5	（答え）	（式）				
	問題6						
3	問題1		問題2				
	問題3						
	問題4	ア	（式）	イ	（式）		
	問題5	ウ　エ　オ					
	問題6						

（注）この解答用紙は実物を縮小してあります。200％拡大コピーすると、ほぼ実物大で使用できます。（タイトルと配点表は含みません）

〔適性検査Ⅱ〕100点（推定配点）

1　問題1　答え…各3点×2，式…各3点×2　問題2　4点　問題3　答え…3点，式…3点　問題4～問題7　各4点×4　2　問題1　各1点×4　問題2　4点　問題3，問題4　各5点×2　問題5　答え…3点，式…3点　問題6　5点　3　問題1，問題2　各4点×2　問題3　5点　問題4　答え…各3点×2，式…各3点×2　問題5　各1点×3　問題6　5点

二〇二〇年度　トキワ松学園中学校　適性検査型

適性検査ⅠA解答用紙

番号		氏名		評定	

解答らん①

解答らん②

解答らん③

（注）この解答用紙は実物を縮小してあります。189％拡大コピーすると、ほぼ実物大で使用できます。（タイトルと配点表は含みません）

〔適性検査ⅠA〕

評定：A～Cの３段階

二〇二〇年度　トキワ松学園中学校　適性検査型

適性検査ⅠＢ解答用紙

番号		氏名		評定	

①

②

③

④

⑤

⑥

⑦

⑧

問一

問二

⑨

20　100　200　300　360　400

（注）この解答用紙は実物を縮小してあります。192％拡大コピーすると、ほぼ実物大で使用できます。（タイトルと配点表は含みません）

〔適性検査ⅠＢ〕

評定：Ａ～Ｃの３段階

東京都／神奈川県／千葉県／埼玉県／茨城県／栃木県ほか

2025年度用
声の教育社版

中学受験案内

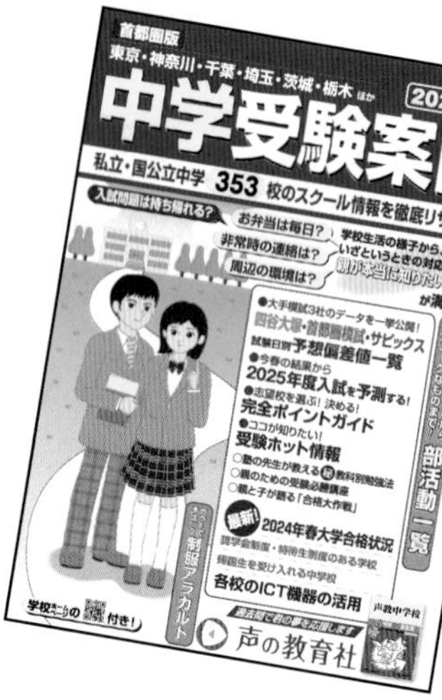

■全校を見開き2ページでワイドに紹介！

■中学～高校までの授業内容をはじめ部活や行事など、6年間の学校生活を凝縮！

■偏差値・併願校から学費・卒業後の進路まで、知っておきたい情報が満載！

私立・国公立353校掲載

Ⅰ 首都圏（東京・神奈川・千葉・埼玉・その他）の私立・国公立中学校の受験情報を掲載。

合格情報
近年の倍率推移・偏差値による合格分布予想グラフ・入試ホット情報ほか

学校情報
授業、施設、特色、ICT機器の活用、併設大学への内部進学状況と併設高校からの主な大学進学実績ほか

入試ガイド
募集人員、試験科目、試験日、願書受付期間、合格発表日、学費ほか

Ⅱ 資　料

(1)私立・国公立中学の合格基準一覧表（四谷大塚、首都圏模試、サピックス）
(2)主要中学早わかりマップ
(3)各校の制服カラー写真
(4)奨学金・特待生制度，帰国生受け入れ校，部活動一覧

Ⅲ 大学進学資料

(1)併設高校の主要大学合格状況一覧
(2)併設・系列大学への内部進学状況と条件

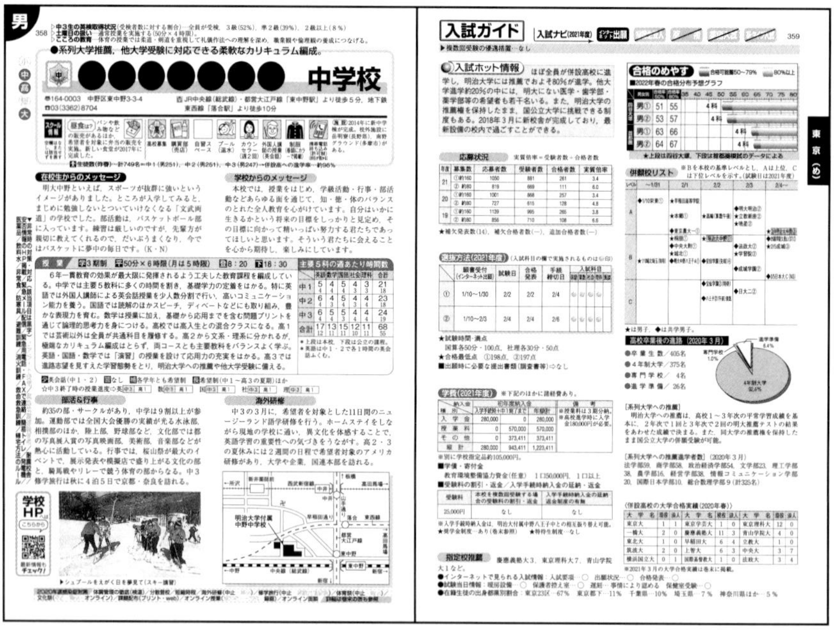

志望校・併願校を
この１冊で選ぶ！決める!!

過去問で君の夢を応援します
声の教育社
〒162-0814　東京都新宿区新小川町8-15
TEL.03-5261-5061　FAX.03-5261-5062
https://www.koenokyoikusha.co.jp